北京市高等学校教育教学改革试点立项研究成果

经济与管理学科专业基础课系列教材

企业财务管理

主编　毛春华　王宛秋

北京工业大学出版社

图书在版编目（CIP）数据

企业财务管理/毛春华，王宛秋主编. —北京：北京工业大学出版社，2006.11

ISBN 7-5639-1684-9

Ⅰ.企... Ⅱ.①毛... ②王... Ⅲ.企业管理：财务管理 Ⅳ.F275

中国版本图书馆 CIP 数据核字（2006）第 104732 号

企业财务管理

主编　毛春华　王宛秋

*

北京工业大学出版社出版发行

邮编：100022　电话：（010）67392308

各地新华书店经销

徐水宏远印刷厂印刷

*

2006 年 12 月第 2 版　2006 年 12 月第 1 次印刷

787mm×960mm　16 开本　29.5 印张　509 千字

ISBN 7-5639-1684-9/G·835

定价：40.00 元

再版前言

近几年来，我国的经济发展成就举世瞩目。经济的高速发展，一方面带来了金融、法律等企业经营环境方面的巨大变化，另一方面，也给企业管理带来了深刻的变革。企业必须提高管理能力以提高竞争力，才能实现企业的持续内涵式发展。财务管理是企业管理的重要组成部分，是高等院校管理类专业学生的必修课。为适应形势的发展以及高等院校人才培养特别是课程改革的需要，我们对北京工业大学出版社2000年10月出版的《企业财务管理》(王佩琦、毛春华主编）一书进行了修订。

此次修订再版，我们在原书基础上就其内容和结构进行了重新的设计和安排。修订版教材以企业财务活动为主线，以财务决策为重点，主要讲述了企业资金筹集、资金投放与回收、收益分配、财务分析等相关内容。在编写过程中我们力图做到以下两点：一是注意吸收企业财务管理的最新研究成果。由于现代企业管理的环境不断变化，因此企业财务管理的理论和方法不断创新。本教材根据形势的发展和管理类学生培养的需要，吸纳了国内外财务管理理论和实践的最新成果，增加了财务预算与控制、国际财务管理等章节；同时依据《公司法》、《证券法》等新近修订的法律法规，对原教材的内容进行了相应的调整。二是注意将理论与实践相结合。针对学生接触实践的机会少、缺乏直接经验等问题，编者在每章的叙述中加入了“微型案例”，在每章的最后设置了“案例分析”等内容，希望以间接经验来提升学生对理论的理解和应用能力。

本教材主要面向高等院校经济与管理类专业本科生，同时也可用于其他专业学生跨专业选修。

本教材共分十一章，由北京工业大学和北方工业大学的教师合作编写。毛春华和王宛秋任主编，负责全书的总撰。具体的分工是：王宛秋编写第一、七、十一章，陈立群编写第二章，毛春华编写第三、四章，张建军编写第五、九章，周霞编写第六章，佟郁文编写第八章，谢沂编写第十章。

最后，对在本教材编写和出版过程中给予我们帮助的朋友们表示诚挚的谢意。限于作者的水平和成书时间的紧迫，书中可能会有错漏之处，敬请读者斧正。

编　者

2006年10月

目　录

第一章　财务管理总论 …… 1
第一节　财务管理的内容 …… 1
一、企业的财务活动、财务关系与财务管理 …… 1
二、企业的财务活动 …… 2
三、企业的财务关系 …… 5
第二节　财务管理的目标 …… 8
一、财务管理目标概述 …… 8
二、影响财务管理目标实现的因素 …… 10
三、财务管理目标的协调 …… 11
第三节　财务管理的环境 …… 13
一、财务管理环境的概念 …… 13
二、经济环境 …… 14
三、法律环境 …… 15
四、金融环境 …… 20
第四节　财务管理的环节 …… 25
一、财务预测 …… 26
二、财务决策 …… 26
三、财务预算 …… 26
四、财务控制 …… 26
五、财务分析 …… 27
案例分析 …… 27
思考题 …… 29
第二章　财务管理的价值观念 …… 30
第一节　货币的时间价值 …… 30
一、货币时间价值的含义 …… 30

二、货币时间价值的计算 …… 31
第二节　风险与报酬 …… 48
一、风险 …… 48
二、风险报酬 …… 49
三、风险的计量 …… 49
四、投资组合的风险 …… 52
五、资本资产定价模型 …… 57
案例分析 …… 58
思考题 …… 61
计算分析题 …… 61
第三章　企业筹资方式 …… 63
第一节　企业筹资概述 …… 63
一、企业筹集资金的渠道和方式 …… 63
二、筹资的分类 …… 66
三、企业筹资的基本原则 …… 68
四、企业资金需求量的预测 …… 69
第二节　权益资金的筹集 …… 72
一、吸收直接投资 …… 72
二、发行普通股 …… 76
三、发行优先股 …… 82
四、发行认股权证 …… 84
第三节　债务资金的筹集 …… 86
一、银行借款 …… 86
二、发行债券 …… 90
三、发行可转换债券 …… 94
四、融资租赁 …… 95
五、商业信用 …… 99
案例分析 …… 101
思考题 …… 105
计算分析题 …… 105

第四章　资金成本与筹资决策 …… 107
第一节　资金成本 …… 107
一、资金成本的概念和作用 …… 107
二、个别资金成本 …… 109
三、综合资金成本 …… 112
四、边际资金成本 …… 114
第二节　杠杆原理 …… 116
一、杠杆原理中涉及的基本概念 …… 117
二、经营杠杆 …… 118
三、财务杠杆 …… 120
四、复合杠杆 …… 124
第三节　筹资决策 …… 125
一、资本结构概述 …… 125
二、资本结构理论 …… 126
三、最优资本结构的决策 …… 131
案例分析 …… 138
思考题 …… 142
计算分析题 …… 142
第五章　企业项目投资 …… 144
第一节　项目投资概述 …… 144
一、项目投资的概念与分类 …… 145
二、项目计算期的构成 …… 146
三、资金类型与投入方式 …… 146
四、项目投资决策的一般程序 …… 147
五、投资项目的财务评价步骤 …… 147
第二节　现金流量及其估算 …… 148
一、现金流量的含义 …… 148
二、净现金流量的估算 …… 149
三、估算现金流量应注意的几个问题 …… 151
第三节　项目投资的评价方法 …… 158
一、项目投资决策的类型 …… 158

二、项目投资决策评价指标 …… 158
第四节 项目投资决策评价指标的运用 …… 165
一、独立方案财务可行性评价及投资决策 …… 165
二、多个互斥方案的比较决策 …… 167
三、多方案组合排队投资决策 …… 171
案例分析 …… 173
思考题 …… 175
计算分析题 …… 175
第六章 证券投资 …… 178
第一节 证券投资概述 …… 178
一、证券的含义 …… 178
二、证券投资的目的 …… 181
三、证券投资的步骤 …… 181
四、证券投资的风险 …… 184
第二节 债券投资 …… 185
一、债券的特征 …… 185
二、债券的分类 …… 186
三、债券投资收益分析 …… 188
四、债券估价 …… 190
五、投资信号分析 …… 192
六、债券投资策略 …… 193
第三节 股票投资 …… 195
一、股票投资的特点 …… 195
二、投资股票的种类 …… 196
三、股票的预期收益率 …… 196
四、股票的估价 …… 197
五、市盈率分析 …… 202
六、影响股票投资的因素分析 …… 203
七、股票投资组合 …… 204
第四节 基金投资 …… 206
一、投资基金的定义和特点 …… 207

二、投资基金的分类 …… 208
三、投资基金当事人 …… 212
四、投资基金的财务评价 …… 215
五、影响基金投资收益的因素分析 …… 216
六、购买基金的主要策略 …… 221
案例分析 …… 223
思考题 …… 226
计算分析题 …… 226
第七章　营运资金管理 …… 228
第一节　营运资金管理概述 …… 228
一、营运资金的特点 …… 228
二、营运资金管理的主要内容 …… 230
三、衡量营运资金效率的主要指标 …… 231
第二节　现金管理 …… 232
一、现金的持有动机与成本 …… 232
二、最佳现金持有量 …… 235
三、现金的日常管理 …… 239
第三节　应收账款管理 …… 242
一、应收账款的成本 …… 242
二、应收账款的事前管理——信用政策的制定与客户信用评价 …… 244
三、应收账款的事中管理——日常管理 …… 251
四、应收账款的事后管理——收账政策 …… 255
五、坏账与坏账准备 …… 256
第四节　存货 …… 257
一、存货的作用与成本 …… 257
二、最佳存货持有量决策 …… 260
三、存货日常管理 …… 266
四、存货管理的适时制 …… 272
案例分析 …… 274
思考题 …… 276
计算分析题 …… 277

第八章　利润分配管理 …… 281
第一节　利润分配概述 …… 281
一、利润分配的基本原则 …… 281
二、利润分配的内容和顺序 …… 282
第二节　股利与股利政策 …… 283
一、股利理论 …… 284
二、股利支付方式和程序 …… 285
三、股利政策 …… 288
第三节　股票分割与股票回购 …… 294
一、股票分割 …… 294
二、股票回购 …… 296
案例分析 …… 299
思考题 …… 302
计算分析题 …… 302
第九章　财务预算与控制 …… 304
第一节　全面预算与预算管理 …… 304
一、全面预算与预算管理的含义 …… 304
二、预算管理的发展阶段与我国预算管理的基本模式 …… 306
三、预算管理制度的内容 …… 309
四、预算管理的职能和作用 …… 310
第二节　预算管理的种类和编制方式 …… 312
一、预算的分类 …… 312
二、全面预算编制方式与编制原则 …… 316
三、预算编制的一般方法 …… 317
四、全面预算的编制程序 …… 320
第三节　财务预算编制举例 …… 321
一、销售预算 …… 321
二、生产预算 …… 322
三、直接材料预算 …… 323
四、应交增值税、销售税金及附加预算 …… 324
五、直接人工预算 …… 325

六、制造费用预算 …………………………………………………………………… 325
七、产品成本预算 …………………………………………………………………… 326
八、销售费用及管理费用预算 ……………………………………………………… 327
九、资本支出预算 …………………………………………………………………… 328
十、现金预算 ………………………………………………………………………… 328
十一、预计利润表 …………………………………………………………………… 330
十二、预计资产负债表 ……………………………………………………………… 330
第四节　财务控制 …………………………………………………………………… 331
一、财务控制的基本理论 …………………………………………………………… 331
二、财务控制的原则与基本方法 …………………………………………………… 339
三、责任中心与责任考核 …………………………………………………………… 349
四、内部转移价格 …………………………………………………………………… 352
案例分析 ……………………………………………………………………………… 355
思考题 ………………………………………………………………………………… 358
计算分析题 …………………………………………………………………………… 359
第十章　财务报表分析 …………………………………………………………… 363
第一节　财务分析概述 ……………………………………………………………… 363
一、财务报表分析与企业财务管理 ………………………………………………… 363
二、财务报表分析的意义 …………………………………………………………… 365
三、财务报表分析的目的 …………………………………………………………… 365
四、财务报表分析的内容 …………………………………………………………… 368
五、财务报表分析的依据 …………………………………………………………… 370
六、财务报表分析的一般步骤 ……………………………………………………… 375
第二节　财务分析的基本方法 ……………………………………………………… 378
一、比较分析法 ……………………………………………………………………… 378
二、比率分析法 ……………………………………………………………………… 381
三、趋势分析法 ……………………………………………………………………… 383
四、因素分析法 ……………………………………………………………………… 387
第三节　财务指标分析的应用 ……………………………………………………… 391
一、获利能力指标分析 ……………………………………………………………… 391
二、偿债能力指标分析 ……………………………………………………………… 396

三、资产管理能力指标分析 …… 405
四、财务指标综合分析方法 …… 407
案例分析 …… 416
思考题 …… 420
计算分析题 …… 420
第十一章　国际财务管理 …… 422
第一节　外汇市场和外汇风险 …… 422
一、外汇市场、汇率和外汇交易 …… 423
二、外汇风险 …… 426
三、外汇风险的管理 …… 428
第二节　国际融资管理 …… 432
一、国际融资战略 …… 432
二、国际融资渠道 …… 433
三、国际融资方式 …… 434
四、国际融资风险的管理 …… 437
第三节　国际投资管理 …… 438
一、国际投资方式 …… 438
二、国际投资管理的程序 …… 442
三、国际投资风险的管理 …… 443
第四节　国际营运资本管理 …… 447
一、现金管理 …… 447
二、应收账款管理 …… 449
三、存货管理 …… 449
案例分析 …… 450
思考题 …… 452
附录　复利表 …… 453
附表 1　1 元的复利终值 …… 453
附表 2　1 元的复利现值 …… 454
附表 3　1 元的年金终值 …… 455
附表 4　1 元的年金现值 …… 456
参考文献 …… 457

第一章

财务管理总论

本章要点

本章从企业的财务活动和财务关系出发，叙述了公司财务管理的概念、财务管理的目标和协调，在此基础上介绍了公司财务管理所面临的经济、法律、金融等主要环境因素及其对公司财务管理活动的影响，最后简单介绍了财务预测、财务决策、财务预算、财务控制、财务分析等主要的财务管理环节。

第一节　财务管理的内容

人类社会在管理财富过程中所体现的勇气、智慧、魄力等从来都是一幅精彩的画卷，其间很多得失成败也演绎出了一个个传奇的故事。我们总能听到类似通过资本运营使企业价值迅速放大甚至翻倍、一项投资改变企业的命运、战略投资的引入让企业进入了一个新的发展时期等财富故事，同时也听到过企业因现金枯竭而破产的类似故事并为此而感到惋惜。其实，这些或成或败的案例都在告诉我们，有效地管理企业的“财务”是企业生存、发展，甚至超常规发展的关键管理环节之一，企业通过恰当的财务管理是创造和保持企业价值的重要途径。

一、企业的财务活动、财务关系与财务管理

直观地看，企业的生产经营活动表现为通过购置设备、设施等形成经营能力，并通过员工的劳动将投入转化为产出，最后通过销售来实现价值的一个循环。在市场经济条件下，社会产品总是使用价值和价值的统一体。企业生产经营过程也表现为使用价值的生产和交换过程及价值的形成和实现过程的统一。在这个过程中，劳动者将生产中所消耗的企业资源的价值转移到产品中去，并且创造出新的价值，通过产品的出售或服务的提供，使转移价值和新创造的价值得以实现。

在企业生产经营过程中，产品（商品）作为价值形态的载体不断地运动，价值形态也就随之不断地发生变化，由一种形态转化为另一种形态并循环往复，从而形成了资金的运动过程。所以，企业的生产经营过程，一方面表现为产品（商品）的运动过程，另一方面表现为资金的运动过程或资金运动。资金运动不仅以资金循环的形式存在，并且伴随着企业生产经营的过程而不断进行，因此资金运动也表现为一个周而复始的周转过程。资金运动是企业生产经营过程的价值反映，它以价值形式综合地反映着企业的生产经营过程。企业的资金运动，构成企业生产经营活动的一个独立方面，具有自己的运动规律，这就是企业的财务活动。企业财务活动的实质是与企业运营过程中运动着的价值相关的活动。

企业的资金运动，从表面上看是“钱”和“物”的增减变动。其实，“钱”和“物”的增减变动都离不开人与人之间和利益体与利益体之间的经济关系。企业财务关系是指企业在生产经营过程中客观存在的资金运动及其所体现的经济利益关系。

资金运动及其所体现的经济利益关系有序和高效地运作是企业成功不可或缺的方面，它必须得到系统的安排和管理。财务管理是基于企业生产经营过程中客观存在的财务活动和财务关系而产生的，是利用价值形式对企业生产经营过程进行的管理，是企业组织财务活动、处理与各方面财务关系的一项综合性管理工作。为了进一步理解企业的财务管理，就需要对其中的财务活动和财务关系有一个较为全面的认识，本节将在下面的相关部分展开关于财务活动和财务关系的介绍。

二、企业的财务活动

既然财务管理是针对财务活动和财务关系所进行的管理，那么，我们首先需要了解财务活动。所谓财务活动是指从资金获得到资金使用和资金分配的一个完整的过程，即资金的筹集、投放、使用、收回及分配等一系列活动。从整体上讲，财务活动包括筹资活动、投资活动、资金营运活动和分配活动等四个主要方面。

1. 筹资活动

企业组织经营活动，必须以占有或能够支配一定数额的资金从而形成一定的经营规模和适量的流动资金为前提。也就是说，企业通过各种渠道以所有者权益、债务等形式筹集资金，是全部资金运动过程的起点。所谓筹资是指企业为了满足投资和用资的需要，筹措所需资金的过程。在筹资过程中，企业一方面要确定筹资的总规模，以保证投资所需要的资金；另一方面要通过筹资渠道、筹资方式或筹资工具的选择，合理地确定各种不同的筹资期限和筹资方式之间的组合，以降低筹资成本和风险，提高企业价值。

企业通过筹资可以形成两种不同性质的资金来源：一是权益资金，此类资金企业可以通过向投资者吸收直接投资、发行股票、用留存收益转增资本等方式取得，其投资者包括国家、法人、个人等；二是债务资金，此类资金企业可以通过向银行借款、发行债券、利用商业信用等方式取得。

企业筹集资金，表现为企业资金的流入。企业偿还借款、债券或优先股票的赎回、支付利息、股利以及付出各种筹资费用等，则表现为企业资金的流出。这种因为资金筹集而产生的资金收付，便是由企业筹资而引起的财务活动，是企业财务管理的主要内容之一。

2. 投资活动

企业必须将通过筹资取得的资金投入使用，以谋求最大的经济效益，从而实现企业的目标。否则，筹资就失去了目的和意义。

企业投资可以分为广义的投资和狭义的投资两种。广义的投资是指企业将筹集的资金投入使用的过程，包括企业内部使用资金的过程（如购置存货、提供商业信用、购置或建造设备和设施、新技术的研究和发展等）和对外投放资金的过程（如投资购买其他企业的股票、债券或与其他企业联营等）。狭义的投资仅指对外投资。无论企业购买内部所需的各种资产，还是购买各种证券，都需要支付资金。而当企业变卖其对内投资形成的各种资产或收回其对外投资时，则会产生资金的流入。这种因企业投资活动而产生的资金收付，便是由投资而引起的财务活动。

企业在投资过程中，必须考虑投资规模，即为确保获取最佳投资效益，企业应投入资金数额的多少；同时，企业还必须通过投资方向和投资方式的选择，来确定合理的投资结构，以保证投资效益和投资风险之间的最佳平衡。这些关于投资规模、方式、结构等的评价和选择都是财务管理的内容。

【微型案例】

青岛海尔集团的筹资与投资

1984 年海尔还是一个亏损 147 万元的小厂，经过近 20 年的努力，如今的海尔集团以其优秀的管理和经营模式在国有企业中占据极其重要的地位，并跻身“世界品牌500强”前100名。海尔走向成功的原因归功于很多方面，其中出色的财务管理和运营模式起到了重要的作用。在整个资本运营过程中，海尔成功地抓住了三个重要的资本机遇实现了规模的扩大，即从银行贷款8 000万元筹建海尔工业园，股票上市募集资金3.69亿元，通过兼并多家公司将其业务扩展到家电、计算机、通信等三大产业。其中海尔在渐近式的稳妥投资策略中采用了“吃休克鱼”的新的投资模式，即兼并那些硬件条件好而管理不行的企业，有效地利用了赚回的利润，这样做不仅扩大了自身的规模，同时还将投资成本降至最低，从而保持了高回报的投资效率和非常良好、稳定的财务状况。

资料来源：佚名.从“哈佛”到“IMD”、“从吃休克鱼”到建“市场链”——海尔管理创新一路领先一路歌.http://www.tjjfb.net/jmxx_disp.asp? id=3637.2000年10月16日；佚名.从海尔的成长之路看企业的发展战略.http://cq.pxto.cn/article/article_161_1.html.2005年10月31日。

3.资金营运活动

企业在日常生产经营过程中，会发生一系列的资金收付。首先，企业要采购材料或其他物品，通常还对客户提供一定期限的商业信用、支付人员工资和其他营业费用，以便从事生产和销售活动；其次，当企业把产品（商品）或服务售出后，便可取得收入，收回资金；第三，如果企业现有资金不能满足经营的需要，就要采取短期借款、占用供应商提供的商业信用等方式来筹集所需资金，这些都会产生企业资金经常性的收付。这种因企业日常生产经营而引起的财务活动，也称为资金营运活动。

企业的营运资金，主要是为满足企业日常营业活动所需要的资金，通常，营运资金的周转与经营周期一致。在一定时期内，资金周转越快，资金的利用效率就越高，实现经营周期的次数就越多，那么取得的收入也就越多，获得的报酬也越多。因此，如何加速资金周转，提高资金的利用效率，改善资金的利用效果，也是财务管理的主要内容之一。

4.分配活动

企业必须通过投资活动或资金营运活动有效地利用所筹集的资金，从而达到取得收入、并实现资本的增值的目的。企业取得的各种收入在补偿成本、支付费用、缴纳税金之后，还应依据现行法律法规对剩余收益予以分配。企业的分配活动有广义和狭义之分。广义的分配是指对企业各种收入进行分割和分派的过程；而狭义的分配仅指对企业净利润的分配。

就广义分配而言，企业筹集的资金归结为所有者权益和负债两个方面。在对这两种资金分配相应的报酬时，前者是通过利润分配的形式进行的，属于税后分配；后者是通过将利息等计入成本费用的形式进行分配的，属于税前分配。

就狭义分配而言，企业通过经营活动取得的收入，如销售收入或服务收入，首先要用以弥补经营过程中的各种耗费和税金，包括支付物耗、支付工资、缴纳流转税等，剩余部分成为企业的营业利润；营业利润和投资净收益、营业外收支净额等构成企业的利润总额，利润总额按照税法的规定缴纳企业所得税之后形成属于投资者的净利润。一般而言，净利润可以用以资本积累或分配给投资者。根据《中华人民共和国公司法》（以下简称《公司法》）的规定，需从净利润中提取公积金和公益金用于扩大积累、弥补亏损和改善职工集体福利设施，其余利润可作为收益分配给投资者或暂时留存企业作为投资者的追加投资。

另外，随着分配过程的进行，资金或者退出，或者留存于企业。这必然会影响企业的资金运动，具体表现在资金运动的规模和资金运动的结构上，如筹资金额和筹资结构等，同时也会影响企业在资本市场的表现，如股票价格等。因此，如何依据一定的法律原则，合理确定分配规模和分配方式，确保企业取得最大的长期利益，也是财务管理的主要内容之一。

上述财务活动的四个方面，相互联系，相互依存，不可割裂。正是这四个相互联系又有一定区别的方面，构成了完整的企业财务活动，这四个方面也就是企业财务管理的基本内容。一套健全的财务管理体系，能确保资本结构的合理性、筹资投资的及时性、资金管理的规范性和效率性、利益分配的兼顾性、财务控制的一贯性、规避财务风险等。财务管理体系的建立和健全，可以提高企业财务资源配置的使用效率，从而提高企业价值。

三、企业的财务关系

我们知道，企业的筹资、投资、运营和分配等财务活动都必然有投资者、被投资者、债权人、供应商、客户、雇员等各方面的参与，他们之间或他们与企业之间往往有不完全相同的利益和风险取向，但又必须相互协调，因而在这个过程中就形成了财务关系。财务关系是指企业在组织和进行财务活动的过程中与有关各方所发生的经济利益关系。

企业在资金筹集、投放、使用、回收和分配过程中，与各方面所形成的财务关系可概括为与投资者之间的财务关系、与被投资者之间的财务关系、与债权人之间的财务关系、与债务人之间的财务关系、与雇员之间的财务关系、与供应商之间的财务关系、与客户之间的财务关系、企业各单位之间的财务关系等几个主要方面。

1. 企业与投资者之间的财务关系

企业与投资者之间的财务关系是指企业的投资者向企业投入资金，企业保证投资者财产的安全，通过运营使其增值，并向其投资者支付投资报酬所形成的财务关系。企业的投资者要按照投资合同、协议、章程的约定履行出资义务，形成企业的资本。企业利用资本进行营运，实现利润后，按照出资比例或合同、章程的规定，向投资者支付投资报酬。如果同一企业有多个投资者，他们按照各自的出资比例对企业承担责任，对企业享有相应的权利和利益，包括参与企业净利润的分配、对企业的剩余资产享有索取权等。他们通常要以直接（投票）或间接（购买或抛售企业股票）的形式对企业进行一定程度的控制或施加影响。

【微型案例】

股东对太阳公司拟收购苹果计算机公司的反应

太阳微系统公司（Sun Microsystems Inc.）的管理层曾经和苹果计算机公司（Apple Computer Inc.）的管理者讨论有关公司合并的问题。1996 年 1 月，美国《华尔街日报》报道，太阳公司可能出价每股$ 25 购买苹果公司的股票。那天太阳公司的股票从每股$ 48.56 降到$ 44.13。显然，投资者认为太阳公司对苹果公司支付的价格太高了。他们通过降低其愿意支付给太阳公司股票价格的做法间接却“大声地”表达了他们的意见。

资料来源：（美）道格拉斯·R. 爱默瑞，约翰·D. 芬尼特．公司财务管理．荆新，王化成，李焰等校译．北京：中国人民大学出版社，1999。

2. 企业与被投资者之间的财务关系

企业与被投资者之间的财务关系主要是企业以购买股票或直接投资的形式向其他企业投资所形成的财务关系，它体现了所有权性质的投资与被投资的关系。随着市场经济的不断深入发展，这种关系也越来越广泛，并已成为企业扩大经营规模和经营范围的重要途径。前面案例中提到的海尔集团就是通过兼并多家公司将其业务扩展到家电、计算机、通信等三大产业的。企业向其他单位投资，应按约定履行投资义务，并依据其出资份额参与被投资者的经营管理和利润分配。

3. 企业与债权人之间的财务关系

债权人也是企业的主要资金提供者。企业与债权人之间的财务关系主要是指企业向债权人借入资金，按借款合同的约定使用资金并按时支付利息和归还本金所形成的财务关系。企业同其债权人的财务关系在性质上属于债务与债权的关系。

我们知道，在资本市场上，由于收益和风险的取向不同，资金提供者会分别选择股权或债权的方式将资金提供给企业，这样企业除了利用所有者的资本进行经营活动外，还需要获得一定数量的债务资金以扩大经营规模。企业的债权人主要有本企业发行的公司债券的持有人、贷款机构、商业信用的提供者、其他出借资金给企业的单位和个人等。企业利用债权人的资金时，要按约定的用途使用资金并按约定的利率向债权人支付利息；债务到期时，要合理调度资金，按时向债权人归还本金。

4. 企业与债务人之间的财务关系

企业与债务人之间的财务关系主要是指企业将其资金以购买债券、提供借款或商业信用等形式出借给其他单位所形成的财务关系，它体现的是债权与债务关系。企业将资金借出后，有权要求其债务人按约定的条件使用资金、支付利息和归还本金。

5. 企业与政府之间的财务关系

中央政府和地方政府作为社会管理者，担负着维持社会正常秩序、保卫国家安全、组织和管理社会活动、行使政府行政职能等任务。政府依据这一身份，参与企业利润的分配，这种关系体现一种强制和无偿的分配性质，具体表现为企业必须按照税法规定向中央和地方政府缴纳各种税款，包括所得税、流转税、资源税、财产税和行为税等。同时，政府也以宏观调控的手段保证经济运行和发展的效率，这主要通过调整经济政策、税率等来实现，这些行为也影响企业与政府之间的财务关系。

6. 企业与雇员之间的财务关系

企业与雇员之间的财务关系主要是指雇员参与甚至决定企业的财务活动、企业向雇员支付劳动报酬等过程中所形成的财务关系。随着所有权与经营权的分离，雇员实际上是企业运营的直接参与者，他们以自身的行为影响或决定企业的财务活动，并以其工作作为获得企业报酬的依据。企业根据雇员的业绩用其获得的收入向他们支付工资、津贴和奖金，并按规定提取公益金等，体现着雇员个人和集体在劳动成果上的分配关系。企业与雇员通常有相同的目标，但有时也有目标的背离，因而通过有效的机制和安排使企业与雇员目标一致是处理这方面财务关系最主要的方面。

7. 企业内部各单位之间的财务关系

企业内部各单位之间的财务关系主要是指企业内部各单位之间因在生

产经营各环节中相互提供产品或劳务、资金等所形成的财务关系。企业在实行内部经营责任制和业绩考评的条件下，企业供、产、销各个部门以及各个生产单位之间相互提供产品或劳务会形成财务关系，企业集团内部投资与被投资公司之间也会形成财务关系。这种在企业内部形成的资金结算关系、投资与被投资关系，体现了企业内部各单位之间的利益关系。

第二节 财务管理的目标

一、财务管理目标概述

财务管理目标是在特定的理财环境中，通过组织财务活动，处理财务关系所要达到的目的。从根本上说，财务管理目标取决于企业生存目的或企业目标，并受财务管理自身特点的制约。通常，企业是以营利为目的的组织，其出发点和归宿是营利。因此，企业管理的目标可以简单地概括为生存、发展和获利。根据现代企业财务管理理论和实践，对于财务管理目标最具有代表性的观点主要有利润最大化、资本利润率最大化或每股利润最大化、企业价值最大化或股东财富最大化等几种。

1. 利润最大化

这种观点认为，利润代表了企业新创造的财富，利润越多则说明企业财富增加得越多，越接近企业的目标。也就是说，假定在企业投资的预期收益确定的情况下，财务管理行为将朝着有利于企业利润最大化的方向发展。以追逐利润最大化作为财务管理的目标，其公认的原因有三：一是人类从事生产经营活动的目的是为了创造更多的剩余价值，在商品经济条件下，剩余价值的多少可以用利润这个指标来衡量；二是在自由竞争的资本市场中，资本的使用权最终属于获利最多的企业；三是只有每个企业都最大限度地获得利润，整个社会的财富才可能实现最大化，从而带来社会的进步和发展。在社会主义市场经济条件下，企业作为自主经营的主体，所创利润是指企业在一定期间的全部收入和全部费用的差额，是按照收入与费用配比原则加以计算的。它不仅可以直接反映企业创造剩余价值的多少，而且也能从一定程度上反映出企业经济效益的高低和对社会贡献的大小。同时，利润还是企业补充资本、扩大经营规模的源泉。因此，以利润最大化为财务管理的目标有一定的道理，这一观点也曾在一定时期里占据主要地位。

以利润最大化作为财务管理的目标在实践中存在一些难以解决的问题：首先，这里的利润是指企业在一定时期内实现的利润总额，其没有考虑资金的时间价值；其次，没有反映创造的利润与投入的资本之间的关系，因而不利于不同资本规模的企业或同一企业在不同期间内的利润的比较；再次，没有考虑风险因素，高额利润往往要承担过大的风险，不考虑风险，会导致企业优先选择高风险的项目，一旦出现不利的状况企业将陷入困境；还有，片面追求利润最大化，可能导致企业仅关注当期利润而忽视长远发展的短期行为，如忽视产品开发、人才开发、生产安全、技术装备水平、生活福利设施和履行社会责任等；最后，利润是一个会计指标，企业可以通过核算方式的变更来影响其结果。

2. 资本利润率最大化或每股利润最大化

资本利润率是利润额与资本额的比率，每股利润是利润额与普通股股数的比值，这里利润额是净利润。这种观点认为，所有者作为企业的投资者，其投资目标是取得资本收益，具体表现为净利润与出资额或股份数（普通股）的对比关系。这个目标的优点是把企业实现的利润额同投入的资本或股本数进行对比，从而说明企业的盈利水平，并且可以在不同资本规模的企业或同一企业不同期间之间进行比较，以揭示其盈利水平的差异，同时也解决了以利润最大化作为财务管理目标的这一缺陷。但该指标仍然没有考虑资金时间价值和风险因素，也不能避免企业的短期行为和采取不同核算方式对该指标的影响。

3. 企业价值最大化或股东财富最大化

这种观点认为，投资者建立企业的主要目的，在于创造尽可能多的财富，这种财富首先表现为企业价值或股东财富。这里，企业价值不是账面资产的价值，而是企业的市场价值，它反映了企业潜在或预期获利能力。在股份公司，尤其是上市公司，从股东的观点看，企业价值或股东财富表现为获得股利或出售股权换取的现金。

投资者在评价企业价值或股东财富时，是以投资者预期投资时间为起点的，并将未来收入按预期投资时间的同一口径进行折现，未来收入的多少可以按可能实现的概率进行计算。可见，这种计算办法考虑了资金的时间价值和风险问题。企业所得的收益越多，实现收益的时间越短，则企业价值或股东财富越大。

以企业价值最大化或股东财富最大化作为财务管理的目标，其优点主要表现在：

（1）该目标考虑了资金的时间价值和投资的风险价值，有利于统筹安排长短期规划、合理选择投资方案、有效筹措资金、合理制定股利政策等。

（2）该目标反映了对企业资产保值增值的要求，从某种意义上说，股东财富越多，企业市场价值就越大，追求股东财富最大化的结果可促使企业资产保值或增值。

（3）该目标有利于克服管理上的片面性和短期行为。

（4）该目标有利于社会资源合理配置。社会资金通常流向企业价值最大化或股东财富最大化的企业或行业，从而有利于实现社会效益最大化。

当然，以企业价值最大化或股东财富最大化作为财务管理的目标也存在一些问题，包括：

（1）对于股票上市的企业，虽可通过股票价格的变动揭示企业价值，但是股价是受多种因素影响的结果，特别在即期市场上的股价不一定能够直接揭示企业的获利能力，只有长期趋势才能做到这一点。

（2）出于实现战略目标或稳定购销关系等原因，现代企业不少采用环形持股的方式，相互持股。法人股东对股票市价的敏感程度远不及个人股东，对以股价最大化表示的股东财富最大化目标没有足够的兴趣。

（3）对于非股票上市企业，企业价值或股东财富存在计量上的困难。只有对企业进行专门的评估才能真正确定其价值，而在评估企业的资产时，由于受评估标准和评估方式的影响，不易做到客观和准确。

上述几种不同观点分别从各个角度对企业财务管理目标进行了考察和分析，同时，这些观点亦处在一个不断演进和趋同的过程中。目前关于财务管理目标的主流观点是企业价值最大化或股东财富最大化。

二、影响财务管理目标实现的因素

现代企业是多边契约的总和，是人力资本和货币资本的结合，其中包括股东、经营者和债权人等。现代企业中股东不仅要承担企业经营风险，债权人、经营者也承担着企业的风险，企业利用财务杠杆使企业资产负债率大大提高，债权人承担的风险迅速攀升；而对于经营者而言，由于现代社会分工的细化，使其付出时间、精力、学习的机会成本也是巨大的。

鉴于各方所负担的风险和彼此依赖的关系会影响到企业财务管理目标实现，从而影响各方共同利益实现的因素主要包括各方财务关系的协调、企业财务管理活动与财务环境的适应、企业财务管理职能的架构、财务管理技术的应用等。

三、财务管理目标的协调

企业财务管理目标是企业价值最大化或股东财富最大化，根据这一目标，如何协调财务活动所涉及的不同主体间的利益是财务管理必须解决的问题。

1. 所有者与经营者的矛盾与协调

企业的所有权与经营权分离后，所有者的目标是企业价值最大化或股东财富最大化，并千方百计要求经营者以最大的努力去完成这一目标。但企业价值最大化或股东财富最大化直接反映的是企业所有者的利益，与企业经营者没有直接的利益关系，而经营者其实也是最大合理效用的追求者，他们的目标是增加报酬、增加闲暇时间和避免风险。也就是说，经营者的具体行为目标与他们的委托人——所有者不完全一致，经营者有可能因为自身的目标而背离股东的利益，具体表现为道德风险和逆向选择。道德风险是指由于一方不能观察另一方行动的情况，而造成的一方对另一方有关行为的信息不对称，例如经营者为了自己的目标，不是尽最大的努力去实现企业财务管理的目标，具体表现为回避风险，不做错事但也不认真做事等；逆向选择是指是信息不对称的另一种类型，是指掌握信息优势的一方利用信息优势获取超额利润的现象，例如经营者为了自己的目标而背离股东的目标，具体表现为装修豪华的办公室、购买高档汽车、蓄意压低股票价格，然后再以自己的名义借款买回等。

对所有者来讲，他们所放弃的利益也就是经营者所得的利益。问题的关键不是支付给经营者的成本的多少，而是在增加成本的同时，是否更多地提高了企业价值。因而，经营者和所有者的主要矛盾就是经营者希望在提高企业价值和股东财富的同时，能更多地增加享受成本，而所有者和股东则希望以较小的享受成本支出带来更高的企业价值或股东财富。为了解决这一矛盾，应采取让经营者的报酬与绩效相联系的办法，并辅之以一定的监督措施。

（1）监督。经营者背离所有者目标的原因是双方的信息不对称，主要是经营者了解的信息比股东多。这样，避免道德风险和逆向选择的出路是股东对经营者进行监督以获取更多的信息，并以监督的结果作为惩罚或奖励的依据。当然，受信息取得难易和成本等因素的限制，全面监督是行不通的。

（2）解聘。这是一种通过所有者约束经营者的办法。所有者对经营者进行监督，如果经营者未能使企业价值达到最大，就解聘经营者。为此，经营者会因为害怕被解聘而努力实现财务管理目标。

(3) 被接管。这是一种通过市场约束经营者的办法。如果经营者经营决策失误、经营不力，未能采取一切有效措施使企业价值提高，该企业就可能被其他企业强行接收或吞并，经营者也会被解聘。为此，经营者为了避免被接管，就必须采取一切措施提高股票市价。

(4) 激励。即将经营者的报酬与其绩效挂钩，以使经营者自觉采取能满足企业价值最大化或股东财富最大化的措施。激励有两种基本方式：

①“股票期权”方式。它是允许经营者以固定的价格购买一定数量的公司股票，当股票的价格高于固定价格越多时，经营者所得的报酬就越多。经营者为了获取更大的因股票价格上涨而带来的益处，就必然主动采取能够提高股价的措施。

②“绩效股”形式。它是公司运用每股利润、资产收益率等指标来评价经营者的业绩，视其业绩大小给予经营者数量不等的股票作为报酬。如果公司的经营业绩未能达到规定目标时，经营者也将部分丧失原先持有的“绩效股”。这种方式使经营者不仅为了多得“绩效股”而不断采取措施提高公司的经营业绩，而且为了使每股市价最大化，也采取各种措施使股票市价稳定上升。

【微型案例】

绍兴百大高级管理人员持股

1998 年底，嘉源公司入主绍兴百大之后，经过半年多的清产核资，绍兴百大的不良资产基本上得到剥离。在此基础上，1999 年 6 月 3 日，公司董事会提出，公司的总经理、副总经理、财务负责人和董事会秘书等，在 6 个月之内，必须持有一定数量的公司发行在外的社会公众股。1999 年 6 月，绍兴百大发布公告称，公司的高级管理人员已于近日陆续从二级市场上购入该公司的社会公众股，平均每股购入价格为 10.40 元左右。公告还显示，购入股份最多的是该公司总经理王学超，持股数量达 28 600 股，而购入股份最少的高级管理人员也有 19 000 股。按照有关规定，上述人员只有在离职 6 个月后，才可将所购入的股份抛出。董事会这样做的目的是为了增强高级管理人员对公司发展的使命感和责任感，让他们也来投资自己所管理的公司，公司做好了，他们的资产就会增值，公司做不好，也就直接影响到他们的切身利益。因此，把他们个人的利益与公司的利益紧密结合起来，有利于企业的快速健康发展。

2. 所有者与债权人的矛盾与协调

所有者是剩余利益的获得者，所以可以认同能带来较大收益但有较高风险的项目，而债权人则是固定收益的获得者，他们显然是风险规避者。这样，所有者的财务目标可能与债权人期望实现的目标产生矛盾。其具体表现为：首先，所有者可能要求经营者改变举债资金的原定用途，将其用于风险更高的项目，这会增大偿债的风险，债权人的债权价值也必然会实际降低。若高风险的项目一旦成功，债权人仍然只能获得约定的利息，额外的利润会被所有者独享；但若失败，债权人却要与所有者共同负担由此而造成的损失，因此对债权人来说风险与收益是不对称的。其次，所有者或股东可能未征得现有债权人同意，而要求经营者发行新债券或举借新债，致使旧债券因相应的偿债风险增加而价值降低。

所有者与债权人的矛盾通常是以契约的形式加以协调的，常见的方式包括：

（1）限制性借债，即在借款合同中加入某些限制性条款，如规定借款的用途、借款的担保条款和借款的信用条件等。

（2）提前收回借款，通常借款合同会规定，当债权人发现企业有侵蚀其债权价值的意图时，债权人可以提前收回债权，从而保护自身的权益。

（3）停止借款，当债权人发现在企业的债权风险较大时，则不给企业增加放款。

第三节　财务管理的环境

一、财务管理环境的概念

企业的财务活动包括企业的筹资、投资、营运资本和利润分配等内容，企业财务管理就是对这些财务活动的计划、控制和反馈，这些活动及相关的管理在相当大程度上受生产、技术、供销、市场、物价、金融、税收等环境因素制约和影响。从系统论的观点看，所谓环境就是存在于系统之外的，对所研究的系统产生影响的一切系统的总和。这样，财务管理环境就是指存在于企业财务管理系统之外，对企业财务活动和财务管理产生影响的企业内外各种条件的统称，其又被称为理财环境。研究理财环境，有助于企业正确地制定理财策略。财务管理环境是企业财务管理赖以生存的土壤，是企业财务决策难以改变的外部约束条件。企业处于财务管理环境之中，不可避免地受到财务管理环境的影响。如筹资过程中，货币政策的调整、金融市场环境的变化将对企业筹资成本、筹资方式等产生直接影响；在投资过程中，要受到国家的法律法规、产业政策的限制和约束。现代企业财务管理环境的不可控制性、动态性和复杂性等特点使企业必须搞好财务管理环境的分析，提高企业的应变能力。只有在财务管理环境的各种因素作用下实现财务活动的协调平衡，企业才能生存和发展。

从影响涉及的范围看，财务管理环境包括宏观财务管理环境和微观财务管理环境。宏观财务管理环境是宏观范围中对企业财务管理有重大影响的各种条件，如国家经济发展水平、产业政策、金融市场状况等，它对各类企业的财务管理都会产生影响。微观财务管理环境是存在于一定范围内的对某些财务活动产生影响的各种条件，如企业文化、企业的组织形式、市场环境等。这里我们主要讨论对企业财务管理有普遍影响的经济环境、法律环境和金融环境等因素。

二、经济环境

企业是整个社会经济体系的一个单元，整个社会经济是企业财务活动生长的土壤。影响财务管理的经济环境因素主要有经济周期、经济发展水平和经济政策等。

1. 经济周期

市场经济条件下，经济发展与运行带有一定的波动性，大体上经历复苏、繁荣、衰退和萧条等几个阶段的循环，这种循环叫做经济周期。在不同的经济周期，企业应相应采用不同的财务管理策略。简单地说，企业在繁荣期通常采用较为激进的财务管理策略，表现为扩大投资、增加产能、扩大存货规模等，而在衰退期则采用较为保守的财务管理策略，表现为放弃次要利益、压缩产能、降低存货规模、提高现金储备等。

我国的经济发展与运行也呈现一定的波动性特征，过去也曾经历过从投资膨胀、生产高涨到控制投资、紧缩银根和正常发展的过程。企业的筹资、投资和资产运营等财务管理活动都要受这种经济波动的影响，如在紧缩时期，社会资金短缺，利率上涨，会使企业的筹资非常困难，甚至影响到企业的正常生产经营活动，相应地，企业的投资方向会因为市场利率的上涨而转向本币存款或贷款。另外，由于经济全球化和国际经济交流与合作的发展，西方的经济周期也不同程度地波及我国。因此，企业在财务管理中必须认识到经济周期对企业财务活动的影响，并在实践中保持一定的前瞻性，以适宜的财务管理策略和模式应对经济发展中的波动。

2. 经济发展水平和速度

改革开放以来，我国的国民生产总值以很高的速度增长，成为世界经济中的亮点，这就给企业不断扩大市场和规模带来了机遇，也给企业拓宽财务活动的领域和提高财务管理水平提出了要求。同时，由于经济高速发展中的资金短缺将长期存在，这也给企业财务管理带来严峻的挑战。

3. 经济政策

改革开放以来，我国已经并正在进行财税体制、金融体制、外汇体制、外贸体制、计划体制、价格体制、投资体制、社会保障制度等方面的改革。所有这些改革措施都深刻地影响着我国的经济生活，也深刻地影响着我国企业的财务活动。如金融政策中货币的发行量、信贷规模都能影响企业投资的资金来源和投资的预期收益；财税政策会影响企业的资金结构和投资项目的选择等；价格政策能影响资金的投向和投资的回收期及预期收益等。可见，经济政策对企业财务的影响很大。这就要求企业财务管理人员必须把握经济政策，并有一定的前瞻性，以更好地进行经营理财活动。

4. 经济全球化

近些年来，在技术进步与各国开放政策的推动下，经济全球化进程逐步加快，成为世界经济发展的主流。随着国际贸易和国际投资规模的扩大，以互联网为代表的信息技术在生产、流通、消费等领域的广泛应用，经济全球化呈现出新的特征：一是网络经济将带动电信、银行、保险和运输等全球服务业市场继续扩张，已经形成的在时间上相互连续、在价格上联动的国际金融交易网络，会随着交易手段和方式的不断创新，交易量迅猛增长；二是跨国公司已突破其所在国制定的反垄断法及相关法律的约束，这使得全球并购将涉及更多领域，规模不断扩大，而跨国公司规模和市场份额的不断扩大又将使生产、营销、消费日益具有全球性；三是世界贸易组织（WTO）等多边组织、国际政策协调集团、非政府组织和区域性经济组织，会在全球范围或区域内更大程度地实现贸易和投资自由化，从而在推动经济全球化进程中发挥越来越重要的作用。这些，都给企业财务管理活动带来了新的内容和特征。

三、法律环境

市场经济的重要特征就在于它是以法律规范和市场规则为特征的经济

体制。法律为企业经营规定了活动空间，也为企业在相应空间内自由经营提供了强有力的保护。影响财务管理的主要法律环境因素几乎涉及企业筹资、投资、资本营运等财务活动的所有方面，这里我们主要讨论企业组织形式的法律规定和税收法律规定。

（一）企业组织形式及相关法律

企业是市场经济的主体，不同类型的企业在其所适用的法律方面有所不同。了解企业的组织形式，有助于企业财务管理活动的开展。企业按其组织形式不同，可分为个人独资企业、合伙企业和公司。

1. 个人独资企业

个人独资企业以下简称“独资企业”是指依法设立，由一个自然人投资，财产为投资人个人所有，投资人以其个人财产对公司债务承担无限责任的经营实体。独资企业有以下特点：

（1）只有一个出资者。

（2）出资人对企业债务承担无限责任。在独资企业中，出资人直接拥有企业的全部资产并直接负责企业的全部负债，也就是说独资人承担无限责任。

（3）独资企业不作为企业所得税的纳税主体。一般而言，独资企业并不作为企业所得税的纳税主体，其收益纳入所有者的收益一并计算缴纳个人所得税。

独资企业具有结构简单、容易开办、利润独享、限制较少等优点。但也存在无法克服的缺点，一是出资者负有无限偿债责任；二是筹资困难，由于个人财力有限，企业往往会因信用不足、信息不对称而存在筹资障碍。值得指出的是我国的国有独资公司不属于本类企业，而是按有限责任公司的一种形式来对待。

2. 合伙企业

合伙企业是依法设立，由各合伙人订立合伙协议，共同出资，合伙经营，共享收益，共担风险，并对合伙企业债务承担无限连带责任的营利组织。合伙企业的法律特征是：

（1）有两个以上合伙人，并且都是具有完全民事行为能力，依法承担无限责任的人。

（2）有书面合伙协议，合伙人依照合伙协议享有权利，承担责任。

（3）有各合伙人实际缴付的出资。合伙人可以用货币、实物、土地使用权、知识产权或者其他属于合伙人的合法财产及财产权利出资。经全体合伙人协商一致，合伙人也可以用劳务出资，其评估作价由全体合伙人协商确定。

(4) 有关合伙企业改变名称、向企业登记机关申请办理变更登记手续、处分不动产或财产权利、为他人提供担保、聘任企业经营管理人员等重要事务，均须经全体合伙人一致同意。

(5) 合伙企业的利润和亏损，由合伙人依照合伙协议约定的比例分配和分担；合伙协议未约定利润分配和亏损分担比例的，由各合伙人平均分配和分担。

(6) 各合伙人对合伙企业的债务承担无限连带责任。

合伙企业具有开办容易、信用相对较佳的优点，但也存在责任无限、权力不易集中、有时决策过程过于冗长等缺点。

3. 公司

公司是指依照《公司法》登记设立，以其全部法人财产，依法自主经营、自负盈亏的企业法人。公司享有由股东投资形成的全部法人财产权，依法享有民事权利，承担民事责任。公司股东作为出资者按投入公司的资本额享有所有者的资产受益、重大决策和选择管理者等权利，并以其出资额或所持股份为限对公司承担有限责任。公司的出资、分配等行为均受《公司法》约束，我国《公司法》所称的公司指有限责任公司和股份有限公司。

(1) 有限责任公司。有限责任公司是由 1 个以上 50 个以下股东共同出资，每个股东以其所认缴的出资额为限对公司承担有限责任，公司以其全部资产对其债务承担责任的企业法人。其主要特征是：

①公司的资本总额不分为等额的股份；

②公司向股东签发出资证明书，不发股票；

③公司股份的转让有较严格的限制；

④股东人数不得超过一定限额；

⑤股东以其出资比例享受权利、承担义务；

⑥股东以其出资额为限对公司承担有限责任。

(2) 股份有限公司。股份有限公司是将其全部资本分为等额股份，股东以其所持股份为限对公司承担责任，公司以其全部资产对公司的债务承担责任的企业法人。若股份有限公司的股票可以在证券市场挂牌公开交易，则被称为上市公司。股份有限公司的主要特征是：

①公司的资本划分为股份，每一股的金额相等；

②公司的股份采取股票的形式，股票是公司签发的证明股东所持股份的凭证；

③同股同权，同股同利，股东出席股东大会，所持每一股份有一表决权；

④股东可以依法转让持有的股份；

⑤股东不得少于规定的数目，但没有上限的限制；

⑥股东以其所持股份为限对公司债务承担有限责任。

与独资企业和合伙企业相比，公司具有这样的特点：

①有限责任。股东对公司的债务承担有限责任，倘若公司破产清算，股东的损失以其对公司的投资额为限。而对独资企业和合伙企业，发生这种情况时，其所有者可能损失更多，甚至是个人的全部财产。

②永续存在。公司的法人地位不受某些股东死亡或转让股份的影响，因此，其寿命较之独资企业或合伙企业更有保障。

③可转让性。一般而言，公司的股份转让比独资企业和合伙企业的权益转让更为容易。

④易于筹资。就筹集资本的角度而言，公司是最有效的企业组织形式。因其永续存在和仅负担有限责任以及举债和增股的空间大，公司具有更大的筹资能力和弹性。

⑤对公司的收益重复纳税。作为一种企业组织形式，公司也有不足，其最大的缺点是对公司收益的重复纳税——公司的收益先要缴纳公司所得税；税后收益以现金股利的形式分配给股东后，股东还要缴纳个人所得税。

公司的这一组织形式，已经成为企业创立者所采用的主要组织形式，本书所讲的财务管理，主要是指公司的财务管理。

（二）税法

1. 税收及对企业财务管理的影响

税收是国家为了实现其职能，按照法律预先规定的标准，凭借政治权力，强制地、无偿地向纳税人征收货币的一种行政手段，也是国家参与国民收入分配和再分配的一种方法，税收是国家参与经济管理，实行宏观调控的重要手段之一。税收具有强制性、无偿性和固定性三个显著特征。

国家财政收入的主要来源是企业所缴纳的税金，而国家财政状况和财政政策，对于企业资金供应和税收负担有着重要的影响；国家对各种税种的设置、税率的调整，对企业具有调节生产经营的作用。国家税收制度特别是工商税收制度，是企业财务管理的重要外部条件。企业的财务决策应当适应税收政策的导向，合理安排资金投放，以追求最佳的经济效益。

2. 税收的类型

按不同的标准，税收有以下几种分类：

（1）按征税对象的不同，可分为流转税类、收益税（所得税）类、财产税类、资源税类和行为税类等。

（2）按中央和地方政府对税收的管辖不同，可分为中央税、地方税、中央与地方共享税等三类。

（3）按税收负担能否转嫁，可分为直接税和间接税。

3. 税法及我国目前的主要税种

税法是由国家机关制定的调整税收征纳关系及其管理关系的法律规范的总称。我国税法的构成要素主要包括：征税人、纳税义务人、课税对象、税目、税率、纳税环节、计税依据、纳税期限、纳税地点、减税免税、法律责任等。目前我国的主要税种如表 1－1 所示。

表 1－1　我国的主要税种

类　别	流转税类	收益税(所得税)类	财产税类	资源税类	行为税类
税种	①增值税； ②消费税； ③营业税； ④城市维护建设税	①企业所得税； ②外商投资企业和外国企业所得税； ③个人所得税	房产税	①资源税； ②土地使用税； ③土地增值税	①固定资产投资方向调节税； ②印花税； ③车船使用税； ④屠宰税

（1）增值税。增值税是以增值额为课税对象的一种流转税。所谓增值额，从理论上讲就是企业在商品生产、流通、加工、修理、修配等各个环节中新增的那部分价值。增值税税率分为三档：基本税率为 17%，低税率为 13%，出口税率为零。增值税属于价外税。

（2）消费税。消费税是对在我国境内从事生产、委托加工和进口应税消费品的单位和个人就其销售额或销售数量为课税对象征收的一种税。

（3）营业税。营业税是对在我国境内提供应税劳务的第三产业（如交通运输、金融保险、邮电通信、文化娱乐、建筑安装、服务业等行业）、转让无形资产或销售不动产的单位和个人征收的一种税。

（4）资源税。资源税是对在我国境内开采应税矿产品及生产盐的单位和个人就其应税资源销售数量或自用数量为课税对象征收的一种税。

（5）企业所得税。企业所得税是对企业纯收益征收的一种税，体现了国家与企业的分配关系。企业所得税适用于境内的实行独立经济核算的企业组织，包括国有企业、集体企业、私营企业、联营企业、股份制企业和其他组织等，但外商投资企业和外国企业除外。上述企业在我国境内和境外的生产、经营所得和其他所得，为应纳税所得额，按 33%的税率计算缴纳税款，符合条件的企业则采用优惠税率计算。

(6) 外商投资企业和外国企业所得税。此税种以设立在我国境内的外商投资企业和外国企业为纳税人，适用于在我国境内设立的中外合资经营企业、中外合作经营企业和外商独资企业，以及在中国境内设立机构、场所从事生产、经营和虽未设立机构、场所而有来源于我国境内所得的外国公司、企业和其他经济组织等。上述外商投资企业和外国企业的生产、经营所得和其他所得为应纳税所得额，税率为30%；地方所得税税率为3%。

(7) 个人所得税。个人所得税是对个人收入征收的一种税，体现国家与个人的分配关系。个人所得税税率设有5%～45%、5%～35%的超额累进税率和20%的比例税率。

财务人员应当熟悉国家税法的相关规定，不仅要了解各税种的计征范围、计征依据和税率，而且要了解差别税率的制定精神，减税、免税的原则规定，自觉按照税收政策导向进行经营活动和财务活动。

四、金融环境

企业总是需要资金来从事投资和经营活动，而资金主要从金融机构和金融市场取得。金融环境的变化必然影响企业的筹资、投资和资金运营活动。所以，金融环境是企业财务管理最为直接和主要的环境因素。影响财务管理的主要金融环境因素包括金融机构、金融市场和利息率等。

【微型案例】

迪斯尼的债券筹资

1993年7月，迪斯尼公司决定增发债券。它的投资银行家建议说，发行100年期的债券是可能的。迪斯尼公司的资本状况很稳健，它的长期负债被穆迪投资者服务公司评为A级，被标准普尔公司评为AA级。在过去的几年中，利率在下降，而且接近过20年来的最低水平，这使长期负债成为一种有吸引力的筹资方式。当时固定利率长期债券的投资者开始相信，美国已控制住了通货膨胀，长期利率不可能再回到20世纪80年代初期的那种高水平。他们认为由于长期国债收益率（30年期债为6.40%）与预计的通货膨胀率（3%）之间的差距，按历史标准来看已相对很高，所以长期利率甚至可能进一步下跌。这样100年期限的长期债券在几年前几乎是不可想象的，但根据迪斯尼公司在摩根·斯坦利公司的投资银行家顾问的看法，现在是可能的。这个案例使我们看到在企业财务管理的金融环境中，金融机构、金融市场的作用，以及资金供需、利率走势等对筹资方式、期限等的影响。

（一）金融机构

在通常情况下，资金供应和资金需求从数量上、时间上、期限上往往很难一致，这就需要一种机制将其整合，金融机构在这一机制中扮演重要角色。社会资金从资金供应者手中转移到资金需求者手中，大多要通过金融机构。金融机构包括银行业金融机构和其他金融机构。

1. 银行业金融机构

银行业金融机构是指经营存款、放款、汇兑、储蓄、结算等金融业务，承担信用中介的金融机构。银行的主要职能是充当信用中介，充当企业之间的支付中介，提供信用工具，充当投资手段和充当国民经济的宏观调控手段。我国银行主要包括各种商业银行和政策性银行。商业银行，包括国有商业银行（如中国工商银行、中国农业银行、中国银行和中国建设银行）和其他商业银行（如交通银行、广东发展银行、招商银行、光大银行等）；国家政策性银行主要包括中国进出口银行、国家开发银行等。

2. 非银行金融机构

非银行金融机构包括金融资产管理公司、信托投资公司、财务公司、投资银行和金融租赁公司等。上述迪斯尼公司筹资案例中的摩根·斯坦利公司就是作为非银行金融机构向迪斯尼公司提供融资服务。

（二）金融工具

金融工具是在信用活动中产生的、能够证明债权债务关系或所有权关系并据以进行货币资金交易的合法凭证，它对于债权债务关系或所有权关系双方所应承担的义务与享有的权利均具有法律效力，常见的金融工具包括股票、债券、商业票据等。金融工具一般具有期限性、流动性、风险性和收益性等四个基本特征。期限性是指金融工具一般规定了偿还期，也就是规定债务人必须全部归还本金之前所经历的时间；流动性是指金融工具在必要时迅速转变为现金而不致遭受损失的能力；风险性是指购买金融工具的本金和预定收益遭受损失的可能性，一般包括信用风险和市场风险两个方面；收益性是指持有金融工具所能够带来的一定收益。

金融工具若按期限不同可分为货币市场金融工具和资本市场金融工具，前者主要有商业票据、国库券（国债）、可转让大额定期存单、回购协议等；后者主要是股票和债券。

20世纪90年代以来，国际金融市场形成了三大重要的发展趋势：国际金融市场全球一体化、融资方式证券化和金融工具的不断创新。其中，金融工具的创新显著提高了金融机构在金融市场上的运营效率。通常我们所说的金融工具包括基本金融工具和衍生金融工具，其中基本金融工具包括货币、商业及银行票据、股票和债券，衍生金融工具是在基本金融工具的基础上派生出的金融工具，主要是以基本金融工具为交易对象的期货合同、期权合同、远期合同和互换合同。丰富的金融工具品种为企业的融资、投资、风险规避提供更多的选择空间。

（三）金融市场

1. 金融市场的基本概念

金融市场是指资金供应者和资金需求者双方通过金融工具进行交易的场所。金融市场可以是有形的市场，如银行、证券交易所等；也可以是无形的市场，如利用计算机、电传、电话等设施通过经纪人进行资金融通活动。通常，金融市场有转化储蓄为投资、改善社会经济福利、提供多种金融工具并加速流动、提高金融体系竞争性和效率、引导资金流向等主要功能。

金融市场由市场参与者、交易工具、交易价格和市场机制等要素构成。其中，市场参与者即市场主体，即参与金融市场交易活动而形成买卖双方的各经济单位；金融工具，即借以进行金融交易的工具，一般包括债权债务凭证和所有权凭证；交易价格，反映的是在一定时期内转让货币资金使用权的报酬；市场机制，即市场组织方式，金融市场的交易所采用的方式。

从企业财务管理角度来看，金融市场作为资金融通的场所，是企业筹集资金必不可少的途径，同时，金融市场也是企业资金投放的重要场所。财务管理人员必须熟悉金融市场的所有类型及其管理规则等，从而有效地利用金融市场来组织资金的筹措和进行资本投资等活动。

2. 金融市场的种类

金融市场是由不同层次的分市场构成的市场体系，按融资对象的不同，包括外汇市场、资金市场和黄金市场。其中，资金市场对企业的财务管理有最直接的影响，因此下面将主要介绍资金市场。资金市场按融资期限的长短划分为短期金融市场和长期金融市场；长期证券市场按证券交易过程划分为一级市场和二级市场。

（1）短期金融市场和长期金融市场。短期金融市场又称货币市场，是指以期限1年以内的金融工具为媒介，进行短期资金融通的市场。其主要特点有：

①交易期限短；

②交易的目的是满足短期资金周转的需要；

③交易使用的金融工具有较强的货币性。

其中，与企业财务管理关系密切的包括短期借贷市场、短期债券市场、票据承兑市场等。

长期金融市场是指以期限 1 年以上的金融工具为媒介，进行长期性资金交易活动的市场，又称资本市场。其主要特点有：

①交易的主要目的是满足长期投资性资金的供求需要；

②收益较高而流动性较差；

③资金流量大；

④价格变动幅度大。

其中，与企业财务管理关系密切的包括长期借贷市场、长期债券市场、股票市场等。

（2）初级市场和次级市场。初级市场，也称一级市场或发行市场，是指新发行证券的市场，这类市场使预先存在的资产交易成为可能。在初级市场上，企业通过发行股票、债券等金融工具，从资金提供者处取得资金，企业可以自己发行上述金融工具，但实际上通常是委托金融机构代理发行。

次级市场，也称二级市场或流通市场，是指现有金融资产的买卖转让的场所，它保证了证券的流动性，同时也有效地整合了资金提供和资金需求在数量上和时间上的不一致。初级市场我们可以理解为“新货市场”，次级市场我们可以理解为“旧货市场”。

3. 我国金融市场的发展

改革开放以来，我国在金融市场发展方面取得了重要的进展。首先，金融市场体系已经初步建立。目前我国已经基本建立了证券与期货市场、货币市场和银行间外汇市场。其次，金融市场参与主体日益多元化，不仅包括商业银行、社会保障基金、信托公司、保险公司和证券公司等，自 2003 年起，还引入了合格的境外机构投资者（Qualified Foreign Institutional Institute，QFII）。第三，金融市场产品的逐步多样化，不仅包括金融债、国债、中央银行票据、公司股本和债务性债券，而且在证券和银行业产品方面不断推陈出新。市场对资产证券化（Assets Backed Securities，ABS）、抵押支撑证券（Mortgage Backed Securities，MBS）和担保抵押债务（Collateralized Debt Obligation，CDO）等银行类创新产品和开放式基金等证券类创新产品都有强烈的需求。第四，跨市场的金融创新产品不断出现，例如货币市场基金的出现，银行信贷资产证券化的发展等。但是和发达国家相比，我国的金融市场还是存在产品简单化等问题，金融市场及其产品的深化程度还不足。

（四）利率

利率是利息占本金的百分比指标。从资金的借贷关系看，利率是一定时期运用资金资源的交易价格。资金作为一种特殊商品，以利率为价格标准进行融通，实质上是资金通过利率实行的再分配。因此利率在资金分配及企业财务决策中起着重要作用。

1. 利率的类型

利率可按照不同的标准进行分类，按利率之间的变动关系，分为基准利率和套算利率；按利率与市场资金供求情况的关系，分为固定利率和浮动利率；按利率形成机制不同，分为市场利率和法定利率。

（1）基准利率和套算利率。基准利率又称基本利率，是指在多种利率并存的条件下起决定作用的利率。所谓起决定作用，是说这种利率变动时，其他利率也相应变动。因此，了解基准利率水平的变化趋势，就可了解全部利率的变化趋势。基准利率在西方通常是中央银行的再贴现率，在我国是中国人民银行对商业银行贷款的利率。

套算利率是指在基准利率确定后，各金融机构根据基准利率和借贷款项的特点而换算出的利率。例如，某金融机构规定，贷款给 AAA 级、AA 级、A 级企业的利率，应分别在基准利率基础上加 0.5%、1%、1.5%，加总计算所得的利率便是套算利率。

（2）固定利率和浮动利率。固定利率是指在借贷期内固定不变的利率。受通货膨胀的影响，实行固定利率会使债权人利益受到损害。

浮动利率是指在借贷期内可以调整的利率。在通货膨胀条件下采用浮动利率，可使债权人减少损失。

（3）市场利率和法定利率。市场利率是指根据资金市场上的供求关系的变化而自由变动的利率。法定利率是指由政府金融管理部门或者中央银行确定的利率。

2. 金融市场上利率的决定因素

正如任何商品的价格均由供应和需求两方面来决定一样，资金这种特殊商品的价格——利率，也主要是由供给与需求来决定。但除这两个因素外，经济周期、通货膨胀、国家货币政策和财政政策、国际经济政治关系、国家利率管制程度等，对利率的变动均有不同程度的影响。因此，资金的利率通常由三部分组成：

（1）纯利率；

（2）通货膨胀补偿率（或称通货膨胀贴水）；

（3）风险收益率。

利率的一般计算公式可表示如下：

利率 = 纯利率 + 通货膨胀补偿率 + 风险收益率

纯利率是指在没有风险和通货膨胀情况下的均衡点利率；通货膨胀补偿率是指由于持续的通货膨胀会不断降低货币的实际购买力，为补偿其购买力损失而要求提高的利率；风险收益率包括违约风险收益率、流动性风险收益率和期限风险收益率等。其中，违约风险收益率是指为了弥补因债务人无法按时还本付息而带来的风险，因债权人要求提高的利率；流动性风险收益率是指为了弥补因债务人资产流动性不好而带来的风险，因债权人要求提高的利率；期限风险收益率是指为了弥补因偿债期长而带来的风险，因债权人要求提高的利率。

我国的利率分为官方利率和市场利率。官方利率是指政府通过中央银行确定公布，并且各银行都必须执行的利率，主要包括中央银行基准利率、金融机构对客户的存贷利率等。市场利率是指在金融市场上资金供求双方竞争形成的利率，随资金供求状况而变化，主要包括同业拆借利率、国债二级市场利率等。市场利率受官方利率的影响，官方利率确定利率时也要考虑市场供求状况，一般来说，两者并无显著脱节现象。

在经济全球化浪潮中，对财务管理有着直接影响的是金融全球化。金融已经成了改变我们生活的关键性力量，金融全球化对企业来说是一柄双刃剑。它使企业筹资、投资有更多的选择机会，但选择权是有价值的，所以说，金融全球化客观上提升了企业的价值；但从 1997 年的亚洲金融风暴中可以看出，在金融全球化的背后，存在着极大的风险。在金融工具和衍生金融工具不断创新的今天，如何寻求机遇，规避风险，是财务管理当前和今后一段时间所面临的重要课题之一。

第四节　财务管理的环节

财务管理的环节是指财务管理的工作步骤与一般程序。一般说来，企业财务管理包括以下几个环节。

一、财务预测

财务预测是根据财务活动的历史资料，并考虑现实的要求和条件，对企业未来的财务活动和财务成果作出科学的预计和测算。本环节的主要任务在于：测算各项经营方案，比如筹资方案、投资方案等的经济效益，为决策提供可靠的依据；预计财务收支的发展变化情况，以确定经营目标；测定各项定额和标准，为编制计划、分解计划指标服务。

财务预测环节主要包括明确预测目标、搜集相关资料、建立预测模型、确定财务预测结果等步骤。

二、财务决策

财务决策是指财务人员按照财务目标的总体要求，利用专门的方法对被决策项目，比如投资项目、筹资项目、分配方案等的各种备选方案进行比较分析，并从中选出最佳方案的过程。在市场经济条件下，财务管理的核心是财务决策，财务预测是为财务决策服务的，决策成功与否直接关系到企业的兴衰成败。

财务决策包括长期财务决策和短期财务决策，长期财务决策的影响所及时间超过一年，包括改变经营规模的决策、长期资金筹集的决策等；短期财务决策的影响所及时间不超过一年，包括如何利用现有的经营规模的决策、短期资金筹集的决策等。财务决策环节主要包括确定决策目标、搜集相关信息、提出备选方案、选择最优方案、决策结果的反馈和后续决策等步骤。

三、财务预算

财务预算是指运用科学的技术手段和数量方法，对未来财务活动的内容及指标所进行的具体规划，它是控制工作的起点和依据。财务预算是以财务决策确立的方案和财务预测提供的信息为基础编制的，是财务预测和财务决策的具体化，是控制财务活动的依据。财务预算的编制一般包括以下几个步骤：分析财务环境，确定预算指标；协调财务能力，组织综合平衡；选择预算方法，编制财务预算。

四、财务控制

财务控制是在财务管理的过程中，利用有关信息和特定手段，对企业财务活动所施加的影响或进行的调节。实行财务控制是落实预算任务、保证预算实现的有效措施。财务控制一般要经过以下步骤：制定控制标准，分解落实责任；实施追踪控制，及时调整误差；分析执行情况，搞好考核奖惩。

五、财务分析

财务分析是根据核算资料，运用特定方法，对企业财务活动过程及其结果进行分析和评价的一项工作。通过财务分析，可以掌握各项财务计划的完成情况，评价财务状况，研究和掌握企业财务活动的规律性，改善财务预测、决策、预算和控制，改善企业管理水平，提高企业经济效益。财务分析包括以下步骤：占有资料，掌握信息；指标对比，揭露矛盾；分析原因，明确责任；提出措施，改进工作。

【案例分析】

海信——财务管理与公司发展

海信集团由原来的彩电单一类产品起家，快速扩展到家电、计算机、通信三大产业。在业务扩张与稳健财务两者之间，海信集团是如何做到“鱼”与“熊掌”兼得呢?

海信位于中国三大家电产业生态圈之一的胶东半岛。胶东半岛圈内主要有海尔、海信、澳柯玛，是北方三大家电巨头。1993 年，按照当时刚推行的新会计制度编制的财务报告，海信的资产负债率高达 84%，此后连续 5 年演绎着“高负债、高成长”的故事。1998 年，亚洲金融危机爆发，韩国大宇、日本八佰伴等众多跨国企业宣告破产，过一下子惊醒了海信集团决策层，经过反思，最终决定把 1998 年的预定发展速度从 100% 改为 50%。从此也确立了海信集团财务战略管理的核心：以财务健康为原则，稳健经营。

企业要发展，必须不断地注入新的项目来提升业绩。海信集团在决定新项目投资时，对经营风险和财务风险考虑得非常充分。

空调项目就是集团投资的成功之作。该项目于 1997 正式启动，4 月 17 日第一台变频空调下线投放市场，到 2000 年销量达到 50 万台，稳居变频空调市场产销量第一。该项目起始投入为 4 亿元，现在年贡献利润达 1.5 亿元以上。这一成功并非偶然，集团董事长周厚健透露：“我们为空调项目整整准备了 7 年。”

海信集团财务中心主任肖建林说：“集团的长远目标是通过资本运营，

实现国有资产的保值增值。但资本运营不等于是玩‘空手道’，只有好的企业才能在证券市场中经得起考验，而企业好不好，最终就表现在财务是否健康。如果企业既没效益，又无产品和技术，搞资本运营就没有前提，连生存都会成问题。”时下的网络公司倒闭风潮无疑又给海信当年定下的财务战略思想作了最好的注解。

事实上，现在的海信集团已步入了高速扩张期，由原来单一生产彩电扩展到家电、计算机、通信等三大主导产业。其中海信空调在变频空调市场中占有80%的市场份额，排名第一，家用电脑排名第三，彩电排名第四。同时，海信集团的资产负债率从1993年的84%降到了2001年年初的57%，到2001年6月，又降了2个百分点，远低于国内绝大多数同行70%左右的资产负债率水平。

运用古代兵法中以战养战，步步为营的策略，海信集团采取以项目养项目，稳扎稳打的步骤。上面所谈到的海信集团的空调项目就是成功之举。现在，这一项目已成为会下金鸡蛋的母鸡。现在母鸡开始带小鸡了。

当年，海信集团由原来的彩电单一类产品起家，借空调项目切入市场，海信空调的资金主要来源于海信电视的利润积累。在争得家电、计算机市场一席之地后，海信集团现在又把下一个要目标放在通信产业。今天，海信空调这只会下金鸡蛋的母鸡，又开始为第三代移动通信专案项目（CDMA）贡献资金。

在海信集团，对财务的分析和考核是家常便饭的事。每月经营会议的管理层讲评，其中的一项主要内容就是财务分析讲评。“我们财务分析的原则是：从财务的角度来看经营，从经营的观点看财务”。分析内容包括，主要产品的毛利率及其分布、新产品的试制情况、存货周转情况、经营活动收支情况、应收款项账龄分析、预付账款、其他应收款等指标，通过这些数据来对集团总体财务状况以及各子公司的特点及共同性进行分析，进而了解企业实际的经营状况。在财务讲评时，海信集团注意抓典型、抓两头，做得好的公司和不好的公司都要在会上分析各自的原因和问题，收到学习、提高之效。

案例点评：

从上述案例我们可以看到，经过高速发展阶段后，海信集团始终坚持着稳健的财务战略，其集团董事长周厚健也曾强调，在企业发展速度和财务健康选择上，海信宁可牺牲前者，也要保持企业财务的健康，我们认为这样的财务管理战略是比较传统的，尤其是在高端技术产品的行业，采取这种财务管理战略是比较保守的，但它却能保持公司的长远的发展，使得公司成功地从彩电类单一产品起家，快速扩展到家电、计算机、通信等三大产业，而且还成功地利用这个项目为第三代移动通信专案项目（CDMA）贡献资金。

通过这个案例，我们可以这样认为，财务管理是保证企业长治久安和迅速发展的关键管理环节之一。基于环境和发展阶段的不同，企业可能有不同的财务管理风格，采用不同的财务管理策略，或是稳健，或是激进，但无论如何，企业要想做到生存和发展的"鱼"与"熊掌"兼得，就必须有正确的理财战略和财务管理理念。

资料来源：Yan. 稳健财务管理打造集团优势. http://www.edu110.com/Article/ShowArticle.asp?ArticleID=699&ArticlePage=1。

思考题

1. 企业有哪些主要的财务管理活动？
2. 企业财务管理中需要协调的财务关系包括哪些？
3. 企业财务管理所面临的宏观环境因素有哪些？
4. 企业有哪些主要的财务管理环节？
5. 简述金融市场。
6. 什么是金融工具？简述金融工具的发展对企业财务管理的影响。

第二章

财务管理的价值观念

本 章 要 点

财务管理的价值观念包括货币的时间价值和风险价值两方面，它是指财务管理学中一系列和货币的时间价值、风险和风险报酬有关的基本概念和基本原理。时间价值、风险和风险报酬是企业财务活动时时遇到的因素，是财务管理各个环节中都必须考虑的因素。本章重点介绍与货币的时间价值、风险和风险报酬有关的概念，货币的时间价值、风险和风险报酬的计算，以及风险与风险报酬的关系等内容。本章内容是其他章节的基础，特别是货币的时间价值计算的方法，将在以后的多个章节中运用。

第一节　货币的时间价值

一、货币时间价值的含义

货币的时间价值（the value of time）也称为资金的时间价值，是指货币随着时间的增长而增加的价值。通常的说法是今天的一元钱和未来的一元钱是不相等的，今天的一元钱的价值大于未来的一元钱的价值，因为今天的一元钱的价值会随着时间的推移而增值，必然大于未来的一元钱的价值。

货币的时间价值的来源是投资。投资者手中的货币既可以用于消费也可以用于投资，用于消费可以获得某种满足，但货币不能发生增值，不会产生时间价值，只有用于投资才可以获取收益，货币才能发生增值，因此，投资是货币的时间价值的来源。而且，货币的时间价值的大小与投资的时间长短成正比，即投资时间越长，产生的时间价值越多。

虽然说投资是货币的时间价值的来源，但不能把投资的收益与时间价值等同起来，因为在这些投资的收益中除了时间价值外还包含有通货膨胀造成的货币价值的变动额和风险价值，只有将这两部分从收益中扣除后，剩余的部分才是时间价值。在没有通货膨胀的情况下，政府短期债券的利息大致相当于时间价值，因为政府的信誉比较高，一般不会违约，购买政府债券没有风险。时间价值也可以用没有风险和通货膨胀时的平均资金利润率表示。

时间价值可以用绝对数表示，也可用相对数表示，但用绝对数表示不便于不同投资项目之间的比较，所以时间价值通常使用相对数表示。

时间价值通常用利率表示，也可以用投资报酬率来表示，这里我们假定利率和投资报酬率都不包含风险和通货膨胀的因素。应该注意的是，现实中使用的利率、投资报酬率通常都包含通货膨胀率和风险报酬率，和时间价值是有区别的。

二、货币时间价值的计算

货币的时间价值的计算包括现金流量的转化和与时间价值有关的其他的计算。

企业的财务活动通常表现为货币的收入和支出，也称为现金的流入和流出，或现金流量。在进行财务决策时，为了确定某项财务活动是否可行，常常要把该项财务活动引起的现金流量进行对比，如在投资决策中将投资额和收益进行对比，以确定投资是否可行，由于时间价值的存在，不同时间点的现金流量不能直接比较，必须加以转化。通常是将未来的现金流量转化为现在的现金流量，或者将现在的现金流量转化为未来的现金流量。未来的现金流量转化为现在的现金流量是计算现值，将现在的现金流量转化为未来的现金流量是计算终值。现值（Present Value，PV）又称本金，是指未来现金流量按一定利率计算折合为现在的价值。终值（Future Value，FV）又称未来值，是指现在的现金流量按一定利率计算折合为未来某一时点的价值。

终值与现值的计算都涉及计算利息的方式，目前有两种计算利息的方式，即单利和复利。

（一）单利

单利（simple interest）是计算利息的一种方法，采用单利法计算利息时，只对本金计息，不对利息计息，即各期的利息不加入本期的本金，不作为下期的本金。在单利法下，各期计息的本金是不变的，因而各期的利息是相同的。

1. 单利终值的计算

单利终值是利用单利的方法计算的现在一笔现金流量的未来的价值，

单利终值可由本金加上各期的利息求得。单利终值的计算常常利用公式进行，以 F_n代表单利终值，P 代表本金，i 代表利率，n 代表期数，可得单利终值计算公式如下：

$$F_n = P + P(i \times n) = P(1 + i \times n)$$

其推导过程如下：

当计息期为一期时，

$$\begin{aligned} F_1 &= P + P \times i \\ &= P(1 + i \times 1) \end{aligned}$$

当计息期为二期时，

$$\begin{aligned} F_2 &= P + P \times i + P \times i \\ &= P + P(i \times 2) \\ &= P(1 + i \times 2) \end{aligned}$$

当计息期为三期时，

$$\begin{aligned} F_3 &= P + P \times i + P \times i + P \times i \\ &= P + P(i \times 3) \\ &= P(1 + i \times 3) \end{aligned}$$

……

以此类推，当计息期为 n 期时，

$$\begin{aligned} F_n &= P + P \times i + P \times i + P \times i \cdots P \times i \\ &= P + P(i \times n) \\ &= P(1 + i \times n) \end{aligned}$$

例 2-1 现在存入银行 100 元，年利率为 10%，单利计息，三年后的本利和是多少？

解析： $F_3 = 100 \times (1 + 10\% \times 3) = 130$（元）

2. 单利现值的计算

单利现值是利用单利的方法计算的未来一笔现金流量的现在价值。单利现值和单利终值互为逆运算，单利现值的计算公式可以用单利终值的计算公式推导出来，即

$$F_n = P(1 + i \times n)$$

$$P = \frac{F_n}{(1 + i \times n)}$$

例 2-2 企业计划在 4 年后得 24 000 元，在利率为 5%，在单利计息的条件下，现在需要存入银行多少钱？

解析： $P = \dfrac{24\,000}{(1 + 5\% \times 4)} = 20\,000$（元）

（二）复利

复利（compounding interest）是计算利息的另一种方法，采用复利计算利息不仅本金要计利息，各期的利息也要加入本金计息，复利也称为利滚利。复利既考虑本金的时间价值，也考虑利息的时间价值，是一种常用的计算时间价值的方法。

1. 复利终值的计算

复利终值是利用复利的方法计算的现在一笔现金流量的未来价值，计算复利终值的利率称为复利率。复利终值的计算可利用复利终值的计算公式进行，以 FV_n代表复利终值，PV 代表复利现值，i 代表复利率，n 代表期数，其计算公式为

$$FV_n = PV(1+i)^n$$

其推导过程如下：

当计息期为一期时，

$$FV_1 = PV(1+i)$$

当计息期为二期时，

$$\begin{aligned} FV_2 &= PV(1+i)(1+i) \\ &= PV(1+i)^2 \end{aligned}$$

当计息期为三期时，

$$\begin{aligned} FV_3 &= PV(1+i)(1+i)(1+i) \\ &= PV(1+i)^3 \end{aligned}$$

……

以此类推，当计息期为 n 期时，

$$\begin{aligned} FV_n &= PV(1+i)(1+i)(1+i)\cdots(1+i) \\ &= PV(1+i)^n \end{aligned}$$

例 2－3 投资 50 000 元，年报酬率为 12%，5 年后可得多少？

解析：

$$\begin{aligned} FV_5 &= 50\,000(1+12\%)^5 \\ &= 88\,117.08(元) \end{aligned}$$

$FV_n = PV(1+i)^n$ 式中的 $(1+i)^n$ 称为复利终值系数，记作（$F/P, i, n$）。复利终值系数可通过查复利终值系数表得到。复利终值系数表的第一行是计息的利率 i，第一列是计息的期数 n。利率所在的列和期数所在的行的交叉点就是要查找的复利终值系数。例如，查复利终值系数（F/P，6%，4），查找利率 6%所在列和期数 4 所在行，二者交叉点得到 1.262 就是要查找的复利终值系数。

有了复利终值系数表可利用复利终值系数表计算复利终值。其公式为

$$FV_n = PV(F/P, i, n)$$

例 2－4 上例可解作

$$FV_5 = 50\ 000(1+12\%)^5$$
$$= 50\ 000(F/P, 12\%, 5)$$

通过查表得

$$FV_5 = 50\ 000 \times 1.762$$
$$= 88\ 100(元)$$

2. 复利现值的计算

复利现值是利用复利的方法计算的未来一笔现金流量现在的价值，复利现值的计算过程也称为贴现，贴现用的利率称为贴现率。复利现值的计算和复利终值的计算互为逆运算。

复利现值公式可以由复利终值公式计算导出：

$$FV_n = PV(1+i)^n$$
$$PV = FV_n(1+i)^{-n}$$

例 2－5 计划在三年以后得 60 000 元，贴现率为 8%，现在应该存入多少？

解析：

$$PV = 60\ 000(1+8\%)^{-3}$$
$$= 47\ 629.93(元)$$

复利现值也可以利用复利现值系数表计算，上述 $PV = FV_n(1+i)^{-n}$ 式中的 $(1+i)^{-n}$ 称为复利现值系数，记作 $(P/F, i, n)$，复利现值系数可通过查复利现值系数表获得，其查找的方法和复利终值查找的方法相同。利用复利现值系数表计算复利现值，其公式为

$$PV = FV_n(P/F, i, n)$$

例 2－6 上例可解作

$$PV = 60\ 000(1+8\%)^{-3}$$
$$= 60\ 000(P/F, 8\%, 3)$$

通过查表得

$$PV = 60\ 000 \times 0.794$$
$$= 47\ 640(元)$$

（三）普通年金

年金是指连续若干期等额的现金流量。年金存在的形式是多种多样的，如养老金、保险费、折旧、租金等，都是年金。年金按发生的时间、起点、期数不同，可分为普通年金、即付年金、递延年金、永续年金等几种。

普通年金是指从第一期起连续若干期每期期末等额的现金流量，普通年金又称后付年金。

普通年金如图 2－1 所示：

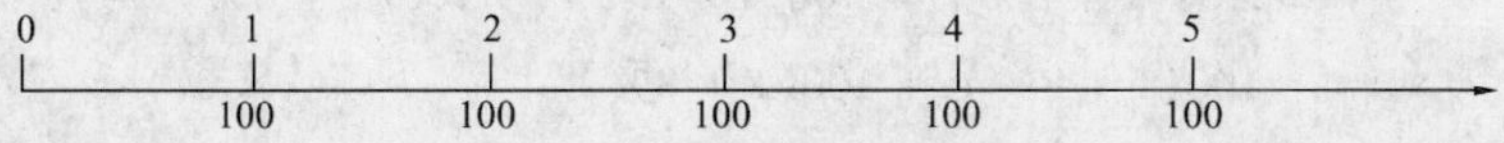

图 2－1　普通年金示意图

图 2－1 中，横线代表时间线，时间线上方的数字是各期的期数，期数所在的位置代表每期的期末，时间线下方的数字表示各期的现金流量。该图表示 5 期每期期末现金流量为 100 元的普通年金。

1. 普通年金终值的计算

普通年金的终值是利用复利的方法计算的若干期现金流量相当于最后一期期末的价值。普通年金的终值是多笔现金流量的复利终值之和，因此，普通年金终值的计算可分两步进行，第一步先计算各期现金流量的复利终值，第二步再将各期现金流量的复利终值相加计算普通年金的终值。

例 2－7　求 5 年期每期现金为 100 元，利率为 8%的普通年金的终值。

解析：计算过程用图 2－2 表示如下：

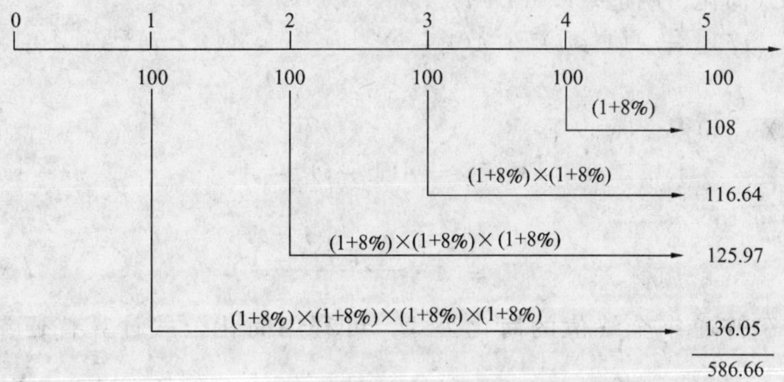

图 2－2　普通年金终值计算过程示意图

图 2－2 说明，第一步先计算各期现金流量的复利终值，第一期的现金流量 100 元，经过四个复利期，其复利终值为 136.05 元；第二期的现金流量 100 元，经过三个复利期，其复利终值为 125.97 元；第三期的现金流量 100 元，经过两个复利期，其复利终值为 116.64 元；第四期的现金流量 100 元，经过一个复利期，其复利终值为 108 元；第五期的现金流量 100 元，

经过零个复利期，其复利终值还是 100 元。第二步将五期现金流量的复利终值相加得 586.66 元，即为所求的普通年金的终值。

图 2－2 所示的计算过程可列算式计算如下：

$$
\begin{aligned}
FV_5 &= 100(1+8\%)^4+100(1+8\%)^3+100(1+8\%)^2+\\
&\quad 100(1+8\%)^1+100(1+8\%)^0\\
&= 136.05+125.97+116.64+108+100\\
&= 586.66(\text{元})
\end{aligned}
$$

普通年金终值计算的关键是确定各期现金流量的复利期数，从上面的计算我们发现各期现金流量的复利期数、普通年金的期数和现金流量的期数三者之间的存在着一定的关系，即

某期现金流量的复利期数＝普通年金的期数－该期现金流量的期数

例如，上述 5 年期普通年金第三期现金流量的复利期数为

第三期现金流量的复利期数＝5－3＝2

利用三者的关系我们可以得到普通年金终值通用的计算公式，以 A 代表年金，FV_n 代表普通年金终值，n 代表期数，普通年金终值的计算公式如下：

$$FV_n = A(1+i)^{n-1}+A(1+i)^{n-2}+A(1+i)^{n-3}+\cdots+A(1+i)+A \tag{1}$$

为将公式简化，两边乘以 $(1+i)$ 得

$$(1+i)FV_n = A(1+i)^n+A(1+i)^{n-1}+\cdots+A(1+i)^{n-1}+A(1+i) \tag{2}$$

(2)－(1)得

$$FV_n \cdot i = A(1+i)^n - A$$

即得到简化的公式

$$FV_n = A\cdot\frac{(1+i)^n-1}{i}$$

有了普通年金终值的简化公式，可利用简化公式计算普通年金的终值。

例 2－8 某公司计划 10 年后更新设备，从现在起每年年末在银行存入 4 000元，银行存款利率为 5%，到第 10 年末公司能筹集多少资金？

解析：

$$
\begin{aligned}
FV_{10} &= 4\,000\times\frac{(1+5\%)^{10}-1}{5\%}\\
&= 50\,312(\text{元})
\end{aligned}
$$

简化公式 $FV_n = A\cdot\frac{(1+i)^n-1}{i}$ 中的 $\frac{(1+i)^n-1}{i}$ 是年金终值系数，用 $(F/A,i,n)$ 表示。年金终值系数可以通过查年金终值系数表得到。该表

的第一行是利率 i，第一列是期数 n。要查找的年金终值系数在利率所在的列和期数所在的行的交叉点上。例如，可以通过查表获得（F/A，8%，5）的年金终值系数，即查利率 8%所在的列和期数 5 所在的行的交叉点，可得普通年金终值系数为 5.867 元。

有了年金终值系数表，可以通过查年金终值系数表计算年金终值。

例 2-9 上例可解作

$$FV_{10} = 4\ 000 \times \frac{(1+5\%)^{10}-1}{5\%}$$
$$= 4\ 000(F/A, 5\%, 10)$$

通过查表得

$$FV_{10} = 4\ 000 \times 12.578$$
$$= 50\ 312(\text{元})$$

2. 普通年金现值的计算

普通年金现值是指利用复利计算的若干期期末的现金流量相当于第一期期初的价值。普通年金现值是各期现金流量的复利现值之和，因此，和普通年金终值一样，普通年金现值的计算也分两步进行，第一步先计算各期现金流量的复利现值，第二步再将各期现金流量的复利现值相加计算普通年金的现值。

例 2-10 求 5 年期每期现金流量为 100 元，利率为 8%的普通年金的现值。

解析： 计算过程如图 2-3 所示：

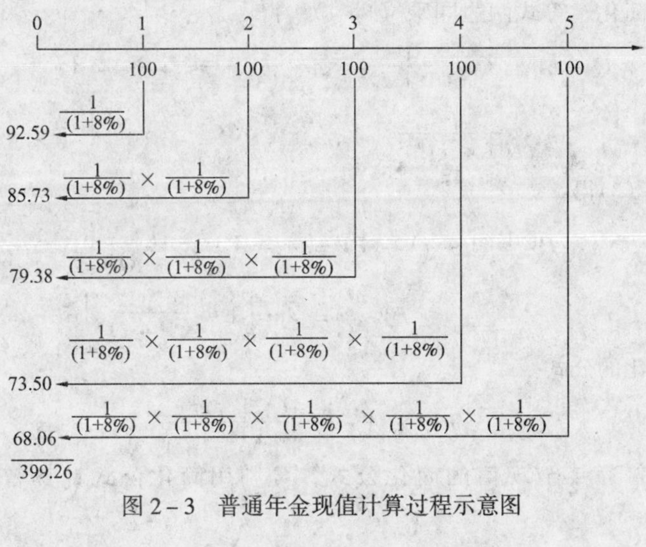

图 2-3 普通年金现值计算过程示意图

从图 2－3 可知，第一步先计算各期现金流量的复利现值，第一期的现金流量 100 元到第一期初，经历了一个贴现期，其复利现值为 92.59 元；第二期的现金流量 100 元经历了两个贴现期，其复利现值为 85.73 元；第三期的现金流量 100 元经历了三个贴现期，其复利现值为 79.38 元；第四期的现金流量 100 元经历了四个贴现期，其复利现值为 73.50 元；第五期的现金流量 100 元经历了五个贴现期，其复利现值为 68.06 元。将五期现金流量的复利现值相加得 399.26 元，即为五期的年金现值。

上面图示的计算过程可列算式计算如下：

$$PV = 100 \cdot \frac{1}{(1+8\%)} + 100 \cdot \frac{1}{(1+8\%)^2} + 100 \cdot \frac{1}{(1+8\%)^3} + 100 \cdot \frac{1}{(1+8\%)^4} + 100 \cdot \frac{1}{(1+8\%)^5} = 399.26(\text{元})$$

从上面的计算我们发现各期现金流量的贴现期数等于现金流量的期数，即

某期现金流量的贴现期数＝该期现金流量的期数

利用二者的关系我们可以得到普通年金现值通用的计算公式，以 PV 代表普通年金现值，普通年金现值的计算公式如下：

$$PV = A \cdot \frac{1}{(1+i)} + A \cdot \frac{1}{(1+i)^2} + \cdots + A \cdot \frac{1}{(1+i)^{n-1}} + A \cdot \frac{1}{(1+i)^n} \tag{3}$$

为将公式简化，等式两边同乘 $(1+i)$，得

$$PV \cdot (1+i) = A + A \cdot \frac{1}{(1+i)} + A \cdot \frac{1}{(1+i)^2} + \cdots + A \cdot \frac{1}{(1+i)^{n-2}} + A \cdot \frac{1}{(1+i)^{n-1}} \tag{4}$$

(4)－(3)得

$$PV \cdot (1+i) - PV = A - A \cdot \frac{1}{(1+i)^n}$$

$$PV \cdot i = A \cdot \left[1 - \frac{1}{(1+i)^n}\right]$$

即得到简化的公式

$$PV = A \cdot \frac{1-(1+i)^{-n}}{i}$$

有了普通年金现值的简化公式，可利用简化公式计算普通年金的现值。

例 2－11 某公司预计在未来 8 年中，每年年末偿还 60 000 元贷款，在借款利率为 12%条件下，相当于现在的还款额是多少？

解析：

$$PV = 60\ 000 \times \frac{1-(1+12\%)^{-8}}{12\%}$$

$$\begin{aligned} PV &= 60\ 000 \times \frac{0.596\ 1}{12\%} \\ &= 60\ 000 \times 4.967\ 5 \\ &= 298\ 050(\text{元}) \end{aligned}$$

公式 $PV = A \cdot \frac{1-(1+i)^{-n}}{i}$ 中的 $\frac{1-(1+i)^{-n}}{i}$ 称为年金现值系数，用（P/A，i，n）表示。年金现值系数可以通过查年金现值系数表得到，查找的方法和年金终值系数相同。例如，查（P/A，6%，4）的年金现值系数，先找到利率 6%所在的列和期数 4 所在的行，然后找两者的交叉点，交叉点上的 3.465 即是要查找的普通年金现值系数。

有了年金现值系数表，可以通过查年金现值系数表计算年金现值。

例 2－12 上例可解作

$$\begin{aligned} PV &= 60\ 000 \times \frac{1-(1+12\%)^{-8}}{12\%} \\ &= 60\ 000(P/A,12\%,8) \end{aligned}$$

通过查表得

$$\begin{aligned} PV &= 60\ 000 \times 4.968 \\ &= 298\ 080(\text{元}) \end{aligned}$$

（四）即付年金

即付年金又称先付年金、预付年金，是指连续若干期每期期初等额的现金流量。与普通年金不同的是，即付年金 1 的现金流量发生在每期的期初，即付年金如图 2－4 所示：

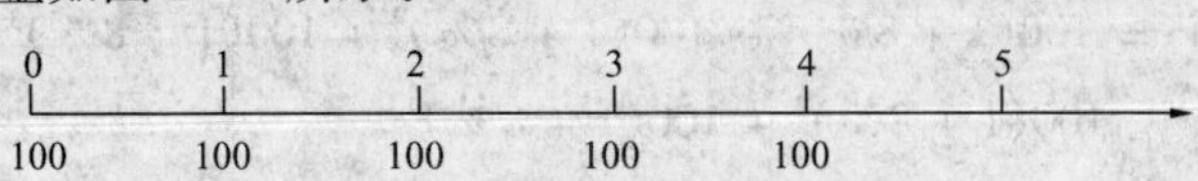

图 2－4 即付年金示意图

图 2－4 表示的是五期每期期初现金流量为 100 元的即付年金。

1. 即付年金终值的计算

即付年金的终值是指利用复利的方法计算的若干期期初等额现金流量相当于最后一期期末的价值。即付年金终值是各期现金流量的复利终值之和。和普通年金终值一样，即付年金终值的计算也分两步进行，第一步先计算各期现金流量的复利终值，第二步再将各期现金流量的复利终值相加计算即付年金的终值。

例 2-13 求 5 年期每期现金为 100 元，利率为 8%的即付年金的终值。

解析：计算过程可用图 2-5 表示如下：

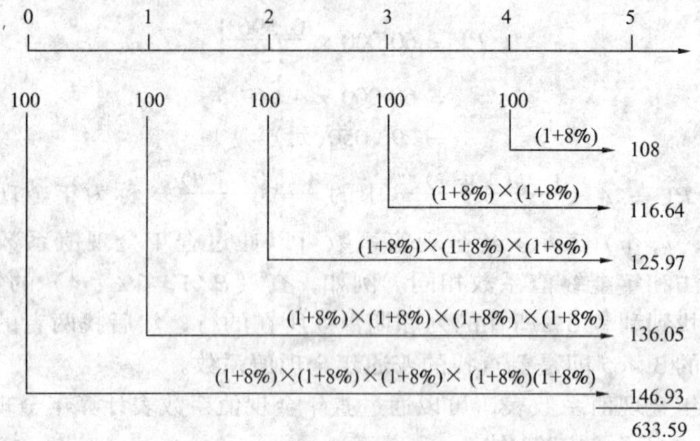

图 2-5 即付年金终值计算过程示意图

从图 2-5 可知，第一步先计算各期现金流量的复利终值，第一期的现金流量 100 元，经过五个复利期，其复利终值为 146.93 元；第二期的现金流量 100 元，经过四个复利期，其复利终值为 136.05 元；第三期的现金流量 100 元，经过三个复利期，其复利终值为 125.97 元；第四期的现金流量 100 元，经过两个复利期，其复利终值为 116.64 元；第五期的现金流量 100 元，经过一个复利期，其复利终值为 108 元。第二步再将各期现金流量的复利终值相加得 633.59 元，即为所求的即付年金终值。

图 2-5 所示的计算过程可列算式计算如下：

$$\begin{aligned} FV_5 &= 100(1+8\%)^5 + 100(1+8\%)^4 + 100(1+8\%)^3 + \\ &\quad 100(1+8\%)^2 + 100(1+8\%)^1 \\ &= 146.93 + 136.05 + 125.97 + 116.64 + 108 \\ &= 633.59(\text{元}) \end{aligned}$$

从上面的计算我们发现各期现金流量的复利期数、即付年金的期数和各期现金流量的期数三者之间有如下的关系，即

某期现金流量的复利期数 = 即付年金的期数 -（该期现金流量的期数 - 1）

例如，上述的 5 年期即付年金第三期现金流量的复利期数为

第三期现金流量的复利期数 = 5 -（3 - 1）= 3

利用三者的关系我们可以得到即付年金终值普通的计算公式，以 A 代表年金，FV_n代表即付年金终值，n 代表期数，列公式如下：

$$FV_n = A \cdot (1+i)^n + A \cdot (1+i)^{n-1} + A \cdot (1+i)^{n-2} + \cdots + A \cdot (1+i)^2 + A \cdot (1+i) \tag{5}$$

为将公式简化，两边乘以（1 + i）得

$$(1+i)FV_n = A \cdot (1+i)^{n+1} + A \cdot (1+i)^n + \cdots + A \cdot (1+i)^3 + A \cdot (1+i)^2 \tag{6}$$

(6) − (5)得

$$FV_n \cdot i = A \cdot (1+i)^{n+1} - A \cdot (1+i)$$

$$FV_n = \frac{A \cdot (1+i)^{n+1} - A \cdot (1+i)}{i}$$

$$FV_n = A \cdot \frac{(1+i)^n - 1}{i}(1+i)$$

或

$$FV_n = A \cdot \frac{(1+)^{n+1} - 1}{i} - A$$

或

$$FV_n = A \cdot \left[\frac{(1+i)^{n+1} - 1}{i} - 1\right]$$

有了即付年金终值的简化公式，可利用简化公式计算即付年金的终值。

例 2－14 每年年初存入 20 000 元，利率为 10%，则 6 年后可得多少？

解析：

$$\begin{aligned} FV_6 &= 20\ 000 \times \frac{(1+10\%)^6 - 1}{10\%} \times (1+10\%) \\ &= 20\ 000 \times 7.715\ 61 \times 1.1 \\ &= 169\ 743.42(\text{元}) \end{aligned}$$

上述公式中，$\frac{(1+i)^n - 1}{i}$ 和 $\frac{(1+i)^{n+1} - 1}{i}$ 都是普通年金终值系数，即付年金终值的计算可通过查普通年金终值系数 $(F/A,i,n)$ 或 $(F/A,i,n+1)$ 来解。

例 2－15 上例可解作

$$FV_6 = 20\ 000 \frac{(1+10\%)^6 - 1}{10\%}(1+10\%)$$

$$FV_6 = 20\ 000(F/A,10\%,6)(1+10\%)$$

查表得

$$(F/A,10\%,6) = 7.716$$

$$FV_6 = 20\ 000 \times 7.716 \times 1.1 = 169\ 752(\text{元})$$

或者

$$FV_5 = 20\ 000\frac{(1+10\%)^{6+1}-1}{10\%}-20\ 000$$
$$=20\ 000(F/A,10\%,7)-20\ 000$$

查表得

$$(F/A,10\%,7)=9.487$$

则

$$FV_5=20\ 000\times 9.487-20\ 000=169\ 740(元)$$

2. 即付年金现值的计算

即付年金的现值是指一定时期内每期期初等额现金流量相当于第一期期初的现值。即付年金现值是各期现金流量的复利现值之和。即付年金现值的计算可分两步进行，第一步先计算各期现金流量的复利现值，第二步再将各期现金流量的复利现值相加即可求得即付年金的现值。

例 2-16 求 5 年期每期现金为 100 元，利率为 8%的即付年金的现值。

解析：计算过程如图 2-6 所示：

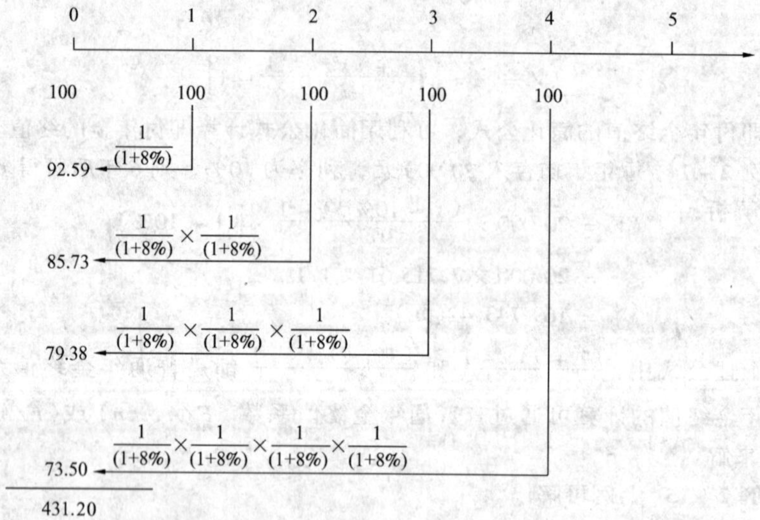

图 2-6 即付年金现值计算过程示意图

从图 2-6 可知，第一步先计算各期现金流量的复利现值，即付年金的第一期现金流量 100 元已经在期初，不需要贴现，其复利现值为 100 元；第二期的现金流量 100 元经历了一个贴现期，其复利现值为 92.59 元；第三期的现金流量 100 元经历了两个贴现期，其复利现值为 85.73 元；第四期的现金流量100元经历了三个贴现期，其复利现值为79.38元；第五期的现金流量100元经历了四个贴现期，其复利现值为73.50元。第二步将各期现金流量的复利现值相加得431.20元，即为五期的即付年金现值。

图2-6所示的计算过程可列算式计算如下：

$$PV = 100 + 100\frac{1}{(1+8\%)} + 100\frac{1}{(1+8\%)^2} + 100\frac{1}{(1+8\%)^3} + 100\frac{1}{(1+8\%)^4} = 431.20(\text{元})$$

从上面的计算我们发现各期现金流量的贴现期数等于各期现金流量的期数减1，即

即付年金现值某期现金流量的贴现期数=该期现金流量的期数-1

例如，上述5期即付年金现值第三期现金流量的贴现期数为

第三期现金流量的贴现期数=3-1=2

利用三者的关系我们可以得到即付年金现值普通的计算公式，以 A 代表年金，PV 代表即付年金现值，n 代表期数，即付年金现值的普通计算公式如下：

$$PV = A + A\cdot\frac{1}{(1+i)} + A\cdot\frac{1}{(1+i)^2} + \cdots + A\cdot\frac{1}{(1+i)^{n-2}} + A\cdot\frac{1}{(1+i)^{n-1}} \tag{7}$$

为将公式简化，等式两边同乘（$1+i$），得

$$PV(1+i) = A\cdot(1+i) + A + A\cdot\frac{1}{(1+i)^1} + \cdots + A\cdot\frac{1}{(1+i)^{n-3}} + A\cdot\frac{1}{(1+i)^{n-2}} \tag{8}$$

(8)-(7)得

$$PV(1+i) - PV = A\cdot(1+i) - A\cdot\frac{1}{(1+i)^{n-1}}$$

$$PV = A\cdot\frac{1-(1+i)^{-n}}{i}(1+i)$$

简化后可得

$$PV = A\cdot\frac{1-(1+i)^{-(n-1)}}{i} + A$$

或

$$PV = A\cdot\left[\frac{1-(1+i)^{-(n-1)}}{i} + 1\right]$$

两式中的 $\frac{1-(1+i)^{-n}}{i}$ 和 $\frac{1-(1+i)^{-(n-1)}}{i}$ 都是普通现值系数，即付年金现值的计算可通过查普通年金现值系数（F/A，i，n）或（F/A，i，$n-1$）来解。

例 2－17 上例可解作

$$PV_5 = 100 \cdot \frac{1-(1+8\%)^{-5}}{8\%}(1+8\%)$$

$$\begin{aligned} PV_5 &= 100(P/A,8\%,5)(1+8\%) \\ &= 100 \times 3.993 \times 1.08 \\ &= 431.24(\text{元}) \end{aligned}$$

或

$$PV = 100 \cdot \frac{1-(1+8\%)^{-(5-1)}}{8\%} + 100$$

$$PV = A(P/A,8\%,5-1) + 100$$

$$PV = 100 \times 3.312 + 100$$

$$PV = 431.20(\text{元})$$

（五）递延年金和永续年金

1. 递延年金现值的计算

递延年金是指从第一期开始经过若干期后发生的系列等额的现金流量。递延年金是后付年金，是普通年金的特殊形式。递延年金如图 2－7 所示：

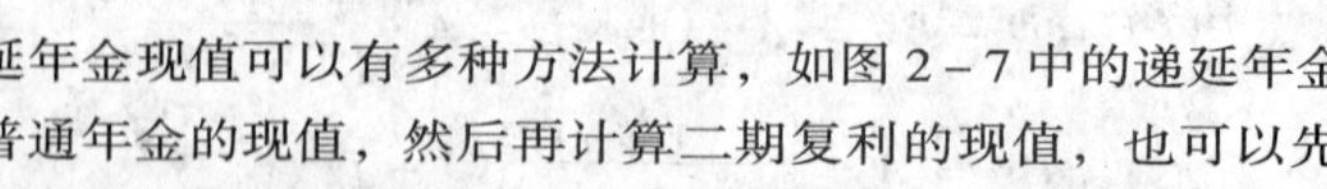

图 2－7　递延年金示意图

图 2－7 表示的是从第三期开始到第五期止三期每期现金流量 100 元的递延年金。

递延年金现值可以有多种方法计算，如图 2－7 中的递延年金可以先计算三期普通年金的现值，然后再计算二期复利的现值，也可以先计算五期普通年金的现值和二期普通年金的现值，然后再用五期普通年金的现值减去二期普通年金的现值。

例 2－18 在第一年初存入一笔资金，存满五年后每年末取出 3 000 元，至第 10 年末取完，在利率为 10%时，应在第一年初存入银行多少钱？

解析： 利用第一种方法计算递延年金现值。

$$PV = 3\,000(P/A,10\%,5)(P/F,10\%,5)$$

$$= 3\ 000 \times 3.791 \times 0.621$$
$$= 7\ 062.63(\text{元})$$

利用第二种方法计算递延年金现值。

$$\begin{aligned} PV &= 3\ 000(P/A,10\%,10) - 3\ 000(P/A,10\%,5) \\ &= 3\ 000 \times 6.145 - 3\ 000 \times 3.791 \\ &= 18\ 435 - 11\ 373 \\ &= 7\ 062(\text{元}) \end{aligned}$$

2. 永续年金计算

永续年金，是指无限期每期期末的等额现金流量。永续年金也是普通年金的特殊形式，即期数无限的普通年金。

由于永续年金的期数无限，没有终点，因此，永续年金只有现值，没有终值。永续年金现值的公式可以利用普通年金的现值公式推导求得

$$PV = A \cdot \frac{1-(1+i)^{-n}}{i}$$

当 $n \to \infty, (1+i)^{-n} \to 0$，所以

$$PV = \frac{A}{i}$$

例 2－19 打算长期持有某公司优先股，每年每股股利为 12 元，在利率为 10%的情况下，对该项股票投资进行估价？

解析：

$$\begin{aligned} PV &= \frac{12}{10\%} \\ &= 120(\text{元}) \end{aligned}$$

（六）利率和期数的计算

前面主要介绍了已知利率和期数计算现金流量的现值或终值的方法，有时我们也会遇到已知现金流量的现值、终值和年金计算利率或期数，如已知投资额和每期的收益，求投资项目的报酬率等。

1. 利率的计算

利率的计算包括已知复利终值、复利现值、期数计算复利率或折现率和已知年金现值、年金、期数计算折现率。

（1）已知复利终值、复利现值和期数，求复利率或折现率。利用复利终值公式 $FV_n = PV(1+i)^n$ 可推导出

$$i = \left(\frac{FV_n}{PV}\right)^{\frac{1}{n}} - 1$$

（2）已知永续年金现值和年金，求折现率。根据永续年金现值公式 $PV = \frac{A}{i}$ 可推导出

$$i=\frac{A}{PV}$$

(3) 已知年金、现值和期数，求折现率。计算年金的折现率首先计算年金现值系数，然后利用年金现值系数和年金现值系数表反查年金的折现率，如无法直接查到，还需要利用插值法计算求得。

例 2-20 某公司于第一年年初借款 20 000 元，每年年末还本付息额均为 4 000 元，连续 9 年还清。问借款利率为多少？

解析：首先计算年金现值系数。

$$4\,000(P/A,i,9)=20\,000$$

$$(P/A,i,9)=\frac{20\,000}{4\,000}=5$$

第二步查年金现值系数表。找到期数所在的行，这里的期数是 9，然后查找与之相同的年金系数，如果可以直接找到与之相同的年金系数，该年金系数所在的列对应的利率就是所要求的利率。如果无法找到与之相同的年金系数，则查找与之最相近的年金系数，被查找的数位于两数的中间，最后利用插值法计算所要查找的利率。

上例无法找到与 5 相同的年金现值系数，但可找到与 5 最接近的两个年金现值系数，它们分别是：$(P/A,12\%,9)=5.320$ 和 $(P/A,14\%,9)=4.946$。

第三步利用插值法计算与年金系数 5 对应的利率。

利率	年金现值系数
12%	5.320
i	5
14%	4.946

$$\frac{12\%-i}{12\%-14\%}=\frac{5.320-5}{5.320-4.946}$$

$$i=12\%+\frac{5.320-5}{5.320-4.946}(14\%-12\%)=12.02\%$$

2. 期间的计算

期间的计算与折现率的计算相似，下面以普通年金为例加以说明。

例 2-21 某企业拟购买一台柴油机用以更新目前所用的汽油机，购买柴油机要投资 2 000 元，但每年可节约燃料费用 500 元，若利率为 10%，求柴油机使用多少年才值得替换？

解析： 第一步计算年金现值系数。

$$500(P/A,10\%,n)=2\ 000$$

所以

$$(P/A,10\%,n)=\frac{2\ 000}{500}=4$$

第二步查年金现值系数表。

查表得

$$(P/A,10\%,5)=3.791,(P/A,10\%,6)=4.355$$

第三步利用插值法计算与年金系数 4 对应的期数。

期数	年金现值系数
5	3.791
n	4
6	4.355

$$\frac{5-n}{5-6}=\frac{3.791-4}{3.791-4.355}$$

$$n=5+\frac{4-3.791}{4.355-3.791}(6-5)=5.37(年)$$

（七）名义利率和实际利率不一致的问题

在前面时间价值计算中我们使用的利率大都是年利率，每年计息一次，即每年复利一次。但实践中，计息期也可能短于一年，可能是季度、月份或日，在这种情况下每年的利息不能用本金乘以年利率求得，需要先计算与复利期一致的利率，然后再计算利息，或者重新计算年利率，当计息期短于一年时，年利率则有名义年利率和实际年利率之分。

名义利率是指每年复利期数超过一次时的年利率。实际利率是指在一年内实际所得利息总额与本金之比。当每年计息次数为一次时，名义利率与实际利率相等。

如果名义利率为 r，实际利率为 i，每年复利期数为 n，则实际利率为

$$i=\left(1+\frac{r}{n}\right)^{n}-1$$

例 2－22 存入银行 10 000 元，年利率 10%，每季复利一次，则实际年利率是多少？5 年后可得多少钱？

解析： $r=10\%$，$n=4$，实际年利率为

$$
\begin{aligned}
i &= \left(1+\frac{10\%}{4}\right)^4-1 \\
&= 10.38\% \\
FV_5 &= 10\,000(1+10.38\%)^5 \\
&= 16\,385.21(\text{元})
\end{aligned}
$$

第二节 风险与报酬

一、风险

企业的经营活动在大多数情况下都是存在风险的。风险是客观存在的，并且是企业财务管理中无法回避的一个问题。

什么是风险？风险是指某项活动的实际结果与预期结果不一致的可度量的可能性。人们通常认为风险就是危险，风险会给企业带来损失。事实上，风险既包含不利的结果，也包含着有利的结果，不利的结果是人们不希望得到的结果，而有利的结果是人们愿意得到的结果。对投资者来说，实际收益低于预期的收益，甚至亏损，是不利的结果，而投资收益大大超出人们的预期，是有利的结果，是人们愿意得到的结果。当然，人们更关注超出预期的损失，更希望寻求有效的方法减少损失，因此，常常把风险看成是不利事件发生的可能性。但无论如何，风险是实际结果与预期的结果不一致的可能性。

【微型案例】

联想集团的风险投资

2004 年 3 月 26 日上午，中国最大的 PC 制造商——联想集团与国际奥委会、北京奥组委、都灵奥组委在北京共同签署合作协议，宣布联想集团正式成为第六期国际奥委会全球合作伙伴（简称 TOP 合作伙伴），这是奥运历史上中国企业首次获此资格。成为国际奥委会的全球合作伙伴，意味着 2006 年都灵冬奥会和 2008 年北京奥运会使用的所有台式计算机、笔记本式计算机、计算机设备等都将由联想集团独家提供。而且，联想集团还将获得在全球范围内使用奥林匹克知识产权的一整套权益回报。不过，此举对于联想集团来说是要付出很大代价的。联想集团在向国际奥委会付出至少6 500万美元的入门费之后，还必须在3~4年内投入3~4倍的推广费用，总计20亿~30亿元人民币。虽然有不可否认的风险存在，但奥运赛场向来是面对全球宣传产品的最好舞台之一，这为联想集团走向世界开辟了一条更加广阔的通道。

由于风险的存在，一项活动最终的结果比预期的结果好，还是比预期的结果差，是人们无法预先确定的，因此，风险具有不确定性。

虽然风险具有不确定性，但不能说不确定性就是风险。风险与不确定性是有区别的，风险是指可度量的不确定性，说它可以度量是指可以知道它有几种结果，以及每种结果发生的可能性的大小。而不确定性是指那些不知道有何种结果发生，或者虽然知道有何种结果发生，但不知道每种结果发生的可能性的大小的不可度量的不确定性。

虽然在理论上风险和不确定性有根本的区别，但在现实中，两者有时很难区别。属于风险的活动，其各种可能产生的结果和发生的可能性的大小往往不能准确地知道；属于不确定性的活动也可以估计一个大概的可能性。因此，现实中常将一些不确定性的活动当做风险活动处理。

我们从企业的角度研究风险，重点是要了解风险和收益的关系，特别是风险和投资报酬的关系。

二、风险报酬

风险报酬是指投资者因承担风险而获得的超过时间价值的那部分额外报酬。通常情况下，风险越高，投资者要求的风险报酬也就越高。在财务管理中，风险报酬通常采用相对数，即用风险报酬率来加以计量。

风险报酬率是投资项目报酬率的一个重要组成部分，如果不考虑通货膨胀因素，投资报酬率就是时间价值率与风险报酬率之和。

三、风险的计量

风险的计量是对风险大小的度量，风险的度量要用到概率的知识。在概率中，将必然发生的事件称为必然事件，将其概率定为1，将不可能发生的事件称为不可能事件，将其概率定为0，对可能发生可能不发生的事件称为随机事件，随机事件的概率介于0与1之间，越靠近1表示发生的可能性越大，越靠近0表示发生的可能性越小。风险事件属于随机事件。

1. 期望报酬率

期望报酬率是指未来可能发生的各种结果的平均报酬率。期望报酬率可以根据以往的历史资料进行预测，通过分析过去的报酬率和影响报酬率的各项因素发展的趋势，来推断未来的平均报酬率是多少，也可以用未来所有可能发生的各种报酬率和每种报酬率发生的概率计算求得，其计算公式如下：

$$\overline{R}=\sum_{i=1}^{n}R_iP_i$$

式中 $\overline{R}$——期望报酬率；

R_i——第 i 种可能报酬率；

P_i——第 i 种可能报酬率发生的概率；

n——各种可能报酬率的数目。

例 2－23 有 A、B 两个投资项目，未来各种可能的经济状况、每种经济状况出现的概率及 A、B 两个投资项目可能的报酬率如表 2－1 所示。

表 2－1 经济状况出现的概率和投资项目可能的报酬率

经济状况	出现的概率	项目 A 报酬率（%）	项目 B 报酬率（%）
衰退	0.1	－3	2
稳定	0.3	3	4
增长	0.4	7	10
繁荣	0.2	10	20

解析： 根据所给资料计算 A、B 项目的期望报酬率。

A 项目期望报酬率为

$$0.1\times(-3\%)+0.3\times3\%+0.4\times7\%+0.2\times10\%=5.4\%$$

B 项目期望报酬率为

$$0.1\times2\%+0.3\times4\%+0.4\times10\%+0.2\times20\%=9.4\%$$

两个项目的期望报酬率不同，B 项目的期望报酬率高，A 项目的期望报酬率低。

有了期望报酬率就可以计算 A、B 项目的方差和标准差。

2. 单个投资项目方差和标准差

按照概率论的定义，方差是各种可能的结果偏离期望值的综合差异，方差可以用来衡量未来实际报酬率与预期报酬率不一致的可能性的大小。方差的计算公式如下：

$$\sigma^2=\sum_{i=1}^{n}(R_i-\overline{R})^2P_i$$

式中　σ^2——方差。

标准差是方差的平方根，标准差和方差都可以用来反映风险的大小，但标准差更容易作出解释，因此，通常使用标准差反映风险的大小程度。标准差的计算公式为

$$\sigma = \sqrt{\sum_{i=1}^{n}(R_i - \overline{R})^2 P_i}$$

式中　σ——标准差。

例 2－24　根据例 2－23 的资料，计算 A、B 两个投资项目的方差和标准差。

解析：A 项目的方差为

$$0.1\times(-0.03-0.054)^2+0.3\times(0.03-0.054)^2+0.4\times(0.07-0.054)^2+0.2\times(0.10-0.054)^2=0.001\,4$$

B 项目的方差为

$$0.1\times(0.02-0.094)^2+0.3\times(0.04-0.094)^2+0.4\times(-0.10-0.094)^2+0.2\times(0.20-0.094)^2=0.003\,7$$

项目 A 的标准差为

$$\sqrt{0.001\,4}=0.037$$

项目 B 的标准差为

$$\sqrt{0.003\,7}=0.061$$

计算结果显示出 B 项目的标准差大，A 项目的标准差小，由于标准差只能用于期望报酬率相同的项目的比较，A、B 两个项目期望报酬率不相同，无法利用标准差进行比较，需要使用另外一个指标——标准离差率。

3. 标准离差率

标准离差率是某随机变量标准差与该随机变量期望值的比率，是反映离散程度的相对指标，可用于期望报酬率不相同的项目的比较，其计算公式为

$$V=\frac{\sigma}{\overline{R}}$$

式中　V——标准离差率；

σ——标准差；

$\overline{R}$——期望报酬率。

例 2－25　根据例 2－23、例 2－24 的资料计算 A、B 的标准离差率。

解析：项目 A 的标准离差率为

$$\frac{0.037}{0.054}\times100\%=68.5\%$$

项目 B 的标准离差率为

$$\frac{0.061}{0.094} \times 100\% = 64.9\%$$

计算的结果显示，A 项目的标准离差率大于 B 项目的标准离差率，A 项目的风险大于 B 项目的风险。

四、投资组合的风险

投资者进行投资时，即可以对一个资产项目（也称投资项目或资产，以下同）投资，也可以同时对多个资产项目投资，如同时持有多个公司的股票或债券，这种同时投资多个资产项目的投资称为投资组合。如果投资项目都是证券也称为证券组合。投资组合和单项投资一样，也存在着风险，但投资组合的风险和单项投资的风险也有区别。投资组合的风险是投资组合的实际收益与预期收益不一致的可能性，和单个投资项目一样，投资组合的风险也可用概率的方法计算。

（一）投资组合期望报酬率

投资组合期望报酬率是投资组合中各投资项目加权平均的期望报酬率。决定投资组合期望报酬率的因素有两个，一是投资组合中各投资项目的期望报酬率，二是各投资项目的投资额在投资组合中所占的比重。其计算公式为

$$R_p = \sum_{i=1}^{n} W_i R_i$$

式中　R_P——投资组合的期望报酬率；

W_i——第 i 项资产在投资组合中所占的比重；

R_i——第 i 项资产的期望报酬率；

n——投资组合中投资项目的数目。

例 2－26　某投资组合由 C、D 两个项目组成，C、D 两个项目的期望报酬率和在投资组合总额中所占的比重如表 2－2 所示。计算该投资组合（C，D）的期望报酬率。

表 2－2　各投资项目的期望报酬率和在投资组合中所占的比重

资产项目	期望报酬率（%）	投资组合中所占的比重（%）
C	15	60
D	12	40

解析： 投资组合的期望报酬率为

$$15\% \times 60\% + 12\% \times 40\% = 9\% + 4.8\%$$
$$= 13.8\%$$

（二）投资组合的方差和标准差

投资组合的方差是投资组合各种可能的结果偏离投资组合期望报酬率的综合差异，投资组合的方差的计算公式为

$$\sigma_p^2 = \sum_{i=1}^{n} (k_{pi} - \overline{k})^2 P_i$$

式中 σ_p^2——投资组合的方差；

$\overline{k}$——投资组合的期望报酬率；

k_{pi}——第 i 种可能的报酬率；

P_i——第 i 种可能报酬率的概率；

n——可能报酬率的数目。

投资组合的标准差是投资组合方差的平方根，投资组合标准差的计算公式为

$$\sigma_p = \sqrt{\sum_{i=1}^{n} (k_{pi} - \overline{k})^2 P_i}$$

式中 σ_p——投资组合的标准差。

例 2－27 利用例 2－23 的资料，另外，假定 A、B 投资额在投资组合中所占比重为 60%和 40%，计算投资组合的方差和标准差。

解析：（1）计算 A、B 项目的期望报酬率。

A 项目期望报酬率为

$$0.1 \times (-3\%) + 0.3 \times 3\% + 0.4 \times 7\% + 0.2 \times 10\% = 5.4\%$$

B 项目期望报酬率为

$$0.1 \times 2\% + 0.3 \times 4\% + 0.4 \times 10\% + 0.2 \times 20\% = 9.4\%$$

（2）计算投资组合的期望报酬率。

$$5.4\% \times 60\% + 9.4\% \times 40\% = 0.07$$

（3）计算投资组合的方差为

$$\begin{aligned}
&0.1 \times [(-3\% \times 60\% + 2\% \times 40\%) - 0.07]^2 + \\
&0.3 \times [(3\% \times 60\% + 4\% \times 40\%) - 0.07]^2 + \\
&0.4 \times [(7\% \times 60\% + 10\% \times 40\%) - 0.07]^2 + \\
&0.2 \times [(10\% \times 60\% + 20\% \times 40\%) - 0.07]^2 \\
&= 0.002\,1
\end{aligned}$$

（4）计算投资组合的标准差为

$$\sqrt{0.002\,1} = 0.045$$

上述计算表明，投资组合的风险并不等于组合中各个投资项目风险的加权平均。投资组合的风险不但与单个投资项目的风险有关，还与各个投资项目报酬率之间的关系有关。当某一投资项目的报酬率上升时，其他投资项目的报酬率可能上升，也可能下降，或者不变。即便同是上升或下降，上升或下降的幅度可能也不相同，这种复杂的关系是决定投资组合风险大小的一个重要的因素，它可以通过两个指标，即协方差和相关系数反映出来。

（三）投资组合的协方差和相关系数

1. 协方差

协方差是反映两个投资项目报酬变化方向和大小的指标。在投资组合中，各投资项目变化方向是决定投资组合风险大小的重要因素。协方差可以是正值、负值或零，正的协方差表示两个投资项目的报酬率呈同方向变动；负的协方差表示两个投资项目的报酬率呈相反方向变动；协方差为零表示两个投资项目报酬率变动的方向无任何关系。协方差的计算公式为

$$\text{Cov}(A,B) = \delta_{AB} = \sum_{i=1}^{n}(R_{Ai} - \overline{R}_A)(R_{Bi} - \overline{R}_B)P_i$$

式中 Cov(A,B)——投资组合的协方差；

$\overline{R}_A$——组合中投资项目 A 的期望报酬率；

$\overline{R}_B$——组合中投资项目 B 的期望报酬率；

R_{Ai}——组合中投资项目 A 第 i 种可能的报酬率；

R_{Bi}——组合中投资项目 B 第 i 种可能的报酬率；

P_i——第 i 种可能报酬率的概率。

例 2－28 根据例 2－23 的资料，投资组合（A，B）的协方差为

$$\begin{aligned}&0.1\times[(-0.03-0.054)(0.02-0.094)]+\\&0.3\times[(0.03-0.054)(0.04-0.094)]+\\&0.4\times[(0.07-0.054)(0.10-0.094)]+\\&0.2\times[(0.10-0.054)(0.20-0.094)]\\=&\ 0.002\end{aligned}$$

协方差可以反映两个投资项目收益率的关系，但是难以理解，通常用相关系数来替代协方差。

2. 相关系数

相关系数是两个投资项目协方差与两个投资项目标准差之积的比值，其计算公式为

$$\rho_{AB} = \frac{\sigma_{AB}}{\sigma_A\sigma_B}$$

式中 ρ_{AB}——表示两个投资项目的相关系数；

σ_{AB}——表示两个投资的协方差；

σ_A——投资项目 A 的标准差；

σ_B——投资项目 B 的标准差。

相关系数总是在 -1～+1 之间的范围内变动，-1 代表两个投资项目完全负相关，+1 代表两个投资项目完全正相关，0 则表示两个投资项目不相关。

两个投资项目完全负相关的投资组合意味着两项资产收益率的变化方向完全相反，变动幅度完全相同，一个大幅度上升另一个大幅度下降，一个投资项目的风险可以由另一个投资项目化解掉；两个投资项目完全正相关的投资组合意味着相互不能化解风险。实际上，从股票投资中可以看到，大部分股票都是正相关，但不是完全正相关，一般来说，随机选取两种股票，它们的相关系数约为 +0.6，而对绝大多数两种股票而言，相关系数在 +0.5～+0.7 之间。在这种情况下，两种股票组合能抵减风险，但不能全部消除风险，不过，如果股票种类较多，则能分散掉大部分风险。

例 2-29 例 2-27 中投资组合 A、B 的相关系数为

$$\rho_{AB}=\frac{0.002}{0.037\times0.061}=0.886$$

计算的结果表明由 A、B 两个资产组成的投资组合的相关系数是 0.886，两个投资项目几乎完全正相关，不能分散风险。

（四）风险的种类和投资组合风险的分散化

1. 风险的种类

投资项目的风险包括两类，即系统风险和非系统风险。

系统风险又称为市场风险，指的是由于某些因素给市场上所有的投资项目造成经济损失的可能性。系统风险是由那些影响整个市场的因素引起的，如宏观经济状况的变化、国家税法的变化、国家财政政策和货币政策的重大变化、世界能源状况的改变等都会使所有的投资项目受到影响。

非系统风险又叫特别风险，是指某些因素对单个投资项目造成损失的可能性。如个别公司劳资纠纷、涉及法律诉讼、产品质量出现问题、公司在市场竞争中失败等。这些事件的发生只会影响个别或少数企业，对大多数企业没有影响。

2. 投资组合风险的分散化

投资组合风险的分散化是指把一项投资的风险分散给其他资产。单个资产项目的风险包括系统风险和非系统风险，如果只投资一个资产项目，

两种风险都无法分散掉。如果投资多个项目，某资产项目报酬因个别事件下降，而其他资产项目报酬因该事件上升，该事件对投资组合的影响要小于对单个投资项目的影响，非系统风险可通过投资组合加以分散，因而，这种风险也称为可分散风险。

有人进行过调查，随机选择一只股票的标准差大约在48%，任意选择两只股票的标准差大约在37%，依此类推。标准差随着证券个数增加而减少，从而将可分散风险抵消。

系统风险是影响所有资产的风险，因此，不能通过投资组合分散掉，故也称不可分散风险。但不可分散风险对不同的投资项目也有不同的影响。

（五）β 系数

β 系数是衡量投资项目系统风险的一个指标，它反映投资项目的风险与市场风险的关系，β 系数常用于证券资产项目的评估，一些国家的证券市场都定期公布每种股票的 β 系数，国际著名的投资公司在上市公司研究报告中也要列出股票的 β 系数。通常，将整个市场的投资作为一个组合，将其 β 系数定为1。

1. 单项资产的 β 系数

单项资产的 β 系数是反映单项资产的系统风险与市场组合系统风险关系的指标，其计算公式是

$$\beta = \frac{\mathrm{Cov}(R_i, R_m)}{s_m^2}$$

式中　$\mathrm{Cov}(R_i, R_m)$——单项资产 i 与市场组合的协方差；

s_m^2——市场组合的方差。

单项资产的 β 系数可能大于1，等于1，或小于1。如果单项资产 β 系数大于1，表明单项资产的风险大于整个市场的风险；如果单项资产 β 系数小于1，说明单项资产的风险小于整个市场的风险；如果单项资产 β 系数等于1，说明单项资产的风险等于整个市场的风险。如某单项资产的 $\beta=2$，说明该单项资产的风险是市场风险的2倍。

2. 投资组合的 β 系数

投资组合的 β 系数是投资组合的风险与市场风险关系的指标。投资组合的 β 系数是各单项投资 β 系数的加权平均数，其权数为各单项投资额在投资组合总额中所占的比重。投资组合 β 系数的计算公式如下：

$$\beta_p = \sum_{i=1}^{m} W_i \beta_i$$

式中 β_p ——表示投资组合的 β 系数；

β_i ——表示第 i 项资产的 β 系数；

W_i ——表示第 i 项资产所占的比重；

m ——表示投资组合中单项投资的数目。

例 2－30 某投资组合由 A、B、C 三项资产组成，各项资产的 β 系数分别为 0.5、1.0、1.2，各项资产在投资组合中的所占的比重分别为 10%，30%，60%，计算该投资组合的 β 系数。

解析：该投资组合的 β 系数为

$$0.5\times10\%+1.0\times30\%+1.2\times60\%=1.07$$

计算的结果表明这个投资组合的风险是整个市场风险的 1.07 倍。

五、资本资产定价模型

1. 资本资产定价模型

资本资产定价模型是表明资产期望报酬和所承担的风险之间的关系的模型，资本资产定价模型的公式为

$$R_i = R_f + \beta_i(R_m - R_f)$$

式中 R_i ——表示资产的期望报酬率；

R_f ——表示无风险报酬率；

β_i ——表示资产或资产组合的 β 系数；

R_m ——表示市场组合的报酬率。

该公式表明资产的期望报酬率由三个因素决定：

(1) 无风险报酬率，代表不需要承担风险即可得到的报酬；

(2) 市场组合的报酬率；

(3) 资产的 β 系数，代表资产或资产组合系统风险的大小。

在无风险报酬率和市场组合报酬率已知的情况下，一项资产收益高低取决于 β 系数的大小，β 系数越大，风险越大，要求的报酬越高；反之，β 系数越小，要求的报酬越低。

例 2－31 有 A、B、C 三种股票，它们的 β 系数分别为 0.5、1.0、2.0，假定无风险报酬率为 6%，市场组合的报酬率为 10%，计算各股票的报酬率。

解析：A 股票的报酬率为

$$6\%+0.5\times(10\%-6\%)=8\%$$

B 股票的报酬率为

$$6\%+1.0\times(10\%-6\%)=10\%$$

C股票的报酬率为

$$6\% + 2.0 \times (10\% - 6\%) = 14\%$$

计算结果表明，只有当A股票的报酬率达到8%，B股票的报酬率达到10%，C股票的报酬率达到14%时，投资者才能愿意投资购买。否则，投资者就不会投资。

2. 证券组合的风险报酬

证券组合的风险报酬是投资者因承担系统风险而得到的报酬，由于非系统风险可以通过投资组合分散掉，不需要付出代价，证券组合投资要求补偿的风险是系统风险，而不要求对非系统风险进行补偿。如果存在对非系统风险补偿报酬的证券，投资者为了得到这部分报酬，会争购该项投资，使其价格升高，投资成本增加，抵消补偿非系统风险的报酬。因此，证券组合的风险报酬是投资者因承担不可分散风险而要求的，超过时间价值的那部分额外报酬。

3. 证券组合的报酬

证券组合的报酬的公式为

$$R_P = R_f + \beta_P(R_m - R_f)$$

式中 R_P——表示资产组合的报酬率；

R_f——表示无风险报酬率；

β_P——表示资产组合的 β 系数。

例2-32 某企业持有A、B、C三种股票，三种股票的β系数分别是0.5，1.0和1.2，它们在证券组合中所占的比重分别为60%，30%和10%，股票的市场收益率为10%，无风险收益率为6%。计算该公司证券组合的报酬率。

解析： 证券组合的 β 系数为

$$0.5 \times 60\% + 1.0 \times 30\% + 1.2 \times 10\% = 0.72$$

证券组合的报酬率为

$$6\% + 0.72 \times (10\% - 6\%) = 8.88\%$$

【案例分析】

巨人集团的兴衰

1989年8月，在深圳大学软科学管理系硕士毕业的史玉柱和三个伙伴，用借来的4 000元钱承包了天津大学深圳科技工贸发展公司电脑部，并用手头仅有的4 000元钱在《计算机世界》利用先打广告后付款的方式做了8 400元的广告，将其开发的m－6401桌面排版印刷系统推向市场。广告打出后13天，史玉柱的银行账户第一次收到三笔汇款共15 820元。巨人事业由此起步。到9月下旬，史玉柱将收到的款项全部再次投入广告。4个月后，m－6401的销售额一举突破百万大关，从而奠定了巨人集团创业的基石。

1991年4月，珠海巨人新技术公司注册成立，公司共15人，注册资金200万元，史玉柱任总经理。8月，史玉柱投资80万元，组织10多个专家开发出m－6401汉卡上市。11月，公司员工增加到30人，m－6401汉卡销售量跃居全国同类产品之首，获纯利达1 000万元。

1992年7月，巨人公司实行战略转移，将管理机构和开发基地由深圳迁往珠海。9月，巨人公司升为珠海巨人高科技集团公司，注册资金1.19亿元。史玉柱任总裁，公司员工发展到100人。12月底，巨人集团主推的m－6401汉卡年销售量2.8万套，销售产值共1.6亿元，实现纯利3 500万元。

1993年1月，巨人集团在北京、深圳、上海、成都、西安、武汉、沈阳、香港成立了8家全资子公司，员工增至190人。12月，巨人集团发展到290人，在全国各地成立了38家全资子公司。集团在一年之内推出中文手写电脑、中文笔记本电脑、巨人传真卡、巨人中文电子收款机、巨人钻石财务软件、巨人防病毒卡、巨人加密卡等产品。同年，巨人实现销售额3亿元，利税4 600万元，成为中国极具实力的计算机企业。

由于国际计算机公司的进入，计算机业于1993年步入低谷，巨人集团也受到重创。1993、1994年，全国兴起房地产和生物保健品热，为寻找新的产业支柱，巨人集团开始迈向多元化经营之路——计算机、生物工程和房地产。在1993年开始的生物工程刚刚打开局面但尚未巩固的情况下，巨人集团毅然向房地产这一完全陌生的领域发起了进军。欲想在房地产业中大展宏图的巨人集团一改初衷，拟建的巨人科技大厦设计一变再变，楼层节节拔高，从最初的18层一直涨到70层，投资也从2亿元涨到12亿元，1994年2月破土动工，气魄越来越大。对于当时仅有1亿资产规模的巨人集团来说，单凭巨人集团的实力，根本无法承受这项浩大的工程。对此，史玉柱的想法是：1/3靠卖楼花，1/3靠贷款，1/3靠自有资金。但令人惊奇的是，大厦从1994年2月破土动工到1996年7月巨人集团未申请过一分钱的银行贷款，全凭自有资金和卖楼花的钱支撑。1994年3月，巨人集团推行体制改革，公司实行总裁负责制，而史玉柱出任集团董事长。1994年

8月，史玉柱突然召开全体员工大会，提出“巨人集团第二次创业的总体构想”，其总目标是：跳出计算机产业，走产业多元化的扩张之路，以发展寻求解决矛盾的出路。

1995年2月，巨人集团隆重召开表彰大会，对在巨人脑黄金战役第一阶段作出重大贡献的一批“销售功臣”予以重奖。5月18日，巨人集团在全国发动促销计算机、保健品、药品的“二大战役”。霎时间，巨人集团以集中轰炸的方式，一次性推出计算机、保健品、药品三大系列的30个产品。巨人的产品广告同时以整版篇幅跃然于全国各大报。不到半年，巨人集团的子公司就从38个发展到228个，人员也从200人发展到2 000人。

多元化的快速发展使得巨人集团自身的弊端一下子暴露无遗。1995年7月11日，史玉柱在提出第二次创业的一年后，不得不再次宣布进行整顿，在集团内部进行了一次干部大换血。8月，集团向各大销售区派驻财务和监察审计总监，财务总监和监察审计总监直接对总部负责，同时，两者又各自独立，相互监控。但是，整顿并没有从根本上扭转局面。1995年9月，巨人的发展形势急转直下，步入低潮。伴随着10月发动的“秋季战役”的黯然落幕，1995年底，巨人集团面临着前所未有的严峻形势，财务状况进一步恶化。

1996年初，史玉柱为挽回局面，将公司重点转向减肥食品“巨不肥”。3月份，“巨不肥”营销计划顺利展开，销售大幅上升，公司情况有所好转。可是，一种产品销售得不错并不代表公司整体状况好转，公司旧的制度弊端、管理缺陷并没有得到解决。相反“巨不肥”带来的利润还被一些人私分了。集团公司内各种违规违纪、挪用贪污事件层出不穷。其属下的全资子公司康元公司，财务管理混乱，集团公司也未派出财务总监对其进行监督，导致公司浪费严重，债台高筑。至1996年底，康元公司累计债务已达1亿元，且大量债务存在水分，相当一部分是由公司内部人员侵吞造成的，公司的资产流失严重。同时，进入7月份，全国保健品市场普遍下滑，巨人保健品的销量也急剧下滑，维持生物工程正常运作的基本费用和广告费用不足，生物产业的发展受到了极大的影响。

更让史玉柱焦急的还有预计投资亿元的巨人大厦。按原合同，大厦施工三年盖到20层，1996年底兑现，但由于施工不顺利而没有完工。大厦动工时为了筹措资金巨人集团在香港卖楼花拿到了6 000万港币，国内卖了4 000万元，其中在国内签订的楼花买卖协议规定，三年大楼一期工程（盖20层）完工后履约，如未能如期完工，应退还定金并给予经济补偿。而当1996年底大楼一期工程未能完成时，建大厦时卖给国内的4 000万元楼花就成了导致巨人集团财务危机的导火索。巨人集团终因财务状况不良而陷入了破产的危机之中。

案例点评：

近年来，我国不少企业追求多元化经营模式，试图通过多元化经营分散企业风险，使企业走上健康稳定发展的道路。然而，现实却让人们看到多元化经营使许多企业走上了加速陷入财务危机甚至破产危机之路。巨人集团的兴衰就是这许许多多例子中的一个。无论是实物资产投资，还是金融资产投资，都是以营利为目的，以投资的盈利性与风险性比较为基础进行决策。多元化经营实际上是投资组合理论在生产经营活动中的应用。然而，投资组合理论具有其特定的条件，如果不加分析地盲目应用，必然陷入多元化经营的陷阱——丧失核心竞争能力、资金短缺、协调困难和财务失控。巨人集团未能有效巩固和发展核心能力，又不能在外部扩张战略中培植新的核心能力，最终不但没有通过多元化经营扩大盈利、分散企业风险，反而把原来的竞争优势也丧失了。

资料来源：张嘉．巨人集团的兴衰史．北京青年报．2001.10.31。

思考题

1. 什么是货币的时间价值？

2. 什么是资本资产定价模型？它是如何通过各种因素的变化来说明风险与收益的关系的？

3. 什么是单利？什么是复利？

4. 将计复利的时间延长，终值会有什么变化？将贴现的时间延长，现值会有什么变化？

5. 如果提高利率，终值将会发生什么样的变化？现值又将会发生什么样的变化？

6. 什么是可分散风险？什么是不可分散风险？

计算分析题

1. 将 3 000 元现金存入银行，存期 5 年，年复利率 6%，到期本利和是多少？

2. 如果现在将一笔现金存入银行，以便在今后的 10 年中每年年末取得1 000元，假设银行存款利率为8%，现在应该存入多少钱呢？

3. 将现金3 000元存入银行，存期5年，按单利计息，年利率为4%，到期时本利和为多少？

4. 预计3年后需要现金30 000元，年利率为8%。按复利计息，现在应存入银行多少现金？

5. 计划在今后8年中，每年年初从银行提取现金7 000元，在复利率10%的条件下，现在应向银行存入多少现金？

6. 每年年初存入银行4 000元现金，连续存5年，如年复利率为8%，第5年末可以提取多少现金？

7. 预计5年后需要现金20 000元，如从今年起，每年末存入现金一次，在年复利率8%的条件下，每年末应存入多少？

8. 拥有一个股票投资组合，在股票A上投资了30%，在股票B上投资于20%，在股票C投资了10%，在股票D上投资了40%。这四只股票的β系数分别是1.5、0.8、0.9、1.8。这个投资组合的β系数是多少？

9. 市场组合的报酬率是15%，无风险报酬率是4%。这只股票的期望报酬率是14%，它的β系数应该是多少？

第三章

企业筹资方式

本章要点

筹资是企业资金运动的起点。本章在对企业筹资的基本原则、企业筹集资金的渠道、企业资金需求量预测的方法进行阐述的基础上，重点围绕包括吸收直接投资，发行普通股、优先股和认股权证以及向银行借款，发行债券，融资租赁和利用商业信用等各种筹资方式的性质、程序以及优缺点等相关问题进行了分析。

第一节　企业筹资概述

资金是企业进行生产经营活动的必要条件。资金筹集既是企业生产经营活动的前提，又是企业再生产顺利进行的保证。任何一个企业，为了保证生产经营的正常进行，必须持有一定数量的资金。筹集资金是企业的一项基本财务活动。企业筹资是指企业根据自身总体经营战略，充分考虑生产经营、对外投资和调整资本结构等方面的需要，通过筹资渠道，运用筹资方式，筹措所需资金的一项理财活动。筹集资金在财务管理中处于极其重要的地位，它是决定企业资金运动规模和生产经营发展程度的重要环节。企业筹资的基本目的是为了自身的生存和发展。企业筹资管理是企业财务管理的一项重要内容。

一、企业筹集资金的渠道和方式

企业筹集资金需要通过一定的筹资渠道，运用一定的筹资方式来进行。企业筹集资金的渠道和方式各种各样，现分述如下。

（一）企业筹资渠道

企业的筹资渠道是指企业筹措资金来源的方向与通道，它体现着资金的来源与流量。认识和了解各筹资渠道及其特点，有助于企业充分拓宽和正确利用筹资渠道，有效地筹集资金。目前，我国企业筹资渠道主要有以下几种。

1. 国家财政资金

国家对企业的直接投资是国有企业最主要的资金来源，特别是国有独资企业，其资本全部由国家投资形成。现有国有企业的资金来源中，其筹资来源的大部分，是在过去由政府通过中央和地方财政部门以拨款方式投资而形成的。除此以外，还有些是国家对企业"税前还贷"或减免各种税款而形成的。从产权关系上看，它们都属于国家投入的资金，产权归国家所有。

2. 银行信贷资金

银行对企业的各种贷款，是我国目前各类企业最为重要的资金来源。我国银行分为商业性银行和政策性银行两种。商业银行是以营利为目的、从事信贷资金投放的金融机构，它主要为企业提供各种商业贷款。在我国，除了中国工商银行、中国建设银行、中国银行、中国农业银行等四大商业性银行外，还有交通银行、招商银行、华夏银行、中信实业银行、光大银行、兴业银行以及广东发展银行等商业性银行。政策性银行主要为特定企业提供一定的政策性贷款。我国的政策性银行有国家开发银行和中国进出口银行等。

3. 非银行金融机构资金

非银行金融机构主要指由各级政府及其他经济组织主办的除了银行以外的各种金融机构。在我国，非银行金融机构主要有信托投资公司、证券公司、租赁公司、保险公司、企业集团的财务公司等。它们所提供的各种金融服务，既包括信贷资金投放，也包括物资的融通，还包括为企业承销证券等金融服务。非银行金融机构的资金供应比较灵活，今后会有广阔的发展前景。

4. 其他企业、单位资金

企业和其他事业单位在生产经营过程中，往往有部分暂时闲置的资金。为了让其发挥一定的效益，也需要相互融通。企业间的相互投资和商业信用的存在，为企业筹资提供了一定的筹资来源。其他企业、单位投入资金主要通过联营、入股、购买债券及各种商业信用等方式形成。其他企业、单位资金有利于强化企业间的经济联系，促进企业的快速发展。

5. 民间资金

企业职工和城乡居民个人的投资，都属于个人资金渠道。我国民间存有大量闲置不用的货币资金，可以对一些企业直接进行投资，为企业筹资提供资金来源。随着市场经济的进一步发展，这个渠道的作用将越来越突出。

6. 企业自留资金

企业自留资金主要是指企业通过提取盈余公积金和保留未分配利润而形成的资金，也称企业内部留存。这些资金的重要特征之一是筹资便捷，它们无须企业通过一定的方式去筹集，而直接由企业内部自动生成或转移。这些经营积累是企业生产经营资金的重要补充。

7. 外国和我国港澳台资金

外国以及我国香港、澳门和台湾地区的投资者持有的资本，依法亦可以用各种形式向企业投资，从而形成所谓外商投资企业的筹资渠道。

上述各种筹资渠道在资金供应量上存在着较大差别。这种资金供应量的多少，在一定程度上取决于财务管理环境的变化。

（二）企业筹资方式

企业筹资方式是指企业筹集资金所采用的具体形式。企业筹资管理的重要内容是如何针对客观存在的筹资渠道，选择合理的筹资方式进行筹资。认识企业筹资方式的种类及其特点有利于企业选择适宜的筹资方式并实现各种筹资方式的合理组合，从而提高筹资效益。

目前我国企业筹资方式主要有以下几种：

（1）吸收直接投资；

（2）发行股票；

（3）企业内部积累；

（4）银行借款；

（5）发行债券；

（6）融资租赁；

（7）商业信用。

这些筹资方式将在本章第二节作详细讲述。

（三）企业筹资渠道与筹资方式的对应关系

筹资渠道解决的是企业资金来源问题，筹资方式则解决企业通过何种方式取得资金的问题，筹资渠道与筹资方式既有区别，又有着密切的联系。一定的筹资方式可能只适用于某一特定的筹资渠道，但是同一渠道的资金往往可以采用不同的方式去取得。企业的筹资渠道与筹资方式之间存在着一定的对应关系。因此，企业在筹资时，应当注意筹资渠道和筹资方式两者之间的合理配合。

企业筹资渠道与筹资方式的对应关系如表 3－1 所示。

表 3-1 企业筹资渠道与筹资方式的对应关系

筹资方式 筹资渠道	吸收直接投资	发行股票	企业内部积累	银行借款	发行债券	融资租赁	商业信用
国家财政资金	√	√					
银行信贷资金				√			
非银行金融机构资金	√	√		√	√	√	√
其他企业、单位资金	√	√			√	√	√
民间资金	√	√			√		
企业自留资金			√				
外国和我国港澳台资金	√	√		√	√	√	√

【微型案例】

我国三峡工程的融资

三峡工程是中国跨世纪的一项巨大工程，到 2009 年三峡工程全部建成时，所需资金共计人民币 2 039 亿元。三峡工程资金筹措主要由以下几个部分组成：一是国家出台的三峡建设基金，即在全国销售电中提高每度电电价形成的专用资金，1993 年每度电增加 3 厘钱，1994 年每度增加 4 厘钱，1996 年 2 月 10 日起部分地区每度电增加 7 厘钱。这部分资金随着全国电量增加而增长，估计在建设期 17 年中共可获得 1 000 亿元；已经划归三峡总公司的葛洲坝电厂，在原上网电价 4.2 分的基础上再涨 4 厘钱，17 年可获得 100 亿元；三峡工程自身从 2003 年开始发电，其收入也投入三峡建设，预计 2003～2009 年可得发电收益 450 亿元。以上三项共计 1 550 亿元，可视为国家投资本金，在建设期无须付利息。二是国家开发银行从 1994～2003 年连续 10 年投资 30 亿元，共计 300 亿元，这部分资金每年需支付利息。三是国内发行企业债券。经国家计委（现为国家发展改革委员会）、财政部批准，1996 年度发行债券 10 亿元，以后根据工程需要，在国家总计划内继续发行企业债券。此外，还要通过其他融资方式筹措部分资金。

二、筹资的分类

企业通过各种筹资渠道和采用各种筹资方式所筹集的资金，由于具体的属性、期限、范围和机制的不同而形成不同的类型。

1. 按照资金使用期限的长短，分为短期资金和长期资金

短期资金是指企业需用期限在 1 年以内的资金。由于在生产经营过程中资本周转调度等原因，往往需要一定数量的短期资金，短期资金主要投资于现金、应收账款、存货等方面。短期资金通常采用银行借款、商业信用等筹资方式取得或形成。

长期资金一般是指企业需用期限在 1 年以上的资金。长期资金主要投资于新产品的开发和推广、生产规模的扩大、厂房和设备的更新等，一般需几年甚至十几年才能收回。长期资金一般采用吸收投资、发行股票、发行债券、长期借款、融资租赁和企业内部积累等筹资方式取得或形成。

一个企业的短期资金和长期资金的比例关系构成企业全部资金的期限结构。资金的期限结构对企业的风险与收益会产生一定的影响，企业应当根据资金的需要合理安排。

2. 按照资金的来源渠道，分为权益资金和债务资金

权益资金亦称股权资金、自有资金，是企业依法取得并长期拥有、能够自主调配运用的资金。所有者依法凭其所有权参与企业的经营管理和利润分配，并对企业的债务承担经济责任。企业的权益资金主要包括股东投入企业的资本及企业持续经营中形成的经营积累，如资本公积金、盈余公积金和未分配利润等。一般通过吸收直接投资、发行股票和企业内部积累等筹资方式形成。

债务资金亦称借入资金，是指企业向银行、其他金融机构、其他企业单位等以负债形式筹集并承担按期归还本金和利息义务的资金。企业负债的形式较多，主要通过银行借款、发行债券、融资租赁和商业信用等方式筹集。负债筹资是企业用来补充自有资金不足的重要手段。

企业的权益资金与债务资金具有一定的比例关系，合理安排权益资金与债务资金的比例关系是企业筹资管理的一个核心问题。这个问题将在第四章具体阐述。

3. 按照是否通过金融机构，分为直接筹资和间接筹资

直接筹资是指企业不借助银行等金融机构，直接与资金所有者协商融通资金的一种筹资活动。直接筹资主要有投入资本、发行股票、发行债券和商业信用等筹资方式。直接筹资具有广阔的领域，可使企业最大限度地筹集社会资本，改善企业的资本结构。但直接筹资受金融市场整体发展水平的制约较大。

间接筹资是指企业借助银行等金融机构而融通资金的筹资活动。这是一种传统的筹资类型。典型的间接筹资方式是向银行借款。在间接筹资活

动过程中，银行等金融机构发挥着中介作用。它们先集聚资本，然后提供给筹资企业。间接筹资过程简单，手续简便，故筹资效率高。但它在一定程度上割断了资金供求双方的直接联系，减少了投资者对资金使用情况的监督。

三、企业筹资的基本原则

筹集资金是企业财务活动的起点，为了更好地实现企业财务目标，经济有效地筹集资金，企业筹资时应遵循以下基本原则。

1. 规模适当原则

企业的筹资规模一方面与企业的资金需求量密切相关，另一方面受到国家法律、法规及合同等的约束。企业不论通过什么渠道，采取什么方式筹集资金，都需要确定资金的需要量，资金不足会影响企业生产经营发展，筹集的资金过多，也会影响资金的使用效果。所以，企业财务人员要认真分析企业的生产经营状况，尽可能采用科学的预测方法，预测资金的需要量，合理确定筹资规模。同时，企业筹资中，必须遵守国家有关法律法规，依法履行约定的责任，维护有关各方的合法权益。

2. 筹措及时原则

企业筹资必须与企业资金的投放在时间上相协调。筹措及时就是指企业筹集资金应根据资金的投放使用时间来合理安排，使筹资和用资在时间上相衔接。企业财务人员在筹集资金时必须树立资金时间价值的观念，根据资金需求的具体情况，合理安排资金的筹集时间，适时获取所需资金。实际工作中要注意避免筹资过早而造成投资前的资本闲置，同时也要防止取得资金的时间滞后，贻误投资的有利时机。

3. 来源合理原则

资金的来源渠道和资金市场为企业提供了资金的源泉和筹资场所，它反映资金的分布状况和供求关系，决定着筹资的难易程度。不同来源的资金，取得资金的条件、难易程度都是不同的，对企业的收益和成本也有不同影响，因此，企业应认真研究资金来源渠道和资金市场，合理选择资金来源。

4. 方式经济原则

企业不论以何种方式筹集资金都需要付出代价，实际上这个代价就是资金成本，但以不同方式取得的资金，其资金成本是不同的，筹资风险也相差很大。为此，就需要对各种筹资方式进行分析、对比，综合考察各种筹资方式的资金成本和筹资风险等因素，选择经济、可行的筹资方式，确定合理的资本结构，力争以最小代价取得企业所需的资金。

四、企业资金需求量的预测

企业的资金需求量是筹资的数量依据，为了使筹集来的资金既能保证满足生产经营的需要，又不会产生太多的闲置，必须采用科学的方法合理地进行预测。预测资金需求量常用的方法有销售额比率法和因素分析法两种。

（一）销售额比率法

1. 销售额比率法的基本原理

销售额比率法是指以资金与销售的比率为基础，预测未来资金需求量的方法。应用销售额比率预测资金需求量是建立在以下假定基础之上的：

（1）企业的部分资产和负债与销售额同比例变化；

（2）企业各项资产、负债与所有者权益结构均已达到最优。

运用销售额比率法，要借助于预计利润表和预计资产负债表。通过预计利润表预测企业留用利润这种内部资金来源的增加额；通过预计资产负债表预测企业资金需要总额和外部筹资的增加额。

2. 销售额比率法的运用步骤

应用销售额比率法预测资金需要量通常须经过以下步骤：

（1）预计销售额增长率；

（2）确定随销售额变动而变动的资产和负债项目；

（3）确定需要增加的资金数额；

（4）根据有关财务指标的约束确定对外筹资数额。下面举例说明。

例 3－1 销售额比率法的运用。某公司 2005 年 12 月 31 日的资产负债表如表 3－2 所示。

表 3－2 资产负债表

2005 年 12 月 31 日　　　　单位：万元

资　产		负债与所有者权益	
现　金	2 500	应付费用	5 000
应收账款	7 500	应付账款	2 500
存　货	15 000	短期借款	12 500
固定资产净值	15 000	公司债券	5 000
		实收资本	10 000
		留存收益	5 000
合　计	40 000	合　计	40 000

假定公司2005年的销售收入为50 000万元，销售净利率为10%，股利支付率为60%，公司现有生产能力尚未饱和，增加销售无须追加固定资产投资。经预测，2006年该公司销售收入将提高到60 000万元，企业销售净利率和利润分配政策不变。

解析：（1）预计销售额增长率。

$$销售额增长率 = \frac{60\ 000 - 50\ 000}{50\ 000} \times 100\% = 20\%$$

（2）确定随销售额变动而变动的资产和负债项目。该公司资产负债表中，资产方除固定资产外都将随销售量的增加而增加，因为较多的销售量需要占用较多的存货，发生较多的应收账款，导致现金需求增加。在负债与所有者权益一方，应付账款和应付费用也会随销售的增加而增加，但实收资本、公司债券、短期借款等不会自动增加。预计随销售增加而自动增加的项目如表3－3所示。

表3－3　销售额比率表

资　　产	占销售收入（%）	负债与所有者权益	占销售收入（%）
现　　金	5	应付费用	10
应收账款	15	应付账款	5
存　　货	30	短期借款	不变动
固定资产净值	不变动	公司债券	不变动
		实收资本	不变动
		留存收益	不变动
合　　计	50	合　　计	15

在表3－3中，不变动是指该项目不随销售的变化而变化。表中的各项目占销售收入百分比反映的是企业资本（或资产）的密集度，是以表3－2中有关项目的数字除以销售收入求得，如存货占销售收入比重的计算为

$$\frac{15\ 000}{50\ 000} \times 100\% = 30\%$$

（3）确定需要增加的资金。从表3－3中可以看出，销售收入每增加100元，必须增加50元的资金占用，但同时增加15元的资金来源。从50%的资金需求中减去15%自动产生的资金来源，还剩下35%的资金需求。因此，每增加100元的销售收入，公司必须取得35元的资金来源。本例中，销售收入从50 000万元，增加到60 000万元，增加了10 000万元，按照35%的比率可预测将增加3 500万元的资金需求。

（4）根据有关财务指标的约束条件，确定对外界资金需求的数额。上

述3 500万元的资金需求有些可通过企业内部来筹集。依题意，公司2006年净利润为6 000万元（60 000×10%），公司股利支付率为60%，则将有40%的利润即2 400万元被留存下来（即留存收益率为40%），从3 500万元中减去2 400万元的留存收益，则还有1 100万元的资金必须来融通。

上述预测过程可用下列公式表示：

$$对外筹资需要量 = \frac{A}{S_1} \cdot \Delta S - \frac{B}{S_1} \cdot \Delta S - P \cdot E \cdot S_2$$

式中 A——随销售变化的资产（变动资产）；

B——随销售变化的负债（变动负债）；

S_1——基期销售额；

S_2——预测期销售额；

ΔS——销售的变动额；

P——销售净利率；

E——留存收益比率。

A/S_1为单位销售额所需的资产数量，即变动资产占基期销售额的百分比；B/S_1为单位销售额所产生的自然负债数量，即变动负债占基期销售额的百分比。

根据上述资料可求得2006年该公司对外筹资的需求量为

$50\% \times 10\,000 - 15\% \times 10\,000 - 10\% \times 40\% \times 60\,000 = 1100$（万元）

销售额比率法能提供预计的财务报表，适应外部筹资的需要，且使用方便。但这种方法也有缺点，倘若有关销售比率与实际不符，据以进行预测就会形成错误的结果。因此，在有关因素发生变动的情况下，必须相应地调整原有的销售比率。

（二）因素分析法

因素分析法，又称分析调整法，它是以有关资金项目上年度的实际平均需要量为基础，根据预测年度的生产经营任务和加速资金周转的要求来预测资金需要量的一种方法。采用这种方法时，首先应在上年度资金平均占用额基础上，剔除其中呆滞积压不合理部分，然后根据预测期的生产经营任务和加速资金周转的要求进行测算。因素分析法的计算公式为

资金需要量 =（上年资金实际平均占用量 − 不合理平均占用额）×
（1 ± 预测年度销售增减率）×
（1 ± 预测年度资金周转速度变动率）

例3－2 某企业上年度资金实际平均占用量为8 000万元，其中不合理部分为400万元，预计本年度销售增长6%，资金周转速度加快2%。则年

度资金需要量为

$$(8\ 000-400)\times(1+6\%)\times(1-2\%)=7\ 894.88(\text{万元})$$

因素分析法计算简单，但预测结果不够精确，适用于品种繁多、规格复杂、用量较小、价格较低的资金项目的预测，也可以用于匡算企业全部资金的需要量。

第二节　权益资金的筹集

权益资金亦称股权资金、自有资金，是企业依法取得并长期拥有，能够自主调配运用的资金。权益资金的筹资方式主要有吸收直接投资、发行股票和企业内部积累等。

一、吸收直接投资

吸收直接投资是指企业按照“共同投资、共同经营、共担风险、共享利润”的原则直接吸收国家、法人和个人投入资金的一种筹资方式。吸收直接投资中的出资者是企业的所有者，他们对企业具有经营管理权。由于出资者各方按出资额的比例分享企业利润，企业经营状况的好坏，直接影响到出资者利润取得的多少。但如果企业经营状况差，甚至被迫破产清算，则出资者各方要在其出资的限额内按出资比例承担损失。

（一）吸收直接投资的种类

企业吸收直接投资的类型很多，企业可根据自身的需要和有关规定选择采用。企业以吸收直接投资方式筹集的资金主要有以下四类。

1. 吸收国家投资

国家投资是指有权代表国家投资的政府部门或者机构以国有资产投入企业，这种情况下形成的资本叫国有资本。吸收国家投资是国有企业筹集自有资金的主要方式。吸收国家投资一般具有以下特点：

（1）产权归属国家；

（2）资金的运用和处置受国家约束较大；

（3）在国有企业中采用比较广泛。

2. 吸收法人投资

法人投资是指法人单位以其依法可以支配的资产投入企业，这种情况下形成的资本叫法人资本。吸收法人投资一般具有如下特点：

（1）发生在法人单位之间；

（2）以参与企业利润分配为目的；

（3）出资方式灵活多样。

3. 吸收个人投资

个人投资是指社会个人或本企业内部职工以个人合法财产投入企业，这种情况下形成的资本称为个人资本。个人投资一般具有以下特点：

（1）参加投资的人员较多；

（2）每人投资的数额相对较少；

（3）以参与企业利润分配为目的。

4. 吸收外商投资

外商投资是指外国投资者和我国港、澳、台等地区的投资者投入企业的资金，这种情况下形成的资本称为外商资本。随着我国对外开放范围的扩大，吸收外商投资越来越成为企业筹集资金的重要方式。吸收外商投资一般具有以下特点：

（1）可以筹集外汇资金；

（2）筹资方式比较灵活；

（3）以参与企业利润分配为目的；

（4）一般只有中外合资经营企业才采用。

（二）吸收直接投资的出资形式

1. 现金投资

以现金投资是吸收投资中一种最重要的投资方式。企业有了现金，可用于购置资产、支付费用，比较灵活。因此，企业一般争取投资者以现金方式出资。吸收投资中所需投入现金的数额，取决于投入的实物、工业产权之外尚须多少资金来满足建厂的开支和日常周转需要。各国法规大多都对现金出资比例做出规定，若无这方面的规定，就需要在融资过程中由各方协商确定。

2. 实物投资

实物投资是以厂房、建筑物、设备等固定资产和材料、燃料、商品等流动资产作价所进行的投资。一般来说，企业吸收的实物投资应符合如下条件：

（1）确为企业科研、生产、经营所需；

（2）技术性能比较好；

（3）作价公平合理。

投资实物的具体作价，可由出资各方协商确定，也可聘请专业资产评估机构评估确定。

3. 工业产权投资

工业产权投资是指投资者以专利权、商标权、非专利技术等无形资产作价投资。一般来说，企业吸收的工业产权应符合以下条件：

（1）有助于企业研究和开发生产出新的高科技产品；

（2）有助于企业提高生产效率，改进产品质量；

（3）有助于企业降低各种消耗；

（4）作价合理。

这里要特别指出，以工业产权投资实际上是把有关技术资本化，把技术的价值固定化了。而技术实际上都在不断老化，价值也在不断贬值，甚至会完全丧失。企业在吸收工业产权投资时应注意进行认真的可行性研究。一般情况下，企业吸收的无形资产（不包括土地使用权）的出资额不得超过注册资金的20%。

4. 土地使用权投资

土地使用权是指土地经营者对依法取得的土地在一定期限内有进行建筑、生产或其他活动的权利。土地使用权具有相对的独立性。在土地使用权存续期间，投资者也可以用土地使用权来进行投资。企业吸收土地使用权投资应符合以下条件：

（1）适应企业研发、生产、销售活动的需要；

（2）交通、地理条件比较适宜。在我国，城市的土地属于国家所有，可用以进行投资的仅是土地的使用权，而不是其所有权。企业获得土地使用权后，不能用以出售或抵押。

（三）吸收直接投资的程序

企业吸收其他单位的直接投资，一般要遵循如下程序。

1. 确定筹资数量

企业新建或扩大经营规模时，应先确定资金的需要量。国有独资企业的增资，须由国家授权投资的机构或国家授权的部门决定；合资或合营企业的增资须由出资各方协商决定。

2. 选择投资单位

投资者需要根据市场需求和企业经济效益选择投资对象，有目的地进行投资；而吸收直接投资的企业也要争取条件相宜的投资者。因此，企业在吸收直接投资之前，要广泛了解投资者的投资意向，充分宣传企业的经营状况和财务情况，这将有利于企业在比较多的投资者中寻找最合适的合作伙伴。

3. 协商投资事项

投资单位确定后，企业与投资者双方便可就出资的数量和出资方式进行具体的协商。企业应根据其生产经营等活动的需要，选择投入资本的形式。一般从企业资金的使用来看，投资者以现金方式出资是比较灵活的。如果投资者的确拥有先进且适合于企业的固定资产、无形资产等，也可采用非现金方式进行投资。

4. 签署投资协议

双方经协商后，要由有关各方签署协议等书面文件，以明确双方的权利和责任。这里关键问题是以实物投资、工业产权投资、土地使用权投资等的作价问题。一般情况下，双方应按公平合理的原则协商定价。如果争议较大，可聘请有关资产评估的机构进行评定。

5. 取得所筹资金

签署投资协议后，企业应按规定或计划取得资金。吸收国家以现金投资的，通常要编制拨款计划，确定拨款期限、每期数额及划拨方式，有时投资者还要规定款项的用途。吸收出资各方以实物资产和无形资产出资的，要办理产权的转移手续，然后企业才能取得资产。

（四）吸收直接投资的优缺点

1. 吸收直接投资的优点

吸收直接投资是我国企业筹资中最早采用的一种方式，其优点主要是：

（1）有利于增强企业信誉。吸收直接投资所筹集的资金属于自有资金，与借入资金相比，能提高企业的资信程度和借款能力，对扩大企业经营规模、壮大企业实力具有重要作用。

（2）有利于尽快形成生产能力。吸收直接投资不仅可以筹集现金，而且能够直接获得所需的先进设备和技术，尽快地形成生产经营能力。

（3）有利于降低财务风险。吸收直接投资可以根据企业经营状况的好坏决定向投资者支付报酬的多少，比较灵活，所以财务风险较小。

2. 吸收直接投资的缺点

吸收直接投资的筹资方式也有一定缺陷，主要是：

（1）资金成本较高。由于向投资者支付的报酬是根据其出资的数额和企业实现利润的多少来计算的。投资者往往要求将盈余的大部分用于分配。这样，企业经营状况较好时，采用吸收直接投资方式筹集资金所需负担的资金成本就会较高。

（2）企业控制权容易分散。采用吸收直接投资方式筹集资金，投资者一般都要求获得与投资数量相适应的经营管理权。如果企业外部投资者的投资所占比例较大，则外部投资者会有相当大的管理权，甚至会对企业实行完全控制，这对企业本身的经营是不利的。

二、发行普通股

股票是股份有限公司为筹集自有资金而发行的有价证券，是持股人拥有公司股份的凭证。它代表持股人在公司拥有的所有权。持股人即股份公司的出资人，称为股东。我国《公司法》中规定了股东享有分配公司利润、参与公司重大决策和选择管理者的权利，同时具有遵守公司章程、交纳股款并以其所持股份为限对公司承担有限责任、不得退股等义务。发行股票筹资是股份有限公司筹措股权资本的基本方式。

（一）股票的种类

为了满足筹资者以及不同投资者的需要，股份有限公司往往发行各种不同的股票。股票按不同标准有如下分类方法。

1. 股票按股东的权利和义务的不同分为普通股票和优先股票

普通股票简称普通股，是股份公司依法发行的代表股东享有平等权利、义务，不加特别限制，股利不固定的股票。普通股具备股票的最一般特征，是最基本的股票。通常情况下，股份有限公司只发行普通股。

普通股在权利和义务方面的特点是：

（1）普通股股东享有公司的经营管理权；

（2）普通股股利分配在优先股之后进行，并依公司盈利情况而定；

（3）公司解散清算时，普通股股东对公司剩余财产的请求权位于优先股之后；

（4）公司增发新股时，普通股股东具有认购优先权。

优先股票简称优先股，是股份公司依法发行的具有一定优先权的股票。优先股股东先于普通股股东分取股利和公司的剩余财产，但没有表决权。从法律上来讲，企业对优先股不承担法定的还本义务，是企业自有资金的一部分。

2. 股票按票面有无记名分为记名股票和无记名股票

我国《公司法》规定，公司向发起人、法人发行的股票，应当为记名股票；向社会公众发行的股票，可以为记名股票，也可以为无记名股票。

记名股票是在股票上载有股东姓名或名称，并将其记入公司股东名册的一种股票。公司发行记名股票的，应当置备股东名册，记载股东的姓名或者名称及住所；各股东所持股份数；股票的编号；股东取得股份的日期。记名股票的转让、继承都要办理过户手续。

无记名股票是指在股票上不记载股东姓名或名称的股票。凡持有无记名股票者，都可成为公司股东。无记名股票的转让、继承无须办理过户手续，只要将股票交给受让人，就可发生转让效力，实现股权的转移。发行无记名股票的，公司应当记载其股票数量、编号及发行日期。

3. 股票按票面是否标明金额分为有面值股票和无面值股票

有面值股票是指公司发行的票面标有金额的股票。持有这种股票的股东，对公司享有权利和承担义务的大小，以其所拥有的全部股票的票面金额之和占公司发行在外股票总面额的比例大小来定。我国《公司法》规定，股票应当标明票面金额。

无面值股票是指票面不标明票面金额，只载明所占公司股本总额的比例或股份数的股票。其之所以采用无面值股票，是因为股票价值实际上是随公司财产价值的增减而变动的。发行无面值股票，有利于促使投资者在购买股票时，注意计算股票的实际价值。

4. 股票按发行时间的先后分为始发股和新发股

始发股是公司设立时发行的股票。新发股是公司增资时发行的股票。始发股和新发股发行的具体条件、目的、价格不尽相同，但股东的权利、义务是一致的。

5. 股票按发行对象和上市地区分为A股、B股和H股和N股

A股是供我国个人或法人买卖的、以人民币标明票面价值并以人民币认购和交易的股票；B股是以人民币标明票面价值以外币认购和交易的股票。H股是指在香港上市的股票。N股是指在纽约上市的股票。

此外，股票按投资主体不同，还可分为国家股、法人股、个人股和外资股。

（二）普通股股东的权利

普通股股票的持有人叫普通股股东，普通股股东一般具有如下权利。

1. 公司管理权

普通股股东具有对公司的管理权。普通股股东的管理权主要体现为在董事会选举中有选举权和被选举权。通过选出的董事会，代表所有股东对企业进行控制和管理。具体来说，普通股股东的管理权主要表现为：

（1）投票权。普通股股东有权投票选举公司董事会成员并有权对修改公司章程、改变公司资本结构、批准出售公司重要资产、吸收或兼并其他公司等重大问题进行投票表决。这是普通股股东参与公司经营管理的基本方式。

（2）查账权。从原则上来讲，普通股股东具有查账权，但由于保密的原因，这种权利常常受到限制。因此，并不是每个股东都可自由查账，但

股东可以委托会计师事务所代表他们去查账。

(3) 阻止越权经营的权利。当公司的管理层越权进行经营时，股东有权阻止。

2. 分享盈余权

分享盈余也是普通股股东的一项基本权利。盈余的分配方案由股东大会决定，每一个会计年度由董事会根据企业的盈利数额和财务状况来决定分发股利的多少并经股东大会批准通过。

3. 出售或转让股份权

如果股东与管理当局的意见不一致，又没有足够的力量对管理层进行控制，便会出售其股票。另外，如果股东认为现有股票的报酬低于所期望的报酬，也会出售现有的股票，寻求更有利的投资机会。此外，股东由于需要大量现金，也不得不出售其股票。依照国家法规和公司章程出售或转让股票也是普通股股东的一项基本权利。

4. 优先认股权

优先认股权是指原有股东有权按持有公司股票的比例，优先认购公司新增发的股票的权利。当公司增发普通股票时，原有股东有权按持有公司股票的比例，在一定期限内，以低于市价的认购价格认购新股。

5. 剩余财产要求权

当公司解散、清算时，普通股股东可依法分取公司解散清算后的剩余财产。但是，公司破产清算时，财产的变价收入，首先要用来清偿债务，然后支付优先股股东，最后才能分配给普通股股东。所以，在破产清算时，普通股股东实际上很少能分到剩余财产。

(三) 股票的发行

1. 股票发行的条件

股份公司股票的发行必须遵循一定的法律和规定，具备一定的发行条件，取得发行资格，并办理必要的手续后才能发行。《中华人民共和国证券法》(以下简称《证券法》) 规定公司公开发行新股，应当符合下列条件：

(1) 具备健全且运行良好的组织机构；

(2) 具有持续盈利能力，财务状况良好；

(3) 最近三年财务会计文件无虚假记载，无其他重大违法行为；

(4) 经国务院批准的国务院证券监督管理机构规定的其他条件。

此外，国家对改组发行、增资发行和定向募集发行也规定了不同的条件。

2. 股票的发行价格

股票的发行价格，是股份公司发行股票时，将股票出售给投资者所采用的价格，也就是投资者认购股票时所支付的价格。股票发行价格通常由发行公司根据股票面额、股市行情、公司业绩和其他有关因素决定。在以募集设立方式设立的公司首次发行的股票价格，由发起人决定；增资发行新股的股票价格，由股东大会决定。

股份公司在不同时期、不同状态下对不同种类的股票，可采用不同的方法确定其发行价格。股票的发行价格一般有等价、时价和中间价三种。

第一种，等价。等价就是以股票的面值为发行价格发行股票，即股票的发行价格与其面值等价，亦称平价发行。等价发行股票一般比较容易推销，但发行公司不能取得溢价收入。在股票市场不甚发达的情况下，设立公司首次发行股票时，选用等价发行可确保及时足额地募集资本。

第二种，时价。时价也称市价，即以公司原发行同种股票的现行市场价格为基准来选择增发新股的发行价格。选用时价发行股票，考虑了股票的现行市场价值，对投资者也有较大的吸引力。

第三种，中间价。中间价就是以股票市场价格与面额的中间值作为股票的发行价格。选择时价或中间价发行股票，股票发行价格会高于或低于其面值。前者称为溢价发行，后者称为折价发行。我国规定，股票发行价格可以是票面金额（即等价），也可以超过票面金额，采取溢价发行，但不得低于票面金额，即不准折价发行股票。这也是一种符合国际惯例的做法。

（四）股票上市

上市公司，是指其股票在证券交易所上市交易的股份有限公司。股票上市，是指股份有限公司公开发行的股票经批准在证券交易所进行挂牌交易。我国《公司法》规定，股东转让其股份，即股票流通必须在依法设立的证券交易所进行。

1. 股票上市的条件

股票上市条件也称股票上市标准，是指对申请上市公司所做的规定或要求。公司公开发行的股票进入证券交易所交易必须受严格的条件限制。我国《证券法》规定，股份有限公司申请股票上市，必须符合下列条件：

（1）股票经国务院证券监督管理机构核准已公开发行。

（2）公司股本总额不少于人民币 3 000 万元。

（3）公开发行的股份达到公司股份总数的 25% 以上；公司股本总额超过人民币 4 亿元的，公开发行股份的比例为 10% 以上。

（4）公司在最近 3 年内无重大违法行为，财务会计报告无虚假记载。

具备上述条件的股份有限公司经申请，由国务院或国务院授权的证券管理部门批准，其股票方可上市。对于股票上市，公司必须公告其上市报告，并将其申请文件存放在指定的地点供公众查阅。股票上市公司还必须定期公布其财务状况和经营情况，每年定期公布财务会计报告。

2. 股票上市的暂停、恢复与终止

按照国际惯例，获得股票上市资格，并已实现股票上市的公司，必须持续保持其上市的条件。如果发现已上市的公司不再能满足规定的条件或其他有关规定，则将被暂停其股票上市。

我国规定，股票上市公司有下列情形之一的，由证券交易所决定暂停其股票上市交易：

（1）公司股本总额、股权分布等发生变化不再具备上市条件；

（2）公司不按规定公开其财务状况，或者对财务报告做虚假记载，可能误导投资者；

（3）公司有重大违法行为；

（4）公司最近 3 年连续亏损；

（5）证券交易所上市规则规定的其他情形。

公司在规定的暂停上市期限内，如能消除有关原因，可以恢复上市。

如果在规定的期限内，公司未能消除其被暂停上市的原因，甚至产生严重后果者，将被终止上市，取消上市资格。另外，公司决定解散、被行政主管部门依法责令关闭或者宣告破产的，由国务院证券管理部门决定终止其股票上市。

3. 股票上市的利弊分析

股票上市作为一种有效的筹资方式，对形成稳定的资本来源，在更大范围内筹措大量资本起着重要的作用。但是，股票上市也会给公司带来一些不利影响。因此，公司在做出股票上市的决定前，必须对股票上市的利弊进行很好的分析，以便做出正确的决策。

股票上市对公司有利的方面表现为：

（1）改善财务状况，便于筹措新的资金。公司公开发行股票可以筹得自有资金，能迅速改善公司财务状况，并有条件得到利率更低的贷款。同时，公司一旦上市，就可以在今后有更多的机会从证券市场上筹集资金。

（2）促进公司股权的社会化，分散风险。股票上市后，会有更多的投资者认购公司股份，这就分散了公司风险。

（3）便于对公司的客观评价。对于已上市的公司来说，不断变化的股价就是对企业的市场估价。

（4）提高公司知名度。股票上市公司常被认为经营优良，这会给公司带来良好的声誉，从而吸引更多的顾客，扩大公司的销售。

(5) 对职员起到激励作用。上市公司利用股票作为激励职工的手段是卓有成效的。公开的股票市场提供了股票的准确价值，也可使职员的股票得以兑现。

但股票上市也有对公司不利的一面。这主要表现为：

(1) 使公司失去隐私权。一家公司公开上市后，其最大的变化即是公司隐私权的消失。国务院证券监督管理机构会要求上市公司将关键的经营情况向社会公众公开。

(2) 限制经理人员操作的自由度。公司上市后其所有重要决策都需要经董事会讨论通过，并需全体股东投票决定。股东们通常以公司盈利、分红、股价等来判断经理人员的业绩，这些压力往往使得企业经理人员注重短期效益而忽略长期效益。

(3) 公开上市的成本很高。公开上市的公司将负担较高费用。这些费用包括：资产评估费用、股票承销佣金、律师费、注册会计师审计费、登记费等。费用的具体数额取决于每一个企业的具体情况、整个上市过程的难易程度和上市数额等因素。

(4) 股市的人为波动可能歪曲公司的实际情况，损害公司的声誉。

(五) 普通股筹资的优缺点

股份有限公司运用普通股筹集股权资本，与其他筹资方式相比，有其优点和缺点。

1. 普通股筹资的优点

(1) 普通股筹资没有固定的股利负担。公司有盈利，并认为适于分配股利，就可以分给股东；公司盈利较少，或虽有盈利但资本短缺或有更有利的投资机会，也可以少支付或不支付股利。

(2) 普通股股本没有固定的到期日，是公司的永久性资本。利用普通股筹集的资金无须偿还，它是公司的永久性资本，除非公司清算时才予以偿还。这对于保证公司对资本的最低需要，促进公司长期持续稳定经营具有重要意义。

(3) 利用普通股筹资的风险小。由于普通股没有固定到期日，不用支付固定的利息，不存在还本付息的风险，因此风险最小。

(4) 发行普通股筹资能增强公司的信誉。普通股股本是公司的自有资金，有了较多的股权资本，有利于提高公司的信誉，同时也为更多地利用债务筹资提供强有力的支持。

2. 普通股筹资的缺点

(1) 普通股筹资的成本较高。普通股股利要从所得税后利润中支付，普通股发行成本一般也是证券发行中最高的。通常普通股筹资的成本要大于债务资金筹资的成本。

(2) 利用普通股筹资，容易分散控制权。利用普通股筹资，出售新的股票，增加新的股东，容易导致公司控制权的分散。

此外，新股东分享公司未发行新股前积累的盈余，还会降低普通股的每股净收益，从而可能引起股价的下跌。

三、发行优先股

优先股是一种特殊的股票，它与普通股有许多相似之处，但又具有债券的某些特征。但从法律的角度来讲，优先股属于自有资金。优先股可以在公司设立时发行，也可以在公司增资发行新股时发行。

优先股与普通股具有某些共性，如优先股也无到期日，优先股的股利同样必须从净利润中支付。公司运用优先股所筹资金，亦属自有资金。但是，优先股相对普通股而言还具有某些优先权利，如对盈利的分配和剩余资产的求偿具有优先权，并且优先股的股利是固定的。这样，又具备了公司债券的某些特征。因此，优先股是一种具有双重性质的证券。

(一) 优先股的分类

按不同标准，优先股的分类主要有以下几种。

1. 按股利能否累计，可分为累积优先股和非累积优先股

累积优先股是指在任何营业年度内未支付的股利可累积起来，由以后年度的利润补足一起支付的优先股股票。这种股票当公司营业状况不好，无力支付固定股利时，可把股利累积下来，当公司营业状况好转，盈余增多时，再补发这些股利。

非累积优先股是仅按当年利润分配股利，而不予以累积补付的优先股股票。即如果本年度的盈利不足以支付全部优先股股利，对所积欠的部分，公司不予累积计算，优先股股东也不能要求公司在以后年度中予以补发。

对投资者来说，累积优先股比非累积优先股具有更大的吸引力。所以，运用更加广泛。

2. 按是否可转换为普通股股票，分为可转换优先股与不可转换优先股

可转换优先股是股东可在一定时期内按一定比例把优先股转换成普通股的股票。这里转换的比例是事先确定的，其数值大小取决于优先股与普通股的现行价格。

不可转换优先股是指不能转换成普通股的股票。不可转换优先股只能

获得固定股利报酬，而不能获得转换收益。

3. 按是否有赎回优先股的权利，分为可赎回优先股与不可赎回优先股

可赎回优先股又称可收回优先股，是指股份公司可以按一定价格收回的优先股票。在发行这种股票时，一般都附有收回性条款，在收回条款中规定了赎回该股票的价格。此价格一般略高于股票的面值。至于是否收回，在什么时候收回，则由发行股票的公司来决定。

不可赎回优先股是指不能收回的优先股股票。因为优先股都有固定股利，所以，不可赎回优先股一经发行，便会成为股份公司一项永久性的财务负担。因此，在实际工作中，大多数优先股均是可赎回优先股，而不可赎回优先股则很少发行。

（二）优先股股东的权利

优先股的“优先”是相对普通股而言的，这种优先权主要表现在以下几个方面。

1. 优先分配股利权

优先股股利必须在支付普通股股利之前予以支付，优先股股东优先于普通股股东分配到股利。而且优先股股利一般是固定的，通常按股票面值的一定百分比来计算。这样受公司经营状况和盈利水平的影响较小。

2. 优先分配剩余资产权

当公司解散、破产等进行清算时，对于出售剩余资产所得的收入，优先股股东位于债权人的求偿之后，优先于普通股股东分配公司的剩余财产。

3. 部分管理权

优先股股东的管理权限是有严格限制的。在公司股东大会上，优先股股东一般没有表决权，通常也无权过问公司的经营管理，仅在涉及优先股股东权益问题时才享有表决权。

（三）优先股筹资的优缺点

1. 优先股筹资的优点

公司利用优先股筹资与普通股和其他筹资方式相比有其许多优点，主要是：

（1）优先股没有固定到期日，不用偿还本金。发行优先股筹集资本，实际上近乎得到一笔无限期的长期贷款，公司不承担还本义务，也无须再做筹资计划。对可赎回优先股，公司可在需要时按一定价格收回，这就使得利用这部分资本更有弹性。

（2）股利的支付既固定又有一定的灵活性。一般而言，优先股都采

用固定股利，但对固定股利的支付并不构成公司的法定义务。如果公司财务状况不佳，可以暂时不支付优先股股利。而且优先股股东也不能像债权人一样可以迫使公司破产，这在一定程度上减轻了公司的财务压力和筹资风险。

(3) 有利于增强公司信誉。从法律上讲，优先股属于自有资金，因而，发行优先股能加强公司的股权资本基础，增强公司的信誉，提高公司的借款举债能力。

2. 优先股筹资的缺点

(1) 优先股筹资成本高。优先股所支付的股利要从税后净利润中支付，不同于债务利息可在税前扣除。因此，优先股成本虽低于普通股成本，但一般高于债券成本。

(2) 筹资限制多。发行优先股，通常有许多限制条款，例如，对普通股股利支付上的限制、对公司借债限制等。

(3) 财务负担重。如前所述，优先股需要支付固定股利，但又不能在税前扣除，所以，当公司利润下降时，优先股的股利会成为一项较重的财务负担，有时不得不延期支付。

四、发行认股权证

(一) 认股权证的特点

认股权证是由股份有限公司发行的，能按特定的价格、在特定的时间内购买发行公司一定股份的选择权凭证。发行认股权证是一种特殊的筹资手段。认股权证本身含有期权条款，其持有者在认购股份之前，对发行公司既不拥有债权也不拥有股权，而只是拥有股票认购权。另外，认股权证具有价值和市场价格，用认股权证购买普通股，其价格一般低于市价。发行公司可以通过发行认股权证筹得现金，还可用于公司成立时对承销商的一种补偿。

(二) 认股权证的种类

认股权证按不同的标准，可划分为以下几类：

(1) 按允许购买的期限，分为长期认股权证与短期认股权证。短期认股权证的认股期限一般在 90 天以内。长期认股权证的认股期限在 90 天以上，有时持续几年，有的还是永久性的。

(2) 按认股权证的发行方式，分为单独发行的认股权证和附带发行的认股权证。单独发行的认股权证是指不依附于其他证券而独立发行的认股权证。附带发行的认股权证是指依附于债券、优先股、普通股或短期票据发行的认股权证。

（三）认股权证的价值

认股权证有理论价值和实际价值之分。

1. 理论价值

影响认股权证理论价值的主要因素有：

（1）换购比率。这是指每一份认股权证可认购股票的数量。一份认股权证所能认购的普通股股数越多，其理论价值就越大。

（2）普通股市价。市价越高，认股权证的理论价值越大。

（3）认购价格。这是指认股权证持有者行使认股权时的结算价格。由于普通股市价一般高于认股权证购买股票的价格，此价格越低，认股权证的持有者为换股所付出的代价就越小，这样认股权证的理论价值就越大。

（4）剩余有效期间。认股权证标有认购股票的有效期限。认股权证的剩余有限期间越长，市价高于执行价格的可能性就越大，认股权证的理论价值就越大。

认股权证的理论价值可用下式计算：

$$V = (P - E) \times N$$

式中 V——认股权证的理论价值；

P——普通股股票市场价格；

E——认购价格；

N——认股权证换股比率。

例 3－3 某股份有限公司发行认股权证，规定每张认股权证可按 15 元认购 1 股普通股股票。公司普通股股票每股市价是 17 元，计算认股权证的理论价值。

解析： $V = (P - E) \times N = (17 - 15) \times 1 = 2$(元)

即该认股权证的理论价值为 2 元。

2. 实际价值

实际价值是指认股权证在证券市场上的市场价格或售价。认股权证的实际价值受市场供求关系的影响，其最低限为理论价值。一般的市场价值高于理论价值。认股权证的实际价值大于理论价值的部分称为超理论价值的溢价。

（四）认股权证的作用

在公司的筹资实务中，认股权证的运用对发行公司具有以下作用：

（1）为公司筹集额外的现金。认股权证不论是单独发行还是附带发行，都能为发行公司筹集一笔额外现金，从而增强公司的资本实力和运营能力。

(2) 促进其他筹资方式的运用。单独发行的认股权证有利于将来发售股票。附带发行的认股权证可促进相关证券发行的效率。如果认股权证依附于债券等发行，可以提高债券的吸引力，促进债券的顺利发售。

第三节　债务资金的筹集

债务资金是指企业向银行、其他金融机构、其他企业单位等以负债形式筹集的资金。企业负债筹集的方式主要有银行借款、发行债券、融资租赁和商业信用等。负债筹资是企业用来补充自有资本不足的重要手段。

一、银行借款

银行借款是指企业根据借款合同从有关银行或非银行金融机构借入所需资金的一种筹资方式。它是企业筹资的一种最普遍的形式。

(一) 银行借款的种类

银行借款的种类很多，按照不同的标准可作如下分类。

1. 按借款的期限分为短期借款、中期借款和长期借款

短期借款是指借款期限在 1 年以内（包括 1 年）的各种借款。中期借款是指借款期限在 1 年以上 5 年以下（包括 5 年）的各种借款。长期借款是指借款期限在 5 年以上的借款。

2. 按提供贷款的机构分为政策性银行贷款、商业性银行贷款和其他金融机构贷款

政策性银行贷款是指执行国家政策性贷款业务的银行（通称政策性银行）向企业提供的贷款，它通常为长期贷款。例如国家开发银行为满足企业承建国家重点建设项目的资金需要所提供的贷款。

商业性银行贷款是指由各商业银行向工商企业提供的贷款。这类贷款主要为满足企业生产经营的资金需要。

其他金融机构贷款是指企业从信托投资公司、财务公司、保险公司等取得的实物或货币形式的贷款。其他金融机构对企业的贷款一般较商业银行贷款的期限要长，要求的利率也较高，同时对借款企业的信用要求和担保的选择也比较严格。

3. 按有无担保分为信用借款和担保借款

信用借款是指以借款人的信誉为依据而获得的借款，企业取得这种借款，无须以财产做抵押。这类贷款的风险较高，银行要求的利率也较高，同时可能会附加一定的限制条件。

担保借款是指以一定的财产做抵押或以一定的保证人做担保为条件所取得的借款。作为担保的抵押品可以是不动产、机器设备等实物性资产，也可以是有价证券。企业如果在借款到期时不能如约偿还贷款，银行有权对抵押品进行处理。担保借款有利于降低银行的贷款风险。

（二）银行借款的程序

企业向银行办理长、短期借款的程序基本相同，但也有一定差异。现以长期银行借款为例，介绍企业办理借款的基本程序。

1. 企业提出借款申请

企业申请借款必须符合贷款条件。企业申请贷款一般应具备的条件是：

（1）借款企业实行独立核算，自负盈亏，具有法人资格；

（2）借款企业的经营方向和业务范围符合国家政策，借款用途属于银行贷款办法规定的范围；

（3）借款企业具有一定的物资和财产保证，担保单位具有相应的经济实力；

（4）借款企业具有偿还贷款本金的能力；

（5）借款企业财务管理和经济核算制度健全，资金使用效益及企业经济效益良好；

（6）借款企业在银行开立有办理结算的账户。

企业需要向银行借入资金，必须向银行提出申请，填写包括借款金额、借款用途、偿还能力以及还款方式等主要内容的“借款申请书”，并提供公司上年度财务报告等相关资料。

2. 银行进行审批

银行接到企业的申请后，要按照有关规定和贷款条件，对借款企业进行审查。银行审查的内容包括：

（1）企业的财务状况；

（2）企业的信用情况；

（3）企业的盈利稳定性；

（4）企业的发展前景；

（5）借款投资项目的可行性等。

贷款银行一般都建立了审贷分离、分级审批的贷款管理制度。审查人员要对调查人员提供的资料进行核实、评定，预测贷款风险，提出意见，按规定权限报批，决定是否提供贷款。

3. 银行与企业签订借款合同

借款合同，又称借款契约，是规定借款单位和银行双方的权利、义务和经济责任的法律文件。为了维护借贷双方的合法权益，保证资金的合理使用，企业向银行借入资金时，双方需签订借款合同。借款合同的内容主要包括：

(1) 基本条款。这是借款合同的基本内容，主要规定双方的权利和义务。具体包括借款数额、借款方式、款项发放的时间、还款期限、还款方式、利息支付方式、利息率的高低等。

(2) 保证条款。这是保证款项能顺利归还的一系列条款，包括借款按规定的用途使用、有关的物资保证、抵押财产、担保人及其责任等内容。

(3) 违约条款。这是对双方若有违约行为时应如何处理的条款，主要载明对企业逾期不还或挪用贷款等的处理和银行不按期发放贷款的处理等内容。

(4) 其他附属条款。这是与借贷双方有关的其他条款，如双方经办人、合同生效日期等条款。

4. 企业取得借款

借款合同生效后，银行可在核定的贷款指标范围内，根据用款计划和实际需要，一次或分次将贷款转入企业的存款结算户，以便企业支用借款。

5. 企业偿还借款，支付利息

企业应按借款合同的规定按时足额归还借款本金和利息。企业偿还贷款的方式通常有三种：

(1) 到期日一次偿还。这种方式下的还款集中，借款企业需于贷款到期日前做好准备，以保证全部清偿到期贷款。

(2) 定期偿还相等份额的本金。即在到期日之前定期偿还相同的金额，直至贷款到期日还清全部本金。

(3) 分批偿还，每批金额不等。这种方式便于企业灵活安排。

一般地，贷款银行会在长期贷款到期一个月之前，短期贷款到期一个星期之前向借款的企业发送还本付息通知单。企业在接到还本付息通知单后，要及时筹备资金，按期还本付息。如果企业不能按期归还借款，应在借款到期之前，向银行申请贷款展期，此时银行通常要加收利息。但是否展期，由贷款银行根据具体情况决定。

（三）银行借款的信用条件

按照国际惯例，银行通常对借款企业提出一些信用条件，主要包括信贷额度、周转授信协议、补偿性余额等。

1. 信贷额度

信贷额度亦即贷款限额，是借款企业与银行在正式协议中规定的允许企业借款的最高限额。通常在信贷额度内，企业可随时按需要向银行申请借款。如企业超过规定限额继续向银行借款，银行则停止办理。此外，如果企业信誉恶化，即使银行曾经同意按信贷限额提供贷款，企业也可能得不到借款。这时，银行不会承担法律责任。

2. 周转信贷协定

周转信贷协定是银行具有法律义务地承诺提供不超过某一最高限额的贷款协定。在协定的有效期内，只要企业借款总额未超过最高限额，银行必须满足企业任何时候提出的借款要求。企业根据周转协定，通常要对贷款限额的未使用部分付给银行一笔承诺费。

3. 补偿性余额

补偿性余额是银行要求借款企业将借款的10%～20%的平均存款余额以无息回存的方式留存银行。补偿性余额的目的是降低银行贷款风险。对借款企业来说，补偿性余额则提高了借款的实际利率，加重了企业的利息负担。补偿性余额贷款实际利率的计算公式为

$$\text{补偿性余额贷款实际利率} = \frac{\text{名义利率}}{1 - \text{补偿性余额比率}} \times 100\%$$

例 3－4 某企业按年利率10%向银行借款500万元，贷款银行要求维持20%的补偿性余额，则企业实际可以动用的借款只有400万元，该项借款的实际利率为

$$\text{补偿性余额贷款实际利率} = \frac{10\%}{1 - 20\%} \times 100\% = 12.5\%$$

除了上述所说的信用条件外，银行有时还要规定一些限制性条款。如要求企业定期提供财务报表，保持适当的资产流动性等。如企业违背做出的承诺，银行可要求企业立即偿还全部贷款。

（四）银行借款筹资的优缺点

1. 银行借款筹资的优点

（1）筹资速度快。企业利用借款筹资，程序较为简单，一般所需时间较短，可以快速获得现金。而发行各种有价证券筹集资金，发行前的申请批准、证券印制等各种工作都需要一定时间，发行过程往往也都复杂，耗时较长。

（2）筹资成本低。银行借款利率一般低于债券利率，企业利用银行借款所支付的利息比发行债券所支付的利息低。同时，企业利用借款筹资产生的利息费用可在所得税前列支，由此在一定程度上减少了实际负担的成本。此外，借款筹资中，企业也不需支付大量的发行费用。

（3）借款弹性较大。借款筹资中，企业与银行可以直接商谈确定借款的时间、数量和利率等。在用款期间，如果企业情况发生了变化，也可与银行再行协商，修改借款的数量及还款期限等。因此，借款筹资对企业来说具有较好的灵活性。

2. 银行借款筹资的缺点

（1）财务风险较大。企业举借债务，必须到期还本付息。在经营不利的情况下，可能会产生不能偿付的风险，甚至会导致破产。

（2）限制条件较多。企业与银行签订的借款合同中，一般都有一些限制性条款，如不准改变借款用途、限制企业借入其他长期资金等。这些条款可能会限制企业以后的经营活动。

（3）筹资数额有限。银行一般不愿借出巨额的长期借款。因此，利用银行借款一般不如股票、债券那样可以一次筹集到大笔资金。

二、发行债券

债券是债务人为筹集资金而依照法定程序发行的、承诺按约定的利率和日期向债权人还本付息、用以反映债权债务关系的有价证券。发行债券是企业筹集资金的重要方式。股份有限公司和有限责任公司发行的债券称为公司债券。

债券的发行人为债务人，投资于债券的人为债权人。债权人可以按期取得固定利息，到期收回本金，但无权参与公司经营管理。

（一）债券的分类

1. 按票面有无记名，分为记名债券和无记名债券

记名债券是指在券面上注明债权人姓名或名称，同时在发行公司的债权人名册上进行登记的债券。发行记名公司债券的，应当在公司债券存根簿上载明：

（1）债券持有人的姓名或者名称及住所；

（2）债券持有人取得债券的日期及债券的编号；

（3）债券的票面金额、利率、还本付息的期限和方式；

（4）债券的发行日期。

这种债券在转让时，除要交付债券外，还要在债券上背书和在公司债

权人名册上更换债权人姓名或名称。投资者须凭印鉴领取本息。此类债券比较安全，但转让时手续复杂。

无记名债券是指在券面上不记载持券人的姓名或名称，也不用在债权人名册上登记债权人姓名或名称的债券。发行无记名公司债券的，应当在公司债券存根簿上载明债券总额、利率、偿还期限和方式、发行日期及债券的编号。这种债券在转让时，由债券持有人将债券交付给受让人后即发挥效力，无须背书。因此比较方便。

2. 按有无抵押品担保，分为抵押债券、信用债券和担保债券

抵押债券是指以特定财产作为抵押品而发行的债券。抵押债券按抵押物品的不同，又可分为不动产抵押债券、设备抵押债券和证券抵押债券等三类。当企业没有足够的资金偿还债券时，债权人可将抵押品拍卖以获取资金。

信用债券又称无担保债券，是指发行公司没有抵押品担保，完全凭企业的信誉发行的债券。信用债券利率一般略高于抵押债券。由于这种债券没有具体财产做抵押，因此，只有历史悠久，信誉良好的公司才能发行这种债券。

担保债券是指由一定保证人作担保而发行的债券。当企业没有足够的资金偿还债券时，债权人可以要求保证人偿还资金。

3. 按利率的不同分为固定利率债券和浮动利率债券

固定利率债券是将利率明确标明在债券上，并按这个固定利率向债权人支付利息。

浮动利率债券是指债券上不标明利率，发放利息时按政府债券利率或银行存款利率的变动同方向进行调整。

4. 按可否转换为公司股票分为可转换债券和不可转换债券

可转换债券是指在一定时期内，可以按规定的价格或一定比例，由持有人自由地选择转换为发行公司普通股的债券。我国规定，上市公司经股东大会决议可以发行可转换为股票的公司债券，并在公司债券募集办法中规定具体的转换办法。公司应当按照其转换办法向债券持有人换发股票，但债券持有人对转换股票或者不转换股票有选择权。上市公司发行可转换为股票的公司债券，应当在债券上标明可转换公司债券字样，并在公司债券存根簿上载明可转换公司债券的数额。同时须报国务院证券监督管理机构核准。发行这种债券，一方面可以为投资者增加投资机会，另一方面也可为发行公司调整资本结构提供便利。

不可转换债券是指不可转换为普通股的债券。

一般来讲，可转换债券的利率要低于不可转换债券的利率。

（二）债券的发行

1. 债券发行的条件

根据我国《证券法》的规定，发行公司债券必须符合下列条件：

（1）股份有限公司的净资产额不低于3 000万元，有限责任公司的净资产额不低于6 000万元；

（2）累计债券余额不超过公司净资产的40%；

（3）最近3年平均可分配利润足以支付公司债券1年的利息；

（4）筹集的资金投向符合国家产业政策；

（5）债券的利率不得超过国务院限定的利率水平；

（6）国务院规定的其他条件。

另外，发行公司债券所筹集的资金，必须按审批机关批准的用途使用，不得用于弥补亏损和非生产性支出。

2. 债券发行价格的确定

债券发行的价格高低，主要取决于四项因素：

（1）债券面额。债券票面金额是债券到期时偿还债务的金额。面额印在债券上，固定不变，到期必须足额偿还。债券的票面金额是决定债券发行价格的最基本因素。债券发行价格的高低，从根本上取决于债券面额的大小。一般而言，债券面额越大，发行价格越高。

（2）票面利率。债券的票面利率通常在发行债券之前就已确定，并注明于债券票面上。债券的利率一般是年利率，面值与利率相乘可得出年利息。一般地，债券的票面利率越高，发行价格也越高。

（3）市场利率。债券发行时的市场利率是衡量债券票面利率高低的参照指标。实际中，票面利率与市场利率往往很难吻合。一般情况下，债券的发行价格与市场利率成反比例的关系，即债券的市场利率越高，债券的发行价格越低。

（4）债券期限。从发行债券之日起至债券到期日止之间的时间称为债券的期限。在债券的期限内，公司必须定期支付利息。债券的期限越长，债权人承担的风险越大，债券的发行价格就可能越低。

由于上述四项因素的综合作用，公司债券的发行价格通常有三种，即等价发行、溢价发行和折价发行等。等价发行又叫面值发行，是指以债券的票面金额作为发行价格。多数公司债券采用等价发行。溢价发行是指按高于债券面额的价格发行债券。折价发行是指按低于债券面额的价格发行债券。

溢价或折价发行债券的存在，最主要是由于债券的票面利率与市场利率不一致所造成的。因为资金市场上的市场利率是经常变化的。如果票面利率与市场利率不一致，就需要调整发行价格（溢价或者折价），以保证债券购销双方的利益。

（三）债券的偿还

债券偿还有多种方法，按照偿还的实际时间与规定的到期日之间的关系分为到期偿还、提前偿还与滞后偿还等三种。

1. 到期偿还

到期偿还包括一次偿还和分期偿还两种。一次偿还是在债券的有效期结束时一次还清本金。这种方式比较简便，我国目前发行的债券多数采用此种方式。分期偿还是企业在发行同一种债券的当时就定有不同的到期日，由于各批的到期日不同，因而发行价格和规定的利率也不尽相同，如果公开发行，会花费较多的发行费。但这种债券便于投资人挑选最合适的到期日。

2. 提前偿还

提前偿还也称提前赎回，是指在债券尚未到期之前就予以偿还。企业只有在发行债券的契约中明确规定时才能够采用。提前偿还所支付的价格一般要高于债券的面值，并会随到期日的临近而逐渐下降。提前偿还债券对发行者来说比较灵活。

3. 滞后偿还

滞后偿还是指在债券的到期日之后再予以偿还。这种偿还方法也要在发行债券时就明确。滞后偿还可以给发行者带来延长使用债券资金的选择权。

（四）债券筹资的优缺点

1. 债券筹资的优点

（1）资金成本较低。由于债券的利息国家允许在所得税前支付，因此公司实际负担的债券成本一般低于股票成本。此外，债券的发行费用也较低。

（2）保证股东控制权。债券持有人无权参与发行公司的管理，因此，发行债券不会像增发新股那样可能会分散股东对公司的控制权。

（3）可以发挥财务杠杆作用。无论发行公司的盈利是多少，债券持有人只收取固定的利息，其余收益可用于分配给股东，增加其财富，或留归企业以扩大经营。

2. 债券筹资的缺点

利用债券筹集资金，也有以下明显的不足：

（1）财务风险较高。利用债券筹资，要承担还本、付息的义务。债券有固定的到期日，并需定期支付利息，在企业经营状况不佳时，仍需向债券持有人偿还本金并支付利息，这样会使公司陷入更大的财务困难，甚至导致破产。

（2）限制条件多。发行债券的限制条件一般要比长期借款、租赁筹资的限制条件都要多且严格，这种限制可能会影响企业的正常发展和以后的筹资能力。

（3）筹资额有限。公司利用债券筹资一般受筹资额度的限制。

三、发行可转换债券

（一）可转换债券的概念及性质

可转换债券是指发行人按照法定程序发行并允许债券持有人在一定期限内可以按约定的条件将其转换为发行公司股票的债券。可转换债券赋予债券持有人可将债券转换为该公司股票的选择权，属于混合性金融产品，具有债务与权益筹资的双重属性。从发行公司的角度来看，在可转换债券转换之前属于债务筹资。转换为股票后，则成为发行公司的股东权益，属于权益筹资。

（二）可转换债券的基本要素

可转换债券的基本要素主要包括转换期限、转换价格和转换比率等。

（1）转换期限。可转换债券的转换期限是指按发行公司的约定，持有人可将其转换为股票的起始日至结束日的一段时间。一般而言，可转换债券转换期限的长短与可转换债券本身的期限相关。

（2）转换价格。可转换债券的转换价格是指以可转换债券转换为相关股票的每股价格。这种转换价格通常由发行公司在发行可转换债券时约定，一般高于发行时相关股票价格的10%～30%。另外，在转换期内，随着股票分割和股利分配的进行，其转换价格也要随之调整。转换价格的计算公式为

$$转换价格=\frac{债券面值}{每份可转换债券可转换为普通股的股数}=\frac{债券面值}{转换比率}$$

（3）转换比率。可转换债券的转换比率是指每份可转换债券可转换成普通股的股数。其计算公式为

$$转换比率=\frac{转换普通股的股数}{可转换债券数}$$

(4) 赎回条款。赎回条款是指债券发行人在债券到期前以事先约定的价格回收债券的条款。可转换债券附有赎回条款的目的是迫使债券持有人行使转换权，尽早实现转换。另外发行公司也可以避免筹资上的损失。

(5) 回售条款。回售条款是指股票价格在一定期限内连续低于转换价格达到某一幅度时，债券持有人可以按事先约定的价格将债券出售给发行公司的条款。可转换债券附有回售条款，目的是降低投资者的风险。

(三) 可转换债券筹资的优缺点

1. 可转换债券筹资的优点

(1) 资金成本低。在转换前，可转换债券的利率通常低于普通债券；转换为股票后，又可节省股票的发行成本，从而降低股票的资金成本。

(2) 易于筹集更多资本。可转换债券的转换价格通常高于发行时的股票价格，因此，可转换债券转换后，其筹资额大于当时发行股票的筹资额。

(3) 有利于调整资本结构。可转换债券在转换前属于发行公司的一种债务，若发行公司希望将其转变为自有资金，可以通过行使赎回条款促其转换，进而调整资本结构。

2. 可转换债券筹资的缺点

(1) 增加了发行公司管理者的压力。若股价低迷，债券持有人不行使转换权，发行公司将承受偿债的压力。

(2) 存在回售风险。当公司的股票价格在一段时期内连续低于转换价格并达到一定幅度时，可转换债券持有人可按事先约定的价格将所持债券回售给公司，从而使发行公司利益受损。

四、融资租赁

租赁是出租人以收取租金为条件，在契约或合同规定的期限内，将资产租借给承租人使用的一种经济行为。在租赁业务中，出租人主要是各种专业租赁公司，承租人主要是其他各类企业，租赁物大多为设备等固定资产。

(一) 租赁的分类

租赁的种类很多，目前我国主要有经营租赁和融资租赁两类。

1. 经营租赁

租赁又称营业租赁、服务租赁。它是由出租人在短期内按合同或契约规定，向承租人提供资产（主要是固定资产），承租人支付一定租金，并在租赁期满，将租赁的固定资产归还给出租人的经济业务。经营租赁通常为短期租赁。它是一种典型的租赁形式。承租企业采用经营租赁的目的主要是为获得设备的短期使用权以及出租人提供的专门技术服务。

经营租赁的特点主要是：

(1) 承租企业根据需要可随时向出租人提出租赁资产要求。

(2) 租赁期较短，不涉及长期而固定的义务。

(3) 租赁合同灵活。在设备租赁期间内，如有新设备出现或不需要继续租入设备时，承租企业可提前解除租赁合同。

(4) 租赁期内，由出租人提供设备的保养、维修等专门服务。

(5) 租赁期满或合同中止时，租赁设备由出租人收回。

2. 融资租赁

融资租赁又称财务租赁、资本租赁，是指租赁公司融资购买承租企业选定的设备，并按契约或合同规定在较长期限内租给承租企业使用的一种信用性业务。融资租赁具有融资和融物双重职能，其主要目的是为解决资金不足的问题。因此，作为企业筹集资金方式的租赁指的是融资租赁。融资租赁具有借贷性质，是承租企业筹集长期借入资金的一种特殊方式。

融资租赁的特点主要是：

(1) 一般由承租企业向租赁公司提出正式申请，由租赁公司融资购进设备租给承租企业使用。

(2) 租赁期较长。融资租赁的租期一般为租赁财产寿命的一半以上，这样有利于保证出租方收回投资。

(3) 租赁合同比较稳定。在规定的租期内除双方同意外，任何一方不得中途解约。这样既能保证承租人长期使用资产，又能保证出租人在基本租期内收回投资并获得一定利润。

(4) 在租赁期间，承租企业应负责租赁资产的维修保养，但无权改装租赁设备。

(5) 租赁期满时，按约定方式处理租赁资产。可选择将设备作价转让给承租人、由出租人收回或延长租期续租等处理方式。

融资租赁按其业务的不同特点，可细分为如下三种具体形式：

(1) 直接租赁。这是指承租人直接向出租人租入所需要的资产，并支付租金的形式。它是融资租赁的典型形式。

(2) 售后租回。这是指企业按照协议先将其资产卖给租赁公司，再作为承租企业将其所售资产租回使用，并按期向租赁公司支付租金的形式。在这种形式下，出售资产的企业可得到相当于售价的一笔资金，同时仍然可以使用资产。

(3) 杠杆租赁。杠杆租赁是国际上比较流行的一种融资租赁形式。其一般要涉及承租人、出租人和贷款人三方当事人。从承租人的角度来看，它与其他融资租赁形式并无区别，同样是按契约或合同的规定，在基本租赁期内定期支付定额租金，取得资产的使用权。但对出租人却不同，出租人只垫付购买资产所需的部分现金（一般为20%～40%），其余部分则以该资产为担保向贷款人借入资金支付。因此，在这种情况下，租赁公司既是出租人，又是借款人，既收取租金又要偿付债务。如果出租人不能按期偿还借款，那么资产的所有权就要转归资金出借者。由于租赁收益一般大于借款成本支出，出租人借款购物出租可获得财务杠杆利益，故被称为杠杆租赁。

(二) 融资租赁的程序

融资租赁程序包括以下几方面：

(1) 选择租赁公司。企业决定采用租赁方式取得某项设备时，首先需了解各家租赁公司的经营范围、业务能力、资信情况，以及与其他金融机构如银行的关系，取得租赁公司的融资条件和租赁费率等资料，加以分析比较，从中择优选择。

(2) 办理租赁委托。企业选定租赁公司后，便可向其提出申请，办理委托。这时，承租企业需填写“租赁申请书”，说明所需设备的具体要求，同时还要向租赁公司提供财务状况文件，包括资产负债表、利润表和现金流量表等。

(3) 签订购货协议。由承租企业与租赁公司的一方或双方合作组织选定设备供应厂商，并与其进行技术和商务谈判，在此基础上签订购货协议。

(4) 签订租赁合同。租赁合同由承租企业与租赁公司签订，其是租赁业务的重要法律文件。

(5) 办理验货与投保。承租企业收到租赁设备后要进行验收。验收合格应签发交货及验收证书并提交给租赁公司，租赁公司据以向厂商支付设备价款。同时，承租企业还要向保险公司办理投保事宜。

(6) 支付租金。承租企业在合同期内按规定的租金数额、支付方式向租赁公司支付租金。

(7) 合同期满处理设备。融资租赁合同期满时，承租企业根据合同约定，对设备退租、续租或留购。

(三) 融资租赁租金的计算

在租赁筹资方式下，承租企业要按契约或合同规定向租赁公司支付租金。租金的数额和支付方式对承租企业的未来财务状况具有直接的影响，也是租赁筹资决策的重要依据。

1. 融资租赁租金的构成

融资租赁的租金包括设备价款和租息两部分，其中租息又可分为租赁公司的融资成本、租赁手续费等。

(1) 设备价款是租金的主要内容，它由设备的买价、运杂费和途中保险费等构成；

(2) 融资成本是指租赁公司为购买租赁设备所筹资金的成本，即设备租赁期间的利息；

(3) 租赁手续费包括租赁公司承办租赁设备的营业费用和一定的盈利。租赁手续费的高低一般无固定标准，可由承租企业与租赁公司协商确定。

2. 租金的支付方式

租金的支付方式也影响到租金的计算。支付租金的方式一般有如下种类：

(1) 按支付时期长短，可以分为年付、半年付、季付和月付等方式。一般地，租金支付次数越多，每次的支付额越小。

(2) 按支付时期的先后，可以分为先付租金和后付租金两种。先付租金是指在每期期初支付；后付租金是指在每期期末支付。

(3) 按每期支付金额，可以分为等额支付和不等额支付两种。

在实务中，承租企业与租赁公司商定的租金支付方式，大多为后付等额年金。

3. 租金的计算方法

在我国融资租赁业务中，计算租金的方法一般采用等额年金法。

等额年金法是利用年金现值的计算公式经变形后计算每期支付租金的方法。租金有先付租金和后付租金两种支付方式，现分别说明。

(1) 后付租金的计算。承租企业与租赁公司商定的租金支付方式，大多为后付等额租金，即普通年金。

根据普通年金现值的计算公式，可推导出后付租金方式下每年年末支付租金数额的计算公式为

$$A = P \div (P/A, i, n)$$

例 3-5 企业采用融资租赁方式于 2006 年 1 月 1 日从某租赁公司租入一台设备，设备价款为 60 000 元，租期为 6 年，到期后设备归企业所有。为了保证租赁公司完全弥补融资成本、相关手续费并有一定盈利，双方商定采用 16% 的折现率。试计算该企业每年年末应支付的等额租金。

解析：

$$\begin{aligned} A &= 60\,000 \div (P/A, 16\%, 6) \\ &= 60\,000 \div 3.683 = 16\,291.07(\text{元}) \end{aligned}$$

(2) 先付租金的计算。承租企业有时可能会与租赁公司商定，采取先付等额租金的方式支付租金。根据先付年金的现值公式，可得出先付等额租金的计算公式为

$$A = P \div [(P/A,i,n-1)+1]$$

例3-6 如上例，采用先付等额租金方式，则每年年初支付的租金额可计算如下

$$A = 60\,000 \div [(P/A,16\%,5)+1]$$
$$= 60\,000 \div (3.274+1) = 14\,038.37(\text{元})$$

(四) 融资租赁筹资的优缺点

1. 融资租赁筹资的优点

(1) 迅速获得所需资产。融资租赁是融资与购置设备的统一，这种方式与先筹措现金然后再购置设备相比，能使企业尽快形成生产经营能力。

(2) 筹资限制较少。企业运用债券和长期借款等筹资方式，都受到相当多的资格条件的限制。虽然类似的限制在租赁中也有，但相比之下，租赁筹资的限制条件很少。

(3) 设备陈旧过时的风险小。科学技术的迅速发展使得固定资产陈旧过时的风险很大，利用租赁筹资，由于多数租赁协议都规定由出租人承担此风险。因此，承租企业可减少设备陈旧过时的风险。

(4) 财务风险小。租金在整个租期内分摊，可降低财务付款压力，减轻企业不能偿付的风险。

(5) 税收负担轻。租金可在税前扣除，具有抵免所得税的效用。

2. 融资租赁筹资的缺点

租赁筹资的最主要缺点就是资金成本较高。一般来说，其租金要比举借银行借款或发行债券所负担的利息高得多。承租企业在财务困难时，支付固定的租金也将构成一项沉重的负担。

五、商业信用

在商品交易中以延期付款或延期交货所形成的借贷关系就叫商业信用，它是企业之间的直接信用行为。商业信用是商品生产和商品流通的产物，商品经济越发展，商业信用运用的就越广泛。现在，商业信用已经成为企业筹集短期资金的一种重要方式。但是应该注意的是，商业信用如果利用得不好，管理不善，也会产生消极的后果。

(一) 商业信用的具体形式

利用商业信用融资，主要有以下几种形式。

1. 应付账款

这是一种历史悠久、最为典型的信用形式。在这种方式下，企业购进商品可以不必立即支付货款，而是延期到一定时期再付款。这实际上等于企业从供货单位取得了一笔资金，这笔资金可以暂时地弥补企业生产经营资金的不足。这种信用形式是建立在卖方对买方的信用和财务状况充分了解的基础上，只有买方信誉状况比较好时才能获得。

通常情况下，为了促使买方能按期付款或尽快付款，卖方往往规定了一些信用条件。例如，卖方规定的信用条件是“2/10，*n*/30”，这意味着买方如在购货 10 天内付款，可以享受 2% 的现金折扣；如在 10 天后至 30 天内付款，则买方须全额付款，无现金折扣；卖方给予买方的最长付款期限为 30 天。

如果买方企业购买货物后，卖方不提供现金折扣，那么在信用期间内都将按照发票面额支付货款。如果卖方提供现金折扣，买方在规定的折扣期内付款，便可以享受免费信用。在前面的情况中，企业都没有付出代价。倘若买方企业在卖方提供现金折扣的情况下超过折扣期限付款，则要付出一定的机会成本。

$$\frac{\text{放弃现金}}{\text{折扣成本}} = \frac{\text{折扣百分比}}{1 - \text{折扣百分比}} \times \frac{360}{\text{信用期} - \text{折扣期}}$$

公式表明，放弃现金折扣的成本与折扣百分比的大小、折扣期的长短同方向变化，与信用期的长短反方向变化。可见，如果买方企业放弃折扣而获得信用，其代价是比较高的。然而企业在放弃折扣的情况下，推迟付款的时间越长，其成本便会越小。

例 3－7 某企业按“2/10、*n*/30”的条件购入 10 万元货物。如果该企业在 10 天内付款，便享受了 10 天的免费信用期，并获得折扣 0.2 万元（10 万元 × 2%），免费信用额为 9.8 万元（10 万元 － 0.2 万元）。如果企业放弃现金折扣，则

$$\text{放弃现金折扣成本} = \frac{2\%}{1 - 2\%} \times \frac{360}{30 - 10} = 36.7\%$$

如果企业延期到 50 天付款，则资金成本为

$$\frac{2\%}{1 - 2\%} \times \frac{360}{50 - 10} = 18.4\%$$

这里必须注意，如果企业因缺乏资金，考虑延长付款期，则需要在降低了的放弃现金折扣成本与延期付款带来的损失之间作出选择。因为，买方企业自行延长付款期限，会损害企业信誉，容易造成以后供应商或贷款

人的不信任，由此招致将来苛刻的信用条件。

2. 预收货款

预收货款是指卖方按照合同和协议规定，在付出商品之前向买方预先收取部分或全部价款的信用行为。这实际相当于企业向购货方借了一笔资金，以补充企业生产经营资金的不足。通常，卖方企业对于紧俏商品才能够采取这种形式。另外，对于一些生产周期长、售价高的产品，如轮船、飞机等，生产者也经常向订货者分次预收货款。

3. 商业汇票

商业汇票是指单位之间根据购销合同进行延期付款的商品交易时，开出的反映债权债务关系的票据。根据承兑人的不同，商业汇票可分为商业承兑汇票和银行承兑汇票。商业承兑汇票是指由收款人开出，经付款人承兑，或由付款人开出并承兑的汇票。银行承兑汇票是由收款人或承兑申请人开出，由银行审查同意承兑的汇票。商业汇票是一种期票，汇票承兑期限由交易双方商定，一般为1~6个月。商业汇票是反映应付账款或应收账款的书面证明。对于买方来说，它是一种短期融资方式。

（二）商业信用筹资的优缺点

1. 商业信用筹资的优点

（1）筹资便利。商业信用与商品购销是同时进行的，属于一种自然性融资，利用商业信用筹措资金非常方便。

（2）限制条件少。企业利用银行借款筹资，银行对贷款的使用经常规定一些限制条件，而商业信用则限制较少。

（3）筹资成本低。如果没有现金折扣，或企业不放弃现金折扣，则利用商业信用筹资没有实际成本。

2. 商业信用筹资的缺点

商业信用的期限一般较短，如果企业取得现金折扣，则时间会更短，如果放弃现金折扣，则要付出较高的资金成本。

【案例分析】

武钢企业债券融资

2002年武钢集团进行了企业债券融资，相关情况如下。

一、武钢集团行业地位及市场状况

20世纪90年代末以来，受经济大环境的影响，世界钢铁产量呈现供大于求的局面，发达地区钢产量基本保持稳定或者略有下降，并且产品结构都向着高技术含量、高附加值的方向调整。国际钢材贸易中高附加值的板管产品的比重已达到65%以上，因而高附加值产品市场争夺也日趋激烈。WTO框架下的钢铁市场是以自由贸易为原则的，关税逐步降低，非关税贸易壁垒逐步取消，世界钢铁市场一体化程度较高。过剩的生产能力和开放的全球市场下的钢铁行业世界范围的竞争日趋激烈。

我国钢铁市场与国际接轨较早。加入WTO以后，至2005年每年进口关税下调0.5个百分点。其实我国原来钢铁市场上的实际税率就低于名义税率了，市场竞争已经比较激烈，普通建筑类钢材价格接近甚至低于国际同类产品价格。但我国高技术含量、高附加值的双高类钢材产品国际竞争力较弱，加入WTO后受关税下调影响最大的还是这类厂商。另外，2002年3月20日，美国启动特殊的201条款对钢材、长板等主要进口的钢产品实行贸易保护，欧盟于同年4月初采取相应加征关税的对策，5月，我国外经贸部（现为商务部）也出台对钢材的临时保护措施，直至11月19日，又出台对部分进口钢铁产品实施最终保护措施。三个主要的钢材生产和消费国家和区域的贸易保护政策使得2002年国际钢材市场的形势对供给厂商有利。

目前，我国钢铁行业已不是国家重点鼓励发展的支柱行业，对该行业的主要政策是限制产量，优化结构。武钢集团的钢产量在全国排名第四，其中有96.3%的份额销往国内。原因之一是其双高产品接近总产量的50%，目前在国内市场上较具竞争力，同时又是进口钢材较好的替代品。1993年以来，武钢集团先后投入290亿元进行技术改造和扩建改造，生产工艺和设备水平在国内处于前列，一些双高产品在国内是独家生产的。因此，近年来在国内钢材市场竞争日趋激烈的情况下，武钢集团仍能保持领先的行业地位，处在四大钢铁生产厂家之列。

通过以上的分析，我们可以看出，武钢集团作为老牌国有企业，其技术调整和产品结构更新较快，但现在也面临进一步更新换代的需要。武钢集团在国内的竞争优势主要集中在其“双高”产品上。然而，随着“入世”后钢铁行业关税下调，发达国家双高钢材剩余生产能力将在我国释放，进口双高钢材对武钢产品形成较大冲击。但同时也可以看到，我国作为钢铁生产和消费大国，对世界范围内的贸易保护主义抬头等被动因素已经有了足够的抵御能力。

二、债券发行的财务基础

武钢集团经营状况良好，截至2001年年末，总资产为447.88亿元，

1999~2001年平均年净利润4.17亿元，同时，2000年和2001年的净利润比1999年有较大的增长，资产负债率呈逐年下降的趋势。从其近3年会计报表来看，现金流量充裕，利息偿付有保障，3年后本期债券3年期品种偿付时，以目前的净利润足以偿付债券利息及本金。如表3-4所示。

表3-4 武钢集团近三年主要财务指标 单位：亿元

项目	1999年	2000年	2001年
总资产	421.09	441.68	447.88
净资产	201.86	216.15	232.70
负债总额	219.23	225.53	215.18
其中：长期负债	84.70	88.42	67.41
流动负债	134.53	137.11	147.77
利润总额	3.31	9.38	10.25
净利润	0.21	6.05	6.26
资产负债率（%）	52.06	51.06	48.04

与国内同行相比，武钢集团经营状况良好。表3-5中的宝钢集团是指2000年发行企业债券后的上海宝钢集团公司；武钢股份、宝钢股份、鞍钢新轧、首钢股份分别是指武钢、宝钢、鞍钢和首钢这四大钢铁集团的上市子公司。从这些上市公司的主要财务指标来看，武钢股份的资产负债率基本上是最低的，而净资产收益率最高，流动比率也最高，可以说在同类上市公司中经营状况较好。但上市公司通常是集团中盈利能力最强的一部分资产，相比来讲，宝钢集团和武钢集团的净资产收益率较低。武钢集团2001年的资产负债率要高于同样发行企业债券的宝钢集团，但宝钢集团在2000年发债的前一年，即1999年的资产负债率达到58.13%，远高于2002年武钢债券发行时的负债状况。因此，从主要财务数据和指标来看，武钢集团不论是总公司还是上市公司，在行业中经营状况都是较好的。

表3-5 武钢集团2001年度主要财务指标行业比较

名称	资产负债率（%）	净资产收益率（%）	流动比率	利息保障倍数
武钢集团	48.04	3.21	1.01	2.45
宝钢集团	40.53	2.73	1.34	7.68
武钢股份	29.73	15.05	2.19	1.76
宝钢股份	54.71	9.74	0.98	3.70
鞍钢新轧	29.66	5.61	1.84	3.62
首钢股份	48.14	14.21	1.62	4.07

2002年债券顺利发行后，武钢集团的资产负债率达到了50.3%，仍然低于2000年，对于本企业来说处于安全水平，并且比宝钢集团发行企业债券时低了近8个百分点。

从募集资金的使用来看，2002年债券募集资金20亿元，用于武钢集团“第二热轧带钢厂”及其供料项目“第三炼钢厂接续工程”的建设，这两个项目均是经过国务院正式批准的钢铁行业大型建设项目。据公司预算，“二热轧”项目全部投资内部收益率为17.9%；“三炼钢接续工程”完工后，“三炼钢”项目的全部投资内部收益率为12.99%。并且，这两个项目的建成，对武钢集团的技术装备水平和产品工艺升级可起到不可或缺的作用。

三、信用担保及债券评级

2002年债券的担保人是中国建设银行湖北省分行。作为中国建设银行的分行，它不是独立法人主体，因此本期债券的实际担保人是中国建设银行。

从表3-6和表3-7可以看出，虽然中国建设银行湖北省分行的财务状况颇差，但实际担保人中国建设银行总行是国有四大商业银行之一，我们有理由相信其担保的信用度。但从前述武钢集团经营状况和行业地位，也可以看到建行湖北分行的担保似乎并不比武钢企业本身更具有信服度，这可以说是中国建设银行提供债券信用担保中少有的情况。不过，联合资信评估有限公司将本期债券的信用等级综合评定为AAA级，仍然是对发行人和担保人信用的共同认证。

表3-6　中国建设银行近三年主要财务数据　　单位：亿元

项　目	1999年	2000年	2001年
总资产	22 010.65	25 316.95	27 649.60
所有者权益	1 068.69	1 148.50	1 201.55
利润总额	73.66	84.83	51.91
税后利润	9.58	75.40	51.67

表3-7　中国建设银行湖北省分行近三年主要财务数据　　单位：亿元

项　目	1999年	2000年	2001年
总资产	992.17	842.13	854.96
所有者权益	-0.54	-3.86	-11.95
利润总额	-1.29	-2.79	-7.33

同时，武钢集团把握企业债券一级市场供不应求的时机，采用上网竞

价的方式，确定了2002年度内5年期和7年期债券的最低票面利率水平，其中5年期债券也受到中国移动通信股份有限公司定价影响，和上半年3年期债券利率水平相近，只有3.5%；7年期债券同上半年5年期的中国航空航天技术股份有限公司债券相同，只有4.02%。发行人融资成本在半年内大大降低，无疑使债券投资人利益受损，但7年期债券年内只有一只，又是期限较为合理的品种，因而其投资价值受票面利率影响较小。

案例点评：

武钢集团财务状况和盈利能力在行业中处于较好的地位，产品在国内市场上的主要优势和竞争力集中在高技术含量、高附加值的钢材上。我国“入世”后钢铁行业基本上与国际接轨，进口钢材对武钢产品直接产生冲击，但武钢的双高产品与进口产品相比还是较具竞争力的。这就需要企业筹集大量资金扩大企业的生产能力。武钢集团选择发行债券的方式筹资，并采用银行信用作为债券的担保，进一步提高了债券的信用等级，确保成功通过发行。

2002年武钢债券的创新之处包括发行时的上网定价和采用的商业银行信用担保。上网定价的方式给发行人武钢集团带来实惠，商业银行信用担保也降低了投资人的风险。

资料来源：王遐昌，沈济业．财务管理学——案例与训练．上海：立信会计出版社，2004。

思考题

1. 简述筹资的分类。
2. 如何理解企业筹资的基本原则？
3. 比较发行普通股和发行债券等筹资方式的特点。
4. 如何理解优先股是一种具有双重性质的证券。
5. 简述影响认股权证理论价值的主要因素。
6. 简述可转换债券的概念及性质。
7. 简述融资租赁的特点。
8. 企业如何利用商业信用融资？

计算分析题

1. 销售额比率法的运用。某公司2005年12月31日的资产负债表如下表所示。

2005 年 12 月 31 日　　　　单位：万元

资　产		负债与所有者权益	
现　金	2 000	应付费用	5 000
应收账款	28 000	应付账款	13 000
存　货	30 000	短期借款	12 000
固定资产净值	40 000	公司债券	20 000
		实收资本	40 000
		留存收益	10 000
合　计	100 000	合　计	100 000

假定公司 2005 年的销售收入为 100 000 万元，销售净利率为 10%。公司现有生产能力尚未饱和，增加销售无须追加固定资产投资。此外，流动资产和流动负债中的应付款项均随销售收入的增加而增加。

(1) 如果 2006 年该公司销售收入预计为 120 000 万元，股利支付率为 50%，其他条件不变。利用销售额比率法预测需要从外部筹集多少资金?

(2) 如果 2006 年公司销售收入预计仍为 120 000 万元，股利支付率为 50%，但需要追加一项设备投资 30 000 元，那么需要从外部筹集多少资金?

(3) 如 (2)，要求销售净利率提高为 12%，其他条件不变，公司是否需要从外部筹集资金?

2. 企业采用融资租赁方式于 2006 年 1 月 1 日从某租赁公司租入一台设备，设备价款为 50 000 元，租期为 5 年，到期后设备归企业所有。双方商定，如果采用后付等额租金的方式付款，则采用 16% 的折现率；如果采用先付等额租金的方式付款，则折现率为 14%。企业的资金成本率为 10%。试计算：

(1) 后付等额租金方式下的每年等额租金额；

(2) 后付等额租金方式下的 5 年租金终值；

(3) 先付等额租金方式下的每年等额租金额；

(4) 先付等额租金方式下的 5 年租金终值；

(5) 比较两种租金方式下的租金终值大小，说明哪种租金支付方式对企业更为有利。

第四章

资金成本与筹资决策

本章要点

本章围绕筹资决策中重点考虑的两个因素——资金成本和财务风险进行了探讨。具体阐述了资金成本的作用以及各类资金成本的计算；分析了财务管理中的杠杆效应，对经营杠杆、财务杠杆和复合杠杆的作用及计量进行了相关研究。在此基础上介绍了资本结构的理论，并就筹资决策的常用方法进行了讲解。

第一节 资 金 成 本

随着经济体制改革的深入，企业自主权逐渐扩大。财务收支是企业自主权的一个方面，而自筹资金、自负盈亏是财务收支权的基本内容，企业不仅要自筹资金，而且筹集来的资金要实行有偿占用，这就涉及一个资金成本问题。

一、资金成本的概念和作用

（一）资金成本的概念

市场经济条件下，企业不能无偿筹集和使用资金，必须向资金提供者支付一定数量的费用作为补偿。资金成本就是企业为取得和使用资金而支付的各种费用，它包括用资费用和筹资费用两部分。用资费用是指企业在生产经营和对外投资活动中因使用资金而支付的费用，如向股东支付的股利、向债权人支付的利息等，这是资金成本的主要内容。筹资费用指在资金筹集过程中支付的各项费用，如公司委托金融机构代理发行股票、债券而支付的发行费，以及企业向银行借款支付的手续费等。筹资费用也是企业筹集资金过程中必须支付的开支，其通常是在筹资时一次全部支付，在用资过程中一般不再发生，可视作对筹资数量的一项扣除。

广义上讲，企业筹集和使用任何资金，不论短期还是长期的，都要付出代价，都有资金成本；狭义的资金成本仅指筹集和使用长期资金(包括自有资金和借入长期资金)的成本。由于长期资金也被称为资本，所以长期资金的成本也称为资本成本。从投资者的角度看，资金成本也是投资者要求的必要报酬或最低报酬。

资金成本的大小通常用相对数表示，即资金成本率。资金成本率是企业使用资金所负担的用资费用与实际筹得资金(即筹资数额扣除筹资费用后的差额)的比率。其通用计算公式为

$$资金成本率 = \frac{每年的用资费用}{筹集资金总额 - 资金筹集费用}$$

用字母表示为

$$K = \frac{D}{P - F} \times 100\% = \frac{D}{P(1 - f)} \times 100\%$$

式中 K——资金成本率；

D——资金占用费，即用资费用；

P——筹资金额；

F——资金筹集费用；

f——筹资费率，即资金筹集费用占筹资金额的比率。

(二) 资金成本的作用

资金成本是企业财务管理中的一个重要概念，经常用于筹资决策和投资决策。资金成本对企业筹资、投资决策的影响主要有以下几个方面。

1. 资金成本是选择资金来源和筹资方式、拟订筹资方案的基本依据

前面讲过，企业筹集资金的方式有多种，如发行股票、债券、融资租赁、向银行贷款等，采用不同方式从不同来源取得的资金其成本是不同的。在企业进行资本结构决策时，不同筹资组合的综合资金成本率也存在很大的差异。企业为了扩大生产经营规模，往往需要追加筹资。不同追加筹资方案的边际资金成本率的高低也有差别。为了以较少的支出取得企业所需资金，就必须分析各种资金成本的高低，并加以合理配置。尽管在选用筹资方式时，需要考虑的因素很多，但资金成本是确定最优资金结构的主要参数。

2. 资金成本是评价投资项目可行性的主要经济指标

资金成本在企业分析投资项目的可行性、选择投资方案时也有重要作用。企业经常将资金成本率与投资收益率进行比较，确定投资是否可行。一般而言，一个投资项目，只有当其投资收益率高于其资金成本率，在经济上才是合理的，资金的筹集和使用才有利于提高企业价值。否则，如果投资取得的收益不能弥补资金成本，该项目将无利可图，这种投资就是不

可行的。因此资金成本是评价投资项目可行性的主要经济指标。在企业投资评价分析中，可以将资金成本率作为折现率，用于测算各个投资方案的净现值和现值指数，以比较选择投资方案，进行投资决策。

3. 资金成本是评价企业经营业绩的主要依据

盈利水平是企业经营业绩的最终反映。资金成本可以作为评价企业整个经营业绩的重要依据，其为企业最低限度的投资收益率。企业投资后必须实现这一最低的投资收益率。如果实际投资收益率低于资金成本率，就可以认为企业经营业绩不佳，需要改善经营管理。

二、个别资金成本

个别资金成本是指各种筹资方式的成本。可分为债务成本和权益成本两部分。债务成本包括债券资金成本和借款资金成本。权益成本包括普通股资金成本、优先股资金成本和留存收益资金成本。企业在比较各种筹资方式时，需要使用个别资金成本率。

（一）债务成本

债务的资金成本主要是利息费用和筹资费用。根据《企业所得税税法》的规定，企业债务的利息允许从税前利润中扣除。债务利息在税前支付，可以起到抵税的作用。这样企业实际负担的利息应为

$$\text{年利息} \times (1 - \text{所得税税率})$$

1. 债券成本的测算

发行债券的成本主要指债券利息和筹资费用。债券利息计入税前成本费用，可以起到抵税的作用，在计算资金成本时应以税后的债务成本为计算依据。债券的筹资费用一般较高，这类费用主要包括申请发行债券的手续费、债券注册费、印刷费、上市费以及推销费用等。债券成本的计算公式为

$$K_b = \frac{I(1 - T)}{B_0(1 - f)} \times 100\% = \frac{B \times i \times (1 - T)}{B_0(1 - f)} \times 100\%$$

式中 K_b——债券资金成本；

I——债券年利息；

T——所得税税率；

B——债券面值；

i——债券票面利率；

B_0——债券筹资额，按发行价格确定(注意溢价或折价)；

f——债券筹资费率。

例 4-1 某企业平价发行一批债券，总面额为 300 万元，该债券票面利率定为 12%，筹资费用率为 2%，该企业适用 33% 的所得税税率，计算这批债券的资金成本率。

解析： 资金成本率 $= \frac{300 \times 12\% \times (1-33\%)}{300 \times (1-2\%)} \times 100\% = 8.2\%$

2. 借款成本的测算

借款成本主要指借款利息和筹资费用。银行借款的利息，通常是在所得税前扣除，因此可少缴纳一部分所得税。另外，银行借款的筹资费用主要是借款手续费，费用一般很少，有时也可略去不计。银行借款成本的计算公式为

$$K_L = \frac{I(1-T)}{L(1-f)} \times 100\% = \frac{i \times L \times (1-T)}{L(1-f)} \times 100\%$$

若将筹资费用略去，计算公式为

$$K_L = i(1-T) \times 100\%$$

式中 K_L——银行借款成本；

I——银行借款年利息；

L——银行借款筹资总额；

T——所得税税率；

i——银行借款利率；

f——银行借款筹资费率。

例 4-2 某企业取得 3 年期长期借款 100 万元，年利率为 6%，每年付息一次，到期一次还本，手续费 0.2%，企业所得税率为 33%。计算这笔借款的资金成本。

解析： 资金成本率 $= \frac{100 \times 6\% \times (1-33\%)}{100 \times (1-0.2\%)} \times 100\% = 4.03\%$

此时，若不考虑借款手续费，上式可简化为

$$\text{银行借款成本} = \text{借款利率} \times (1-\text{所得税率}) \times 100\%$$

则这笔借款的资金成本率测算为

$$6\% \times (1-33\%) \times 100\% = 4.02\%$$

在筹资实务中，如果债务利息的每年结算次数等情况较复杂，还需要根据具体情况测算其资金成本率。

（二）权益成本

1. 优先股成本的测算

发行优先股筹资时，优先股的用资费用为优先股的股利。优先股的股利是固定的，同时优先股成本属于权益资金成本，股利是以税后利润支付

的，公司不能享有抵税的收益。公司利用优先股筹资需花费发行费用。因此，优先股成本的计算公式为

$$K_p = \frac{D}{P_0(1-f)}$$

式中 K_P——优先股资金成本；

D——优先股每年的股利；

P_0——优先股发行总额；

f——优先股筹资费用率。

例 4-3 某企业按面值发行 600 万元的优先股，筹资费率为 4%，每年支付 10% 的股利，则优先股的成本为

$$资金成本率 = \frac{600 \times 10\%}{600(1-4\%)} = 10.42\%$$

2. 普通股成本的测算

普通股的股利也是从税后利润中支付，但股利是随企业盈利状况以及公司股利政策而变化的，其影响因素很多。因此普通股资金成本率的计算通常是基于一些假设条件进行的。假定股利有一个预计的固定增长率，则普通股资金成本率为

$$K_S = \frac{D_1}{V_0(1-f)} + g$$

式中 K_S——普通股资金成本；

D_1——预期年股利额；

V_0——普通股筹资额或股票发行价；

f——普通股筹资费用率；

g——普通股股利年增长率。

例 4-4 某股份有限公司发行票面值为 800 万元的普通股股票，筹资费率为 4%，第一年的股利率为 12%，以后预计每年增长 5%，则普通股的成本为

$$资金成本率 = \frac{800 \times 12\%}{800 \times (1-4\%)} + 5\% = 17.5\%$$

【微型案例】

仕奇股份有限公司的融资

“仕奇”在引进 445 万美元的基础上组建起内蒙古青松制衣有限公司的

时候，就瞄准了当时世界制衣先进水平。1998 年后，集团公司又以青松制衣为核心，通过募集方式正式组成了内蒙古仕奇股份有限公司，并进行包装上市，融资 1.38 亿元人民币。2000 年，为进一步扩大公司经营规模，提高市场占有率，公司进行设备的技术改造，于 2000 年 6 月决定通过发行股票方式募集所需资金。股票种类为人民币普通股（A）股；股票发行价格为 8.00 元/股。

3. 留存收益成本的测算

留存收益是由公司税后利润形成的，其所有权属于投资者。从其实质看，是股东对企业的追加投资。投资者对投资必然要求一定的报酬，所以，留存收益的资金成本是一种投资者失去向外再投资机会的机会成本，体现为股东向企业追加投资所要求的报酬率。留存收益成本的计算与普通股基本相同，只是不需支付筹资费用。留存收益资金成本率

$$K_e = \frac{D_1}{V_0} + g$$

式中 K_e——留存收益资金成本；

D_1——预期年股利额；

V_0——留存收益筹资额；

g——普通股股利年增长率。

三、综合资金成本

在实际工作中，企业筹集资金受多种因素的制约，经常是筹集一笔资金采取多种渠道、用不同种方式来筹集。由于各种筹资方式的个别资金成本各不相同，就要计算全部资金的综合资金成本率。

1. 综合资金成本的计算

综合资金成本率是以各种资金所占的比重为权数，对个别资金成本进行加权平均测算出来的，故称为加权平均资金成本率。显然，综合资金成本率的大小是由个别资金成本率和各种资金比例这两个因素所决定的。综合资金成本率测算的公式如下：

$$K_W = \sum_{j=1}^{n} K_j W_j$$

式中 K_W——综合资金成本率；

K_j——第 j 种资金成本率；

W_j——第 j 种资金占全部资金的比重。

其中，$\sum W_j = 1$。

例 4－5 某企业现有资金 1 000 万元，其中长期借款 100 万元，债券 300 万元，优先股 150 万元，普通股 450 万元，各种资金的成本分别为：6%、8%、10%、12%。试测算该企业综合资金成本率。

解析：该公司综合资金成本率的测算可分为两步。

第一步，计算各种资金所占全部资金的比重。

长期借款：100 ÷ 1 000 = 0.1

长期债券：300 ÷ 1 000 = 0.3

优先股：150 ÷ 1 000 = 0.15

普通股：450 ÷ 1 000 = 0.45

第二步，测算综合资金成本率。

$K_w = 6\% \times 0.1 + 8\% \times 0.3 + 10\% \times 0.15 + 12\% \times 0.45 = 9.9\%$

以上计算过程亦可通过列表进行，见表 4－1。

表 4－1 综合资金成本计算表

资金种类	资金数额（万元）	所占比重	个别资金成本（%）	加权平均资金成本（%）
长期借款	100	0.1	6	0.6
长期债券	300	0.3	8	2.4
优先股	150	0.15	10	1.5
普通股	450	0.45	12	5.4
合　计	1 000	1.00	—	9.9

2. 权重确定基础的选择

在综合资金成本的计算中，各种资金所占全部资金的比重可以按账面价值为基础确定，也可以按市场价值或目标价值为基础确定。

（1）以账面价值确定权重。企业财务会计所提供的资料主要是以账面价值为基础的。以账面价值确定权重，其数据资料可以直接从会计资料中取得，由此计算综合资金成本比较便捷。但当资金的账面价值与市场价值差别较大时，计算结果会与实际产生较大差距。如股票的市场价格有时就会偏离账面价值很大。在这种情况下计算结果会与资本市场的实际筹资成本有较大的差距，对进行正确的筹资决策产生不利的影响。

（2）以市场价值确定权重。以市场价值为基础确定权数可以反映企业当时的实际情况，有利于筹资决策。但以市场价值确定资金比例时，由于证券的市场价格处于频繁的变动中，实际工作中很难操作。如果以市场价值确定权重，一般可以考虑采用一定时期证券的平均价格。

（3）以目标价值确定权重。按目标价值确定综合资金成本计算中的权数是指债券和股票以未来公司预计的目标市场价值确定资金比例。这种权数能够体现期望的目标资本结构要求，而不像账面价值权数和市场价值权数那样只反映过去和现在的资本结构，因此按目标价值权数计算得出的综合资金成本更适合企业筹措新资的时候使用。但是，实际中企业很难客观合理地确定证券的目标价值，使得这种计算方法不易推广。

在筹资实务中，以目标价值和市场价值确定权重虽然有一定优势，但由于各自的局限性，绝大部分企业更愿意采用账面价值来确定综合资金成本率计算中的权重。

四、边际资金成本

在实际工作中，企业无法以某一固定的资金成本来筹措无限的资金，当其筹集资金超过一定限度时，原有的资金成本就会增加，即使企业保持原有的资本结构，也仍有可能导致加权平均资金成本率的上升。这就需要企业在未来追加筹资时，不能单纯考虑目前所使用的资金成本，还要考虑未来新筹资的资金成本，由此就要用到边际资金成本的概念。

边际资金成本是企业追加筹资的资金成本率，其指资金每增加一个单位而增加的成本。边际资金成本也是按加权平均法计算的，是追加筹资时所使用的加权平均资金成本。下面举例说明边际资金成本的计算步骤。

例 4－6 某公司目前拥有资金 5 000 万元，其中银行借款 2 000 万元，普通股 3 000 万元。现在该公司准备筹集更多的资金，并保持目前的资金结构。试计算确定资金的边际成本。

解析：这一计算过程须按如下步骤进行：

第一步，确定公司最佳的目标资金结构。

假定财务人员认为目前的资金结构即为最佳的资金结构，则最佳的资金结构为

$$银行借款的比重 = \frac{2\ 000}{5\ 000} \times 100\% = 40\%$$

$$普通股的比重 = \frac{3\ 000}{5\ 000} \times 100\% = 60\%$$

因此，在今后筹资时，继续保持银行借款占 40%，普通股占 60% 的资金结构。

第二步，确定各种筹资方式的资金成本。

财务人员经过对资本市场状况和公司的筹资能力的分析，认定随着公

司筹资规模的不断扩大，各种筹资的成本也会发生变化。测算结果如表 4-2 所示。

表 4-2　企业目标资金结构和个别资金成本

筹资方式	目标资金结构（%）	新筹资的数量范围（万元）	个别资金成本（%）
银行借款	40	300 以下 300~800 800 以上	8 9 10
普通股	60	600 及以下 600 以上	14 16

第三步，计算筹资总额分界点。

筹资总额分界点也称筹资总额突破点。它是指在保持某一资金成本率的条件下，可以筹集到的资金总限额。在筹资分界点范围内筹资，原来的资金成本率不会改变；一旦筹资额超过筹资分界点，即使维持现有的资本结构，其资金成本率也会增加。筹资总额分界点根据公司目标资本结构和各种筹资方式资金成本的变化来计算。其具体计算公式为

$$BP_i = \frac{TF_i}{W_i}$$

式中　BP_i——筹资总额分界点；

TF_i——第 i 种筹资方式的成本分界点；

W_i——目前资金结构中第 i 种筹资方式所占的比例。

该企业筹资总额分界点的计算如表 4-3 所示。

表 4-3　筹资总额分界点计算表

筹资方式	个别资金成本（%）	特定筹资方式的筹资范围（万元）	筹资总额分界点（万元）	筹资总额的范围（万元）
银行借款	8 9 10	300 以下 300~800 800 以上	300/0.4=750 800/0.4=2 000	0~750 750~2 000 2 000 以上
普通股	14 16	600 及以下 600 以上	600/0.6=1 000	0~1 000 1 000 以上

表 4-3 显示了特定种类资金成本率变动的分界点。例如，银行借款在 300 万元以内时，其资金成本率为 8%，而在目标资本结构中，银行借款的

比例为40%。这表明当银行借款成本率由8%上升到9%之前，企业可筹资750万元（300/0.4）；当筹资总额在750万元至2 000万元时，银行借款成本率就要上升到9%。

第四步，计算边际资金成本率。

根据表4－3测算出的筹资分界点，可以得出如下四个新的筹资总额范围：

（1）0万～750万元；

（2）750万～1 000万元；

（3）1 000万～2 000万元；

（4）2 000万元以上。

对这四个筹资总额范围分别测算其加权平均资金成本率，即可得到各种筹资总额范围的边际资金成本率，如表4－4所示。

表4－4　边际资金成本计算表

筹资总额的范围（万元）	筹资方式	目标资金结构（%）	个别资金成本（%）	资金的边际成本（%）
0～750	银行借款 普通股	40 60	8 14	3.2 8.4
		第一个范围的边际资金成本为11.6%		
750～1 000	银行借款 普通股	40 60	9 14	3.6 8.4
		第二个范围的边际资金成本为12%		
1 000～2 000	银行借款 普通股	40 60	9 16	3.6 9.6
		第三个范围的边际资金成本为13.2%		
2 000以上	银行借款 普通股	40 60	10 16	4.0 9.6
		第四个范围的资金边际成本为13.6%		

第二节　杠杆原理

自然科学中的杠杆原理，是指通过利用杠杆，可以用一个较小的力量移动较重物体的现象。财务管理中也存在这种杠杆效应。当某一财务变量以较小幅度变动时，另一相关变量会以较大幅度变动。财务管理中的杠杆效应有三种形式，即经营杠杆、财务杠杆和复合杠杆等。合理利用财务杠杆可以提高资金的使用效果，同时在一定程度上有利于规避风险。

一、杠杆原理中涉及的基本概念

（一）成本习性

1. 成本习性的概念

成本习性是指在一定相关范围内，成本总额与业务量之间在数量上的依存关系。

2. 按成本习性的分类

按成本习性可把成本分为固定成本、变动成本和混合成本三大类。

（1）固定成本。固定成本是指其成本总额在一定时期和一定业务量范围内不随业务量发生增减变动的那部分成本。属于固定成本的主要有固定资产折旧费、租赁费、企业管理人员的工资等。

（2）变动成本。变动成本指在一定相关范围内，其成本总额随着业务量增减变动成正比例增减变动的那部分成本。属于变动成本的主要有直接用于产品制造且消耗定额相对稳定的原材料费用、计件工资形式下的生产工人工资等。

（3）混合成本。混合成本是指介于固定成本和变动成本之间，其成本总额既随业务量的变动而变动，但又不成正比例变动的成本。混合成本按其与业务量的关系分为半变动成本和半固定成本。属于混合成本的主要有企业的电话费、机器设备的维护保养费等。

3. 成本习性模型

对于混合成本可以按一定的方法将其进一步分解为固定成本和变动成本两部分。因此总成本习性模型为

$$y = a + bx$$

式中 y——总成本；

a——固定成本；

b——单位变动成本；

x——产销量。

在实际工作中，可以通过求出公式中的 a 和 b 的值，利用上述直线方程来进行成本的预测、决策等。

（二）边际贡献及息税前利润

1. 边际贡献

边际贡献是指销售收入减去变动成本以后的差额。计算公式为

$$M = px - bx = (p - b)x = mx$$

式中 p——销售单价；

b——单位变动成本；

x——产销量；

m——单位边际贡献；

M——边际贡献总额。

2. 息税前利润

息税前利润是指企业支付利息和缴纳所得税之前的利润。计算公式为

$$EBIT = px - bx - a = (p - b)x - a = M - a$$

式中 $EBIT$——息税前利润；

a——固定成本；

M——边际贡献总额。

在上式的变动成本和固定成本中不包括利息费用的因素，所以息税前利润也可以用利润总额加上利息费用来计算。

二、经营杠杆

1. 经营杠杆的作用

由于固定成本的存在，使得息税前利润与销售量的变化并不成比例变化。在其他条件不变的情况下，产销量的增加虽然一般不会改变固定成本总额，但随着产销量的增加，单位产品所负担的固定成本会相对减少，单位固定成本降低，从而提高单位利润，使息税前利润的增长率大于产销量的增长率，由此给企业带来额外利润。反之，随着产销量的减少，会提高单位固定成本，降低单位利润，使息税前利润下降率也大于产销量下降率，从而给企业带来额外损失。只有在不存在固定成本的情况下，总成本随产销量变动而成正比例的变化，此时企业息税前利润变动率才会同产销量变动率完全一致。这种由于存在固定成本而带来的息税前利润变动率大于产销量变动率的现象称为经营杠杆或营业杠杆。企业利用经营杠杆，有时可能获得一定的经营杠杆利益，有时也会蒙受损失，承担相应的经营风险。

2. 经营杠杆系数

只要企业存在固定成本，就存在经营杠杆的作用。经营杠杆作用的大小一般用经营杠杆系数（或称营业杠杆系数）来表示，其是指企业息税前利润的变动率相当于销售额（或销售量）变动率的倍数。它可以反映经营

杠杆利益的大小，估计经营风险的高低。经营杠杆系数的计算公式是

$$DOL_S = \frac{\Delta EBIT/EBIT}{\Delta S/S}$$

式中 DOL_S——销售额为 S 时的经营杠杆系数；

$\Delta EBIT$——息税前利润变动量；

$EBIT$——变动前息税前利润；

ΔS——销售额变动量；

S——变动前销售额。

为了便于应用，经营杠杆系数可通过销售量或销售额和成本来表示，则有以下两个公式：

$$DOL_Q = \frac{Q(P-V)}{Q(P-V)-F}$$

式中 DOL_Q——销售量为 Q 时的经营杠杆系数；

Q——销售量；

P——产品销售单价；

V——产品单位变动成本；

F——固定成本总额。

$$DOL_S = \frac{S-VC}{S-VC-F}$$

式中 DOL_S——销售额为 S 时的经营杠杆系数；

S——销售额；

VC——变动成本总额。

例 4-7 某企业生产甲产品，固定成本总额为 600 万元，变动成本率为 60%，当企业的销售额为 4 500 万元时，计算经营杠杆系数。

解析： 经营杠杆系数 $DOL_S = \frac{4\,500 - 4\,500 \times 60\%}{4\,500 - 4\,500 \times 60\% - 600} = 1.5$

本例中经营杠杆系数为 1.5 的意义在于：当企业销售增长 1 倍时，息税前利润将增长 1.5 倍；反之，当企业销售下降 1 倍时，息税前利润将下降 1.5 倍。前者表现为经营杠杆利益，后者则表现为经营风险。

一般而言，企业的经营杠杆系数越大，经营杠杆利益和经营风险就越高；企业的经营杠杆系数越小，经营杠杆利益和经营风险就越低。

3. 经营杠杆与经营风险

经营风险亦称营业风险，是指企业因经营上的原因而导致利润下降的风险。由于经营杠杆的作用，当销售下降时，营业利润下降得更快，从而给企业带来经营风险。影响企业经营风险的主要因素有：产品需求、产品

售价、产品成本、调整价格的能力和固定成本的比重等。

(1) 产品需求。市场对产品的需求越是稳定，企业的经营风险越小。因为产品需求稳定，则销售额就有保证。反之，经营风险则大。

(2) 产品售价。产品售价变动不大，企业的经营风险则小，否则经营风险就会较大。

(3) 产品成本。产品成本抵减收入，成本不稳定，会使得利润也不稳定。如果产品成本变动大，经营风险则大。

(4) 调整价格的能力。当产品成本变动时，若企业具有较强的调整价格的能力，经营风险就小；反之，经营风险大。

(5) 固定成本的比重。在企业全部成本中，固定成本所占比重较大时，经营风险较大。因为固定成本所占比重大，单位产品分摊的固定成本额就大，若产品销售量减少，单位产品分摊的固定成本会随之变动，最后导致利润更大幅度的变动，经营风险就会增大。

企业经营风险的大小和经营杠杆系数有重要关系。一般来说，在其他因素不变的情况下，固定成本越高，经营杠杆系数越大，经营风险则越大。但是必须指出，经营杠杆系数虽然能够表明经营风险的大小，但它本身并不是利润不稳定的根源。引起企业经营风险的主要原因是市场需求和成本等因素的不确定性，经营杠杆只是扩大了这些不确定因素对利润变动的影响的程度。所以，经营杠杆系数反映的是一种“潜在风险”，这种风险只有在销售和成本变动的条件下才会产生作用。

三、财务杠杆

1. 财务杠杆的作用

企业筹资的渠道和方式尽管有多种，但企业全部资本归结起来不外乎是权益资本和债务资本两大部分。权益资本是企业创立和发展的最基本因素，但单凭自有资金很难满足企业的需要，很少有企业不利用债务资本进行生产经营活动的，负债经营是企业普遍存在的现象。

企业在一定债务总额下进行经营活动时，不管企业的息税前利润多少，首先都要扣除利息等债务资本成本，然后才归属于权益资本。由于债务利息通常是固定不变的，当息税前利润增大时，每一元利润所负担的利息额就会相对的减少，从而使可分配给企业投资者的税后利润的增大比例比息税前利润有更大幅度的提高。反之，当息税前利润减少时，每一元利润所负担的利息额就会相应增加，从而使可分配给企业投资者的税后利润的减少比例比息税前利润有更大幅度的降低。这种由于债务资本的存在而带来的税后利润（即普通股每股利润）变动率大于息税前利润变动率的现象称为财务杠杆，也称融资杠杆。企业利用财务杠杆时，由于企业支付给债务资本的债权人收益如债券的利息，国家允许在所得税前扣除，就有可能使企业获取财务杠杆利益。但有时企业为取得财务杠杆利益而增加负债，一旦企业息税前利润下降，不足以补偿固定利息支出时，企业的每股利润就会下降得更快，由此蒙受更大损失，承担相应的财务风险。

2. 财务杠杆系数

只要在企业的筹资中存在有固定财务费用支出的筹资方式，如债务筹资的利息等，就存在财务杠杆的作用。在不同企业中，财务杠杆的作用程度是不同的，需要对财务杠杆进行计量。

财务杠杆作用的大小通常用财务杠杆系数表示。所谓财务杠杆系数是普通股每股利润变动率相当于息税前利润变动率的倍数。它可以反映财务杠杆利益的大小，估计财务风险的高低。财务杠杆系数的计算公式是

$$DFL = \frac{\Delta EPS / EPS}{\Delta EBIT / EBIT} = \frac{\text{普通股每股利润的变动率}}{\text{息税前利润变动率}}$$

式中 DFL——财务杠杆系数；

ΔEPS——普通股每股利润变动额；

EPS——变动前的普通股每股利润；

$\Delta EBIT$——息税前利润变动额；

$EBIT$——变动前的息税前利润。

上述公式还可以推导为

$$DFL = \frac{EBIT}{EBIT - I}$$

式中 I——债务利息。

若公司发行优先股，由于优先股的股利也是一笔固定支出，虽然在税后利润中支付，也存在财务杠杆的作用。此时，财务杠杆系数的计算公式为

$$\text{财务杠杆系数} = \frac{\text{息税前利润}}{\text{息税前利润} - \text{利息} - \dfrac{\text{优先股股利}}{1 - \text{所得税税率}}}$$

例 4-8 某企业全部资本为 45 万元，负债比率为 40%，负债利率为 12%，当销售额为 60 万元，息税前利润为 12 万元，则财务杠杆系数为

$$DFL = \frac{12}{12 - 45 \times 40\% \times 12\%} = 1.22$$

财务杠杆系数表明的是息税前利润增加（或减少）所引起的普通股每股利润的增长（或减少）的幅度。计算表明，当企业息税前利润增长（或减少）1倍时，其普通股每股利润增长（或减少）1.22倍。财务杠杆系数越大，表示财务杠杆作用越大。

为了更清楚的说明财务杠杆的作用，我们先对息税前利润不变的情况加以分析。现举一例说明。

例4－9 假定某股份制企业其债务资本年利息率为10%，所得税率为40%，预计息税前利润为20 000元，现有以下三个筹资方案，如表4－5所示。

表4－5 不同筹资方案下的每股利润

项　目	A	B	C
资本总额①	100 000元	100 000元	100 000元
其中：权益资本②	100 000元	60 000元	40 000元
债务资本③		40 000元	60 000元
息税前利润④	20 000元	20 000元	20 000元
债务利息费用⑤＝③×10%	0元	4 000元	6 000元
税前利润⑥＝④－⑤	20 000元	16 000元	14 000元
所得税⑦＝⑥×40%	8 000元	6 400元	5 600元
税后利润⑧＝⑥－⑦	12 000元	9 600元	8 400元
财务杠杆系数⑨＝④/⑥	1	1.25	1.43
普通股股数（每股面值10元）⑩	10 000	6 000	4 000
每股利润＝⑧/⑩	1.2元	1.6元	2.1元

由表4－5可见，在企业息税前利润为20 000元的情况下，当全部是权益资本时，普通股每股利润为1.2元；当债务资本占全部资本的40%时，普通股每股利润增加到1.6元；当债务资本占全部资本的60%时，普通股每股利润增加到2.1元。由此体现出财务杠杆利益。所以，在息税前利润不变的条件下，债务资本的比例决定财务杠杆的大小，随着企业债务比例的加大，财务杠杆系数逐渐提高，从1到1.25、1.43，财务杠杆利益相应增加。这里应特别注意，本例中的利息率是假定不变的，如果实际筹资中利息率随债务资本比例的增加有所提高，则会使权益资本收益的提高幅度相对减少。同时必须看到，财务杠杆是一把双刃剑，当公司的经营状况好、资金收益率大于借入资金利息率时，可以给企业带来额外的利润，即财务杠杆的正效应——财务杠杆利益；反之，如果企业经营不善，资金收益率小于借入资金利息率时，由于原有的利息费用仍然是企业的一笔固定的财务支出，就会造成企业债务到期无法按时还本付息，且债务资

本的比例越大，无力偿债的风险越大，严重时就会导致企业破产。因为，很关键的一点是筹资在前，经过投资后才能取得息税前利润，筹资决策时对息税前利润仅仅是一种预测。所以说，负债的财务杠杆效应可能是正负两方面的。

下面对息税前利润变化后的情况进行分析。在表 4－5 的基础上，假定息税前利润增加或减少 20%，结果如表 4－6 所示。

表 4－6　息税前利润变化后的每股利润

项　目	B		C	
息税前利润变动	+20%	－20%	+20%	－20%
变动后的息税前利润	24 000 元	16 000 元	24 000 元	16 000 元
债务利息	4 000 元	4 000 元	6 000 元	6 000 元
税前利润	20 000 元	12 000 元	18 000 元	10 000 元
所得税	8 000 元	4 800 元	7 200 元	4 000 元
税后利润	12 000 元	7 200 元	10 800 元	6 000 元
每股利润	2 元	1.2 元	2.7 元	1.5 元

由表 4－6 可见，在息税前利润变动的条件下，当债务资本占全部资本的 40%，息税前利润增加或减少 20%时，每股利润增加或减少 25 %［(2－1.6)/1.6 或(1.2－1.6)/1.6］；当债务资本占全部资本的 60%，息税前利润增加或减少 20%时，每股利润增加或减少 28.57%［(2.7－2.1)/2.1 或(1.5－2.1)/2.1］。由此体现出债务资本的比例越大，财务杠杆效应就越显著。

财务杠杆影响的是企业的税后利润而不是息前税前利润。由于利息的固定性，在息税前利润增加时，财务杠杆的作用则会使企业税后利润以更快的速度增长；在息税前利润下降时，财务杠杆的作用则会使企业税后利润以更快的速度下降，且财务杠杆系数越大，这种下降也就越多，给企业招致的财务风险也就越大。

（三）财务杠杆与财务风险

为了取得财务杠杆利益，企业就要更多地利用负债资金。在息税前利润率高于债务利息率时，负债经营可以提高股东的收益水平；在息税前利润率低于债务利息率时，负债经营将降低股东的收益水平。当企业息税前利润下降，不足以补偿固定利息支出时，企业的每股利润就会下降得更快。财务风险就是全部资本中债务资本所带来的风险，包括企业普通股股东收益的变动性的风险和由于利用财务杠杆导致的企业可能丧失偿债能力的风险两方面。在资本总额、息税前利润相同的情况下，负债比率越高，财务杠杆系数越高，财务风险越大，但预期普通股每股利润也越高。

影响企业财务风险的其他因素还有许多，主要包括资本规模的变化、资本结构的变化、债务利率的变化、获利能力的变化等。

四、复合杠杆

1. 复合杠杆的作用

由于存在固定成本，使息税前利润的变动率大于销售的变动率，产生经营杠杆作用；同样，由于债务资本等固定利息费用的存在使得普通股每股利润的变动率大于息税前利润变动率，产生财务杠杆作用。如果一个企业同时利用经营杠杆和财务杠杆，这种作用会更大。如果两种杠杆同时起作用，那么销售稍有变动就会使每股利润产生更大的波动。通常把经营杠杆和财务杠杆的综合影响称为复合杠杆的作用，亦称总杠杆作用或联合杠杆作用。

2. 复合杠杆系数

复合杠杆作用的程度，即经营杠杆和财务杠杆的综合影响，用复合杠杆系数 DTL 表示，其是经营杠杆系数与财务杠杆系数的乘积。表明普通股每股利润变动率相当于销售额（或销售量）变动率的倍数。复合杠杆系数的计算公式是

$$DTL = DOL \cdot DFL$$

$$DTL = \frac{\Delta EBIT/EBIT}{\Delta S/S} \cdot \frac{\Delta EPS/EPS}{\Delta EBIT/EBIT}$$

$$= \frac{\Delta EPS/EPS}{\Delta S/S}$$

$$= \frac{\Delta EPS/EPS}{\Delta Q/Q}$$

为了便于应用，也可通过销售量或销售额与成本来表示：

$$DTL = \frac{Q(P-V)}{Q(P-V)-F-I} \text{或} DTL = \frac{S-VC}{S-VC-F-I}$$

例 4－10 某公司经营杠杆系数是 2，财务杠杆系数为 1.5，则复合杠杆系数为 $2 \times 1.5 = 3$。

这表明，销售每增加（或减少）1 倍，就会造成每股利润增加（或减少）3 倍。当公司销售额或销售量增长时，反映为公司的复合杠杆利益；反之，则反映公司的复合杠杆风险。企业复合杠杆系数越大，每股盈余的波动幅度越大。

复合杠杆系数的意义首先在于能够估计出销售变动对每股利润造成的影响。其次，为了达到某一复合杠杆系数，经营杠杆和财务杠杆可以有很

多不同的组合。经营杠杆系数较高的公司可以在较低的程度上使用财务杠杆；反之，经营杠杆系数较低的公司就可以在较高的程度上使用财务杠杆。通过经营杠杆与财务杠杆的不同组合，可以得到理想的总杠杆水平，将总风险控制在一定范围内。

第三节 筹 资 决 策

企业从不同的渠道以不同的方式筹得的资金构成多种筹资组合，它们各自的资金成本不同，风险程度也有较大差异。企业应从自身财务状况出发，采取科学的测算方法，综合分析与资本结构相关的因素，作出正确的筹资决策。

一、资本结构概述

(一) 资本结构的概念

资本结构是企业筹资决策的核心问题，它是指企业各种资本的构成及其比例关系。资本结构有广义和狭义之分。广义的资本结构也可以称为资金结构，是指企业全部资本的构成及其比例关系。它不仅包括长期资本，还包括短期资本。狭义的资本结构是指企业各种长期资本的构成及其比例关系。企业筹资的渠道和方式尽管有多种，但企业资本归结起来不外乎是权益资本和债务资本两大部分。研究资本结构就是研究权益资本和债务资本的构成比例问题。

(二) 资本结构中负债的意义

企业的资本结构决策问题即负债的比例安排问题。在企业的资本结构决策中，合理地利用债权筹资，科学地安排负债资本的比例，是企业筹资管理的一个核心问题，对企业具有重要的意义。

1. 安排一定的债务资本有利于降低企业资金成本

企业利用债务筹资的利息率通常低于股票股利率，而且债务利息在税前利润中扣除，企业可减少缴纳所得税的数额。因此，债务的资金成本明显低于权益资金的成本。在一定的限度内增加债务，就可降低企业的综合资金成本率。

2. 安排一定的债务资本有利于企业获得财务杠杆利益

由于债务利息通常是固定不变的，当息税前利润增大时，每 1 元利润所负担的固定利息会相应降低，从而可分配给股权所有者的税后利润会相应增加。这就可以给普通股股东带来额外的收益。因此，在一定的限度内合理地利用债务资本，可以发挥财务杠杆的作用，给企业所有者带来财务杠杆利益。

应该指出，在研究资本结构问题时，一方面要重视资本结构中负债的意义，另一方面也必须对企业负债将付出的代价给予充分的考虑。

二、资本结构理论

资本结构理论是关于公司资本结构、公司综合资金成本与公司价值三者之间关系的理论。它是西方财务理论的重要内容，也是资本结构决策的重要理论基础。最早提出资本结构理论这一问题的是美国经济学家戴维·杜兰德，以后资本结构理论在西方国家被广泛传播和应用。近年来该理论也引起了我国财务界的重视，并直接影响我国财务理论的发展和公司财务政策的制定。

从资本结构理论的发展来看，早期企业的资本结构是按照净收益理论、净营业收益理论和传统折中理论建立的。1958 年莫迪格莱尼和米勒又提出了著名的 MM 理论。在此基础上，后人又进一步提出了平衡理论等。

（一）早期资本结构理论

早期资本结构理论主要有以下三种观点。

1. 净收益理论

该理论认为，当企业资本结构发生变化时，个别资本成本并不随之改变。利用债务可以降低企业的综合资金成本，提高公司的市场价值（V）。这是因为，负债在企业全部资金中所占的比重越大，综合资金成本越接近债务成本，又由于债务成本一般较低，所以，负债程度越高，综合资金成本越低，企业价值越大。当负债比率达到 100%时，企业价值 V 将达到最大。如图 4－1 所示。

这是一种极端的资本结构理论观点。虽然这种观点考虑到财务杠杆利益，但忽略了财务风险，没有考虑到财务杠杆的上升会导致企业的财务风险的增加。实际上，如果逐步提高企业负债程度的话，企业的债务成本和普通股权益成本都会随之上升，公司的综合资金成本率也会提高，公司的价值反而会下降。

2. 净营业收益理论

该理论认为，资本结构与企业的价值无关，决定企业价值高低的关键要素是企业的净营业收益。提高债务比重，不会产生财务杠杆作用。企业无论怎样调节资本结构，企业总价值都会保持不变。这是因为，如果企业

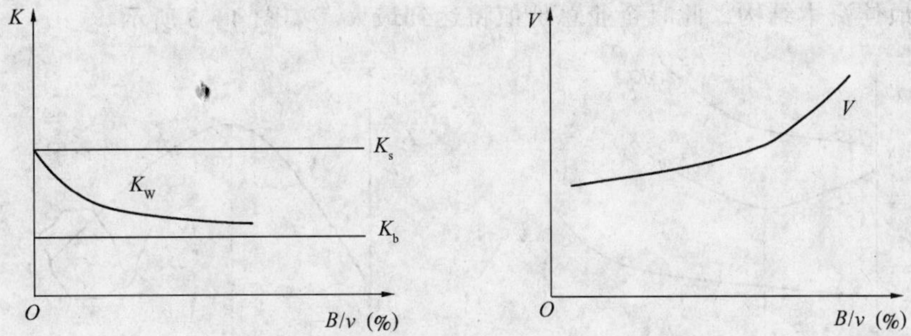

图 4－1　净收益理论下的资金成本和企业价值

增加成本较低的债务资金，即使债务成本本身不变，但由于加大了企业风险，也会导致权益资金成本的提高，从而企业综合资金成本仍会保持不变。因此，资本结构与公司价值无关。决定公司价值的真正因素应该是公司的净营业收益。如图 4－2 所示。

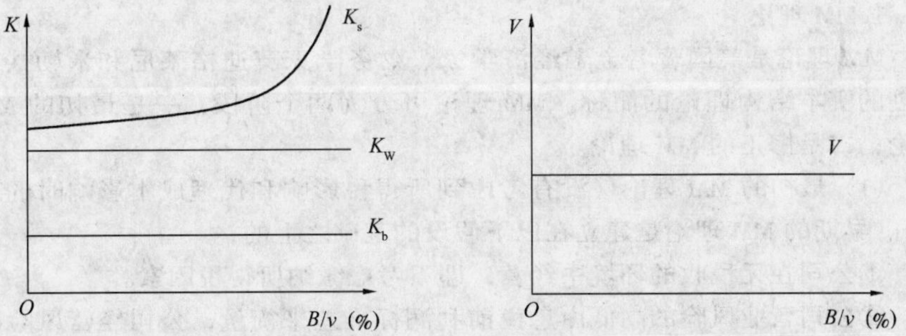

图 4－2　净营业收益理论下的资金成本和企业价值

这就是说，无论企业的财务杠杆程度如何，其整体的资金成本不变，企业的价值也就不受资本结构的影响。这就意味着不存在一个最佳的资本结构。

3．传统折中理论

这一理论是介于净收益理论和净营业收益理论之间的一种理论。该理论认为，企业利用财务杠杆尽管会导致权益成本上升，但在一定范围内并不会完全抵消利用资金成本较低的债务所带来的好处，因此会使综合资金成本下降，企业价值上升。但是当借债增多到超过某个分界点时，企业负债比例的上升会导致企业风险上升，普通股资金成本迅速上升，债务资金成本也会增加，导致了综合资金成本的更快上升。由于综合资金成本的先下降后上升，因此会产生出一个最低点，这个最低点所对应的资本结构即为最佳资本结构，此时企业总价值将达到最大。如图 4-3 所示。

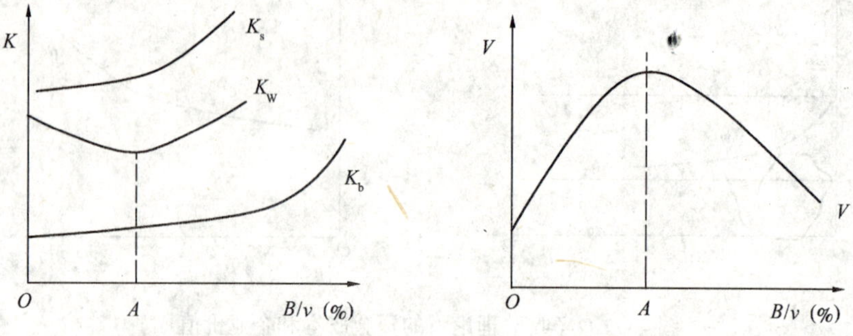

图 4-3　传统折中理论下的资金成本和企业价值

上述早期资本结构理论是对资本结构理论的一些初级认识，有其片面性和缺陷，还没有形成系统的资本结构理论。

（二）现代资本结构理论

1.MM 理论

MM 理论是美国著名金融经济学家、财务学家莫迪格莱尼和米勒共同开创的资本结构理论的简称。MM 理论可分为两个阶段：一是最初的 MM 理论；二是修正的 MM 理论。

（1）最初的 MM 理论（没有考虑到所得税影响和代理成本影响时的理论）。早期的 MM 理论是建立在以下假设的基础之上的：

①公司在无税收的环境中经营，即不考虑缴纳所得税因素。

②公司营业风险的高低由息税前利润标准差来衡量，公司经营风险决定企业的风险等级，即不考虑财务风险对企业风险等级的影响。

③投资者对所有公司未来盈利及风险的预期相同，即假设在理想的市场条件下，所有投资者对市场上所有企业的盈利能力和风险等级的认识是统一的。

④投资者不支付债券交易成本，所有债务利率相同，即市场上所有债务资本率 K_b相同。

⑤公司为零增长公司，即年均盈利额不变。

⑥个人和公司均可发行无风险债券，并有无风险利率。

⑦公司无破产成本。

⑧公司的股利政策与公司价值无关，公司发行新债时不会影响已有债券的市场价值。

MM 资本结构理论在上述假设前提下得出两个重要命题。

【命题一】 举债公司的价值和无债公司的价值相等。

公式表达为

$$V_L = V_u = \frac{EBIT}{K_W} = \frac{EBIT}{K_{su}}$$

式中 V_L——有负债的企业价值；

V_u——无负债的企业价值；

$EBIT$——预期各年的息税前利润；

K_W——有负债企业的加权平均资金成本；

K_{su}——无负债企业的普通股成本。

命题一的含义是：在没有公司所得税的条件下，企业的总价值不会受到所得税及代理成本的影响，企业总价值与资本结构无关，一旦企业的息税前利润即 EBIT 确定，企业总价值确定不变。

【命题二】 普通股权益的期望收益率与财务杠杆呈正相关。

公式表达为

$$\begin{aligned} K_{sL} &= K_{su} + \text{风险报酬} \\ &= K_{su} + (K_{su} - K_b) \times B/S \end{aligned}$$

式中 K_{sL}——有负债企业的股本成本；

K_{su}——无负债企业的股本成本；

K_b——债务成本；

B——债务的市场价值；

S——普通股的市场价值。

命题二的含义是：权益资本的风险会因为财务杠杆的使用而升高，因此，股东要求的投资报酬率会因为使用财务杠杆而增加，但企业的加权平均资金成本率和公司的市场价值不会受到财务杠杆的影响。因为便宜的债务资本给公司带来的财务杠杆利益会被股权资本成本率的上升而抵消，最终有债务公司的加权平均资本率等于无债务公司的加权平均资本率，所以公司的价值与其资本结构无关。

总之，无公司所得税的 MM 资本结构理论是，无论公司负债多少，资本结构的变化既不影响公司的总价值，也不影响公司的加权平均资本成本。

（2）修正的 MM 理论（考虑到公司所得税后的发展理论）。莫迪格莱尼和米勒于 1963 年合作发表了《公司所得税与资本成本：一项修正》的论文。该文取消了公司无所得税的假设，认为若考虑公司所得税的因素，公司的价值会随财务杠杆系数的提高而增加，从而得出公司资本结构与公司价值相关的结论。修正的 MM 资本结构理论同样也提出两个命题。

【命题一】有负债的企业价值等于同风险等级的无负债的企业价值加上因债务利息抵税而增加的价值，而债务利息抵税价值等于公司所得税税率乘以负债总额即 $T \cdot B$，用公式表达为

$$V_L = V_u + T \times B$$

命题一的含义是：由于公司的债务利息可作为费用抵税，所以财务杠杆的作用会减少公司的纳税支出，增加企业的价值，有负债公司的价值会随财务杠杆的升高而增大。所以公司的资本结构与公司的价值相关，并且公司债务比例与公司价值呈正相关关系。这个结论与早期资本结构理论中的净收益理论的观点是一致的。

【命题二】有负债公司的股本成本等于同风险等级无负债公司的股本成本加上风险报酬，而风险报酬的高低由公司负债融资的程度和公司所得税税率决定，用公式表达为

$$K_{sL} = K_{su} + (K_{su} - K_b) \times (1 - T) \times (B \div S)$$

命题二的含义是：在公司所得税存在的条件下，因负债会使权益资本的风险增加，因此权益的资金成本会随财务杠杆的增大而升高，但加权平均资金成本却会随财务杠杆的增加而下降，如图 4－4 所示。

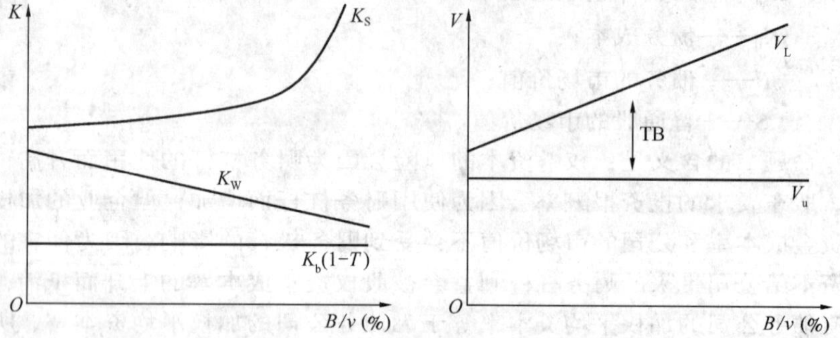

图 4－4　有公司所得税 MM 理论下的资金成本和企业价值

总之，有公司所得税的 MM 资本结构理论是，负债会增加公司的价值，降低公司的加权平均资金成本。债务比率越高，公司价值越大，加权平均资金成本越低。

MM 理论被认为是现代资本结构理论的起点，它在一定的假设条件下，论证了资本结构与公司价值之间的关系，为以后的资本结构理论奠定了良好的基础。

2. 平衡理论

对于负债经营企业来说，虽然运用负债能够给企业带来减税收益，但同时也会给企业带来财务危机成本和代理成本。财务危机成本是指企业因借债而引起财务危机，并为摆脱财务困境所付出的成本。代理成本是指为解决股东和债权人之间的矛盾而发生的监督债务契约的执行以保护债权人利益等有关的费用支出。随着负债在全部资本中所占比例的增大，企业的财务风险加大。企业在负债经营过程中，如果效益不佳，其固定的债务利息仍要支付，这样就会引起资金紧张，严重的会将企业拖至破产。另外，债权人为了保护自己的利益，会在签订借款合同时附加一些保护性的约束条款，同时为了保证企业遵守这些条款，债权人也要付出监督成本。如果在企业合理的负债限度内，财务危机成本和代理成本并不会明显地表现出来，但当企业超过合理的限度举债，且负债比率很高时，财务危机成本和代理成本会明显增加，从而抵消债务利息抵税给企业带来的利益，使负债企业的价值下降。因此，MM 理论忽略了现代社会中的两个因素：财务危机成本和代理成本，而只要运用负债经营，就有发生财务危机成本和代理成本的可能性。企业最佳资本结构应当是在企业价值最大化和债务上升带来的财务危机成本、代理成本等之间的平衡，这一理论被称为平衡理论。它可以说是对 MM 理论的再修正。

但是，实际上由于财务危机成本和代理成本很难进行准确的估算，所以最优资本结构并不能单靠计算或纯理论分析得出，资本结构的研究要注意理性分析，要考虑非量化的各种有关因素。在此基础上计算出的公司价值最大、企业综合资本成本最低时的资本结构才是最优资本结构。

三、最优资本结构的决策

企业资本结构决策就是要确定最优资本结构。确定企业的最优资本结构，可以采用每股利润分析法、比较资金成本法等量化分析的方法。同时，还要结合其他相关的因素进行分析。

（一）每股利润分析法

负债的偿还能力是建立在未来盈利能力基础之上的。研究资本结构，不能脱离企业的盈利能力。企业的盈利能力，一般用息税前利润（EBIT）来表示。不同的资本结构直接影响到股东财富的变化，股东财富可以用每股利润（EPS）来表示。确定企业用债务资本筹资还是用权益资本筹资时，可以以每股利润的变化为标准。每股利润分析法是指利用每股利润无差别点来进行资本结构决策的方法。所谓每股利润无差别点是指两种或两种以上筹资方案下普通股每股利润相等时的息税前利润点，亦称息税前利润平衡点，有时亦称筹资无差别点。它是通过分析资本结构与每股利润之间的关系，计算各种筹资方案的每股利润的无差别点，进而来确定合理的资本结构的方法。利用无差别点，可以分析判断在什么情况下可利用债务资本筹资，在什么情况下利用权益资本筹资，进行资本结构决策。这种方法确定的最佳资金结构亦即每股利润最大的资本结构。

例 4－11 某公司现有资金 850 万元，其中公司债券 100 万元，普通股 750 万元。现因生产发展需要准备再筹集 150 万元资金，这些资金的筹集可以有增发股票或增发债券的 A、B 两种选择方案。假定预计公司的可实现息税前利润为 160 万元。为计算方便，假设公司适用 40% 的所得税税率。用每股利润分析法对 A、B 两种方案进行选择。表 4－7 列示了原资金结构和筹资后资金结构的情况。

表 4－7 公司资金结构变化情况表

筹资方式	原资金结构	增加筹资后资金结构	
		增发普通股（A 方案）	增发公司债券（B 方案）
公司债券（万元）（利率 9%）	100	100	250
普通股（万元）（每股面值 10 元）	750	900	750
资金总额合计（万元）	850	1 000	1 000
普通股股数（万股）	75	90	75

解析： 根据资金结构的变化情况，我们可采用每股利润分析法分析资金结构对普通股每股利润的影响。分析情况见表 4－8 所示。

表 4－8 公司不同资金结构下的每股利润

项　目	增发股票	增发债券
预计息税前利润（万元）（EBIT）	160	160
利　息（万元）	9	22.5
利润总额（万元）	151	137.5
所得税（万元）（税率 40%）	60.4	55
净利润（万元）	90.6	82.5
普通股股数（万股）	90	75
每股利润（元）	1.007	1.1

从表 4－8 中可以看到，在息税前利润为 160 万元的情况下，利用增发公司债券的形式筹集资金能使每股利润上升较多，这样会更有利于股票价

格上涨，更符合理财目标。然而，如果当公司的EBIT水平下降，则会使企业由于负债的利息过高，而使普通股每股利润减少。这样公司在选择筹资方案和进行资本结构决策时，就要掌握当EBIT水平下降到什么情况时，公司不能再采用负债筹资。那么，究竟息税前利润为多少时发行普通股有利，或息税前利润为多少时发行公司债券有利呢？这就要测算每股利润无差别点处的息税前利润。其计算公式为

$$\frac{(\overline{EBIT}-I_1)(1-T)-D_1}{N_1}=\frac{(\overline{EBIT}-I_2)(1-T)-D_2}{N_2}$$

式中 $\overline{EBIT}$——每股利润无差别点处的息税前利润；

I_1、I_2——两种筹资方式下的年利息；

D_1、D_2——两种筹资方式下的优先股股利；

N_1、N_2——两种筹资方式下的流通在外的普通股股数。

现将公司的资料代入上式得

$$\frac{(\overline{EBIT}-9)\times(1-40\%)-0}{90}=\frac{(\overline{EBIT}-22.5)\times(1-40\%)-0}{75}$$

求得

$$\overline{EBIT}=90\text{（万元）}$$

此时

$$EPS_1=EPS_2=0.54\text{（元）}$$

这说明，当息税前利润为90万元时，采用增发股票和增发债券两种方式对每股利润的影响没有差别。当息税前利润大于90万元时，利用负债筹资较为有利；当息税前利润小于90万元时，利用发行普通股筹资较为有利；该公司预计息税前利润为160万元，故采用发行公司债券的方式为佳。

应当指出，每股利润无差别点只计算出了各种筹资方式选择的分界点，这种分析方法只考虑了资本结构对每股利润的影响，并假定每股利润最大，股票价格也就最高。但没有考虑资本结构对风险的影响。实际上，随着负债的增加，投资者的风险加大，股票价格和企业价值也会有下降的趋势，所以，单纯的用每股利润分析法有时会做出错误的决策。但在资金市场不完善的时候，投资人主要根据每股利润的多少做出投资决策，每股利润的增加也的确有利于股票价格的上升。

（二）比较资金成本法

比较资金成本法是计算不同资本结构（或筹资方案）的加权平均资金成本，并根据加权平均资金成本的高低进行资本结构决策的方法。

企业筹资可分为创立初期的初始筹资和发展过程中的追加筹资两种情

况。与此相应的是，企业的资本结构决策可分为初始筹资的资本结构决策和追加筹资的资本结构决策。下面分别说明比较资金成本法在这两种情况下的运用。

1. 初始资本结构决策

企业对拟定的筹资总额，可以采用多种筹资方式来筹集，同时每种筹资方式的筹资数额亦可有不同安排，由此形成若干个资本结构（或筹资方案）可供选择，现举例说明。

例 4－12 某企业初创时有如下三个筹资方案可供选择，有关资料经测算列入表 4－9。

表 4－9　三个初始筹资方案

筹资方式	筹资方案Ⅰ		筹资方案Ⅱ		筹资方案Ⅲ	
	筹资额（万元）	资金成本（%）	筹资额（万元）	资金成本（%）	筹资额（万元）	资金成本（%）
长期借款	80	6	100	6.5	160	7.0
债券	200	7	300	8.0	240	7.5
优先股	120	12	200	12.0	100	12.0
普通股	600	15	400	15.0	500	15.0
合　计	1 000	—	1 000	—	1 000	—

下面分别测算三个筹资方案的加权平均资金成本，并比较其高低，从而确定最佳筹资方案，亦即最优资本结构。

解析：

方案Ⅰ：

（1）计算各种方式的筹资额占筹资总额的比重。

长期借款　$80 \div 1\,000 = 0.08$

债券　$200 \div 1\,000 = 0.2$

优先股　$120 \div 1\,000 = 0.12$

普通股　$600 \div 1\,000 = 0.6$

（2）计算加权平均资金成本。

$$0.08 \times 6\% + 0.2 \times 7\% + 0.12 \times 12\% + 0.6 \times 15\% = 12.32\%$$

方案Ⅱ：

（1）计算各种筹资方式的筹资额占筹资总额的比重。

长期借款　$100 \div 1\,000 = 0.1$

债券　$300 \div 1\,000 = 0.3$

优先股　$200 \div 1\,000 = 0.2$

普通股 $400 \div 1\,000 = 0.4$

(2) 计算加权平均资金成本。

$$0.1 \times 6.5\% + 0.3 \times 8\% + 0.2 \times 12\% + 0.4 \times 15\% = 11.45\%$$

方案Ⅲ:

(1) 计算各种筹资方式占筹资总额的比重。

长期借款 $160 \div 1\,000 = 0.16$

债券 $240 \div 1\,000 = 0.24$

优先股 $100 \div 1\,000 = 0.1$

普通股 $500 \div 1\,000 = 0.5$

(2) 计算加权平均资金成本。

$$0.16 \times 7\% + 0.24 \times 7.5\% + 0.1 \times 12\% + 0.5 \times 15\% = 11.62\%$$

比较以上三个筹资方案的加权平均资金成本，方案Ⅱ的最低，其形成的资本结构可确定为该企业的最佳资本结构。企业可按此方案筹集资金。

2. 追加资本结构决策

企业在持续的生产经营过程中，由于扩大业务或对外投资的需要，有时需要追加筹资。因追加筹资以及筹资环境的变化，企业原有的资本结构就会发生变化。因此，企业有必要在不断变化的资本结构中寻求其最佳值，实现资本结构的最优化。

一般而言，选择追加筹资方案可有两种方法：一种方法是直接测算比较各备选追加筹资方案的边际资金成本，从中选择最优筹资方案；另一种方法是将备选追加筹资方案与原有最优资本结构汇总，测算各追加筹资条件下汇总资本结构的综合资金成本，比较确定最优追加筹资方案。下面举例说明。

(1) 追加筹资方案的边际资金成本率比较法。

例 4-13 某企业现有两个追加筹资方案可供选择，有关资料整理后如表 4-10 所示。

表 4-10 两个追加筹资方案

筹资方式	追加筹资方案 A		追加筹资方案 B	
	追加筹资额（万元）	资本成本（%）	追加筹资额（万元）	资本成本（%）
长期借款	100	7.0	120	7.5
优先股	40	13.0	40	13.0
普通股	60	16.0	40	16.0
合计	200	—	200	—

追加筹资方案的边际资金成本也要按加权平均法计算，根据表 4 - 10 所列资料，两个追加筹资方案的综合资金成本计算如下。

方案 A：

$$100 \div 200 \times 7\% + 40 \div 200 \times 13\% + 60 \div 200 \times 16\% = 10.9\%$$

方案 B：

$$120 \div 200 \times 7.5\% + 40 \div 200 \times 13\% + 40 \div 200 \times 16\% = 10.3\%$$

两个追加筹资方案相比，方案 B 的边际资金成本低于方案 A，因此，应选择追加筹资方案 B。

（2）备选追加筹资方案与原有资本结构汇总的综合资金成本率比较法。

首先，在例 4 - 12 中原资本结构方案Ⅱ的基础上分别与追加筹资的两方案汇总，如表 4 - 11 所示。

表 4 - 11　原筹资方案和追加筹资方案的有关资料

筹资方式	原资本结构		追加筹资方案 A		追加筹资方案 B		追加筹资后的资本结构	
	资本额（万元）	资本成本（%）	追加筹资额（万元）	资本成本（%）	追加筹资额（万元）	资本成本（%）	方案 A	方案 B
长期借款	100	6.5	100	7.0	120	7.5	200	220
债　券	300	8	—	—	—	—	300	300
优先股	200	12	40	13.0	40	13	240	240
普通股	400	15	60	16.0	40	16	460	440
合　计	1 000	11.45	200	10.9	200	10.3	1 200	1 200

若采用追加筹资方案 A，追加筹资后的综合资金成本计算为

$[(100 + 100) \div 1\,200] \times [(100 \times 6.5\% + 100 \times 7\%) \div 200] + 300 \div 1\,200 \times 8\% + 200 \div 1\,200 \times 12\% + 40 \div 1\,200 \times 13\% + (400 + 60) \div 1\,200 \times 16\% = 11.69\%$

若采用方案 B，追加筹资后的综合资金成本计算为

$[(100 + 120) \div 1\,200] \times [(100 \times 6.5\% + 120 \times 7.5\%) \div 220] + 300 \div 1\,200 \times 8\% + 200 \div 1\,200 \times 12\% + 40 \div 1\,200 \times 13\% + (400 + 40) \div 1\,200 \times 16\% = 11.59\%$

这里要注意，根据同股同利原则，原有普通股应按新普通股的资金成本计算其加权平均数。

由上可见，追加筹资方案 B 后的综合资金成本低于方案 A。因此，追

加筹资方案 B 优于方案 A。

比较资金成本法的原理容易理解，测算过程简单，但没有具体测算财务风险因素。

（三）确定最优资本结构应考虑的其他问题

资本结构的优劣是相对于公司在特定时期的特定条件下而言的。在企业实践中，除了利用数学模型进行分析计算外，还要结合企业自身特点和外部环境进行分析。影响资本结构的主要因素除了前述的资金成本和财务风险外还包括：

1．企业的财务状况

企业的息税前利润最低应满足债务利息的要求，在息税前利润大于债务利息的前提下，企业才能获得财务杠杆利益，否则就要蒙受财务风险。因此，企业的财务状况越好，获利能力和变现能力越强，就越有能力承担财务风险。此时，债务资本的比例可以安排得大一些。衡量企业财务状况的指标主要包括流动比率、利息保障倍数、投资收益率等。

2．销售的增长率及其稳定性

企业未来的销售状况是确定资本结构的重要因素。在价格等其他因素不变的情况下，销售的增长往往意味着企业息税前利润的增加。如果企业销售增长率比较高，且相对稳定，则有能力承担较多固定利率的债务负担，此时，可以安排较大比例的债务资本。但如果企业销售增长幅度较低，且销售情况不稳定，就有可能被债务拖至破产。这时，企业的负债比率就应降低些。

3．企业债权人的态度

贷款人的态度实际上往往是决定资本结构的关键因素。大部分贷款人都不希望公司的负债比例太大，如果公司坚持安排过高比例的债务融资，则贷款人可能会拒绝贷款，或者只有在担保抵押或较高利率的前提下才同意增加贷款。一般情况下，公司财务管理人员决定资本结构时都会与贷款人商讨，并对他们提出的意见予以充分的重视。

4．企业所有者和经营者的态度

企业资本结构的决策最终是由企业所有者和经营者做出的。他们的态度对资本结构也有重要影响。如果企业所有者和管理人员要保证少数股东的控制权，不愿让企业的控制权旁落，则一般不发行新股增资，而是尽量采用债务融资的方式来增加资本。如果经营者勇于承担财务风险，可能会安排比较高的负债比例；相反，持稳健态度的、不愿承担财务风险的经营者，则会尽量减少债务资本的比例。

5. 税收政策的影响

按照税法的规定，企业债务的利息可以抵税，而股票的股利则用企业的税后利润支付，没有抵税的作用。一般而言，企业所得税税率越高，借款举债的好处就越大。反之，如果所得税税率很低，则采用举债方式的减税利益就不十分明显。此外，利率水平的变动趋势也会影响到企业的资本结构。如果公司财务经理认为利息率在不久的将来有可能上升，就有可能较多地利用债务资本。可见，税收政策对企业债务资本的安排会产生一定作用。

6. 所处行业的特点

不同行业的资本结构有很大差别。在资本结构决策中，应掌握本企业所处行业的特点以及该行业资本结构的水准，并以此确定本企业的资本结构。通常如果企业所处行业的竞争程度较低或具有垄断性，其收入和利润的取得、增长就比较稳定，破产风险也会很小，在确定资本结构时，债务资本的比例可以大些。相反，所处行业竞争程度较强，投资风险较大的企业，则负债比率不宜过大。

7. 社会经济环境的状况

企业是社会的一分子，整个社会经济环境的变化必然会给企业带来一定影响。如果社会经济呈增长态势，对企业的发展有利，就可以充分利用债权人资金，提高自有资金收益率；反之，如果整个社会经济萧条，处于衰退时期，企业的发展也要受到制约。此时，就应缩减负债，采用稳健策略。

以上因素都可能会影响到企业的资本结构。财务管理人员应在实际工作中将定量分析方法和定性分析方法结合起来，以便合理确定资本结构。

总之，资本结构最优不是机械的，不可能总是固定在某一点上。实践中要用相对的观点看待这一问题。

在建立现代企业制度过程中，优化资本结构是关键环节之一。资本结构合理与否对企业的盈利能力、偿债能力及再筹资能力都有很大影响。企业必须根据自身以及社会的发展，不断调整权益资本与债务资本的比例，使资本结构尽可能合理，并趋于最优。

【案例分析】

中鲁筹资决策

山东中鲁果汁有限公司作为亚洲第一、世界第三的浓缩苹果汁生产企业，其产品出口量占生产量的98%，占世界浓缩苹果汁贸易量的8%，占中国同类产品出口量的30%。从1991年到2001年的11年时间里，从出口总量、销售收入到市场占有率，中鲁一直保持着行业第一的地位，股东平均回报率为30%，成绩斐然。2004年6月，公司首次公开发行人民币普通股6 500万股，成为第一家在国内主板市场上市的浓缩果汁加工企业。那么中鲁公司从小小的乳山果汁饮料公司成长为充满活力的主营果汁业务的A股上市公司，它转变的基础——融资，是怎样进行的呢？

一、背景

（一）企业前状

1989年5月27日，李中柯被派到乳山果汁饮料公司（中鲁的前身）当经理，这家号称拥有1 342万元资产的企业已经濒临破产，偌大的工厂，财务上连10块钱都没有。库存果汁1 015吨，产品出口形势也十分不理想。资金问题成为能否解决企业生存危机的主要瓶颈。

（二）融资过程

（1）1991年，李中柯找到当时代表国家进行投资的国家农业投资公司。经过几轮谈判，国家农业投资公司决定把中鲁作为一个正式的投资项目来实施。

（2）1991年7月26日，在济南与国家农业投资公司签订协议，国家出资750万元，山东省出资375万元，乳山市出资375万元。

（3）1991年，由国家出资的750万到位，省里的375万到位，而乳山市的出资不到位，李中柯发动厂里的干部职工入股。

（4）1992年7月26日，即与国家农业投资公司签订协议一周年后，中鲁与日本三菱公司合资成立了鲁菱果汁有限公司，三菱公司试探性地出资58万美元，负责帮助中鲁开拓日本市场。结果销路看好，于是三菱公司连续四次增资，出资额也从58万美元增长到330万美元。

从1991年到2001年的11年时间里，从出口总量、销售收入到市场占有率，国投中鲁一直保持着行业第一的地位。

（三）企业现状

2001年3月在原山东中鲁果汁有限公司的基础上整体改制为国投中鲁果汁股份有限公司，成为国家开发投资公司控股的股份制企业。2004年6月，公司首次公开发行人民币普通股6 500万股，成为第一家在国内主板上市的浓缩果汁加工企业，公司股票代码为“600962”，股票简称为“国投中鲁”。

公司目前注册资本为1.65亿元，主要从事浓缩果蔬汁、饮料生产和销售，主导产品为浓缩苹果汁。公司是国内浓缩果汁业的技术先导企业，也是国内第一家浓缩果汁生产企业，拥有世界先进水平的生产设备和强劲的设备改进和技术消化能力。

公司拥有多项自主研发的核心技术，先后开发出苹果浊汁、脱色果汁、梨汁、大枣汁、山楂汁、胡萝卜汁等20多种产品，科技持续创新能力国际领先。产量、出口、效益连续多年位居全国同行业第一，在国内同行业中率先取得KOSHER认证、HACCP认证和ISO 9000质量体系认证。产品远销美国、日本、澳大利亚、德国等20多个国家和地区，与世界著名的三菱公司、雀巢公司等保持着密切的贸易伙伴关系。公司在山东、山西和陕西等省份建有多家工厂，在美洲和欧洲分别设有销售子公司和办事处。

二、筹资决策

"市场好比一个大地球，要在陆地上生存，就必须找靠山；要在海洋上生存，就必须借大船"。"企业要生存和发展，就必须借助靠山和大船的力量。"谈起企业发展的借力，国投中鲁总经理李中柯的理论相对朴素和实在。

随着企业再生产过程的进行，会不断地产生对资金的需求，需要筹集和集中资金。企业自主筹集资金，是市场经济发展的必然要求。如何融资，如何把企业做强做大，中鲁有其自己的一套理论——"靠山论"与"大船论"。

1．财政投入："找靠山"——国投公司

作为国投中鲁的投资方，国家农业投资公司是1988年投融资体制改革以后，代表国家进行投资的六大投资公司之一，1994年以后分立为国家开发投资公司和国家开发银行，中鲁的股权也相应地转移到国家开发投资公司（简称国投）。

中鲁就是把中投公司的投资视作自己要找的靠山，而现今看来，这个靠山并没有找错，如果没有国投，中鲁不会发展壮大得这么快。而且在流动资金的筹措上，在企业发展资金的筹措上，国投对中鲁的帮助很大。有国投这个坚强后盾，中鲁的融资环境相对要宽松了许多。当然中鲁也不负众望，国投的投资回报相当可观。

2．厂内筹资

厂内筹资在企业筹资渠道中属于居民个人资金，它是企业职工的结余货币，作为"游离"于银行及非银行金融机构之外的个人资金，可用于对企业进行投资，形成民间资金来源渠道，从而为企业所用。

1991年的时候，乳山市的资金不到位，如此将造成企业资金筹集不足，影响企业生产经营活动的正常进行。面对这种情况，企业一般有两种选择：一是向企业职工借钱或发动职工捐款；二就是发动职工入股。前一种往往由于没有回报甚至根本不能收回资金，根本无法燃起职工热情，因此很难筹集大笔资金。而后一种职工不仅能回收其投入，还能有利可图。中鲁选择了后者，发动厂里的干部职工入股。这种集资方法可以最大限度地激起职工的投资热情，既公平又有效。现在企业做好了，当时职工们的投入回报也都已经翻了几番。

3．引进外资："傍大船"——三菱公司

随着我国改革开放和对外经济贸易的发展，大量的外资纷纷涌入我国，也成为我国企业筹资的又一重要来源。

由于中鲁打算使其果汁产品面向国外市场，因此，如何建立起同国外市场的紧密联系，显得尤为重要。对此，中鲁的思路是：选择一个好的外企，傍上一条大船来合资。经过反复权衡，中鲁选择的是号称"从鸡蛋到导弹，什么挣钱什么干"的日本三菱。日本三菱投资中鲁的目的，和中鲁选择三菱的目的相同，都是为了赚更多的钱，更好地开拓中国以外的市场。两家企业只有目的相同，合作才能成功。引进外资（傍上一条大船），不能像某些扶贫济困一样，钱一旦用完了，还是没有任何效果。投资与筹资双方思路是一致的。这是企业开拓国际市场成功与否的关键所在。

案例点评：

果蔬汁业是我国"十五"规划的重点发展产业，受到国家产业政策的大力扶持，拥有良好的行业发展机遇。中鲁选择国投公司的成功是因为其遵守了企业筹集资金的原则，它认真分析了各种筹资方式，确定了最佳资金来源，降低了成本，同时也减少了风险。中鲁选择在厂内筹资，在体制上，把企业和职工联系到了一起，风险共享，利益均沾。与财政投入相比较，这种集资方法也是十分有效，而且对任何企业的健康发展，也是至关重要的。中鲁选择日本三菱，引进外资，使企业在开拓国际市场上获得了更大的利益。

资料来源：中国食品网．http：//www.cnfoodnet.com；国投中鲁果汁股份有限公司公司简介．http：//www.sdiczl.com/index．asp 2006.6.18。

思 考 题

1. 资金成本的作用是什么?

2. 债务的资金成本与债务的利息率有何区别?

3. 在综合资金成本的计算中，权重的确定基础有哪几种? 如何选择?

4. 比较经营杠杆与财务杠杆的不同作用。

5. 影响经营风险的因素有哪些?

6. 比较经营杠杆系数、财务杠杆系数以及复合杠杆系数计量的区别，并分别说明各自的经济意义。

7. 什么是每股利润无差别点? 如何利用它确定公司筹资方案?

8. 影响资本结构的主要因素有哪些?

计算分析题

1. 某企业年销售额为 280 万元，息税前利润为 80 万元，固定成本为 32 万元，变动成本率为 60%，全部资本为 200 万元，负债比率为 45%，负债利息率为 12%。

要求：分别计算该企业的营业杠杆系数、财务杠杆系数和复合杠杆系数。

2. 某公司拟投资 5 000 万元建设一条新的生产线，准备采用三种方式筹资：(1) 向银行借款 1 750 万元，借款年利率为 15%，借款手续费为 1%；(2) 按面值发行债券 1 000 万元，债券年利率为 18%，债券发行费用占发行总额的 4.5%；(3) 按面值发行普通股 2 250 万元，预计第一年股利率为 15%，以后每年增长 5%，股票发行费用为 101.25 万元。该公司所得税率为 33%。预计该项目投产后，每年可获得的平均收益额为 825 万元。试分析此方案是否可行。

3. 某公司 2005 年 12 月 31 日的长期负债及所有者权益总额为 18 000 万元，其中，发行在外：普通股 8 000 万股（每股面值 1 元）、公司债券 2 000 万元（按面值发行，票面利率为 8%，每年年末付息，3 年后到期）。资本公积金 4 000 万元，其余均为留存收益。2006 年 1 月 1 日，该公司拟投资一个新建项目需追加筹资 2 000 万元。现有 A、B 两个方案可供选择。

A 方案：发行普通股，预计每股发行价格为 5 元

B 方案：按面值发行票面利率为 8% 的公司债券（每年年末付息）

假定该建设项目投产后，2006 年度公司的可实现息税前利润 4 000 万元。公司适用的所得税税率为 33%。

要求：

(1) 计算 A 方案的下列指标。

① 增发普通股的股份数；

② 2006 年末的债券利息。

(2) 计算 B 方案下 2006 年公司的每年债券利息。

(3) 计算 A、B 两方案的每股利润无差别点，为该公司做出筹资决策。

第五章

企业项目投资

本章要点

本章主要介绍项目投资的含义、类型与特点，结合项目投资的决策程序与影响因素，探讨现金流量估算的方法。在此基础上，依据投资决策的评价指标，对项目投资的评价方法、基本程序做出阐述。

第一节 项目投资概述

在企业投资活动中，为保证企业内部经营过程的连续性和生产经营规模的持续扩大，必须有效地管理企业内部投资活动。通常对于营运资金的管理，主要是注重其流动性和盈利性；而对于项目投资，主要是关注其对企业的稳定与发展、未来盈利能力和长期偿债能力的保障程度。因此，在企业投资管理中，企业的项目投资具有举足轻重的作用，影响着企业核心竞争力（战略资源）的形成和持续经营能力。在此，通过一个小的案例来透视项目投资的重要性。

【微型案例】

Windows与互联网

微软的比尔·盖茨于1995年6月的一天说道："我希望每一个产品计划都尽量首先考虑互联网这一至高无上的性能。为此，其中的一个关键因素就是协调我们的各个项目。互联网带来的机遇或挑战是最近公司重组的主要原因……我们的目标是使安装了Windows的电脑成为网络用户的最佳选择，这样我们的Windows资产才能保值和增值。"

1995年8月24日，Windows 95上市；此时，在互联网业务上远远落后的微软公司从Spyglass公司购买了一个网络浏览器，称为Internet Explorer

1.0（IE1.0）；1995年11月底，微软公司推出IE 2.0；1997年10月1日，微软公司推出IE 4.0，仅48小时内就被下载100万次。

从1995年8月起，10年间，微软公司以长盛不衰的Windows为武器，将互联网作为主战场，所向披靡，复制、赶超、摧毁了莲花公司、Novell、网景公司等竞争者。

一、项目投资的概念与分类

（一）项目投资的含义

1. 项目投资的概念

项目投资是指一种以特定项目为对象，直接与新建项目或更新改造项目有关的长期投资行为。需要注意的是，项目投资不能简单地等同于固定资产投资。从性质看，项目投资是直接的以实物为主的对内长期投资，通常包括固定资产投资、无形资产投资、开办费投资和附带于项目投资的流动资金投资。

2. 项目投资的特点

（1）投资金额大。项目投资，特别是扩大生产能力的投资一般都需要较多的资金，其投资额往往会是企业及其投资人多年的资金积累，在企业资产中占有相当大的比重。

（2）影响时间长。项目投资的投资期及影响期都很长，对企业生产经营活动和长期经营活动将产生重大的影响。

（3）变现能力差。基于项目投资的金额大、影响时间长，投资者主观上一般不准备在短期内变现；即便打算在短期内变现，但其属于“沉没性投资”，决定了其变现能力较差，相应地付出的代价也会很大。

（4）投资风险高。项目投资金额大、影响时间长和变现能力差的特点，决定了其风险远远高于其他投资，同时影响项目投资收益的因素也特别多。因此，一旦投资决策失误，就会给企业带来巨大的、无法逆转的损失，也会对企业未来的命运产生决定性的影响。

（5）制约因素多。对于项目投资，除了考虑风险因素，进行一般意义上的财务评价外，更应进行投资的战略评价。其中，对投资环境的分析和企业内部条件的分析成为核心。

（二）投资项目的类型

工业企业投资项目主要分为新建项目和更新改造项目。

1. 新建项目

新建项目是以新增生产能力为目的的外延性项目投资。具体分为单纯固定资产投资项目和完整工业投资项目。

(1) 单纯固定资产投资简称固定资产投资，其特点为只包括为取得固定资产而发生的垫支资本投入而不涉及周转资本的投入。

(2) 完整工业投资不仅包括固定资产投资，而且涉及流动资金投资，甚至包括无形资产、递延性资产等其他长期资产项目。

2. 更新改造项目

更新改造项目是以恢复或改善生产能力为目的的内涵性项目投资。具体包括更新项目（以全新的固定资产替换原有同类型的旧固定资产）和改造项目两类。

二、项目计算期的构成

项目计算期是指从投资建设开始到最终清理结束整个过程的全部时间。若设项目计算期为 n，建设期为 s，生产经营期为 p，则它们之间的关系可表示为

$$n = s + p$$

建设期第一年初称为建设起点；建设期最后一年末（即经营期第一年初）称为投产日；从投产日到达到设计生产能力的时间为试产期；达到正常生产能力后的经营期称为达产期；经营期的最后一年末称为终结点。其中，经营期、试产期、达产期三者之间的关系用以下公式表示：

$$\text{经营期} = \text{试产期} + \text{达产期}$$

三、资金类型与投入方式

(一) 原始总投资

原始总投资又称初始投资，是指为使项目完全达到设计生产能力、开展正常经营而投入的全部现实资金，是反映项目所需现实资金的价值指标。建设投资与流动资金投资合称项目的原始总投资。

1. 建设投资

建设投资包括固定资产投资、无形资产投资、开办费投资三项内容。

(1) 固定资产原值包括固定资产投资、建设期资本化借款利息两部分。其中

$$\text{建设期资本化借款利息} = \text{建设期长期借款本金} \times (1 + \text{借款利率})^{\text{建设期}} - \text{借款本金}$$

(2) 无形资产投资是指用于取得无形资产而发生的投资，应注意其摊销额的非付现性。

(3) 开办费投资是指筹建期间发生的递延性投资，应在投产之日起一次全额计入费用。

2. 流动资金投资

流动资金投资又称营运资金投资或垫支营运资金，其计算公式为

某年流动资金增加额 = 经营期某年流动资金需用数 -
截至上年流动资金投资额

其中

经营期流动资金需用数 = 该年流动资产需用数 - 该年流动负债需用数

(二) 投资总额

投资总额是反映项目投资总体规模的价值指标，它等于原始总投资与建设期资本化利息之和。

(三) 资金投入方式

资金投入方式包括一次投入（全部投资一次性发生）和分次投入（全部投资分次多项投入或一年内年初与年末各发生投资）。

四、项目投资决策的一般程序

项目投资决策的主要目的是避免投资失误，防范并控制投资风险，核心是提高投资效果。在投资决策过程中应进行可行性评价和战略管理评价，同时为了防止盲目投资、主观臆断，防患于未然，更应进行不可行性投资评价，分析评价制约因素、环境变量的影响、内部条件的可能性变化等诸多因素。

一般来说，投资决策的程序为：

(1) 选择投资机会，分析判断投资方向，并提出原则性的意向和设想。

(2) 参照投资环境、制约因素，发展目标等约束条件，拟定投资项目。

(3) 对投资项目进行可行性研究及不可行性评价，综合论证投资项目的经济性、技术性等指标。

(4) 选定投资项目，并对其进行投资管理的战略性评价，尤其要注重核心竞争力的形成和可持续发展能力的培养。

(5) 投资项目的再决策。即根据拟定的投资项目反向思维，逆推评价，减少投资失败的几率。

五、投资项目的财务评价步骤

在投资决策过程中，财务决策是核心环节。财务评价的客观性和有效性，能够减少投资风险，提高投资效果。一般来说，对投资项目的财务评

价，基本步骤包括：

（1）估算投资方案预期现金流量；

（2）评估投资方案预期现金流量的可能风险；

（3）比较选择评价指标的折现率；

（4）参照估算的现金流量和采用的折现率，计算净现金流量的现值；

（5）根据投资项目的特点，有效选择评价方法和评价指标；

（6）利用评价指标，决定备选方案的取舍。

第二节　现金流量及其估算

对于项目投资，根据其投资金额大、影响时间长、变现能力差、投资风险大的特点，要求在投资决策中更应该注重投资概算和筹划资金来源。同时，与其他投资相比，拟投资项目的现金流量测算成为有效进行投资决策的重要环节。

一、现金流量的含义

（一）现金流量的概念

所谓现金流量，在项目投资决策中是指投资项目在其计算期内因资本循环而可能或应该发生的各项现金流入量与流出量的统称，它是计算项目投资决策评价指标的主要根据和重要信息之一。

在确定投资项目的相关现金流量时，应遵循的原则是：只有增量的现金流量才是与投资项目相关的现金流量。所谓增量现金流量是指接受或拒绝某个投资项目时，现金流量因此发生的变动部分，估算投资方案的现金流量时，应正确判断哪些支出会引起企业总现金流量的变动。在理解现金流量的概念时，要把握以下三个要点：

（1）投资决策中使用的现金流量，是投资项目的现金流量，是特定投资项目所引起的；

（2）现金流量是指“增量”现金流量，并且对于现金流量应按收付实现制（现金制）计算；

（3）这里的“现金”是广义的现金，它不仅包括各种货币资金，而且包括项目需要投入企业拥有的非货币资源的变现价值（或重置成本）。例如，一个项目需要使用原有的厂房、设备和材料等，则相关的现金净流量是指它们的变现价值，而不是其账面成本。

（二）现金流量的构成

现金流量包括现金流入量、现金流出量及两者差额的现金净流量。

1. 现金流入量

现金流入量是指能够使投资方案的现实货币资金增加的项目，简称现金流入。主要包括：

（1）营业收入。是指项目投产后每年实现的全部销售收入或业务收入。

（2）回收固定资产余值。是指固定资产在终结点的报废清理净残值或中途变价转让时可收回的价值。

（3）回收流动资金。是指项目终结时回收的原垫支的全部流动资金投资额。其中，回收流动资金和回收固定资产余值统称回收额。

（4）其他现金流入量。是指以上三项以外的现金流入量（如营业外净收入等项目）。

2. 现金流出量

现金流出量是指能够使投资方案的现实货币资金减少或需要动用现金的数量，简称现金流出。主要包括：

（1）建设投资。建设投资是指购建固定资产的投资、无形资产投资、开办费投资等。

（2）流动资金投资。流动资金投资是指用于生产经营周转而垫支的流动资金，又称垫支营运资金。一般于建设期末（即经营期第一年初）一次投入；并于终结点（经营期最后一年末）一次收回。

（3）经营成本是指经营期内动用现实货币资金支付的成本费用，简称付现成本。从会计核算角度看，经营成本（付现成本）与非付现成本均为企业某经营期的成本费用。其中，非付现成本主要包括折旧额、摊销额、全投资假设下利息费用等不支付货币资金的成本项目。

（4）各项税款是指依法缴纳、单独列示的各种税款，主要包括所得税和营业税等流转税。

（5）其他现金流出主要是指营业外净支出。

二、净现金流量的估算

（一）净现金流量的含义

净现金流量是指在项目计算期内由每年现金流入量与同年现金流出量的差额形成的序列指标，可表示为

某期净现金流量 = 该期现金流入量 − 同期现金流出量

（二）净现金流量的计算公式

1. 净现金流量的特征

(1) 在项目投资期内（无论建设期还是经营期）均存在现金净流量。

(2) 各个时期的特点为，建设期内一般小于或等于零；经营期由于利润的实现则多为正值。

2. 净现金流量的计算公式

(1) 建设期净现金流量的计算公式为

建设期净现金流量 = - 该年发生的固定资产投资额

(2) 经营期某年净现金流量的计算公式为

经营期某年净现金流量 = 该年净利润 + 该年折旧额 +
该年摊销额 + 该年利息费用 + 该年回收额

（三）现金流量的估算

现金流量估算就是对各个可供选择的方案在项目计算期内各期的现金流入量和流出量进行估计，并确定两者之差。项目计算期内各期的现金流入量与同期现金流出量的差额，即现金净流量。按收付实现制计算时，有关现金流量的各概念包括现金流入量（投资收入）、现金流出量（投资支出）、现金流量（投资利润或亏损）。

1. 初始现金流量

初始现金流量，一般发生在建设期，主要为流出量，具体包括：

(1) 长期投资项目所发生的投资额，包括购建成本及相关附带支出。

(2) 长期投资项目所占用的流动资产。

(3) 投资项目建成后为周转而投入的垫支营运资金。

(4) 固定资产更新时，旧有项目的变价净收入作为现金流入量抵减新项目的投资额。

(5) 固定资产更新时，变价净收入与变卖时账面净值的差额作为所得税的调整项目，计入现金流量。

① 变价净收入大于账面净值，作为所得税的调增，计入新投资项目的现金流出量。

② 变价净收入小于账面净值，作为所得税的调减，视为现金流入量，抵减新投资的原始投资额。

2. 营业现金流量

营业现金流量，一般发生在经营期，为流入量，具体计算步骤为：

(1) 计算营业利润。计算公式为

营业利润 = 营业净收入 - 付现成本 - 折旧额 -
无形资产及长期待摊费用的摊销额 - 利息费用

(2) 计算净利润。计算公式为

净利润 = 营业利润 × (1 – 所得税税率)

(3) 计算营业净现金流量。计算公式为

营业净现金流量 = 净利润 + 折旧额 + 相应的摊销额 + 利息费用

3. 终结现金流量

终结现金流量，一般发生在经营期最后一年末，为流入量，具体包括：

(1) 固定资产净残值或变价净收入；

(2) 终结点收回的原来垫支的营运资金；

(3) 投资项目终止，停止使用的土地，其土地使用权转让时的净收入。

三、估算现金流量应注意的几个问题

1. 确定现金流量的基本假设

(1) 投资项目的类型假设。假设投资项目包括单纯固定资产投资项目、完整工业投资项目和更新改造项目三种类型，这三种投资项目又具体分为不考虑所得税因素和考虑所得税因素的项目。

(2) 财务可行性分析假设。假设投资决策是从投资主体（即企业）的立场出发，投资者确定现金流量的目的就是为了进行财务可行性研究，如果具备财务可行性，投资项目就具有投资价值和技术可行性。

(3) 全投资假设。由于在筹资活动中要求区分自有资金和借入资金，并且两类资金的资金成本率具体计算方法也不相同。但在投资活动中，并不要求具体划分自有资金和借入资金，只考虑全部投资的运动情况。基于这一假设，估算现金流量时应注意两点：

① 两类资金的投资收益是相等的；

② 利息费用在计算利润额时是减项，但在计算现金流量时所有资金均视为自有资金，利息费用均假设不流出企业，是非付现成本。

(4) 建设期内投入全部资金。即原始总投资无论是一次投入还是分次投入，都是在建设期内投入的。

(5) 经营期与固定资产的折旧年限一致假设。

(6) 时点指标假设。对于现金流量具体内容所涉及的价值指标无论是时期指标还是时点指标，均假设按照时点指标计算，即现金流量均在年末或年初发生。具体为：

① 建设投资在建设期内有关年度的年初或年末发生；

② 流动资金的投资在经营期的期初（即建设期的最后一期期末）发生；

③ 经营期内各年的收入、成本、折旧、摊销额、利润、税金等项目的确认均在年末发生；

④ 不涉及更新改造的项目投资最终报废或清理均发生在终结点（即经营期的最后一年末）；

⑤ 对于更新改造的项目，旧有投资项目清理发生的净残值收入，在更新时作为现金流入量计入新投资项目原始投资额的抵减项目。

(7) 确定性假设。假设与项目现金流量有关的价格、产销量、成本水平、企业所得税税率等因素均为已知的常数。

2. 财务指标计算口径与方法对估算现金流量的影响

(1) 营业收入在总价法下，应不包括折扣和折让，为营业收入净额。

(2) 营业收入一般视为收现收入。

(3) 回收的固定资产余值，一般发生在终结点或更新期。

(4) 纳入长期待摊费用的开办费，应在投产时一次全额计入费用。

(5) 经营成本的节约，作为现金流入量，但计入现金流出量，作为抵减项目，并以负值列示。

(6) 从企业角度，支付所得税列为现金流出；抵减所得税视为流入量，作为流出量的减项，以负值列示。

(7) 垫支的营运资金，投产日垫支时为现金流出量，终结点收回时为现金流入量。

(8) 在全投资假设下，利息是非付现的费用。计算利润时，作为费用是利润的减项；确定现金净流量时，由于其非付现性，则是现金流入量。

3. 所得税与折旧对现金流量估算的影响

所得税是公司的一项现金流出，其大小取决于应纳税所得额的大小和所得税率的高低，而公司的应纳税所得额的大小又受折旧方法的影响。所以所得税与折旧相互关联，共同对投资决策评价、现金流量产生影响。

折旧是公司的成本费用，但不是付现成本，不需要支付现金。但如果不计提折旧，公司的所得税将会增加，所以折旧可以起到减少税负的作用，即减少公司所得税方面的现金流出量，也就增加了现金净流量。这种作用被称为“折旧抵税”或“税收挡板”。

在不考虑所得税因素影响下，现金流量的计算公式为

$$现金流量 = 营业收入 - 付现成本$$

公式中没有包括折旧，可见不考虑所得税因素时，折旧对现金流量无影响。

在考虑所得税因素时，公式将变为

现金流量 = 营业收入 - 付现成本 - 所得税
= 营业收入 - 付现成本 -
（营业收入 - 付现成本 - 折旧）×所得税税率

此时，现金流量的计算已包括折旧因素。但在会计核算折旧的方法中，折旧额表现为直线法的平均额模式、年数总和法、双倍余额法下的递减模式以及偿债基金法下的递增模式。由于三种模式的折旧额在各期的分布不同，影响到各年的现金流量不同，进而在折现评价方法中按相同的折现率折现后，净现值不同，因此影响动态投资回收期、现值指数、内含报酬率计算结果，最终导致评价方法存在差异。

4. 折现率的确定

一般来说，影响项目投资决策评价的因素主要包括现金流量和资金的时间价值两个方面内容。为了客观有效地评价投资效果，必须设定折现率。一般来说，设定折现率可以按以下方法确定：

（1）参照经营目标和绩效考核标准，人为主观设定折现率。

（2）结合资金来源和资金性质，以投资项目的个别资金成本率或综合资金成本率作为折现率。

（3）针对投资机会和可能的影响因素，以投资的机会成本作为折现率。

（4）在投资综合评价中，以社会平均资金收益率作为折现率。

（5）在投资效益评价时，以必要报酬率作为最低收益率，来替代折现率。

5. 利润计算与现金流量估算的关系

利润是按照权责发生制确定的，而净现金流量是依据收付实现制确定的，两者既相互联系又有区别。在投资决策中，评价的重点是现金流量，而利润的研究则处于次要地位。

（1）净现金流量具有利润指标所不具备的优势。主要表现在：

① 现金流入和流出数量上的差别，制约着企业的盈利水平。公司实施和监控营业活动的依据是营业净现金流量而不是盈利，只有对企业营业循环进行有效的管理，才能有利于增加现金流入，减少现金流出，进而实现盈利。

② 现金流入和流出时间上的差别，制约着企业资金占用的水平。一项支出表现为现金流出，它流出后将在未来收回。从流出到流入间隔的时间越短，说明经营过程中资金的占用量越少。相反，间隔时间越长，则说明资金的占用量越大。

③ 现金流动时间上的差别，还可通过“货币时间价值”，转换为同一时点上的数量差别，使得人们对经济效益的分析评价可以建立在更加综合

和可比的基础上。

④ 现金流动既具有最大的综合性，同时又具有很大的敏感性，它透视着企业的资金链、物流链。

(2) 净现金流量通常可以代替利润作为评价净收益的指标。

(3) 利润容易受人为因素的影响，而现金流量作为评价净收益的动态指标考虑时间价值因素，可以保证评价的客观性。

(4) 投资分析中，现金流量状况比盈亏状况更具有信服力。利润的实现不一定会产生多余的现金用于再投资；投资能否持续，不完全取决于是否盈利，而取决于现金的支付能力强弱。

就我国企业生产经营不成功的案例而言，很多企业尽管都有完善的规章制度、有效的控制机制，经营业绩也不错，但都死于资金链的断缺，这与我国企业过于关注盈利而忽视现金流量有极大的关系。

6. 估算现金流量时仅考虑相关成本

企业在进行项目投资前，还应考虑如下两个因素：

(1) 增量现金流量。计算现金流量按收付实现制，强调付现流量，因此，对于沉没成本不予考虑。沉没成本是指过去发生，无法收回的成本。沉没成本与当前决策无关，所以在投资决策时不必考虑。

(2) 机会成本的影响。评价投资现金流量时，应充分注意机会成本的影响。机会成本是指在经营决策时，从多种可供选择的方案中选取某个最优方案而放弃的次优方案的可计量价值。即得与失相比，所失是所得的机会成本。机会成本并非实际支出，也不记入账册，但在决策时应作为一个现实因素加以考虑。特定资源用于一个投资方案，则必须放弃另一个使用该资源的方案，被放弃方案可能取得的收益，是实行本方案的一项代价，称为被采纳方案的机会成本。

例 5－1 某公司准备建一新项目，经测算有关资料如下：

(1) 该项目需固定资产投资共 800 000 元，第一年初和第二年初各投资 400 000 元。两年建成投产，投产后 1 年达到正常生产能力。

(2) 投产前需垫支流动资金 100 000 元。

(3) 固定资产可使用 5 年，按直线法折旧，期末净残值为 80 000 元。

(4) 根据市场调查和预测，预计投产后第一年的营业收入为 200 000 元，以后 4 年每年为 850 000 元。第一年付现成本为 100 000 元，以后每年为 550 000 元。

(5) 为计算方便，假设企业适用的所得税率为 40%。

要求：(1) 指出项目投资的各个时期；

(2) 测算该投资项目的现金净流量。

解析： (1) 投资项目的各个时期分别为

① 第1~2年为建设期，$s=2$。其中，第1年初（即第0年末）为建设起点。

② 第3~7年为经营期，$p=5$。其中，第3年初（即第2年末）为投产日；第3年为试产期；第4~7年为达产期；第7年末为终结点。

③ 项目计算期 $n=s+p=7$ 年。

(2) 测算该投资项目的现金流量。

① 计算投资方案固定资产年折旧额 $=\dfrac{800\ 000-80\ 000}{5}=144\ 000$（元）

② 列表计算经营期（第3~7年）各年末营业净现金流量，见表5-1。

表5-1 经营期（第3~7年）各年末营业净现金流量 单位：元

项　目	3年末	4年末	5年末	6年末	7年末
销售收入	200 000	850 000	850 000	850 000	850 000
付现成本	100 000	550 000	550 000	550 000	550 000
折　旧	144 000	144 000	144 000	144 000	144 000
税前利润	-44 000	※ 112 000	156 000	156 000	156 000
所得税		44 800	62 400	62 400	62 400
税后利润	-44 000	67 200	93 600	93 600	93 600
营业现金流量	100 000	211 200	237 600	237 600	237 600

注：根据利润分配程序第四年末以税前利润弥补第三年经营性亏损。第四年弥补亏损后税前利润 = 156 000 - 44 000 = 112 000（元）。

③ 列表计算各年末净现金流量（表中负号为流出量），见表5-2。

表5-2 投资项目各期现金净流量 单位：万元

项　目	0年末	1年末	2年末	3年末	4年末	5年末	6年末	7年末
固定资产投资	-40	-40						
垫支营运资金			-10					
营业现金流量				10	21.12	23.76	23.76	23.76
固定资产残值								8
流动资金回收								10
净现金流量合计	-40	-40	-10	10	21.12	23.76	23.76	41.76

例5-2 某工业投资项目方案如下：项目原始投资700万元，其中，

固定资产投资 500 万元，流动资金投资 100 万元，其余为无形资产投资。全部投资的来源均为自有资金。该项目建设期为 2 年，经营期为 10 年。除流动资金投资在项目完工时投入外，其余投资均于建设起点一次投入。

固定资产的寿命期为 10 年，按直线法计提折旧，期满残值为 50 万元；无形资产从投产年份起分 10 年摊销完毕；流动资金于终结点一次收回。

预计项目投资后，每年发生的相关营业收入和经营成本分别为 580 万元和 125 万元，所得税税率为 33%。

要求：计算该方案项目期各年的现金流量。

解析：（1）项目计算期 = 2 + 10 = 12（年）

（2）固定资产年折旧 = （500 − 50）/10 = 45（万元）

（3）无形资产年摊销额 = （700 − 500 − 100）/10 = 10（万元）

（4）经营期每年净利润 = ［580 − （125 + 45 + 10）］×（1 − 33%）

= 268（万元）

（5）建设期各年的现金流量

$$NCF_0 = -(500+100) = -600\text{（万元）}$$

$$NCF_1 = 0\text{（万元）}$$

$$NCF_2 = -100\text{（万元）}$$

（6）经营期各年的现金流量

$$NCF_{3\sim11} = 268+45+10 = 323\text{（万元）}$$

$$NCF_{12} = 323+50+100 = 473\text{（万元）}$$

例 5－3 远大公司拟购入设备以扩充生产能力。现有甲、乙两个方案可供选择，甲方案需投资 20 000 元，建设期为 1 年，需垫支流动资金 3 000 元，使用寿命 4 年，采用直线法计提折旧，假设设备无残值，投产后每年销售收入 15 000 元，每年付现成本 3 000 元，乙方案需要投资 20 000 元，采用直线法计提折旧，预计使用寿命 5 年，5 年后设备无残值。5 年中每年的销售收入 11 000 元，付现成本第一年 4 000 元，以后逐年增加修理费 200 元，假设所得税率 40%，若两方案投资所需要的资金均来自银行贷款，贷款利率为 5%，贷款期限为 5 年，每年末付息，到期还本，投资人要求的必要收益率为 10%。

要求：分别计算两个方案的现金流量。

解析：（1）计算甲方案现金流量。

甲方案的原值 = 原始投资 + 资本化利息

$= 20\ 000 + 20\ 000 \times 5\%$

$= 21\ 000$（元）

甲方案每年折旧 $= 21\ 000/4 = 5\ 250$（元）

乙方案每年折旧 $= 20\ 000/5 = 4\ 000$（元）

甲方案每年净利润 =（销售收入 - 付现成本 - 折旧 - 利息）×（1 - 40%）

$= (15\ 000 - 3\ 000 - 5\ 250 - 20\ 000 \times 5\%) \times (1 - 40\%)$

$= 3\ 450$（元）

甲方案各年净现金流量为

$NCF_0 = -20\ 000$（元）

$NCF_1 = -3\ 000$（元）

$NCF_{2\sim4}$ = 净利 + 折旧 + 利息 $= 3\ 450 + 5\ 250 + 1\ 000 = 9\ 700$（元）

$NCF_5 = 9\ 700 + 3\ 000 = 12\ 700$（元）

(2) 计算甲方案现金流量。

乙方案第一年净利 $= (11\ 000 - 4\ 000 - 4\ 000 - 20\ 000 \times 5\%) \times (1 - 40\%)$

$= 1\ 200$(元)

乙方案第二年净利 $= (11\ 000 - 4\ 200 - 4\ 000 - 20\ 000 \times 5\%) \times (1 - 40\%)$

$= 1\ 080$(元)

乙方案第三年净利 $= (11\ 000 - 4\ 400 - 4\ 000 - 20\ 000 \times 5\%) \times (1 - 40\%)$

$= 960$(元)

乙方案第四年净利 $= (11\ 000 - 4\ 600 - 4\ 000 - 20\ 000 \times 5\%) \times (1 - 40\%)$

$= 840$(元)

乙方案第五年净利 $= (11\ 000 - 4\ 800 - 4\ 000 - 20\ 000 \times 5\%) \times (1 - 40\%)$

$= 720$(元)

乙方案各年净现金流量为

$NCF_0 = -20\ 000$

$NCF_1 = 1\ 200 + 4\ 000 + 20\ 000 \times 5\% = 6\ 200$（元）

$NCF_2 = 1\ 080 + 4\ 000 + 20\ 000 \times 5\% = 6\ 080$（元）

$NCF_3 = 960 + 4\ 000 + 20\ 000 \times 5\% = 5\ 960$（元）

$NCF_4 = 840 + 4\ 000 + 20\ 000 \times 5\% = 5\ 840$（元）

$NCF_5 = 720 + 4\ 000 + 20\ 000 \times 5\% = 5\ 720$（元）

第三节　项目投资的评价方法

项目投资评价是投资决策的基础，现金流量是项目评价的主要考虑因素。因此，投资决策必须在认真调查分析的基础上，结合现金流量的特征与变化，选择科学合理的评价方法，对项目投资做出可行性分析，以确保投资决策的正确性与合理性。

一、项目投资决策的类型

根据不同的分类标准，项目投资决策可以分为不同的种类，每一种类的侧重点也有所不同。

1. 按照投资的风险程度，投资决策可分为确定性投资决策和风险性投资决策

确定性投资是指未来情况可以较为准确地予以预测或判断的投资。对此类决策，通常可以较少地考虑风险因素。

风险性投资是指情况不确定，较难于准确预测，或外部环境与内部条件变量较为复杂的投资。对于此类投资决策，应充分地考虑风险因素，通常公司的大多数战略性投资都属于风险性投资。

2. 按投资方案是否相关，投资决策可分为独立投资和互斥投资

在财务管理中，将一组相互分离、互不排斥的方案称为独立方案。对于独立方案而言，评价其财务可行性，存在着“接受”或“拒绝”的选择。只有完全具备或基本具备财务可行性的方案，才可以接受；完全不具备或基本不具备财务可行性的方案，只能选择“拒绝”。对于独立方案，财务可行性的判断标准是主要评价指标在评价财务可行性的过程中起主导作用，利用动态指标对同一个投资项目进行评价和决策，可能得出完全相同的结论。

互斥方案是指互相关联、相互排斥的方案，即一组方案中的各个方案彼此可以相互替代，采纳方案组中的某一个方案，就会自动排斥这组方案中的其他方案。互斥方案具有排他性，同时对于互斥方案一般要考虑机会成本，分析时可以采用差量分析方法。

二、项目投资决策评价指标

（一）项目投资决策评价指标的含义

项目投资决策评价指标是指用于衡量和比较投资项目可行性并据以进

行方案决策的定量化标准与尺度，它是由一系列综合反映投资效益、投入产出关系的量化指标构成的。

（二）评价指标的分类

（1）按是否考虑资金时间价值分为非折现评价指标（静态指标）和折现评价指标（动态指标）。非折现评价指标是指在计算过程中不考虑资金时间价值因素的指标，包括静态投资回收期和投资利润率。折现评价指标在计算过程中必须充分考虑和利用资金时间价值，包括动态投资回收期、净现值、净现值率、获利指数和内部收益率。

（2）按指标性质不同分为正指标和反指标。投资评价指标，按性质不同，可分为在一定范围内数值越大越好的正指标和越小越好的反指标。其中静态投资回收期为反指标。

（3）按指标数量特征分为绝对量指标和相对量指标。其中，净现值和静态投资回收期为绝对量指标；净现值率、获利指数和内部收益率为相对量指标。

（4）按指标重要性分为主要指标、次要指标和辅助指标。其中，回收期为次要指标；投资利润率为辅助指标。

（三）静态评价指标

静态评价指标主要包括投资利润率和静态投资回收期。

1．投资利润率

投资利润率，又称投资报酬率（ROI），是指经营期正常年度利润（P）或年平均利润（P'）占投资总额（I'）的百分比。其计算公式为

$$投资利润率=\frac{年平均利润额}{投资总额}\times 100\%$$

计算投资利润率时应注意以下几点：

（1）投资利润率是相对量辅助性正指标；

（2）公式分子年平均利润额应是达产期各年利润的简单平均值，而不是全部经营期的利润平均值；

（3）对于公式分母，应注意是投资总额，即原始投资额和建设期资本化利息之和，而不是原始投资额。

例 5－4 根据例 5－3 资料，要求计算投资利润率。

解析：（1）依题意，甲方案每年利润相等，均为 3 450 元，即 P 等于 3 450（元）。

$$投资总额\ I' = 20\,000 + 3\,000 + 20\,000 \times 5\% = 24\,000(元)$$

则

$$投资利润率（ROI）= \frac{3\ 450}{24\ 000} \times 100\% = 14.38\%$$

（2）依题意，乙方案每年利润不等，采用简单平均的方法计算达产期年平均利润额。

$$经营期年平均利润（P'）=（1\ 200 + 1\ 080 + 960 + 840 + 720）\div 5 = 960（元）$$

$$投资利润率（ROI）= \frac{960}{20\ 000} \times 100\% = 4.8\%$$

2. 静态投资回收期

静态投资回收期，是指以投资项目经营净现金流量抵偿原始总投资所需要的全部时间。静态回收期的计算方法为：

（1）在原始投资额一次支付，每年现金流入量相等时，采用公式法。其计算公式为

$$静态投资回收期 = \frac{原始投资额}{投产后每年相等的现金净流量}$$

（2）如果现金流入量每年不等，或原始投资额是分几年投入的，采用抵扣原始投资额法。

（3）在计算静态投资回收期时，一般先按上述（1）、（2）的方法计算不考虑建设期的静态投资回收期，如需要计算考虑建设期的静态回收期，则用静态投资回收期加上建设期年数即可。

静态投资回收期是绝对量反指标，计算简便，并且容易为决策人所理解。它的缺点是不仅在于忽视时间价值，而且没有考虑回收期以后的收益。回收期法目前作为次要指标使用。

例 5－5 某项目投资原始投资额为 60 000 元，建设期为 1 年，预计投产后 1～5 年后各年现金净流量分别为 20 000 元、25 000 元、30 000 元、35 000元、50 000 元。要求计算静态投资回收期。

解析：由于投产后每年的现金净流量不相等，不能采用公式法，同时投资项目有 1 年的建设期，所以，可以先采用抵扣原始投资额的方法，计算静态投资回收期，再考虑建设期。

（1）列表计算不包括建设期的静态投资回收期（$NCF_0 = -60\ 000$），见表 5－3。

$$\begin{array}{c}不包括建设期的\\静态投资回收期\end{array} = 已发生的回收年份 + \frac{\begin{array}{c}小于下年预计净流量的\\尚未回收的原始投资额\end{array}}{下年预计现金净流量}$$

$$= 2 + 15\ 000/30\ 000 = 2.5（年）$$

表 5-3 静态投资回收期计算表 单位：元

经 营 期	各年末现金净流量	尚未回收的原始投资额
1	20 000	-40 000
2	25 000	-15 000
3	30 000	—
4	35 000	—
5	50 000	—

（2）建设期 s 为 1 年。

（3）计算包括建设期的静态投资回收期。

包括建设期的静态投资回收期 = 不包括建设期的静态投资回收期 + 建设期 = 3.5（年）

（四）动态评价指标

动态评价指标主要包括净现值、净现值率、获利指数、内部报酬率等。

1. 净现值

净现值（NPV），是指特定方案未来现金流入的现值与未来现金流出的现值之间的差额。

$$\text{净现值}(NPV) = \sum_{t=0}^{n} NCF_t \cdot (P/F, i_c, t)$$

= 现金流入量的现值 - 现金流出量的现值

= 项目投产后投资收益的现值 - 投资现值

式中 n ——投资涉及的年限；

NCF_t ——第 t 年的现金流量；

i_c ——该项目的行业基准折现率（或机会成本率、资金成本率）。

净现值是绝对量动态正指标，适用于单一投资项目评价或投资额相等的多方案评价。净现值决策原则是单一方案评价净现值大于零，多个方案选大于零最多者。净现值是动态评价指标的基础，可推导净现值率、现值指数、内部收益率等。

例 5-6 某企业拟建造一项生产设备。预计建设期为 1 年，所需原始投资 200 万元于建设起点一次投入。该设备预计使用寿命为 5 年，使用期满报废清理时无残值。该设备折旧方法采用直线法。该设备投产后每年增加净利润 60 万元。假定适用的行业基准折现率为 10%。

要求：（1）计算项目计算期内各年净现金流量；

（2）计算项目净现值，并评价其财务可行性。

解析：（1）第 0 年净现金流量 $NCF_0 = -200$（万元）

第 1 年净现金流量 $NCF_1=0$（万元）

第 2 ~ 6 年净现金流量 $NCF_{2\sim6}=60+\frac{200-0}{5}=100$（万元）

（2）净现值（*NPV*）$=-200+100\times$［（P/A，10%，6）-（P/A，10%，1)］

$=-200+100\times(4.355-0.909)$

$=144.6$（万元）

由于该项目净现值 $NPV>0$，单一方案决策，所以投资方案可行。

2. 净现值率

净现值率（*NPVR*）是指投资项目的净现值与原始投资额现值的比率 。净现值率是相对数指标，适于独立投资项目的评价。

$$\text{净现值率}=\frac{\text{投资项目的净现值}}{\text{原始投资现值}}\times100\%$$

净现值率是相对数正指标，可反映资金投入与净产出之间的关系，但无法反映实际收益率。

例 5－7 根据例 5－3 资料，要求计算甲方案的净现值率。

解析：（1）计算项目投产后，经营期现金净流量的现值

$=9\,700\times(P/A,10\%,3)(P/F,10\%,1)+12\,700\times(P/F,10\%,5)$

$=9\,700\times2.487\times0.909+12\,700\times0.621$

$=29\,815.325$（元）

（2）计算投资额现值 $=20\,000+3\,000\times(P/F,10\%,1)$

$=20\,000+3\,000\times0.909$

$=22\,727$（元）

（3）甲方案净现值 $NPV=29\,815.325-22\,727=7\,088.325$（元）

（4）甲方案的净现值率 $NPVR=7\,088.325/22\,727=0.31$

3. 获利指数

所谓获利指数（*PI*），是未来现金流入现值与现金流出现值的比率，亦称现值比率、现值指数。计算获利指数的公式为

$$\text{获利指数}=\frac{\sum_{t=S+1}^{n}NCF_t\cdot(P/F,i_c,t)}{\left|\sum_{t=0}^{S}NCF_t\cdot(P/F,i_c,t)\right|}$$

$$=\frac{\text{经营期各年现金净流量的现值合计}}{\text{原始投资的现值合计}}=\text{净现值率}+1$$

获利指数决策原则是单一方案获利指数 $\geqslant 1$，多方案选大于1最多者。获利指数法作为相对量正指标，主要用于进行多个投资额不等的投资项目获利能力的比较，用以反映投资的效率。

例 5－8 某公司拟购置一台设备，价款为120 000元，使用6年，期满净残值为6 000元，直线法计提折旧。使用该设备后每年为公司增加税后净利为13 000元。若公司的资金成本率为14%。

要求计算：(1) 各年的营业现金净流量；

(2) 该投资项目的净现值；

(3) 该投资项目的获利指数；

(4) 评价该投资项目的财务可行性。

解析：(1) 计算使用设备的年折旧额。

$$\frac{120\ 000-6\ 000}{6}=19\ 000\text{（元）}$$

营业现金净流量（NCF）分别为

$$NCF_{1\sim5}=13\ 000+19\ 000=32\ 000\text{（元）}$$

$$NCF_{6}=13\ 000+19\ 000+6\ 000=38\ 000\text{（元）}$$

(2) 计算项目投产后投资收益的现值。

$$32\ 000\times3.889+6\ 000\times0.456=127\ 184\text{（元）}$$

(3) 计算净现值。

$$(NPV)=127\ 184-120\ 000=7\ 184$$

(4) 计算获利指数。

$$(PI)=127\ 184/120\ 000=1.06$$

(5) 决策结论：NPV 大于0，PI 大于1，单一投资方案决策，所以投资可行。

例 5－9 某企业的资金可用于长期投资，可供选择的投资机会如表5－4所示。

表5－4 投资机会表

投资机会	原始投资额（元）	获利指数
A	320 000	1.20
B	250 000	1.25

要求：(1) 根据原始投资额和获利指数，推算各投资机会的净现值；

(2) 作投资机会的决策。

解析：(1) A投资机会的净现值 $=320\ 000\times(1.20-1)=64\ 000$（元）

B投资机会的净现值 $=250\ 000\times(1.25-1)=62\ 500$（元）

(2) 因为 A、B 方案的投资额不相等，应采用获利指数方法评价，所以选择 B 投资机会。

4. 内部收益率

所谓内部收益率（*IRR*），是指能够使未来现金流入量现值等于未来现金流出量现值的折现率，或者说是使投资方案净现值为零的折现率。出于计算方便的考虑，一般采用内插法计算。内部收益率的计算，依据净现金流量的状况，主要有两种确定方法：

(1) 各期现金净流量不相等，先采用“逐步测试法”，再采用内插法计算。即先分别估计不同的折现率，用它来计算方案的净现值，经过多次测试，找出使净现值接近于零的正值及负值的贴现率，再将净现值等于零内插至正负值之间，采用内插法计算内部收益率。

例 5-10 依据例 5-8 资料，利用逐步测试法，计算内部收益率。

解析： 依题意，$NCF_{1\sim5} = 32\ 000$（元），$NCF_6 = 38\ 000$（元），各期现金净流量不相等，应先采用“逐步测试法”，自行设定折现率，计算不同折现率下的净现值，再采用内插法计算。

经过四次测试，得到表 5-5 的数据（计算过程略）。

表 5-5 逐步测试法净现值计算表

测试次数	设定折现率（%）	净现值 *NPV*（元）
1	10	22 744
2	14	7 184
3	18	-5 876
4	16	348

根据以上测试数据，采用内插法，计算内部收益率。

$$\begin{cases} i = 16\%, NPV = 348 \\ i = X\%, NPV = 0 \\ i = 18\%, NPV = -5\ 876 \end{cases}$$

$$所以，内部收益率\ IRR = 16\% + \frac{348-0}{348-(-5\ 876)} \times (18\% - 16\%) = 16.11\%$$

(2) 各期现金净流量相等，可直接利用年金现值系数来确定。即以原始投资额除以相等的现金净流量，先计算年金现值系数，反查 n 期年金现值系数表，选择大于及小于但接近于年金现值系数的两个数值，再将已计算的年金现值系数内插至两个数值之间，采用内插法计算。

例 5－11 某投资项目原始总投资为 12 000 元，当年完工投产，有效期限 3 年，预计每年可获得现金净流量 4 600 元。

要求：计算该投资项目的内部收益率。

解析： ① 根据资料经营期每年的现金净流量相等，应先计算年金现值系数。

$$(P/A, IRR, 3) = \frac{12\ 000}{4\ 600} = 2.609$$

② 查 $n=3$，年金现值系数表，可得

$$(P/A, 7\%, 3) = 2.624$$
$$(P/A, 8\%, 3) = 2.577$$

③ 根据有关数据，采用内插法计算内部收益率。

$$\begin{cases} (P/A, 7\%, 3) = 2.624 \\ (P/A, IRR, 3) = 2.609 \\ (P/A, 8\%, 3) = 2.577 \end{cases}$$

$$IRR = 7\% + \frac{2.624 - 2.609}{2.624 - 2.577} \times (8\% - 7\%) = 7.32\%$$

内部收益率决策原则是：

①单一方案时选择内部收益率大于资金成本率或最低收益率。

②多个投资方案，但投资额相等时，选择内部收益率最大的。

③多个投资方案，但投资额不相等时，选择净收益额最大的。净收益额的计算公式为

净收益额 = 投资额 ×（内部收益率 − 资金成本率）

内部收益率可以直接反映投资项目的实际收益率，成为投资效益评价的主要指标。同时它不受设定折现率高低的影响，与净现值、获利指数、净现值率等评价指标相比更客观。

第四节 项目投资决策评价指标的运用

考虑到项目投资决策对于投资者的重要性，对不同状态、不同动机的投资方案进行恰当的筛选就成为关键。投资方案筛选过程的一项重要内容就是针对性质不同的每一类决策方案选择适当的方法和合理有效的评价指标。

一、独立方案财务可行性评价及投资决策

在财务管理中，将一组互相分离、互不排斥的方案称为独立方案。在

独立方案中，选择某一方案并不排斥选择另一方案。就一组完全独立的方案而言，其存在的前提条件是：

（1）投资资金来源无限制；

（2）投资资金无优先使用的排列；

（3）各投资方案所需的人力、物力均能得到满足；

（4）不考虑地区、行业之间的相互关系及其影响；

（5）每一投资方案是否可行，仅取决于本方案的经济效益，与其他方案无关。

符合上述前提条件的方案即为独立方案。例如，某企业拟进行几项投资活动，这一组投资方案有扩建某生产车间、购置一辆运输汽车、新建办公楼等。这一组投资方案中各方案之间没有什么关联，互相独立，并不存在相互比较和选择的问题。企业既可以全部不接受，也可以接受其中一个，接受多个或全部接受。

对于独立方案而言，评价其财务可行性也就是对其做出最终决策的过程。因为对于一组独立方案中的任何一个方案，都存在着“接受”或“拒绝”的选择。只有完全具备或基本具备财务可行性的方案，才可以接受；完全不具备或基本不具备财务可行性的方案，只能选择“拒绝”，因而“拒绝”本身也是一种方案，一般称之为0方案。因此，任何一个独立方案都要与0方案进行比较决策。

1. 判断方案是否完全具备财务可行性的条件

如果某一投资方案的所有评价指标均处于可行区间，即同时满足以下条件时，则可以断定该投资方案无论从哪个方面看都具备财务可行性，或完全具备可行性。这些条件是：

（1）净现值（NPV）$\geqslant 0$；

（2）净现值率（$NPVR$）$\geqslant 0$；

（3）获利指数（PI）$\geqslant 1$；

（4）内部收益率（IRR）$\geqslant$行业基准折现率 i_c；

（5）包括建设期的静态投资回收期（PP）$\leqslant \frac{n}{2}$（即项目计算期的一半）；

（6）不包括建设期的静态投资回收期（PP'）$\leqslant \frac{p}{2}$（即经营期的一半）；

（7）投资利润率（ROI）$\geqslant$基准投资利润率（i）（事先给定）。

2. 判断方案是否完全不具备财务可行性的条件

如果某一投资项目的评价指标均处于不可行区间，即同时满足以下条件时，则可以断定该投资项目无论从哪个方面看都不具有财务可行性，或完全不具备可行性，应当彻底放弃该投资方案。这些条件是：

（1）净现值（NPV）<0；

（2）净现值率（$NPVR$）<0；

（3）获利指数（PI）<1；

（4）内部收益率（IRR）$<$行业基准折现率（i_c）；

（5）包括建设期的静态投资回收期（PP）$>\frac{n}{2}$（即项目计算期的一半）；

（6）不包括建设期的静态投资回收期（PP'）$>\frac{p}{2}$（即经营期的一半）；

（7）投资利润率（ROI）$<$基准投资利润率（i）（事先给定）。

3. 判断方案是否基本具备财务可行性的条件

如果在评价过程中发现某项目的主要指标处于可行区间（如 $NPV \geqslant 0$；$NPVR \geqslant 0$；$PI \geqslant 1$；$IRR \geqslant i_c$），但次要或辅助指标处于不可行区间（如 $PP > \frac{n}{2}$；$PP' > \frac{p}{2}$ 或 $ROI < i$），则可以断定该项目基本上具有财务可行性。

4. 判断方案是否基本不具备财务可行性的条件

如果在评价过程中发现某项目出现 $NPV<0$、$NPVR<0$、$PI<1$、$IRR < i_c$的情况，即使有 $PP>\frac{n}{2}$、$PP'>\frac{p}{2}$、$ROI<i$ 发生，也可断定该项目基本上不具有财务可行性。

在对独立方案进行财务可行性评价过程中，除了要熟练掌握和运用上述判定条件外，还必须明确以下两点：

第一，主要评价指标在评价财务可行性的过程中起主导作用。在对独立项目进行财务可行性评价和投资决策的过程中，当静态投资回收期（次要指标）或投资利润率（辅助指标）的评价结论与净现值等主要指标的评价结论发生矛盾时，应当以主要指标的结论为准。

第二，利用动态指标对同一个投资项目进行评价和决策，会得出完全相同的结论。在对同一个投资项目进行财务可行性评价时，净现值、净现值率、获利指数和内部收益率指标的评价结论是一致的。

二、多个互斥方案的比较决策

（一）多个互斥方案比较决策的含义

互斥方案是指互相关联、相互排斥的方案，即一组方案中的各个方案彼此可以相互代替，采纳方案组中的某一方案，就会自动排斥这组方案中的其他方案。因此，互斥方案具有排他性。例如，某企业拟投资增加一条生产线（购置设备），既可以自己生产制造，也可以向国内其他厂家订购，还可以向某外商订货，这一组设备购置方案即为互斥方案，因为在这三个方案中，只能选择其中一个方案。

多个互斥方案比较决策是指在每一个入选方案已具备财务可行性的前提下，利用具体决策方法比较各个方案的优劣，利用评价指标从各个备选方案中最终选出一个最优方案的过程。对互斥方案而言，评价每一方案的财务可行性，不等于最终的决策，但它是进一步开展各方案之间比较决策的重要前提，只有完全具备或基本具备财务可行性的方案，才有资格进入最终决策；完全不具备或基本不具备财务可行性的方案，不能进入比较选择。已经具备财务可行性，并进入最终决策程序的方案也不能保证在多方案比较决策中被最终选定，因为还要进行下一轮淘汰筛选。

（二）多个互斥方案比较决策的方法

项目投资多个方案比较决策的方法是指利用特定评价指标决策标准或依据其他方式对多个项目投资方案进行比较、筛选，从而确定最佳方案的一种方法。主要包括净现值法、净现值率法、差额投资内部收益率法、年等额净回收额法和计算期统一法等具体方法。

1. 净现值法

所谓净现值法，是指通过比较所有投资方案的净现值指大小来选择最优方案的方法。该法适用于原始投资相同且项目计算期相等的多个方案决策。在此法下，净现值最大的方案为优。

2. 净现值率法

所谓净现值率法，是指通过比较所有投资方案的净现值率指标的大小来选择最优方案的方法。该法适用于原始投资相同的多个互斥方案的比较决策。在此法下，净现值率最大的方案为优。

无论是净现值法还是净现值率法，都不能用于原始投资额不相同的互斥方案比较决策，因此必须考虑采取其他方法。

3. 差额投资内部收益率法

所谓差额投资内部收益率法，是指两个原始投资额不同的方案在差量净现金流量（ΔNCF）的基础上，计算出差额内部收益率（ΔIRR），并据此与行业基准折现率进行比较，进而判断方案孰优孰劣的方法。

该法一般适用于两个原始投资不相同但项目计算期相等的多方案比较决策。在此法下，当差额内部收益率指标大于或等于基准折现率或设定折现率时，原始投资额大的方案较优；反之，则投资少的方案为优。

该法经常被用于更新改造项目的投资决策中，当该项目的差额内部收益率指标大于或等于基准折现率或设定折现率时，应进行更新改造；反之，就不应当进行此项更新改造。

例 5－12 某企业准备变卖一套尚可使用 5 年的旧设备，另购置一套新设备来替换它。旧设备账面净值 90 000 元，目前变价收入 80 000 元，若仍使用旧设备，按变价收入为基础计提折旧。新设备的投资额 200 000 元，预计使用年限 5 年。到第 5 年末新设备与继续使用旧设备的预计净残值相等。新设备投入使用后，每年可为企业增加营业收入 70 000 元，增加付现成本 35 000 元。该设备采用直线法计提折旧，新旧设备的替换不会影响企业的正常经营。该企业所得税率 33%，预期投资报酬率 10%。

要求：经过计算分析确定应否用新设备替换旧设备。

解析：（1）计算使用新设备增加的投资额。

$$200\,000-80\,000=120\,000（元）$$

（2）计算使用新设备增加的折旧额。

$$（200\,000-80\,000）/5=24\,000（元）$$

（因旧设备预计净残值相等，在计算折旧额的增量时，净残值没有影响。）

（3）计算因旧设备更新发生的固定资产变价净损失而抵减的所得税额。

$$（90\,000-80\,000）\times 33\% = 3\,300（元）$$

（4）计算各期现金净流量。

$$\Delta NCF_0 = -120\,000（元）$$

$$\Delta NCF_1 = （70\,000-35\,000-24\,000）\times（1-33\%）+24\,000+（90\,000-80\,000）\times 33\% = 34\,670（元）$$

$$\Delta NCF_{2\sim5} = （70\,000-35\,000-24\,000）\times（1-33\%）+24\,000 = 31\,370（元）$$

（5）计算不同折现率下 ΔNPV 。

当 $i=10\%$时，

$$\Delta NPV = 31\,370\times[(P/A,10\%,5)-(P/A,10\%,1)]+34\,670\times(P/A,10\%,1)-120\,000 = 1\,923.37$$

当 $i=14\%$ 时，

$$\Delta NPV = 31\,370\times[(P/A,14\%,5)-(P/A,14\%,1)]+34\,670\times(P/A,14\%,1)-120\,000 = -9\,412.69$$

（6）计算 ΔIRR 。

$$\begin{cases} i = 10\%,\Delta NPV = 1\,923.37 \\ i = X\%,\Delta NPV = 0 \\ i = 14\%,\Delta NPV = -9\,412.69 \end{cases}$$

$$\Delta IRR = 10\% + \frac{1\ 923.37 - 0}{1\ 923.37 - (19\ 412.69)} \times (14\% - 10\%)$$
$$= 10.68\%$$

由于 ΔIRR 大于 0，说明更新方案可行，所以应采用新设备替换现有旧设备方案。

4. 年等额净回收额法

所谓年等额净回收额法，是指通过比较所有投资方案的年等额净回收额（记作 NA）指标的大小来选择最优方案的决策方法。通常某方案的年等额净回收额等于该方案净现值与相关回收系数（即年金现值系数的倒数）的乘积。该法适用于原始投资不相同特别是项目计算期不同的多方案比较决策。在此法下，年等额净回收额最大的方案为优。

若某方案净现值为 NPV，设定折现率或行业基准折现率为 i_c，项目计算期为 n，则年等额净回收额可按下式计算：

$$NA = \text{净现值} \times \text{回收系数}$$
$$= NPV \cdot (A/P, i_c, n)$$

例 5－13 年等额净回收额法在原始投资额不相等的多个互斥方案决策中的应用。某企业计划进行某项投资活动，拟有甲、乙两个方案，有关资料为:(1)甲方案原始投资为 150 万元，其中，固定资产投资 100 万元，流动资金投资 50 万元，全部资金于建设起点一次投入，该项目经营期 5 年，到期残值收入 5 万元，预计投产后年营业收入 90 万元，年总成本 60 万元。

(2) 乙方案原始投资为 210 万元，其中，固定资产投资 120 万元，无形资产投资 25 万元，流动资产投资 65 万元，固定资产和无形资产投资于建设起点一次投入，流动资金投资于完工时投入，固定资产投资所需资金专门从银行借款取得，年利率为 8%，期限为 7 年，单利计息，利息每年年末支付。该项目建设期为 2 年，经营期为 5 年，到期残值收入 8 万元，无形资产自投产年份起分 5 年摊销完毕。该项目投产后，预计年营业收入 170 万元，年经营成本 80 万元（未包括借款利息）。

该企业按直线法折旧，全部流动资金于终结点一次回收，所得税税率为 33%，该企业要求的最低投资报酬率为 10%。

要求：(1) 计算甲、乙方案的净现值；

(2) 采用年等额净回收额法确定该企业应选择哪一投资方案。

解析：(1) 确定甲方案的现金流量，计算净现值。

年折旧额 =（100－5）/5 = 19（万元）

$NCF_0 = -150$（万元）

$NCF_{1\sim4}$ =（90－60）×（1－33%）+ 19 = 39.1（万元）

$NCF_5 = 39.1 + 5 + 50 = 94.1$（万元）

$NPV = 94.1 \times (P/F, 10\%, 5) + 39.1 \times (P/A, 10\%, 4) - 150$
$= 32.38$（万元）

（2）确定乙方案的现金流量，计算净现值。

年折旧额 $= [120 \times (1 + 2 \times 8\%) - 8] / 5 = 26.24$（万元）

无形资产摊销额 $= 25/5 = 5$（万元）

$NCF_0 = -145$（万元）

$NCF_1 = 0$

$NCF_2 = -65$（万元）

$NCF_{3\sim6} = (170 - 80 - 26.24 - 5 - 120 \times 8\%) \times (1 - 33\%) + 26.24 + 120 \times 8\%$
$= 68.78$（万元）

$NCF_7 = 68.78 + 65 + 8 = 141.78$（万元）

$NPV = 141.78 \times (P/F, 10\%, 7) + 68.78 \times [(P/A, 10\%, 4) \times (P/F, 10\%, 2)] - 145 - 65 \times (P/F, 10\%, 2)$
$= 54.14$（万元）

（3）计算甲乙方案的年等额净回收额。

甲方案年等额净回收额 $= 32.38 / (P/A, 10\%, 5) = 8.54$（万元）

乙方案年等额净回收额 $= 54.14 / (P/A, 10\%, 7) = 11.12$（万元）

通过以上计算可以看出，甲乙方案的项目计算期不等，一般应选用年等额净回收额法决策。由于乙方案的年等额净回收额高于甲方案，应选择乙方案。

5. 计算期统一法

计算期统一法是指通过对计算期不相等的多个互斥方案选定一个共同的计算分析期，以满足时间可比性的要求，进而根据调整后的评价指标来选择最优方案的方法。该法包括方案重复法和最短计算期法两种具体处理方法。

三、多方案组合排队投资决策

如果一组方案中既不属于相互独立，又不属于相互排斥，而是可以实现任意组合或排队，则这些方案被称作组合或排队方案。在这种方案决策中，除了要求首先评价所有方案的财务可行性，淘汰不具备财务可行性的方案外，在接下来的决策中需要衡量不同组合条件下的有关评价指标的大小，从而做出最终决策。

这类决策涉及的多个项目之间不是相互排斥的关系，它们之间可以实现任意组合。又分以下两种情况。

(1) 在资金总量不受限制的情况下，可按每一项目的净现值 *NPV* 大小排队，确定优先考虑的项目顺序。

(2) 在资金总量受到限制时，则需按净现值率 *NPVR* 或获利指数 *PI* 的大小，结合净现值 *NPV* 进行各种组合排队，从中选出能使 $\sum NPV$ 最大的最优组合。

具体程序如下：

第一，以各方案的净现值率高低为序，逐项计算累计投资额，并与限定投资总额进行比较。

第二，当截止到某项投资项目（假定为第 j 项）的累计投资额恰好达到限定的投资总额时，则第 1 至第 j 项的项目组合为最优的投资组合。

第三，若在排序过程中未能直接找到最优组合，必须按下列方法进行必要的修正。

① 当排序中发现第 j 项的累计投资额首次超过限定投资额，而删除该项后，按顺延的项目计算的累计投资额却小于或等于限定投资额时，可将第 j 项与第（$j+1$）项交换位置，继续计算累计投资额。这种交换可连续进行。

② 当排序中发现第 j 项的累计投资额首次超过限定投资额，又无法与下一项进行交换，第（$j-1$）项的原始投资大于第 j 项原始投资时，可将第 j 项与第（$j-1$）项交换位置，继续计算累计投资额。这种交换亦可连续进行。

③ 若经过反复交换，已不能再进行交换，仍未找到能使累计投资额恰好等于限定投资额的项目组合时，可按最后一次交换后的项目组合作为最优组合。

总之，在主要考虑投资效益的条件下，多方案比较决策的主要依据，就是能否保证在充分利用资金的前提下，获得尽可能多的净现值总量。

例 5-14 某企业现有甲、乙、丙、丁四个投资项目，有关资料如表 5-6 所示。

要求：分别就以下不相关情况做出多方案组合决策。

(1) 投资总额不受限制；

(2) 投资总额受到限制，分别为 300 万元、500 万元。

表 5-6 项目投资收益计算表

项目	原始投资（万元）	净现值（万元）	净现值率（%）
甲	300	90	30
乙	200	70	35
丙	100	28	28
丁	100	45	45

解析：根据题意，列表如下，见表 5-7。

表 5-7 项目投资收益累计表 单位：万元

项目	原始投资	累计原始投资	净现值	累计净现值
甲	300	300	90	90
乙	200	500	70	160
丁	100	600	45	205
丙	100	700	28	233

（1）当投资总额不受限制或限制大于、等于 700 万元时，上述所列投资组合方案最优。

（2）当限定投资总额为 300 万元时，最优组合方案为丁 + 乙，此时净现值为 115 万元，大于乙 + 丙组合方案（净现值 98 万元）或甲方案（净现值 90 万元）；当限制投资总额为 500 万元时，最优组合方案为丁 + 甲 + 丙，此时净现值为 163 万元，大于乙 + 甲组合方案（净现值为 160 万元）。

【案例分析】

亚细亚商业帝国的倒下

1989 年 5 月，1.2 万平方米的郑州亚细亚商场开业，当年实现销售收入 9 000 万元；1990 年，销售收入达 1.86 亿元，跨入全国大型商场 50 强。

1993 年 9 月，增资扩股成立亚细亚集团，并制定出集团发展规划。

“到 2000 年前，亚细亚的目标是：形成以零售业为龙头，以金融证券和房地产业为两翼，以实业开发为基础的大型企业集团；年销售收入达到 500 亿元，在全国商界排名第一；综合实力进入全国最大企业前 10 名，成为对中国经济有重大影响的国际托拉斯。”

1994 年 5 月起，在不到 4 年的时间里，先后开办 15 家大型连锁店（河南省内 6 家，以亚细亚命名；河南省外 9 家，以仟村百货命名）。

亚细亚集团自有资金 4 000 多万元，投资总额约 20 亿元。各连锁店开业之日便是亏损之时，1997 年 3 月，集团总经理宣布辞职。此后，各地连锁店纷纷停业。

2000 年 7 月，亚细亚宣告破产。

案例点评：

1. 财务战略目标的可行性决定投资的效果与成败

亚细亚的经营战略、财务目标都很宏大，然而可行性较差。虽然该集团 1990 年的销售收入为 1.86 亿元，跨入全国大型商场 50 强，但集团发展规划为“到 2000 年前，亚细亚的目标是：形成以零售业为龙头，以金融证券和房地产业为两翼，以实业开发为基础的大型企业集团；年销售收入达到 500 亿元，在全国商界排名第一；综合实力进入全国最大企业前 10 名，成为对中国经济有重大影响的国际托拉斯。”显而易见，销售收入从 1.86 亿元到 500 亿元的跃升，产业方向转型与产业结构的优化，仅用 10 年的时间跨度是完成不了的。

2. 产业环境分析具有至关重要的作用，影响着投资的成败

亚细亚集团是商业企业，1993 年集团的发展规划为“以零售业为龙头，以金融证券和房地产业为两翼，以实业开发为基础的大型企业集团”。结合当时的产业环境和宏观经济政策导向，表面看具有可操作性，但当时金融证券业、房地产业的管制政策、准入机制客观决定亚细亚集团产业分析的存在严重的失误，因为表象不一定就是客观事实。

3. 应切实关注资金链的有效运用

亚细亚集团的自有资金 4 000 多万元，投资总额约 20 亿元。资金缺口巨大，投资额与自有资金的比率为 50 倍，意味着需要至少 50 倍的资金周转率。这对于一个处于急剧扩张过程中、相对盈利程度较低、市场竞争激烈的商业流通企业，资金链的断缺几乎是必然。

4. 企业内部条件的“惯性影响”

亚细亚集团从 1994 年 5 月起，在不到 4 年的时间里，先后开办 15 家大型连锁店，其短时间内规模扩张，1 个企业被复制为 15 个相同类型的区域性企业，造成企业物流管理能力、管理者的数量及素质、员工的数量及素质、组织结构层次均发生重大变化。企业内部条件的“惯性影响”，使亚细亚集团在短时间内得以急速扩张，同时也注定其昙花一现的命运。

5. 应采用动态分析，完善行业风险的评价机制

在亚细亚集团发展战略规划中，我们看到的是自信和宏大，较少地看到对风险的评价估量。任何一个企业都会面临来自于内部或外部的风险，

对于一个有战略前瞻的企业，缺少风险评价机制是极其危险的。不幸的是，亚细亚集团本应在2000年实现战略发展规划时，却破产了。

6. 大的企业不一定强，强的企业一定能做大

在亚细亚集团发展战略规划中，将企业“做大”是核心。注重规模，积极扩张，是那一时期企业的通行做法。随之而来的是急剧扩张造成的资金短缺、人才匮乏，企业没有时间完善内部治理机制，也难于消化过度扩张规模对组织结构的冲击，最终在“做大”与“做强”的选择中，“做大”了的亚细亚集团客观无奈地选择了破产。

资料来源：佚名．企业不需要蛮干的人．http：//book．263，com/2005 05 30/00482060．html．2005年5月30日。

思考题

1. 什么是现金流量？估算现金流量应注意哪几个问题？

2. 简述收入、利润与现金净流量的差异。在项目投资决策中使用哪一个概念，为什么？

3. 解释下列概念，并说明他们对项目投资决策的影响：增量现金流量、沉没成本、机会成本。

4. 请将资金成本的概念与机会成本的思想联系起来，说明资金成本是投资项目资金的机会成本吗？为什么？

5. 项目投资有哪两类评价方法？各有哪些评价指标？这些评价指标侧重点有何不同？

6. 进行互斥投资项目决策时，通常采用哪些方法？每种方法各有什么特点？

7. 结合折旧因素，说明所得税对投资项目的评价会产生什么影响？在估算现金流量时有没有类似折旧的因素，是什么？

8. 用你自己的语言解释净现值的基本计算原理，在此基础上说明为什么在理论上一个高的净现值好于一个低的净现值？

9. 在哪种情况下内部收益率法和净现值法会对互斥方案决策得出相反的结论？他们会对独立方案的决策得出矛盾的结果吗？为什么？

计算分析题

1. 某公司有一投资方案，投资额为5 000万元，预计收益及概率如下

表所示：

市场情况	概　　率	预计收益额（万元）
繁　荣	0.20	600
一　般	0.50	500
较　差	0.30	400

该公司所处行业风险价值系数为10%，同期国库券收益率为8%。

要求：(1) 计算该方案的应得风险收益率和应得风险收益额；

(2) 计算该方案的预测投资收益率、预测风险收益率和预测风险收益额；

(3) 评价该投资方案是否可行。

2. 某公司准备建一新项目，经测算有关资料如下：

(1) 该项目需固定资产投资共800 000元，第一年初和第二年初各投资400 000元。两年建成投产，投产后1年达到正常生产能力。

(2) 投产前需垫支流动资金100 000元。

(3) 固定资产可使用5年，按直线法折旧，期末净残值为80 000元。

(4) 根据市场调查和预测，投产后第一年的产品销售收入为200 000元，以后4年每年为850 000元。第一年付现成本为100 000元，以后每年为550 000元。

(5) 为计算方便，假设企业适用的所得税率为40%。

要求：①指出项目投资的各个时期；

②测算该投资项目的现金流量；

③假设资金成本率为6%，计算投资净现值；

④计算投资项目的内部收益率；

⑤根据以上计算结果，对投资方案进行财务评价。

3. 某公司拟购置一台设备，价款为120 000元，使用6年，期满净残值为6 000元，直线法折旧。使用该设备后每年为公司增加税后净利为13 000元；假设公司的资本金成本率为14%。

要求：(1) 计算各年的营业现金净流量；

(2) 计算该项目的净现值；

(3) 计算该项目的现值指数；

(4) 评价该投资项目的财务可行性。

4. 假设某投资项目需要5年建成，每年末投资45万元，投资的款项来源于银行借款，借款年利率为12%，项目完工投产后每年可收回现金15万元，项目使用期30年。

要求：(1) 按复利计算，求出建成时共欠款多少？

(2) 根据欠款，计算每年应付的利息；

(3) 评价该项目的财务可行性。

5. 某公司计划投资某项目，原始投资额预计为200万元，全部投资一次投入，并于当年完工投产。经预测，投产后每年增加销售收入90万元，付现成本21万元。该项固定资产预计使用10年，按直线法提取折旧，预计净残值为10万元。该公司为筹集资金拟发行面值为1 000元，票面年利率为15%，期限为10年的长期债券1 600张，债券的筹资费率为1%；其余资金以发行优先股的方式筹集，固定的股息率19.4%，筹资费率3%，假设资金市场年预期平均利息率为15%，为计算方便，假设所得税税率为34%。

要求：(1) 计算债券发行价格（此项计算结果取整数）；

(2) 计算债券成本率，优先股成本率和项目综合资本成本率；

(3) 计算项目各年度经营现金净流量；

(4) 计算项目的净现值和现值指数；

(5) 计算项目的内含报酬率；

(6) 评价项目的可行性。

6. 某公司为增加产量，想对一台设备进行更新改造或购买新设备，经测算有关资料如下：

(1) 旧设备的原值100 000元，已用4年，直线法折旧，期满无残值；

(2) 若更新改造需支付30 000元净支出，更新改造后不增加使用年限，在后6年中，每年可获得收入150 000元，付现成本为130 000元；

(3) 现在出售旧设备可得变价净收入40 000元，可避税；

(4) 购买新设备需支付价款100 000元，可使用6年，期满净残值为4 000元，在6年中，每年可获得收入155 000元，付现成本为122 000元；

(5) 设企业资本成本为10%，所得税税率为30%；

(6) 10%，6期，年金现值系数为4.355；10%，6期复利现值系数为0.564。

要求：评价企业售旧购新的方案是否可行。

第六章

证 券 投 资

本 章 要 点

证券投资是企业对外投资的重要形式，正确的投资决策可以降低企业的投资风险，提高企业的投资收益。企业在证券市场上的投资对象主要为债券、股票、基金。为了让企业对这几种投资方式有充分的了解，本章在介绍债券投资、股票投资、基金投资的特点、类型的基础上，分别讲述债券投资、股票投资、基金投资的投资收益组成、投资收益率计算及投资估价。对投资于不同对象时企业相应考虑的影响因素、应选择的投资策略，本章都有所涉及。

很多年以来，在世界顶级富豪云集的福布斯排行榜上，巴菲特一直紧随比尔·盖茨之后，成为世界上数一数二的有钱人。而在以投资为生的人当中，巴菲特则绝对是赚钱最多的人。因此，巴菲特成为投资领域当然的无冕之王——一个活着的神话。认真分析巴菲特的投资哲学，我们就会发现，巴菲特的投资哲学其实异常简单，那就是价值投资，即投资的价值高于价格的证券。虽然不是每个人都能像巴菲特一样在证券市场上取得巨大成功，但是企业和个人也都可以像他一样在证券市场上投资。

第一节　证券投资概述

证券投资是一门学问，它包括证券投资的理论、程序、方法等。证券投资者只有掌握了这些知识，才能合理地投资，使投资收益最大化。

一、证券的含义

证券是用以表明各类财产所有权或债权的凭证或证书的统称。证券持有人有权按其券面所载内容取得应有权益。在广义上，主要包括金融证券（如股票、债券、基金证券等）、货币证券（如存款单、银行券、票据、支票等）、财务证券（如货物单、提货单等）、凭证债券（如收据、借据等）；

在狭义上，特指金融证券。本章所涉及的证券也是特指金融证券。

证券的基本特征包括法律特征和书面特征。前者指证券反映的某种法律的行为结果，其出现、存在、使用以及所包括的特定内容都由法律规定并受法律保护；后者指证券一般采用书面形式，具有一定的格式。

（一）有价证券的特点

有价证券是代表资产所有权或债券的法律证书，即代表一种经济权利。有价证券的持有者承担相应的权利和义务。有价证券同时是金融工具、投资工具，也是一种投资凭证。公众通过有价证券的买卖、转让、抵押、继承，来参与投资。它具有以下几个方面的特征：

（1）权益性。证券是资本所有权或债权的书面证明，它表明持券人拥有与证券相对应的经济权利。

（2）流通性。证券可以在市场上不断转让和变现，证券投资者可以选择适当的时机买卖证券。所以，证券总是在市场上不断流通。

（3）机会性。证券市场会受到各种因素的影响，因此证券市场呈现价格差异并且不断变化。正是因为证券市场价格的这种差异和变化，给投资者提供了投资或投机时机。

（4）风险性。由于证券市场的变化或证券发行者的原因，使投资者获得预期的收益存在很大不确定性，使得证券市场上的投资活动都存在着风险。

（二）证券的分类

为了加强对证券投资管理，提高对外投资收益，必须分清证券的性质。下面根据不同的标准对证券进行分类。

1. 按证券发行主体分类

按证券发行主体的不同，证券可分为公司证券、金融机构证券和政府证券。

公司证券是指公司为筹集投资资金或与筹集投资资金直接相关的行为而发行的证券。其主要包括公司股票、公司债券、优先认股权证和认股权证等，其中认股权证是证明持有者拥有购买公司发行的一定数量股票的专有权凭证。

金融机构证券是指银行、保险公司、信用社、投资公司等金融机构为筹集经营资金而发行的证券。其主要包括金融机构股票、金融债券、定期存款单、可转让大额存款单和其他储蓄证券等。

政府证券是指政府财政部门或其他代理机构为筹集资金，以政府名义发行的证券。从形式上分，政府证券主要包括国库券和公债券两大类。国库券一般由财政部发行，用以弥补财政收支暂时性的不平衡。公债是指为筹集建设资金或弥补财政赤字而发行的一种债券，有时也将两者统称为公债。中央政府发行的证券称国家公债或国债，地方政府发行的证券称地方公债或地方债。

2. 按证券收益分类

按收益的固定与否，证券可分为固定收益证券和变动收益证券。

固定收益证券是指持券人可以在一定的时间内取得固定的收益，并预先知道取得收益的数量和时间，如固定利率债券、优先股股票等。

变动收益证券是指因发行公司或机构经营业绩的变化或其他客观条件的变化而使其收益也随之变化的证券。如普通股、浮动利率债券等皆属此类证券。

一般来说，变动收益证券比固定收益证券的收益高、风险大，但是在通货膨胀条件下，固定收益证券的风险要比变动收益证券的风险大。

3. 按照证券所体现的权益关系分类

按照证券所体现的权益关系的不同可分为债权性证券、权益性证券、混合性证券和投资基金。

债权性证券即债券是一种必须定期支付利息、按期偿还的证券，如公司债券、政府债券和金融债券等。

权益性证券是一种既不定期支付利息，也无偿还期的证券，它以投资者所持此种证券的比例来代表在被投资企业所占权益的份额。在被投资企业盈利的情况下，投资者可按其权益比例分享企业净收益，获得股利收入，主要是指普通股票。

混合性证券是兼有股票的特点和债券特点两重性的证券，主要指优先股。一方面它和债券相似，定期获得固定的收入，另一方面它却没有偿还期，也表示占有被投资企业一定的权益，在特定条件下，也可分享被投资企业的部分红利。

投资基金是一种集合投资制度，由基金发起人以信托、契约或公司的形式，通过发行基金将众多投资者的资金集中起来，委托由投资专家组成的专门投资机构来进行专业的资金投放和投资管理，投资者按出资比例分享投资收益，并共同承担投资风险的一种证券。

4. 按募集方式分类

按募集方式的不同，证券可分为公募证券和私募证券。

公募证券是指发行人通过中介机构向不特定的社会公众投资者公开发行的证券。这种证券的发行交易审批比较严格，并采取公示制度。

私募证券是指向少数特定的投资者发行的证券，其审查条件相对宽松，也不采取公示制度。私募证券的投资者多为与发行者有特定关系的机构投资者，也有的是发行公司企业的内部职工。

由上可知，证券的种类是多种多样的。因此，企业在进行证券投资时，应根据不同的投资目的、具体的资金规模和风险承受能力做出有效的决策，确保获得最佳的投资收益。

二、证券投资的目的

证券投资的目的指导投资行为，企业进行证券投资，首先要明确投资的目的。一般来讲，常见证券投资的目的如下。

1. 进行多样化投资，分散投资风险

现代投资组合理论认为，“不要把鸡蛋放在一个篮子里”，即要将资金投放于多个相关程度不同的项目，实行多元化经营，能够有效地分散投资风险。当某个项目的经营出现不景气状况，其他项目可能会获取较高的收益。

2. 利用闲置资金，增加企业收益

企业在生产经营过程中，由于各种原因有时会出现资金闲置、现金结余较多的情况，这时就可以将资金投资于股票、债券等有价证券，谋取投资收益。投资收益主要表现在股利收入、债券利息收入、证券买卖价差的资本利得等方面。同时，有时企业资金的闲置是暂时性的，投资于流通性较强的有价证券，能够随时变现并增加收益。

3. 提高资产的流动性，增强偿债能力

资产流动性强弱是影响企业财务状况安全性的主要因素。除现金等货币资金外，有价证券是企业流动性最强的资产，是企业流动资产的主要构成部分。在企业需要支付大量现金，而现有现金储备不足时，可以通过变卖有价证券来迅速取得大量现金，从而保证企业能够及时支付。

4. 扩大影响，增加市场份额

企业为扩大自己的经营范围，增加市场份额或影响力，需要控制某些特定企业。如果企业的控制目标是上市公司，就可以通过在证券市场上购入目标公司的股票，最终通过股权控制目标公司。

三、证券投资的步骤

进行证券投资，通常有四个步骤，它们分别是：选择投资对象、开户与委托、交割、过户。

1. 选择投资对象

为能够达到投资目的，首先要选择好正确的投资对象。一般来讲，如果企业进行证券投资的目的是寻求未来稳定的收益，就应该选择那些收益稳定、信誉较高的债券（如国债）或优先股作为投资对象。如果企业进行证券投资是为了分散投资风险，就应该在重视投资行业选择的基础上寻找合适的企业股票作为投资对象。如果企业的抗风险能力较强，又有专业的投资人才，投资的主要目的又是为了盈利，则可以适当地选择某些盈利能力较强的股票。

选择投资对象时，除考虑投资对象本身的特点外，还应该注意政治、经济环境对投资对象的影响。比如，如果企业希望投资能够取得较高的收益水平，则应该适当地选择经济增长速度快、发展潜力大的地区的企业所发行的证券等等。

2. 开户与委托

证券投资大多要通过证券交易所进行（如我国的上海证券交易所、深圳证券交易所等），而一般的投资者不能直接进入证券交易所，因此，其证券交易必须通过那些有资格进入证券交易所进行交易的证券商（作为经纪人）代为进行。这样，证券投资者就面临着一个选择适当的证券商作为自己的经纪人的问题。选择经纪人时，要考虑经纪人的资金实力、操作经验和特长、服务水平和信誉等多方面的因素。选定经纪人后，投资者要在经纪人处开立户头，从而确立委托买卖关系。投资者开立的户头分为现金账户和保证金账户两种，其中现金账户要求投资者在购入证券时，必须支付所需的全部资金；而保证金账户的开立者在购入证券时，只要支付一定数量的资金即可。

证券投资者开户后，就可以向经纪人下委托指令。委托指令大致可分为市价委托、限价委托、停价委托等几种。市价委托是指投资者委托经纪人按照执行指令时的市场价格买进或卖出证券，这时投资者并不自行规定交易价格，只是委托他的经纪人按照市场上可能的最有利的价格买卖。限价委托是指投资者自行规定一个价格，经纪人只能按照投资者所限定的价格或更有利的价格进行买卖。停价委托是指投资者规定，当股价上涨或下跌超过指定的限度时，经纪人就要按照当时的市场价格来购买或抛售，以保障投资者的既得利益或限制可能发生的损失。

投资者可以以多种方式向经纪人发出委托指令。最常见的有当面委托和电话委托两种。当面委托是指投资者亲自到证券营业场所填写委托书。电话委托则是指投资者通过电话告诉其经纪人各项委托内容，由经纪人来填写委托书。进行电话委托时，经纪人要对电话内容进行录音，并且在买卖成交后办理证券交割时，还要投资者在委托单上补签章。随着互联网络发展，利用网络进行交易已越来越成为一种普遍的交易方式。除此之外，投资者还可以用电传、传真、信函等方式进行委托。

3. 交割

证券交易成交后，买卖双方要相互交付价款和证券。比如，某投资者买入一笔股票，买卖成交后，他要向股票的卖方交付价款，收取股票；而卖方则要向他交付股票，收取价款，这一过程，即为证券的交割。具体来讲，买卖成交后，证券经纪人要填写成交确认书，并在成交的当日将成交确认书寄给投资者。投资者在接到确认书并确认无误之后，就携带证券或价款在指定的交割日期与证券商办理交割手续。成交确认书又称为成交过户交割凭单，一般包括如下内容：成交日期及时间；成交数量；证券名称；成交价格及总金额；保证金活期存款利息；应付证券商的佣金；邮费；交割时期及其他事项。

证券的交割方式有当日交割、例行交割、次日交割和约定日交割等几种。当日交割是指在买卖成交的当天即进行交割；例行交割是指在买卖成交后的第 4 个或第 5 个工作日交割，不同的交易所规定不同；次日交割是指买卖双方在成交后的次日进行交割；约定日交割则是指买卖双方在成交日起的第 16 个营业日内，买卖双方按约定的日期进行交割。

目前，在我国上海证券交易所、深圳证券交易所，都已实现了“无纸化”交易。投资者手中的股票全部由特定的部门统一管理。这样，实际发生的交割仅为买方交付证券价款，并在股票账户或股票存折上确认买入；卖方取得价款，并从股票账户或股票存折上确认卖出。整个交割过程中，实实在在的股票并不出现，而以股票账户上的划账代之。整个交割过程实际上变成了价款的交割。

4. 过户

对于不记名证券，投资者办完交割手续之后，交易程序即告结束。如果投资者购买的是记名证券，则还需要办理过户手续。投资者只有办理了过户手续，才能享有证券所有者的权益。

股票的过户一般都是由专门的机构统一办理，并不需要投资者亲自到各个股票发行公司去办理。在我国，上海股票的过户一律由上海证券交易所办理，深圳股票的过户全部由深圳证券登记有限公司办理。办理过户手续时，只要所持有的股票附有原股东的转让背书证明（背书栏中必须要有原股东的盖章或签名）或附有原股东的过户申请书，投资者就可以凭自己的身份证、印鉴、买进股票的交割单和所认购的股票，到指定的过户机构办理过户申请，填写股票过户申请书和股东印鉴卡。过户机构在查验这些手续齐备后，就可以给投资者正式办理过户手续，即注销原股东户头，给投资者开立一个新户头。如果投资者原来就是发行公司的股东，则这一过程就更为简便，只要将新购的股票直接登记在原有的户头上即可。

四、证券投资的风险

由于证券市场瞬息万变，证券投资具有很大的风险性，证券投资决策是在不确定条件下进行的。因此，投资者进行投资决策时，最关心的是证券投资的风险与报酬均衡问题。获取投资收益是证券投资的主要目的，证券投资的风险是投资者无法获得预期投资收益的可能性。证券投资的风险按风险性质划分为系统风险和非系统风险。

1. 系统风险

证券投资的系统风险也称为不可分散风险，是由于经济环境因素变化引起整个证券市场的不确定性加强，从而对市场上所有证券都产生影响的共同性风险。系统风险影响到市场上的所有证券，无法通过投资多样化的证券组合而加以避免。系统风险具体包括：利率风险、购买力风险、再投资风险。

利率风险是指市场利率的变动导致证券投资者收益的不确定。由于利率决定于货币市场信息的供求状况，而市场供求常因各种原因经常变动，市场利率也就随之变动。证券的价格和收益与市场利率的关系非常密切。对于债券、普通股票而言，其市场价格与市场利率呈反向变化，但影响程度有所差异。

购买力风险是由于通货膨胀而使货币购买力有下降的可能性。在持续而剧烈的物价波动环境下，当物价持续上涨时，货币性资产会遭受购买力损失；当物价持续下跌时，货币性资产会带来购买力收益。通货膨胀会使证券名义报酬率不变而实际报酬率降低。如果通货膨胀长期延续，投资者的证券投资性资产会遭受更严重的购买力损失，投资者对证券需求量将减少，因此会引起证券价格下跌。

再投资风险是由于市场利率下降而造成的无法通过再投资而实现预期收益的可能性。根据流动性偏好理论，长期证券的报酬率应当高于短期证券。一方面，因为期限越长，不确定性越强，长期证券变现收回本金越难。另一方面，由于证券发行者为了避免经常面临筹集不到资金的困境，因此愿意为长期证券支付较高的报酬率。短期证券可能会面临市场利率下降的再投资风险，即无法按预定报酬进行再投资而实现所要求的预期收益。

2. 非系统风险

非系统风险又称可分散风险，是由于特定经营环境或特定事件变化所引起的不确定性，从而对个别证券产生影响的特有性风险。非系统风险源于每个公司自身特有的营业活动和财务活动，同整个证券市场无关，该风险可以通过证券投资的多样化来抵消。非系统风险是公司特有风险，该风险具体表现为：变现风险、履约风险、破产风险等形式。

变现风险是证券持有者无法在证券市场上以正常价格出让的可能性。持有证券的投资者，可能会在证券持有期限内出售证券来获取货币资金，但在短期内找不到愿意以合理价格购买的买主，投资者就有可能丧失新的投资机会或承受降价出售的损失。不同的证券变现力也是不同的，交易越频繁，证券的变现能力越强。

履约风险是指证券发行者无法按时兑付证券利息和偿还本金的可能性。有价证券本身就是一种契约性权利资产，经济合同的任何一方违约都会给另一方造成损失。该风险多发生于债券投资中。

破产风险是在证券发行者破产清算时投资者无法收回权益的可能性。当证券发行者由于经营管理不善，出现持续亏损，导致企业难以持续经营时，可能会申请破产，最终导致投资者无法收回投资本金。

第二节 债 券 投 资

债券投资的投资对象是债券。投资者进行明智的投资不仅要了解债券本身的性质和特点，还需要懂得如何评价债券投资的收益和风险。债券投资分为短期投资和长期投资。短期债券投资的目的是为了配合企业对资金的需要，调节现金余额，使现金余额达到合理水平。长期债券投资的目的是为了获得稳定的收益。

一、债券的特征

债券代表了发行人的负债，不论发行人的获利状况如何，投资人有权按约定的条件向发行人按约定的条件取得利息和收回本金。

债券上一般均载有发行单位、面额、利率、偿还期限等内容。债券的特征具体表现为：

(1) 流动性好。债券有规定的偿还期，到期前不得兑付。但是债券持有人在债券到期之前需要现金时，可以在证券交易市场上将债券卖出，也可以拿债券到银行等金融机构抵押贷款。债券所具有转换为货币的能力，即为流动性。

(2) 债券收益较稳定。债权投资的收益是按票面金额和票面利率计算的利息收入及债券转让的差价，与债券发行公司的盈利能力无关，因而其投资的收益比较稳定。

(3) 债权投资风险小。债券具有规定的还本付息日，即便公司破产，因其求偿权位于股东之前，也可能收回部分投资，其风险较股票投资小。

二、债券的分类

债券作为历史最悠久的证券，经历了多次的发展和创新，品种不断增加。按不同的标准可以把债券分为不同的类型，以下是几种常见的分类方法。

1. 按发行主体分类

按发行主体债券分为政府债券、金融债券和公司债券。

政府债券的发行主体是政府。很多国家的政府债券又可分为中央政府债券和地方政府债券。除了政府部门直接发行的债券外，有些国家把政府担保的债券也划归政府债券体系，称为政府保证债券。这种债券由一些与政府有直接关系的公司或金融机构发行，并由政府提供担保。

金融债券是经中央银行或其他政府金融机构管理部门批准，由银行或其他金融机构发行的债券凭证。凭证上通常有发行机构的名称、利率、还款期、发行日期等。金融债券的期限一般是1～5年，它的利率略高于同期的定期存款利率，不能提前抽回本金。

公司债券是公司依照法定程序发行、约定在一定期限还本付息的有价证券。公司债券的发行主体是股份公司，但有些国家也允许非股份公司的企业发行债券，所以，一般归类时，公司债券和企业发行的债券合在一起，可直接称为公司（企业）债券。公司发行债券的目的主要是为了经营需要。由于公司的情况千差万别，有些经营有方、实力雄厚、信誉高，也有一些经营较差，可能处于倒闭的边缘，公司债券的风险相对较大，因此，公司债券的风险性相对于政府债券和金融债券而言要大一些，利率一般高于政府债券和金融债券。

2. 按计息方式分类

承诺支付利息是债券发行者筹措资金的条件之一，但计算利息的方式可以不同。根据计算方式上的差异，有单利债券、复利债券、贴现债券和累进利率债券等。在计算利息时，一般以年为时间单位。

单利债券是指在计算利息时，不论期限长短，仅按本金计息，所生利息不再加入本金计算下期利息的债券。

复利债券与单利债券相对应，它是指计算利息时，按一定期限将所生利息加入本金再计算利息，逐期滚算的债券。复利债券的利息包含了货币的时间价值。另外，在名义利率相同的情况下，复利债券的实得利息要多于单利债券。复利是假定每年的利息再投资，并假定再投资的利率不变。

贴现债券是指在票面上不规定利率，发行时按某一折扣率，以低于票面金额的价格发行，到期时仍按面额偿还本金的债券。贴现债券是属于折价方式发行的债券，其发行价格与票面金额（即偿还价格）的差额，构成了实际的利息。贴现债券与上述单利债券或复利债券的区别在于，前者是在发行时将利息预先扣除，而后者是在债券发行后才按期支付利息的。

累进利率债券是指以利率逐年累进方法计息的债券。前面介绍的单利债券或复利债券，其利率在偿付期内是固定不变的，而累进利率债券的利率随着时间的推移，后期利率将比前期利率更高，呈累进状态。这种债券的期限往往是浮动的，但一般会规定最短持有期和最长持有期。

3. 按债券形态分类

债券有不同的形式，根据债券券面形态，可以分为实物债券、凭证式债券和记账式债券。

实物债券是一种具有标准格式实物券面的债券。在标准格式的债券券面上，一般印有债券面额、债券利率、债券期限、债券发行人全称、还本付息方式等各种债券票面要素。有时，债券利率、债券期限等要素也可以通过公告向社会公布，而不再在债券券面上注明。在我国现阶段的国债种类中，无记名国债就属于这种实物债券，它以实物券的形式记录债权、面值等，不记名，不挂失，可上市流通。实物债券是一般意义上的债券。

凭证式债券的形式是一种债权人认购债券的收款凭证，而不是债券发行人制定的标准格式的债券。我国近年通过银行系统发行的凭证式国债，券面上不印制票面金额，而是根据认购者的认购额填写实际的缴款金额，是一种国家储蓄债，可记名、挂失，以“凭证式国债收款凭证”记录债权，不能上市流通，从购买之日起计息。在持有期内，持券人如果遇到特殊情况需要提取现金，可以到购买网点提前兑取。提前兑取时，除偿还本金外，利息按实际持有天数及相应的利率档次计算，经办机构按兑付本金的 2‰收取手续费。

记账式债券没有实物形态的票券，而是在电脑账户中作记录。在我国，上海证券交易所和深圳证券交易所已为证券投资者建立了电脑证券账户，因此，发行人可以利用证券交易所的交易系统来发行债券。我国近年来通过沪、深交易所的交易系统发行和交易的记账式国债就是这方面的实例。如果投资者进行记账式债券的买卖，就必须在证券交易所设立账户。由于记账式债券的发行和交易均实现无纸化，所以效率高、成本低，交易安全。

三、债券投资收益分析

投资者投资债券是为了获取收益，债券的收益越大对投资者的吸引力越大。因此，债券投资收益的大小是投资者最关心的问题。衡量债券投资收益的指标就是债券的投资收益率。所谓债券投资收益率是一定时期内投资者投资于债券所得的收益与投资总金额的比率。

债券的收益由三部分组成：一是利息收入，即按照条款约定，发行人需向投资者支付的利息；二是资本收益，即债券买入金额和卖出金额之间的差额，它可能是资本利得也可能是资本损失；三是利息再投资收益，也就是把利息收入再投资所获得的收益。

投资收益率通常分为票面收益率、当期收益率和到期收益率三种。

1. 票面收益率

票面收益率又称名义收益率，它是印制在债券票面中的固定利率，即年利息收益与债券面额的比率。用它和债券面值相乘就可得到投资者每年收到的利息数。计算公式如下：

$$票面收益率 = \frac{年利息额}{票面价格} \times 100\%$$

某债券面值为 1 000 元，票面注明的利率为 10%，则该债券票面收益率为 10%。

2. 当期收益率

又称直接收益率，指债券的年利息收入与债券购买价格之比的收益率。当期收益率只考虑债券利息收入，不能反映买卖债券时的资本损益。计算公式如下：

$$当期收益率 = \frac{年利息}{债券购买价格} \times 100\%$$

例 6－1 某公司发行面额为 1 000 元的债券，票面年利率为 10%，发行的价格为 1 250 元，期限为 5 年，则其当期收益率为

$$当期收益率 = \frac{100}{1\ 250} \times 100\% = 8\%$$

3. 到期收益率

又称最终收益率，是指从债券购入到债券到期偿还日止，投资者实际获得的实际收益率。这个收益率是指按复利计算的收益率，它是能使未来现金流入现值等于债券买入价格的贴现率。计算到期收益率的方法是求解含有贴现率的方程即

现金流出(买入价格)=现金流入(持有期间每年利息及到期面值)现值

买入价格=持有期间每年利息×年金现值系数+面值×复利现值系数

例 6-2 大华公司拟于 200×年 6 月 1 日购买一张面额为 2 000 元的债券，其票面利率为 8%，每年 6 月 1 日计算并支付一次利息，并于 5 年后的 5 月 31 日到期，计算其到期收益率。

解析： $2\,000=160\times(p/A, i, 5)+2\,000\times(p/F, i, 5)$

解该方程式要用"试误法"。用 $i=8\%$ 试算。

$$\begin{aligned}&160\times(p/A, 8\%, 5)+2\,000\times(p/F, 8\%, 5)\\&=160\times3.993+2\,000\times0.681\\&=638.88+1\,362\\&=2\,000.88\end{aligned}$$

可见，按面值价格发行的每年付一次息的债券，其到期收益率等于票面利率。

如果债券的价格高于面值，则到期收益率将低于票面利率。如债券的市价是 2 210 元时，该债券的到期收益率又是多少呢？

$$2\,210=160\times(p/A, i, 5)+2\,000\times(p/F, i, 5)$$

通过前面的计算可知，$i=8\%$ 时右方等式（即债券价值）为 2 000.88 元，小于市场价格 2 210 元，可判断到期收益率低于 8%，我们降低贴现率进一步试算，用 $i=6\%$ 试算。

$$\begin{aligned}&160\times(p/A, 6\%, 5)+2\,000\times(p/F, 6\%, 5)\\&=160\times4.212+2\,000\times0.747\\&=673.92+1\,494\\&=2\,167.92\end{aligned}$$

当收益率为 6%时，算出债券的价值等于 2 167.92，小于债券发行的价格 2 210，可见，债券的收益率仍低于 6%。用 $i=4\%$ 试算。

$$\begin{aligned}&160\times(p/A, 4\%, 5)+2\,000\times(p/F, 4\%, 5)\\&=160\times4.452+2\,000\times0.822\\&=712.32+1\,644\\&=2\,356.32\end{aligned}$$

算出债券的价值等于2 356.32大于债券发行的价格2 210，可见，债券的收益率高于4%。用差补法计算近似值。

$$R=4\%+\frac{2\ 356.32-2\ 210}{2\ 356.32-2\ 167.92}\times(6\%-4\%)=5.55\%$$

试误法比较麻烦，可用下面的简便算法求得近似结果。

$$R=\frac{I+(M-P)/N}{(M+P)/2}\times 100\%$$

式中 I——每年的利息；

M——到期归还的本金；

P——买价；

N——年数。

式中的分母是平均的资金占用，分子是每年平均收益。将数据代入得

$$R=\frac{160+(2\ 000-2\ 210)/5}{(2\ 000+2\ 210)/2}\times 100\%=5.6\%$$

从此例中可以看出，如果买价和面值不等，则收益率和票面利率不同。

如果该债券不是定期付息，而是一次还本付息或用其他方式付息，那么即使平价发行，到期收益率也可能与票面利率不同。

四、债券估价

投资者在进行投资时，首先遇到的问题就是所选用的债券价值是多少，是否值得投资。债券估价就是对债券的价值进行评估。

债券价值是指债券未来现金流入按投资者要求的必要投资收益率进行贴现的现值。它实际上表达了投资者为取得未来的现金流入目前所愿意投资的资金。债券价值不同于债券市场价格，债券市场价格是债券市场上形成的债券交易价格。在债券投资中，现金流出是购买债券时支付的价格，现金流入是按期收到的利息和到期收回的本金或转让出售时收到的现金。如果债券价值大于或等于债券市场价格，表明投资于该债券是可行的，达到了投资者所要求的投资收益率，否则是不可行的。债券价值的计算公式因不同的计息方法其计算方式也不同。

（1）固定利率债券，这是一种最常见的债券。每年计算并支付利息、到期归还本金。这种模式债券固定利率，按照票面金额计算利息，票面上可附有作为定期支付利息凭证的息票，也可不附息票。投资者不仅可以在债券期满时收回本金（面值），而且还可定期获得固定的利息收入。所以，投资者的未来的现金流包括了两部分，本金与利息。固定利息债券的内在

价值公式如下：

$$D = \frac{c}{(1+r)} + \frac{c}{(1+r)^2} + \frac{c}{(1+r)^3} + \cdots + \frac{c}{(1+r)^T} + \frac{F}{(1+r)^T} \quad (1)$$

式中　c——债券每期支付的利息；

D——内在价值；

F——面值；

r——市场利率；

T——债券到期时间。

例 6－3　美国政府 2004 年 12 月发行了一种面值为 1 000 美元，年利率为 13%的 6 年期国债。债券利息每年支付一次，即在每年 12 月份支付，每次支付利息 130 美元。那么，2004 年 12 月购买该债券的投资者未来的现金流可用表 6－1 表示。

表 6－1　购买某种债券的投资者未来的现金流　　　单位：美元

日　期	2005.12	2006.12	2007.12	2008.12	2009.12	2010.12
利　息	130	130	130	130	130	130＋ 1 000

如果市场利率定为 10%，那么该债券的内在价值为 1 097.095 美元，具体计算如下：

$$D = \frac{130}{(1+0.1)} + \frac{130}{(1+0.1)^2} + \cdots + \frac{130}{(1+0.1)^6} + \frac{1\,000}{(1+0.1)^6}$$
$$= 1\,130.658\text{（美元）}$$

（2）贴现债券，又称零息票债券（Zero-coupon Bond），是一种以低于面值的贴现方式发行，不支付利息，到期按债券面值偿还的债券。债券发行价格与面值之间的差额就是投资者的利息收入。由于面值是投资者未来唯一的现金流，所以贴现债券的内在价值由以下公式决定：

$$D = \frac{F}{(1+r)^T} \quad (2)$$

式中　D——内在价值；

F——面值；

r——市场利率；

T——债券到期时间。

假定某种贴现债券的面值为 100 万美元，期限为 20 年，利率为 10%，那么它的内在价值，应该是

$$D = 100 / (1 + 10\%)^{20} = 14.8644\text{（万美元）}$$

换言之，该贴现债券的内在价值，仅为其面值的15%左右。

(3) 统一公债，这是一种没有到期日的特殊的定息债券。最典型的统一公债是英格兰银行在18世纪发行的英国统一公债（English Consoles），英格兰银行保证对该公债的投资者永久期地支付固定的利息。统一公债的内在价值的计算公式如下：

$$D = \frac{c}{(1+r)} + \frac{c}{(1+r)^2} + \frac{c}{(1+r)^3} + \cdots = \frac{c}{r} \tag{3}$$

例6-4 某种统一公债每年的固定利息是50美元，假定市场利率水平为10%，那么，该债券的内在价值为500美元，即

$$D = \frac{50}{0.1} = 500\text{（美元）}$$

五、投资信号分析

投资者根据投资信号进行债券投资决策。固定利息债券是一种最普遍的债券形式。下面就以固定利息债券为例，说明债券投资者如何根据投资信号进行投资。

第一种方法，比较两类到期收益率的差异。式（1）、式（2）、式（3）中的 r 是市场的利率水平，即根据债券的风险大小确定的到期收益率；另外一类到期收益率，是债券本身承诺的到期收益率，用 y 表示。

假定债券的价格为 P，每期支付的利息为 c，到期偿还本金（面值）F，那么，债券价格与债券本身承诺的到期收益率之间存在下列关系式：

$$P = \frac{c}{(1+y)} + \frac{c}{(1+y)^2} + \cdots + \frac{c}{(1+y)^n} + \frac{F}{(1+y)^n} \tag{4}$$

如果 $r > y$，则该债券的价格被高估，对于投资者是一个卖出信号。如果 $r < y$，表现为该债券的价格被低估，对于投资者是一个买入信号。当 $r = y$ 时，债券的价格等于债券价值，市场也处于均衡状态。当市场利率 r 与债券承诺的到期收益率 y 相等时，债券价格与债券价值也是相等的。

例6-5 某种债券的价格为900元，每年支付利息60元，3年后到期偿还本金1 000元，那么根据式（4），可以算出该债券承诺的到期收益率 y 为10.02%。如果市场利率为9%。那么，这种债券的价格是被低估的。具体计算过程如下：

$$900 = \frac{60}{(1+y)} + \frac{60}{(1+y)^2} + \frac{60+1\,000}{(1+y)^3}$$

第二种方法，比较债券的内在价值与债券价格的差异。我们把债券的内在价值（V）与债券价格（P）两者的差额，定义为债券投资者的净现值（NPV），用公式表示为

$$NPV = V - P \tag{5}$$

当净现值大于零时，意味着内在价值大于债券价格，即市场利率低于债券承诺的到期收益率，该债券被低估；反之，当净现值小于零时，该债券被高估。

沿用第一种方法的例子，可以发现该债券的净现值为 24.06 元，所以该债券的价格被低估了，具体计算如下：

$$NPV = \left[\frac{60}{(1+0.09)} + \frac{60}{(1+0.09)^2} + \frac{60}{(1+0.09)^3} + \frac{1\,000}{(1+0.09)^3}\right] - 900 = 24.06\text{（元）}$$

当净现值大于零时，对于投资者来说是一个买入信号。相反，如果市场利率 r 不是 9%，而是 11%，那么，该债券的净现值将小于零（－22.19 元），表明它被高估了，对于投资者来说是一个卖出信号。只有当市场利率近似地等于债券承诺的到期收益率时，债券的价格处于一个比较合理的水平。

六、债券投资策略

债券投资策略可分为被动型投资策略和主动型投资策略两类，投资者可以根据自己的资金来源和用途选择合适的投资策略。在投资决策时，投资者应考虑未来现金流的状况，达到收益性、安全性与流动性的最佳组合。

（一）被动型投资策略

被动投资策略的基本思想是相信市场是有效率的，债券的市场价格是其未来期望收益的最好体现，因此，投资者并不主动地寻找所谓好的投资机会以求获得超额投资收益。1981～1985 年间美国债券投资机构经理们的工作业绩低于债券指数所反映的平均收益水平，这一事实使得被动型投资策略赖以建立的基本思想在很大程度上得到了验证。当然，被动投资策略并不意味着投资者可以完全不理会自己的债券投资组合，他们仍然需要对债券投资组合的构成和状态进行监督和调整，以适应自身对投资风险和投资目标的要求。

常用的被动投资策略有购买和持有策略以及免疫策略。

1. 购买和持有策略

这一投资策略的特点是投资者在买入一组债券后将较长时间持有这组债券，而不是频繁交易以谋求高额投资收益。采用这一策略的关键在于投

资者要对债券和债券市场的特性有所了解，以选择出一组适合于自身投资目的的债券组合。一般来讲，采用这一投资策略的投资者多选择级别较高的债券。购买和持有策略在具体实施时也有较大差异，这个策略的一个极端情形是投资者试图按比例购买市场上的所有债券，自己复制一个债券的市场资产组合。因此，投资者也可以通过投资债券指数基金实现购买和持有策略。有些投资者则根据自己的判断选择某些债券作为自己的债券组合，并根据市场变化适当调整债券组合。

2. 免疫策略

采用这一策略的投资者试图完全避免债券的利率风险。债券的利率风险由价格风险和再投资风险两部分组成，而这两部分随市场利率变化对债券价值的影响正好相互抵消，即当市场利率上升时，债券的市场价格下降，债券利息的再投资收益上升。因此，市场利率变化带来的债券投资价值在某一方面的不利变化恰好可在一定程度上为另一方面的有利变化所抵消，从而为免疫策略的施行提供了可能。采用免疫策略的投资者通过构造一个债券组合，使市场利率变化时价格风险和再投资风险对债券价值的影响正好相互抵消。

（二）主动型投资策略

许多债券投资者的投资目的并不仅仅是保值，而是希望利用债券投资获取超额投资利润。这些投资者所采用的投资策略多为主动投资策略。主动投资策略是基于下面两点：其一是设法预测市场利率的变化趋势，利用债券价格随市场利率变化的规律谋利；其二是设法在债券市场上的各种投资工具中寻找那些定价失误的投资工具作为投资对象。

预测市场利率变化需要对宏观经济形势有较强的把握能力，因为市场利率预测的主要依据是对经济周期和通货膨胀率的预测，具体来说，财政赤字、贸易赤字、通货膨胀率、货币供给量等众多因素都可能导致市场利率的变化。投资者根据自己对利率变化趋势的判断，决定何时买入或卖出债券，获取收益。

此外，投资者还可以利用债券掉期的方法构造债券组合，即通过对债券的买入卖出，利用某一时间内某些债券价格的短暂失衡来谋取收益。

（三）投资策略的选择

出于保值目的的投资者将债券投资作为一种低风险、具有长期固定收益的投资工具，其投资目的是在可以接受的、确定的风险条件下获取尽可能高的收益。遵循这一投资方针的投资者将主要采用被动投资策略，他们将根据自身的风险承受能力选择不同级别的债券（如政府债券的风险低于企业债券，AAA级债券的风险低于A级债券，长期债券的风险高于短期债券，等等）构成所需要的债券组合。

希望利用市场利率变化获取价差收益的投资者又可分为两类，一类投资者注重短期投机，他们更多地观察市场利率的短期变化，频繁地买入卖出。比如，当他们预测市场利率将降低时，他们将买入长期低息债券，一旦市场利率下跌，他们即可获利。另一类投资者则注重整体投资收益的最大化，他们注意观察债券市场的变化，但并不是频繁买卖，而是在时机成熟时才采取行动。

第三节 股 票 投 资

股票投资是企业投资的一种重要方式。股票投资的目的主要体现为两种：一是获利，即作为一般的证券投资，获取股利收入及股票买卖差价；二是控股，即利用购买某一企业的大量股票达到控制该企业的目的。

一、股票投资的特点

股票投资相对于债券投资风险更大。一般来说，股票投资有以下几个特点：

（1）权责性。股东凭其持有的股票，享有其股份数相应的权利，同时也承担相应的责任。权利主要表现为：参加股东大会、投票表决、参与公司的经营决策、领取股息或红利，获取投资收益。责任主要是承担公司的经营风险，对公司的经营决策承担责任，责任的限度为其认购股票的全部的投资额。

（2）收益的不稳定性。股票投资的收益主要是公司发放的股利和股票转让时所获取的资本利得，相对而言，其稳定性较差。股票股利直接与公司经营状况相关，公司盈利多，就可能多发股利，公司盈利少或不盈利，就可能不发股利；股票转让所获得的资本利得主要取决于股票市场的行情，行情好，出售股票才能获得较高的资本利得，否则出售股票不仅不能获得资本利得，还有可能遭受损失。

（3）流通性。股票的流通是指股票在不同的投资者之间进行转让。股票持有人可以通过股票的转让随时收回自己的投资额，提高了股票的变现能力。

（4）风险性。任何一项投资的风险和收益都是并存的，股票的风险主要来源于股票价格的波动，股票价格要受到诸如公司经营状况、宏观经济政策、市场供求关系、大众心理等多种因素的影响。因此，股票投资是一种高风险的投资活动。

二、投资股票的种类

股票可以按照不同的标准进行分类，用不同标准对股票进行分类对股票投资具有很重要的意义。股票的基本分类在前一章已经介绍，不再重复。这里只介绍从投资者投资的角度的分类。从投资者投资的角度，根据股票的收益和风险分类如下：

(1) 蓝筹股。也叫绩优股，是指一些大型绩优公司发行的股票，表示股市上的热门股票。这类公司一般在所属行业中占有重要、甚至是支配性地位，经营业绩良好，股利较高且稳定，信誉良好，投资风险小。

(2) 垃圾股。是指股价连续三年下跌，公司资产的质量和信誉较差，没有投资价值，类似垃圾而乏人问津的冷门股票。

(3) 成长股。是指那些销售额和收益额均保持比较稳定的增长水平的公司所发行的股票。这类公司一般处于成长期，有良好的发展前景。

(4) ST 股。也叫黄牌股，是指连续两年亏损，证券交易所对其进行特别处理的股票。ST 股具有能够上市的壳资源，因此也具有一定的投资价值。

三、股票的预期收益率

在不考虑货币时间价值的基础上，投资者可以通过分析股票预期收益率，进行投资决策。要分析股票预期收益率，首先要了解股票收益。

(一) 股票收益

股票的收益是指投资者从购入股票开始到出售股票为止，整个持有期间的收入，它由股息收入、资本利得和资本增值收益组成。

1. 股息

股息是指股票持有者依据股票从公司分取的盈利。公司从营业收入中扣减各项成本和费用支出、应偿还的债务、应缴纳的税金，余下的即为税后净利润，再按以下程序分配：从税后净利中提取法定公积金、公益金后，剩余的部分先按固定股息率分配给优先股股东，再提取任意盈余公积金，然后再按普通股股数分配给普通股股东。

股息的具体形式有下列几种：

(1) 现金股息。以货币形式支付的股息和红利，是最普通、最基本的股息形式。

(2) 股票股息。以股票的方式派发的股息，通常是由公司用新增发的股票或一部分库存股票作为股息，代替现金分派给股东。

(3) 财产股息。以现金以外的其他财产向股东分派股息。

(4) 负债股息。公司通过建立一种负债，用债券或应付票据作为股息分派给股东。

2. 资本利得

股票买入价与卖出价之间的差额就是资本利得。

3. 资本增值收益

股票投资资本增值收益的形式是送股，但送股的资金不是来自于当年可分配盈利而是公司提取的公积金，因此又可称为公积金转增股本。

(二) 股票预期收益率

股票预期收益率是指投资者预期未来的收益率，而不是实际的收益率。股票的预期收益率包括两部分：预期股利收益率和预期资本利得利益率。其计算公式如下：

股票的预期收益率 = 预期股利收益率 + 预期资本利得收益率

例 6-6 第一年的预期股利收益率是该年预期股利除以股票价格 (D_1/P_0)，第一年的预期资本利得收益率是买卖价差除以买入的价格 [(P_1-P_0) / P_0]，则股票的预期收益率为

$$R = \frac{D_1}{P_0} + \frac{(P_1 - P_0)}{P_0}$$

式中 R——预期收益率；

D_1——预期第一年收到的股利；

P_1——预期第一年期末底的股价；

P_0——目前股票的市价。

只有股票预期收益率高于投资人要求的最低收益率，他才愿意投资该股票。最低收益率是该投资的机会成本，即用于其他投资机会也可获得的收益率，通常可以用市场利率来计量。

四、股票的估价

在考虑货币时间价值的基础上，投资者可以通过评估股票的价值，进行投资决策。股票的估价是投资者的投资行为指南。如果股票价值超过市场价格，就表明该股票被低估，具有很大的上涨潜力，投资者可以考虑买进；如果股票价值远低于市场价格，就说明该股票价格被高估，具有下跌

的可能性，投资者可以考虑卖出。

任何资产的价值都决定于资产持有期间（或资产存续期间）内各期现金流入的现值。股票投资不同于债券，只要公司不破产，不被并购，投资者就可以一直持有这家公司的股票。有人认为一直持有而不出售就无法享受资本利得这部分报酬，致使长期投资股票的长期报酬率变小。部分市场投资者甚至认为持有期长短会影响到股票价值的计算。为正确估算股票价值，必须先理清：持有期长短到底会不会影响到股票价值的计算？换句话说，持有一年和永远持有股票价值的计算方式有无不同？

持有股票一年，持有期的现金流量情况如图 6－1 所示。

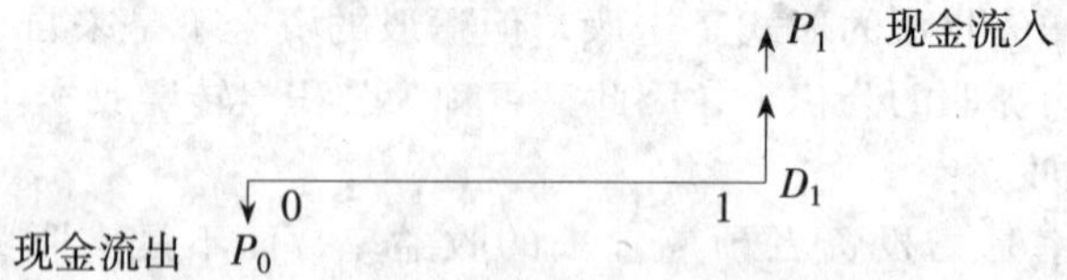

图 6－1　持有期现金流量图

持有一期期间所产生的现金流入就是持有股票的年投资收益，即 P_1 与 D_1 之和，其现值为

$$P_0 = \frac{D_1 + P_1}{1 + r} \tag{1}$$

式中，r 为贴现率即必要收益率。由于股票是有风险的资产，必要收益率必须比市场均衡利率更高才能反映股票的风险。由式（1）可知，持有股票一期时，股票的价值等于持有期间投资收益（现金流入）现值。若股票持有人在第一期结束时，还想多持有一期。此时，只要投资者了解到下一期股价（P_2）和下一期股利（D_2），下一期股价（P_1）亦由类似式（1）的公式所决定：

$$P_1 = \frac{D_2 + P_2}{1 + r} \tag{2}$$

将式（2）代入式（1）中，得到下式：

$$P_0 = \frac{1}{1 + r}\left(D_1 + \frac{D_2 + P_2}{1 + r}\right)$$

$$= \frac{D_1}{1 + r} + \frac{D_2 + P_2}{(1 + r)^2} \tag{3}$$

当持有期限为无限期时，可推导出下式：

$$P_0 = \frac{D_1}{1 + r} + \frac{D_2}{(1 + r)^2} + \frac{D_3}{(1 + r)^3} + \cdots + \frac{P_t}{(1 + r)^t} + \cdots$$

投资者一旦决定永远持有，因无结束持有出售股票的问题，此时无限期后的股票价格对当期价格（P_0）的影响就不再存在。即无限期后的股价现值为零：

$$\lim_{t \to \infty} \frac{P_t}{(1+r)^t} = 0$$

上述条件成立前提下，可得下式：

$$P_0 = \sum_{t=1}^{\infty} \frac{D_t}{(1+r)^t} \tag{4}$$

式中 D_t——第 t 年收到的股利，$t \in [1, +\infty)$。

此称之为股价决定模型。由式（4）可知：持有期间若为无穷多期，持有期间内各期现金收入等于各期股利所得，股票的价值等于未来各期股利所得的现值。由式（1）推导到式（4）可清楚看出持有期间长短并不影响股票价值的计算。无论持有期间长短，股票价值决定于持有期间内所有现金流量的现值。

股票价值的估算涉及各期股利所得的计算。一般常用的简化假设有三：固定股利所得、单一股利所得成长率和多重股利所得成长率。

（1）固定股利所得。假设各期股利所得均维持在 D_1 的水平，即 $D_1 = D_2 = \cdots$，式（4）可简化成

$$P_0 = \frac{D_1}{1+r} + \frac{D_2}{(1+r)^2} + \cdots = \frac{D_1}{r}$$

（2）单一股利所得成长率。假设各期股利所得以单一固定成长率（g）增加，式（4）可简化成

$$P_0 = \frac{D_1}{1+r} + \frac{D_1(1+g)}{(1+r)^2} + \frac{D_1(1+g)^2}{(1+r)^3} + \cdots$$

式中 D_2——$D_1(1+g)$；

D_3——$D_1(1+g)^2$。

只要 $r > g$ 条件成立，利用永续型年金现值公式，上式可简化成

$$P_0 = \frac{D_1}{r-g}$$

（3）多重股利所得成长率。假设股利所得成长率分为高成长率（g_1）和低成长率（g_2）：$g_1 > g_2$。假设第 1 期到第 T 期之间，股利所得的成长率（g_1）较高，第 T 期后股利所得的成长率降为 g_2。依此设定，各期股利所得的现值为

$$\begin{aligned} P_0 &= \sum_{t=1}^{T} \frac{D_1(1+g_1)^t}{(1+r)^t} + \frac{1}{(1+r)^T}\left(\frac{D_{T+1}}{r-g_2}\right) \\ &= \frac{D_1}{r-g_1}\left[1-\left(\frac{1+g_1}{1+r}\right)^T\right] + \frac{1}{(1+r)^T}\left(\frac{D_{T+1}}{r-g_2}\right) \end{aligned}$$

例 6－7 某企业正评估一项投资 ABC 公司股票的计划，预期 ABC 公司下一年度每股股利 3 元。若预测 ABC 公司股利成长率为 10%。同时，依照 ABC 公司所处产业以及营运状况，该企业认为必要收益率为 15%。请问 ABC 公司股票每股价值为多少?

利用单一股利成长率假设，此时股票价格应为

$$\frac{3}{0.15-0.1}=60\text{（元）}$$

在董事会中，某董事认为 ABC 公司 10%的股利所得成长率估计过分乐观，另外提出较保守的成长率估计值 5%。请问 ABC 公司股票每股价值多少?

$$\frac{3}{0.15-0.05}=30\text{（元）}$$

股利所得成长由 10%降为 5%，股价下降一半。由于股价深受股利成长率的影响，所以，评估股票价值时对股利所得成长率估计值应谨慎。

股利所得成长率（g）和必要收益率（r）是决定股票价值的重要参数。下面将说明如何确定 g 和 r。假设各期股利所得都以单一固定成长率（g）增加，计算股票价格的公式如下：

$$P_0=\frac{D_1}{r-g} \tag{5}$$

式（1）中 D_1 为下一年的股利。纵使我们假设未来各期股利所得皆以 g 速度成长，由于只是假设股利所得皆以 g 的平均速度成长，并未排除未来各期实际股利所得不得偏离预期的平均值。由式（5）可解出必要收益率（r）：

$$r=\frac{D_1}{P_0}+g$$

必要收益率（r）为股利获利率（D_1/P_0）与股利所得成长率（g）之和。

股利成长率应如何估算？股利成长率估算需要利用相关的会计资料算出股东权益的投资报酬率（缩写 ROE），每股盈余（EPS）以及股利发放比（payout ratio）来估计 g。对股利成长率的估算需要三个假设：假设一，企业的资本存量或固定资产数量不变时，企业下一年度的盈利能力维持不变；假设二，企业下一年度的资本支出全部来自于本年度的留存收益；假设三，当企业有投资时，企业才须保留部分盈余以供资本支出之用。有了这三个假设，可得下列关系式：

下年度盈余 ＝ 本年度盈余 ＋ 本年度保留盈余 × 保留盈余的报酬率

下年度盈余之所以比本年度盈余增加，是因本年度保留部分盈余作为

资本支出，只要投资报酬率为正，下年度盈余肯定有所增加。上式等号左右两边都除以本年度盈余可得

$$\frac{\text{下年度盈余}}{\text{本年度盈余}} = 1 + \frac{\text{本年度保留盈余}}{\text{本年度盈余}} \times \text{保留盈余的报酬率} \qquad (6)$$

式（6）右边就是 1 + 盈余成长率。保留盈余占当年度盈余的比率称为盈余保留比。由于股利所得等于（1 – 盈余保留比） × 盈余，只要盈余保留比各期维持不变，股利所得成长率（g）应会等于盈余成长率。在盈余保留比维持不变条件下，股利所得成长率的公式为

$$g = \text{盈余保留比} \times \text{保留盈余的报酬率} \qquad (7)$$

要估算出股利所得成长率（g），除了先设定盈余保留比率外，还需估算保留盈余的报酬率。由于投资计划中相关信息并非都是可以公开或直接取得的，投资者若未能取得这些信息，如何正确估算保留盈余的报酬率成为一项高难度的工作。为解决困难，假设将保留盈余所用于的投资计划资本支出，其报酬率和过去年度的股东权益报酬率相同，我们就可利用会计报表所算出股东权益报酬率（*ROE*）作为保留盈余报酬率的估计值。此时 g 的公式就变为

$$g = \text{盈余保留比} \times ROE \qquad (8)$$

例 6 – 8 南天软件公司预估本年度盈余为 2 亿元。为筹措资本支出所需资金，该公司计划保留 40% 的盈余。过去十年，该公司股东权益报酬率（*ROE*）平均值为 16%。假设新的投资计划和现有生产与营运内容没有显著的差异，请问该公司股利所得成长率是多少？

南天公司将保留 8 000 万元（2 亿元 × 40%）的盈余作为未来投资计划的资本支出。此项投资计划所创造的盈余为：8 000 × 0.16 = 1 280（万元）。

由于未来各期均必须保留 40% 的盈余作为扩大生产与营运规模所需的资本支出，故股利成长率（g）为

$$\frac{12\ 800\ 000}{200\ 000\ 000} \times 100\% = 6.4\%$$

一旦估出 g 值后，就可利用市场资本估价公式估算出必要收益率

$$r = \frac{D_1}{P_0} + g$$

例 6 – 9 续前例假设南天软件公司目前流通在外的股数为 1 亿股，股价为 15 元。请问南天软件公司股票的必要收益率是多少？

由于盈余保留比率为 40%，股利发放比率应为 60%，下一期该公司的

盈余若为21 280万元，则下一期股利为 12 768 万元（0.6 × 21 280万元）。由于有 1 亿股流通在外，下年度每股股利（D_1）为 1.277 元。有了本期股价（P_0）以及下一期每股股利（D_1）后，可算出股利获利率：

$$股利获利率 = \frac{1.277}{15} \times 100\% = 8.51\%$$

由于股利所得成长率（g）为 6.4%，故必要收益率（r）为

$$r = 6.4\% + 8.51\% = 14.91\%$$

由于 g 可视为股利所得成长率的长期平均值，故估算所得的股利所得成长率（g）和精确决定各期股利所得并不相同。在信息不充分情况下，估计值和各期实际值有所误差是极正常的现象。然而估算 g 时，通常假设："保留盈余用于资本支出后的报酬率等于公司现有的股东权益报酬率（ROE）以及盈余保留比各期均维持不变"。当假设不成立时，股利成长率估计值的可信度就会下降。所以，对 g 的估计值需要谨慎。实际工作中，为了让估算出来的 g 和 r 不至于偏差太多，有些学者建议以国家提供的产业资料所估算的 g 和 r 值作为个别公司的 g 和 r 估计值。

五、市盈率分析

前面所述股票价值的计算方法，在理论上比较健全，但对于未来股利的预计很复杂并且要求比较高，一般投资者往往很难办到。有一种粗略衡量股票价值的方法，就是市盈率分析法。它易于掌握，被许多投资者使用。

市盈率是股票市价和每股盈利之比，以股价是每股盈利的倍数表示。下面首先介绍该指标的计算过程，然后进一步说明它在股票评价中的作用。

$$市盈率(倍数) = 普通股每股市价 \div 普通股每股收益$$

大华公司普通股每股收益为 0.5 元，每股市价为 5 元，依上式计算：

$$大华公司市盈率 = 5 \div 0.5 = 10（倍）$$

1. 用市盈率估计股票价格

市盈率可以粗略地反映股价的高低，表明投资者人愿意用盈利的多少倍的货币来购买这种股票，是市场对该股票的评价。

根据证券机构或刊物提供的同类股票过去或若干年的平均市盈率，乘以当前的每股盈利，可以得出股票的公平价值。用它和当前市价比较，可以看出所付价格是否合理。有关证券刊物几乎每天报道各类股票价格的市盈率，因此这一指标在实际中可以很容易地获得。该比率反映投资者对每元净利润所愿支付的价格，可以用来估计股票的投资报酬和风险。另外，

它是市场对公司的共同期望指标，市盈率越高，表明市场对公司的未来越看好。在市价确定的情况下，每股收益越高，市盈率越低，投资风险越小；反之亦然。在每股收益确定的情况下，市价越高，市盈率越高，风险越大；反之亦然。仅从市盈率高低的横向比较看，高市盈率说明公司能够获得社会信赖，具有良好的前景。

2. 用市盈率估计股票风险

一般认为，股票的市盈率比较高，表明投资者对公司的未来充满信任，愿意为每1元盈利多付买价。这种股票的风险比较小。但是，当股市受到不正常因素干扰时，某些股票市价就会被抬高，市盈率也会很高。通常认为，超过20倍的市盈率是很不正常的，很可能是股价下跌的前兆，风险相当大。

股票的市盈率比较低，表明投资者对公司的未来缺乏信心，不愿意为每1元盈利多付买价。这种股票的风险比较大。通常认为市盈率在5以下，该股票前景比较悲观。

过高或过低的市盈率都不是好兆头，平均的市盈率在10~11之间，市盈率在5~20之间是比较正常。投资者应当研究拟投资股票市盈率的长期变化，估计其正常值，并将其作为分析的基础。另外，由于各行各业市盈率的正常值均存在差别，同时，如果预期将发生通货膨胀或提高利率时市盈率会普遍下降，预期公司利润增长时市盈率会上升，加之债务比重大的公司市盈率通常较低，因此，上述情况的客观存在也是股票投资者需要考虑的因素。

六、影响股票投资的因素分析

股票价值的计算和投资报酬率的评价在股票投资决策中有非常重要的意义，但由于模型中有些数据是假设和预测，其结果不可能与实际发生结果完全一致，会与日后实际情况有一定程度的差异。因此，要使股票投资决策更为准确，还需对影响股票投资的因素进行分析。

1. 行业因素

企业的行业特点直接影响到企业未来的发展前途。行业竞争程度的依次递减可分为完全竞争、垄断竞争、寡头垄断、完全垄断四种。对于公用事业等垄断程度高的行业，企业产品价格和利润受供求关系影响较小，其股票的风险也较小；而对于轻工业等竞争程度较高的行业，企业破产或倒闭的可能性较大，投资于该行业企业的股票风险也较大；另外，行业如同产品一样，也要经历初创期、成长期、成熟期、衰退期。一般来说，处于初创期的行业，受环境变化影响大，风险也较大，而且利润不太高，因此不宜作为投资对象。处于成长期的行业，虽然风险较大，但利润也较高，可考虑投资。处于成熟期的行业，竞争实力强、利润高且稳定，风险小，是比较理想的投资对象。而处于衰退期的行业没有发展前景，一般不宜进行投资。当然，国家政策对行业是限制还是鼓励或扶持，也是选择股票时应考虑的因素。总之，投资者在进行股票投资决策时，应选择最有发展前景、获利能力高、风险相对小的行业进行投资。

2. 发行公司的财务状况和经营能力因素

企业选择哪些公司的股票作为长期投资，主要取决于对该公司的财务状况、盈利能力和竞争能力的分析。为保障投资者的权益，上市公司上市时都要经过严格的审查和监管，但这并不能确保上市公司始终保持良好的势头，投资者应根据上市公司提供的各种财务报表和有关资料，综合运用各种方法，对发行公司的财务状况、盈利能力、竞争能力等方面进行深入、细致地分析。

(1) 财务状况分析。主要是通过流动比率、速动比率、存货周转率、应收账款周转率、负债比率等指标进行分析，从而对企业财务状况做出评价。总的说来，财务状况越好，投资风险越低。

(2) 盈利能力分析。衡量盈利能力的指标有销售利润率、投资报酬率、每股盈余。一般企业盈利能力越强，其发行的股票报酬率也越高。

(3) 竞争能力分析。一般用销售额、销售额增长率、市场占用率来衡量企业的竞争能力，企业的竞争能力越强，越有发展潜力，其发行的股票也会有更高的报酬率。

3. 股利政策和股价变动趋势因素

投资股票的报酬主要包括股利收入和资本利得两部分。股利收入的取得与股票发行公司的股利发放政策相关，而资本利得则取决于股票买卖之间的差价。了解发行公司的股利政策不仅可以使投资者对股利收入有合理的预期，同时也使投资者对发行公司的财务状况和经营作风有更深层的了解。要对股票市价的未来走势做出准确的预测是一件较困难的事。但合理分析预测股票的变动趋势，对股票投资仍显得尤其重要。选择恰当的时机买入或卖出，可确保投资者获取更多的资本利得。

七、股票投资组合

股票投资的盈利性吸引了众多投资者，但股票投资的风险性又使许多投资者望而却步。如何才能有效地降低股票投资风险呢？科学地进行股票投资的组合就是一个比较好的方法。投资风险分为系统性风险和非系统性风险，通过股票投资组合可以降低非系统性风险。

（一）投票投资组合策略

在证券投资组合理论的发展过程中，形成了各种各样的见解和主张，从而形成了不同的组合策略，最常见的有以下几种。

1. 保守型策略

这种策略认为，最佳投资组合策略是要尽量模拟市场现状，将尽可能多的证券包括进来，通过多种证券的报酬高低、风险大小的互相抵消，得到与市场所有证券的平均收益同样的收益。这种投资组合有以下好处：

（1）能分散全部可以分散的风险。

（2）不需要高深的证券投资的专业知识。

（3）证券投资的管理费比较低。但这种组合获得的报酬不会高于证券市场上所有证券的平均报酬。因此，此种策略属于报酬不高，风险不大的策略，故称之为保守型策略。

2. 冒险型策略

这种策略认为，与市场完全一样的组合不是最佳组合，只要投资组合得好，就能取得远远高于市场平均水平的报酬。在这种组合中，一些成长型的股票比较多，而那些低风险、低报酬的证券不多。另外，其组合的随意性强，变动频繁。采用这种策略的人都认为，报酬就在眼前，不必死守苦等。对于追随市场的保守派，他们是不屑一顾的。这种策略报酬高，风险大，因此，称冒险型策略。

3. 适中型策略

这种策略认为，证券的价格，特别是股票的价格，是由特定企业的经营业绩来决定的，市场上股票价格的一时沉浮并不重要，只要企业经营业绩好，股票价格一定会升到其本来的价值水平。采用这种策略的人，一般都善于对证券进行分析，如行业分析、企业业绩分析、财务分析等。通过分析，选择绩优股票和债券，组成投资组合。适中型策略如果把握得好，可获得较高的报酬，而又不会承担太大的风险。但进行这种组合的人必须具备丰富的投资经验，拥有进行证券投资的各种专业知识。这种投资策略因风险不太大，报酬却比较高，所以是一种最常见的投资组合策略。各种金融机构、投资基金和企事业单位在进行证券投资时，一般都采用此种策略。

（二）股票投资组合的具体运作

进行股票投资组合的具体运作方式通常表现为以下三种。

1. 足够数量的股票组合

这是一种简单的投资组合方法。在采用这种方法时，不是进行有目的的组合，而是随机选择股票，随着数量的增加，可分散风险会逐步减少，当数量足够时，大部分可分散风险都能分散掉。根据投资专家们估计，在美国纽约证券市场上，随机地购买40种股票，其大多数可分散风险都能分散掉。为了有效地分散风险，每个投资者都拥有股票的数量最好不少于12种。我国股票种类还不太多，同时投资于10种股票，就能达到分散风险的目的。

2. 负相关股票组合

这是一种把报酬呈负相关的股票组合在一起，有效地分散风险的投资组合方法。一种股票的报酬上升而另一种股票的报酬下降的两种股票，称为负相关股票。例如，某企业同时持有一家汽车制造公司的股票和一家石油公司的股票，当石油价格大幅度上升时，这两种股票便成为负相关。因为油价上涨，石油公司的报酬就会增加，但油价的上升，会影响汽车的销量，使汽车公司的报酬降低。只有选择得当，这样的组合才会对降低风险有十分重要的意义。

3. 1/3法组合

这是一种把风险大、风险中等、风险小的股票放在一起的组合。这种组合把全部资金的1/3投资于风险大的股票，1/3投资于风险中等的股票，1/3投资于风险小的股票。一般而言，风险大的股票对经济形势的变化比较敏感，当经济处于繁荣时期，风险大的股票则获得高额报酬，但当经济衰退时，风险大的股票却会遭受巨额损失；相反，风险小的股票对经济形势的变化则不十分敏感，一般都能获得稳定报酬而不会遭受损失。因此，这种1/3的投资组合法，是一种进可攻，退可守的组合法，虽不会获得太高的报酬，但也不承担巨大风险，是一种最常见的组合方法。

第四节　基金投资

基金投资是以投资基金为运作对象的投资方式。作为现代社会一种重要的理财方式，投资基金已逐渐被国内的投资者所接受，尤其是在股市低迷的时期，风险相对较小的基金受到了许多人的青睐。然而，面对花样繁多的基金品种，如何才能实现低风险、高回报，投资者有必要了解基金的方方面面。

一、投资基金的定义和特点

投资基金是证券市场上的一种金融投资工具。它采用集中托管的运作方式，集合众多小额投资者的资金进行规模性的专业投资。并利用投资组合原理分散投资，最终取得最好的投资效益。

（一）投资基金的定义

投资基金（以下简称“基金”）是指以信托、契约和公司的形式，通过发行基金证券或份额将社会闲散资金募集起来，形成一定规模的信托资产，交由专门机构按照投资组合的原理进行投资，按照出资比例分享投资收益的一种投资工具。投资基金同时又是一种投资制度和投资方式。各国和地区对投资基金有不同的称谓，美国称为共同基金（mutual fund），英国和中国香港称为“单位信托基金”、“互助基金”，日本和我国台湾地区称为“证券投资信托基金”，我国内地通常称之为“投资基金”。

（二）投资基金的特点

基金之所以在许多国家受到投资者的广泛欢迎，发展如此迅速，都与基金本身的特点有关。作为一种成效卓著的现代化投资工具，基金所具备的特点是十分明显的。

（1）资金汇集投资。基金是这样一种投资方式：它将零散的资金巧妙地汇集起来，交给专业机构投资于各种金融工具，以谋取资产的增值。基金对投资的最低限额要求不高，投资者可以根据自己的经济能力决定购买的数量。有些基金甚至不限制投资额大小。因此，基金可以最广泛地吸收社会闲散资金，集腋成裘，汇成规模巨大的投资资金。在参与证券投资时，资本越雄厚，优势越明显，而且可能享有大额投资在降低成本上的相对优势，从而获得规模效益的好处。

（2）组合投资，分散风险。以科学的投资组合降低风险、提高收益是基金的另一大特点。在投资活动中，风险和收益总是并存的，因此，“不能将所有的鸡蛋都放在一个篮子里”，成为证券投资的箴言。但是，要实现投资资产的多样化，需要一定的资金实力，对小额投资者而言，由于资金有限，很难做到这一点，而基金则可以帮助中小投资者解决这个困难。基金可以凭借其雄厚的资金，在法律规定的投资范围内进行科学的组合，分散投资于多种证券，实现资产组合多样化。这样，通过多元化的投资组合，一方面借助于资金庞大和投资者众多的优势使每个投资者面临的投资风险变小；另一方面，利用不同投资对象之间的互补性，达到分散投资风险的目的。

(3) 专家代理投资。基金实行专家管理制度，这些专业管理人员都经过专门训练，具有丰富的证券投资经验。他们善于利用基金与金融市场的密切联系，运用先进的技术手段分析各种信息资料，对金融市场上各种品种的价格变动趋势做出比较正确的预测，最大限度地避免投资决策的失误，提高投资成功率。对于那些没有时间，或者对市场不太熟悉的中小投资者来说，投资于基金，实际上就可以获得专家们在市场信息、投资经验、金融知识和操作技术等方面所拥有的优势，从而尽可能地避免盲目投资带来的损失。

二、投资基金的分类

为了能够对基金更加深入地了解，下面就从不同的角度对基金进行分类。

1. 按基金的组织形式不同，基金可分为契约型基金和公司型基金

契约型基金又称为单位信托基金，是指把投资者、管理人、托管人三者作为基金的当事人，通过签订基金契约的形式发行受益凭证而设立的一种基金。契约型基金起源于英国，后在新加坡、印度尼西亚、中国香港等国家或地区十分流行。契约型基金是基于契约原理而组织起来的代理投资行为，没有基金章程，也没有公司董事会，而是通过基金契约来规范三方当事人的行为。基金管理人负责基金的管理操作。基金托管人作为基金资产的名义持有人，负责基金资产的保管和处置，对基金管理人的运作实行监督。

公司型基金是按照《公司法》以公司形态组成的。该基金公司以发行股份的方式募集资金，一般投资者则为认购基金而购买该公司的股份，也就成为该公司的股东，凭其持有的股份依法享有投资收益。公司型基金在组织形式上与股份有限公司类似，基金公司资产为投资者（股东）所有，由股东选举董事会，由董事会选聘基金管理公司，基金管理公司负责管理基金业务。

公司型基金的特点如下：

(1) 基金公司的设立程序类似于股份公司，基金公司本身依法注册为法人。但不同于一般股份公司的是，它委托基金管理公司作为专业的财务顾问或管理公司来经营与管理。

(2) 基金公司的组织结构与一般股份公司类似，设有董事会和持有人大会，基金资产由公司所有，投资者则是这家公司的股东，承担风险并通过股东大会行使权利。

契约型基金与公司型基金相比，其不同点有以下几个方面：

(1) 资金的性质不同。契约型基金的资金是通过发行受益凭证筹集起来的信托财产；公司型基金的资金是通过发行普通股票筹集起来的，是公司法人的资本。

(2) 投资者的地位不同。契约型基金的投资者购买受益凭证后成为基金契约的当事人之一，即受益人；公司型基金的投资者购买基金公司的股票后成为该公司的股东。因此，契约型基金的投资者没有管理基金资产的权力，而公司型基金的股东通过股东大会享有参与基金公司管理的权力。由此可见，公司型基金的投资者比契约型基金的投资者权力要大一些。

(3) 基金的营运依据不同。契约型基金依据基金契约营运基金，公司型基金依据基金公司章程营运基金。

由此可见，契约型基金和公司型基金在法律依据上、组织形态上以及有关当事人扮演角色上是不同的。但对投资者来说，投资公司型基金和契约型基金并无多大区别。它们的投资方式都是把投资者的资金集中起来，按照基金设立时所规定的投资目标和策略，将基金资产分散投资于众多的金融产品上，获取收益后再分配给投资者。

2. 按基金价格决定方式分类，基金可分为封闭式基金和开放式基金

封闭式基金是指事先确定发行总额，在封闭期内基金单位总数不变，基金上市后投资者可以通过证券市场转让，买卖基金单位的投资基金。由于封闭式基金在封闭期内不能追加认购或赎回，投资者只能通过证券经纪商在二级市场上进行基金的买卖。

开放式基金的概念是相对于封闭式基金而言的，它是指基金发起人在设立基金时，基金单位规模不固定，可视投资者的需求，随时向投资者出售基金单位，并可应投资者要求赎回发行在外的基金单位的一种基金运作方式。因此，开放式基金的规模是不确定的，其基金规模可以应市场需求，即投资者的购买要求而扩大，也可以应投资者赎回变现而减少。

封闭式基金与开放式基金有以下主要区别：

(1) 期限不同。封闭式基金有固定的封闭期，期满后要予以清盘。期限通常在5年以上，一般为10年或15年，经受益人大会通过并经主管机关同意可以适当延长期限。而开放式基金没有预定存在期限，投资者可随时向基金管理人赎回基金单位，若大量赎回甚至会导致清盘。

(2) 发行规模限制不同。封闭式基金的基金规模是固定的，在封闭期限内未经法定程序认可不能再增加发行。开放式基金没有发行规模限制，投资者可随时提出认购或赎回申请，基金规模就随之增加或减少。

（3）基金单位交易方式不同。封闭式基金的基金单位在封闭期限内不能赎回，但可以在证券交易所上市或者在柜台转让，因而此类基金的交易多数是在投资者之间完成的。开放式基金的投资者则可以在首次发行结束一段时间（多为3个月）后，随时向基金管理人或中介机构提出购买或赎回申请，绝大多数开放式基金通常不上市交易。

（4）基金单位交易价格的计算标准不同。封闭式基金与开放式基金的基金单位除了首次发行价是按面值加一定百分比的购买费计算外，以后的交易计价方式不同了。封闭式基金的买卖价格受市场供求关系的影响，常出现溢价或折价现象，并不必然反映基金的净资产值。开放式基金的交易价格则取决于基金每单位净资产值的大小，其申购价一般是基金单位净资产值加一定的购买费，赎回价是基金单位净资产值减去一定的赎回费，不直接受市场供求影响。

（5）投资策略不同。封闭式基金在封闭期内基金规模不会减少，因此可进行长期投资，基金资产的投资组合能有效地在预定计划内进行。开放式基金因基金单位可随时赎回，为应付投资者随时赎回兑现，基金管理人不能将全部基金资产用来投资，更不能把全部资本用来进行长线投资，必须保持基金资产的流动性，在投资组合上需保留一部分现金和高流动性的金融商品。

（6）交易费用不同。封闭式基金在交易价格之外要付出一定比率的证券交易税和手续费。开放式基金的有关费用包含在基金价格之中。

3. 按投资对象划分，基金可分为国债基金、股票基金、货币市场基金和指数基金

国债基金是一种以国债为主要投资对象的证券投资基金。由于国债的年利率固定，又有国家信用作为保证，因此，这类基金的风险较低，适合于稳健型投资者。国债基金的收益会受货币市场利率的影响，当市场利率下调时，其收益就会上升；反之，若市场利率上调，则基金收益率将下降。除此以外，汇率也会影响基金的收益，管理人在购买非本国货币的债券时，往往还在外汇市场上做套期保值。

股票基金是指以股票为主要投资对象的证券投资基金。股票基金的投资目标侧重于追求资本利得和长期资本增值。基金管理人拟订投资组合，将资金投放到一个或几个国家甚至全球的股票市场，以达到分散投资、降低风险的目的。投资者之所以钟爱股票基金，原因在于可以有不同的风险类型供选择，而且可以克服投资市场普遍存在的区域性投资限制的弱点。此外，股票基金还具有变现性强、流动性强等优点。由于股票投资基金聚

集了巨额资金，几只甚至一只基金就可以引发股市动荡，所以各国政府对股票基金的监管都十分严格，不同程度地规定了基金购买某一家上市公司的股票总额不得超过该基金资产净值的一定比例，防止基金过度投机和操纵股市。

货币市场基金是以货币市场为投资对象的一种基金，其投资工具期限在一年内，包括银行短期存款、国库券、公司债券、银行承兑票据及商业票据等。通常，货币基金的收益会随着市场利率的下降而降低，与国债基金正好相反。货币市场基金通常被认为是无风险或低风险的投资。

指数投资基金是一种按照证券价格指数编制原理构建投资组合进行证券投资的一种基金。从理论上来讲，指数基金的运作方法简单，只要根据每一种证券在指数中所占的比例购买相应的证券，长期持有就可。指数基金的优势是：第一，费用低廉，指数基金的管理费较低，尤其交易费用较低。第二，风险较小，由于指数基金的投资非常分散，可以完全消除投资组合的非系统风险，而且可以避免由于基金持股集中带来的流动性风险。第三，以机构投资者为主的市场中，指数基金可获得市场平均收益率，可以为股票投资者提供更好的投资回报。第四，指数基金可以作为避险套利的工具。对于投资者尤其是机构投资者来说，指数基金是其避险套利的重要工具。指数基金由于其收益率的稳定性和投资的分散性，特别适用于社保基金等数额较大、风险承受能力较低的资金投资。到目前为止，我国共有三个指数优化型基金：基金兴和、普丰和景福。

4.按投资目标划分，基金可分为成长型基金、收入型基金和平衡型基金

成长型基金是基金中最常见的一种，它追求的是基金资产的长期增值。为了达到这一目标，基金管理人通常将基金资产投资于信誉度较高、有长期成长前景或长期盈余的所谓成长型公司的股票。成长型基金又可分为稳健成长型基金和积极成长型基金。

收入型基金主要投资于可带来现金收入的有价证券，以获取当期的最大收入为目的。收入型基金资产成长的潜力较小，损失本金的风险相对也较低，一般可分为固定收入型基金和股票收入型基金。固定收入型基金的主要投资对象是债券和优先股，因而尽管收益率较高，但长期成长的潜力很小，而且当市场利率波动时，基金净值容易受到影响。股票收入型基金的成长潜力比较大，但易受股市波动的影响。

平衡型基金将资产分别投资于两种不同特性的证券上，并在以取得收入为目的的债券及优先股和以资本增值为目的的普通股之间进行平衡。这

种基金一般将25%~50%的资产投资于债券及优先股，其余的投资于普通股。平衡型基金的主要目的是从其投资组合的债券中得到适当的利息收益，与此同时又可以获得普通股的升值收益。这样，投资者既可获得当期收入，又可得到资金的长期增值。平衡型基金的特点是风险比较低，缺点是成长的潜力不大。

三、投资基金当事人

由于基金采用管理和保管相互分离的原则，因此在它的运作中，主要涉及三个当事人：基金投资人、基金管理人、基金托管人。

（一）基金投资人

基金投资人是指持有基金单位或基金股份的自然人和法人，也就是基金的持有人。他们是基金的实际所有者，享有基金信息的知情权、表决权和收益权。基金的一切投资活动都是为了增加投资者的收益，一切风险管理都是围绕保护投资者利益来考虑的。因此，投资人是基金一切活动的中心。

基金投资人的基本权利包括对基金收益的享有权、对基金单位的转让权和在一定程度上对基金经营的决策权。对于不同类型的基金，投资人对投资决策的影响方式是不同的。在公司型基金中，基金投资人通过股东大会选举产生基金公司的董事会来行使基金公司的重大决策权力。而在契约型基金中，基金投资人只能通过召开基金收益人大会对基金的重大事项做出决议，但对基金日常决策一般不能有直接影响。

基金投资人在享有权利的同时，也必须承担这些义务，包括：

（1）遵守基金契约；

（2）缴纳基金认购款项及规定的费用；

（3）承担基金亏损或终止的有限责任；

（4）不从事任何有损基金及其他基金投资人利益的活动。

（二）基金管理人

基金管理人是负责基金发起设立与经营管理的专业性机构。在我国，按照《证券投资基金管理暂行办法》（以下简称《基金办法》）的规定，基金管理人由基金管理公司担任。基金管理公司通常由证券公司、信托投资公司或其他机构等发起成立，具有独立法人地位。

对基金管理人需具备的条件，各个国家和地区有不同的规定。依照我国《基金办法》的规定，基金管理人须符合以下条件：

（1）具有一定数额的资本金，如《基金办法》中规定拟设立的基金管理公司的最低实收资本为1 000万元；

（2）与托管人在行政上、财务上和管理人员上相互独立；

（3）有完整的组织结构；

（4）有足够的、合格的专业人才；

（5）具有完备的风险控制制度和内部管理制度。

依据《基金办法》的规定，基金管理人的职责主要有以下几个方面：

（1）按照基金契约的规定运用基金资产投资并管理基金资产；

（2）及时、足额的向基金持有人支付基金收益；

（3）保存基金的会计账册、记录15年以上；

（4）编制基金财务报告，及时公告，并向中国证监会报告；

（5）计算并公告基金资产净值及每一基金单位资产净值；

（6）基金契约规定的其他职责。

（三）基金托管人

基金托管人是依据基金运行中“管理与保管分开”的原则对基金管理人进行监督和保管基金资产的机构，是基金持有人权益的代表，通常由有实力的商业银行或信托投资公司担任。基金托管人与基金管理人签订托管协议，在托管协议规定的范围内履行自己的职责并收取一定的报酬。基金托管人在基金的运行过程中起着不可或缺的作用。

概括地说，基金托管人应该是完全独立于基金管理机构，具有一定的经济实力，实收资本达到相当规模，具有行业信誉的金融机构。《基金办法》规定，经批准设立的基金应委托商业银行作为托管人。基金托管人主要条件如下：

（1）设有专门的基金托管部；

（2）实收资本不少于10亿元；

（3）有足够的熟悉托管业务的专职人员；

（4）具备安全保管基金全部资产的条件；

（5）具备安全、高效的清算、交割能力。

依照《基金办法》的规定，基金托管人的主要职责有：

（1）安全保管基金的全部资产；

（2）执行基金管理人的投资指令，并负责办理基金名下的资金往来；

（3）监督基金管理人的投资运作，发现基金管理人的投资指令违法、违规的，不予执行，并向中国证监会报告；

（4）复核、审查基金管理人计算的基金资产净值及基金价格；

（5）保存基金的会计账册、记录15年以上；

(6) 出具基金业绩报告，提供基金托管情况，并向中国证监会和中国人民银行报告；

(7) 基金契约、托管协议规定的其他职责。

(四) 投资基金当事人之间的关系

基金的运作中主要涉及基金投资人、基金管理人、基金托管人这三个当事人，他们相互之间存在着不同的关系。

1. 投资人与管理人之间的关系

基金投资人是基金的实际所有者，而基金管理人则是凭借专门的知识与经验，运用所管理基金的资产，根据法律、法规及基金章程或基金契约的规定，按照科学的投资组合原理进行投资决策，谋求所管理基金资产的不断增值，并为基金投资人获取尽可能多收益的机构。所以，基金投资人与基金管理人的关系实质上是所有人与经营者之间的关系。前者是基金资产的所有者，后者是基金资产的经营者。前者既可以是自然人，也可以是法人或其他社会团体；后者则是由职业投资专家组成的专门经营者，是依法成立的法人。

2. 管理人与托管人之间的关系

管理人与托管人之间的关系是经营与监管的关系。基金管理人和基金托管人应当在行政上、财务上相互独立，其高级管理人员不得在对方兼任任何职务。基金管理人由投资专家组成，负责基金资产的经营；托管人由主管机关认可的金融机构担任，负责基金资产的保管，依据基金管理机构的指令处置基金资产并监督管理人的投资运作是否合法合规。对基金管理人而言，处理有关证券、现金收付的具体事务交由基金托管人办理，自己则可以专心从事资产的运用和投资决策。基金管理人和基金托管人均对基金投资人负责。他们的权利和义务在基金契约或基金公司章程中预先界定清楚，任何一方有违规之处，对方都应当监督并及时制止，直至请求更换违规方。这种相互制衡的运行机制，有利于基金信托财产的安全和基金运用的高效。但是，这种机制的作用得以有效发挥的前提是基金托管人与基金管理人必须严格分开，由不具有任何关联的不同机构或公司担任，两者在财务上、人事上、法律地位上应该完全独立。

3. 投资人与托管人之间的关系

投资人与托管人的关系是委托与受托的关系，也就是说，基金投资人把基金资产委托给基金托管人管理。对投资人而言，把基金资产委托专门的机构管理，可以确保基金资产的安全。对基金托管人而言，必须对基金投资人负责，监管基金管理人的行为，使其经营行为符合法律法规的要求，为基金投资人勤勉尽职，保证资产安全，提高资产的报酬。

四、投资基金的财务评价

对投资基金进行财务评价旨在为投资者选择合适的基金作为投资对象提供参考。财务评价指标主要从基金的价值、净值成长率两个方面来考查基金。

1. 基金的价值

债券的价值取决于债券投资所带来的利息收入和所收回的本金，股票的价值取决于公司股利的稳定性和增长性。由此可知，基金的价值取决于能给投资者带来的现金流量。这种现金流量用基金的净资产价值来表达。

基金的价值取决于基金净资产的现在价值，是因为股票未来收益是可以预测的，而投资基金的未来收益是不可预测的。由于投资基金不断变化投资组合对象，再加上资本利得投资是投资基金收益的主要来源，变幻莫测的证券价格波动，使得对投资基金未来收益的预计变得不太现实。既然未来不可预测，投资者应把握的就是“现在”，即基金资产的现有市场价值。

既然基金的价值取决于基金净资产的现在价值，因此基金单位净值(英文缩写为 NAV）是评价基金业绩最基本和最直观的指标，也是开放式基金申购价格、赎回价格以及封闭型基金上市交易价格确定的重要依据。基金单位净值是在某一时点每一基金单位（或基金股份）所具有的市场价值，用公式表示为

$$基金单位净值=\frac{基金净资产价值总额}{基金单位总份数}$$

而

$$基金净资产价值总额=基金总资产价值-基金负债总额$$

基金的负债除了以基金名义对外融资借款以外，还包括应付投资者的分红、应付给基金经理公司的首次认购费用等各项基金费用。相对来说，基金的负债金额是固定的，基金净资产的价值主要取决于基金总资产的价值。这里，基金总资产的价值并不是指资产总额的账面价值，而是指资产总额的市场价值。

从理论上说，基金的价值决定了基金的价格，基金的交易价格是以基金单位净值为基础的，基金单位净值高，基金的交易价格也高。封闭式基金在二级市场上竞价交易，其交易价格由供求关系和基金业绩来决定，围绕着基金单位净值上下波动。开放式基金的柜台交易价格则完全以基金单位净值为基础，通常采用两种报价形式：认购价（卖出价）和赎回价（买

入价)。开放式基金柜台交易价格的计算方式为

$$基金认购价 = 基金单位净值 + 首次认购费$$

$$基金赎回价 = 基金单位净值 - 基金赎回费$$

基金认购价也就是基金经理公司的卖出价，卖出价的首次认购费是支付给基金经理公司的发行佣金。基金赎回价也就是基金经理公司的买入价，赎回价低于基金单价净值是由于抵扣了基金赎回费，以此提高赎回成本，防止投资者的赎回、保持了基金资产的稳定性。收取首次认购费的基金，一般不再收取赎回费。

2. 净值成长率

净值成长率用以反映基金增值的情况，它通过基金净资产的价值变化来衡量。基金净资产增加意味着基金投资者的权益也随之增加。基金净值成长率的计算公式如下：

$$净值成长率 = \frac{(年末基金单位净值 - 年初基金单位净值)}{年初单位基金净值}$$

如果在年初和年末期间基金进行派息，基金净值成长率的计算公式如下：

$$净值成长率 = \frac{\left(\begin{matrix}年末基金\\单位净值\end{matrix} - \begin{matrix}年初基金\\单位净值\end{matrix} + \begin{matrix}期间内每\\单位的派息\end{matrix}\right)}{年初单位基金净值}$$

投资者投资于基金时，投资应把基金净值增长率与银行利率比较。当投资者把基金净值增长率与银行利率进行比较时，如果基金增长率小于或等于银行储蓄的利率，投资者宁愿选择银行存款而不是投资于基金，加之投资基金的风险也大于银行存款。

五、影响基金投资收益的因素分析

基金单位净值的计算和基金净值成长率的评价在基金投资决策中具有举足轻重的地位。但由于影响基金业绩的因素还有很多，投资者了解这些因素，对预测基金未来业绩，正确选择基金是必不可少的。

(一) 投资基金的费用

投资基金的费用是投资者参与基金投资必不可少的支出，偏高的投资基金费用则是对投资回报率的严重威胁和侵蚀。因此，了解基金费用是投资者选择合理基金的前提条件。

在基金运作过程中经常提到的费用包括两大类。

一类是基金销售过程中发生的由基金投资者自己承担的费用，主要有：申购费、赎回费、基金转换费。

申购费是指投资者购买基金时所需支付的费用，主要用于向基金销售机构支付销售费用以及广告费用和其他营销支出。根据我国《开放式证券投资基金试点办法》规定，开放式基金可以收取申购费，但申购费率不得超过申购金额的5%，申购费用可以在基金申购时收取，也可以在赎回时从赎回金额中予以扣除。开放式基金可以根据基金管理运作的实际需要，收取合理的赎回费，但赎回费率不得超过赎回金额的3%；赎回费收入在扣除基本手续费后，余额应当归基金管理人所有。开放式基金可以选用可调整的申购、赎回费率。开放式基金收取费用的方式、条件以及费率标准应当在基金契约和招募说明书中予以载明。

赎回费是指投资者赎回基金时按赎回金额的一定比率向投资者收取的费用。它仅适用于开放型基金。赎回费是针对赎回行为收取的费用，直接计入基金资产，主要是为了减少投资者在短期内过多赎回给其他投资者带来的损失，往往带有惩罚性质。

基金转换费是指投资者在同一基金管理人所管理的不同基金之间，由投资的一只基金转换成另一只基金所要支付的费用。对发行多只基金的基金族而言，投资者可以选择在同一系列的多个基金品种间切换，这就产生了转换费问题。目前我国绝大多数基金均不收取转换费。

另一类是基金管理过程中发生的费用，主要有基金管理费、基金托管费、运作费等。

基金管理费是指从基金资产中提取的、支付给为基金提供专业化服务的基金管理人的费用。这笔费用用于基金管理公司在该年度的各种必要的开支。基金管理费通常按照每个估值日基金净资产的一定比例，逐日计算，按月支付。费率的高低通常与基金规模成反比，与风险成正比。基金规模越大，风险越小，管理费率就越低；反之，则越高。不同的国家及不同种类的基金，管理费率不完全相同。在我国目前，基金的年管理费率为基金资产净值1.25%~1.5%，不同的基金有不同的收费标准，但均会在基金招募说明书中予以公布。而在多种基金中，货币基金的年管理费率为最低，为基金资产净值0.25%~1%；其次为债券基金，为0.5%~1.5%；股票基金居中，为1%~2%；认股权证基金为1.5%~2.5%。管理费通常从基金的股息、利息收益中或从基金资产中扣除，不另向投资者收取。

基金托管费是指基金托管人为保管和处理基金资产而向基金收取的费用。通常按照基金资产净值的一定比例提取，逐日计算并累计，按月支付给托管人。基金托管费收取的比例与基金规模、基金类型有一定关系。通常基金规模越大，基金托管费率越低。

基金运作费包括支付注册会计师审计费、律师费、召开年会费用、中期和年度报告的印刷制作费以及买卖有价证券的手续费等。这些开销和费用是作为基金的营运成本支出的。运作费占资产净值的比率较小，通常要在基金契约中事先确定，并按有关规定支付。一个基金运作是否有效率，主要看其运作费用是否偏高。如果运作费用较高，投资者的投资成本就高；反之，则较低。运作费用比率高低与基金规模有关，一般情况下，基金规模越大，运作费用比率越低。所以，运作费用高低是投资者衡量基金效率及表现的指标之一。

从上可知，基金投资者自己承担的费用和基金管理过程中发生的费用都会影响投资收益。因此，投资者在投资基金时不仅要考虑基金投资者自己承担的费用，而且也要考虑基金管理过程中发生的费用。

（二）基金收益及收益分配

基金收益是基金分配的基础，基金收益分配是基金投资者取得投资收益的基本方式。

1. 基金收益

基金收益是基金资产在运作过程中所产生的各种收入。基金收益来源主要包括基金投资所得股票股利收入、债券利息收入、买卖证券价差收入、银行存款利息以及其他收入。

股利收入是指基金购买公司股票而享有对该公司净利润分配的所得。一般而言，公司对股东的股利分配有现金股利和股票股利两种形式。基金作为长线投资者，其主要目标在于为投资者获取长期、稳定的回报，股利是构成基金收益的一个重要部分。

债券利息收入是指基金资产因投资于不同种类的债券（国债、地方政府债券、企业债券、金融债券等）而定期取得的利息。

买卖证券价差收入是指基金资产投资于证券而形成的价差收益，通常也称资本利得。

存款利息收入是指基金资产的银行存款利息收入。这部分收益仅占基金收益很小的一个组成部分。开放式基金由于必须随时准备支付基金持有人的赎回申请，必须保留一部分现金存在银行。

其他收入是指运用基金资产而带来的成本或费用的节约额，如基金因大额交易而从证券商处得到的交易佣金优惠等杂项收入。这部分收入通常数额很小。

2. 基金收益分配

要进行基金收益分配首先应确定基金净收益。基金净收益即基金收益扣除按照有关规定应扣除的费用后的余额。基金当年净收益应先弥补上一年亏损后，才可进行当年收益分配。如基金投资当年净亏损，则不应进行收益分配。需要特别指出的是，上述收益和费用数据都须经过具备从事证券及期货相关业务资格的会计师事务所和注册会计师确认后，方可实施分配。基金收益分配主要涉及以下两方面的内容：

（1）基金收益分配的比例和时间。一般而言，每个基金的分配比例和时间都各不相同，通常是在不违反国家有关法律、法规的前提下，在基金契约或基金公司章程中事先载明。根据我国《证券投资基金运作管理方法》的规定，封闭式基金的收益分配，每年不得少于一次，封闭式基金年度收益分配比例不得低于基金年度已实现收益的90%。开放式基金的基金合同应当约定每年基金收益分配的最多次数和基金收益分配的最低比例。

（2）基金收益分配的方式。基金收益的分配方式一般有三种：

①分配现金。这是基金收益分配的最普遍的形式。

②分配基金单位。即将应分配的净收益折为等额的新的基金单位送给投资者。这种分配形式类似于通常所言的“送股”，实际上是增加基金的资本数额。

③不分配。既不送基金单位，也不分配现金，而是将净收益列入本金进行再投资，体现为基金单位净资产值的增加。

我国《证券投资基金运作管理办法》仅允许采用形式①，我国台湾则采用①和③相结合的分配方式，而美国用得最多的方式却是①和②。

收益分配的比例及分配方式关系到投资者将会领取多少和以什么形式领取应归属于他们的那部分收益。从长期来看，收益的分配比例和分配形式也将影响投资者的投资收益。

（三）基金规模

自从1987年我国有了第一个基金以来，到目前为止已有了200多个基金。我国目前规模最大的海富通收益增长基金资产已经达到130亿元。目前我国基金规模具体情况见表6-2。

表6-2　我国基金规模一览表

基金规模	基金数量及名称
5亿元以下	景顺长城货币基金、万家公用、海富通股票基金等共41家
5亿元以上10亿元以下	嘉实300、申万巴黎股票基金、国联分红混合基金等共42家
10亿元以上25亿元以下	南方高增、富国天利增长、基金裕阳等共73家
25亿元以上50亿元以下	湘财荷银货币基金、景顺长城内需增长基金、嘉实币等共53家
50亿元以上100亿元以下	建信恒久价值、工银货币、博时现金等共22家
100亿元以上	中信经典配置基金、易方达月月收益A、海富通收益增长共3家

基金规模有大有小，各有利弊。在选择基金之时，要考虑基金规模的大小。我们都知道在证券市场上有这样一句话：不要把所有的鸡蛋放在一个篮子里，其目的就是通过分散投资来降低投资风险。一般说来，只有基金规模较大时，才能提供适当多样化的投资组合，即可以通过分散投资来减少投资风险；并且由于大型基金可以从规模经济中受益，从而获得较低的费用率，即分摊在每基金单位上的交易成本降低；同时又由于规模较大的基金“财大气粗”，有条件支付较多的经营管理费用，能以高薪吸引和留住优秀的基金管理人才。但是，规模较小的基金具有运作灵活、弹性大的特点，能迅速从一个投资品种转向另一个投资品种，建仓和出仓都相对容易；另外，由于《证券投资基金运作管理办法》规定基金所持某公司的股份不得超过该公司股份的10%，因此规模较小的基金便有可能买到升值潜力较大的小型公司股份，并持有重仓，有可能因此获得较大的收益。

作为投资者该如何选择适合自己的基金规模呢？在这里，有一个简单的判定方法，即规模较大的基金一般来说风险较小，而收益也往往偏低；而规模小的基金的风险较大，但收益有可能较高。那么，如果你是一个进取型的投资者，对于收益看得较重，而很少关注风险，可以选择规模较小的基金，反之，如果你是一个稳健型或是保守型的投资者，便可以选择规模较大的基金取得较稳定的收入。

【微型案例】

中信经典配置基金投资策略

2004年3月15日中信经典配置基金成立，并募集了121亿资金，成为我国规模最大的开放式基金。如何对募集到的121亿资金进行投资，是刚成立的中信经典配置基金所面临的最大问题。当时在市场上可投资的主要有三大类资产：股票、债券和货币市场工具，其中货币市场工具主要包括一年期以内的债券、票据以及各类存款等流动性较好的品种。为了解决这个最大的问题，中信经典配置基金首先进行了战略资产配置。其战略资产配置包括两个层次：第一层资产配置是股票型资产和收益型资产的配置。由于债券资产和货币市场工具同属收益性资产，在风险收益中处于同一水平区间，因此，在第一层配置中将它们作为同一类资产处理。第二层资产配置确定收益型资产中债券资产和货币市场工具的比例。资产的战略配置为中信经典配置基金管理层确立基金的收益和风险提供了战略性指导。随后，在资产配置体系的基础上，基金管理层经过大量的调研及多次的激烈讨论将投资范围设定为：股票资产45%至75%，债券资产5%至35%，短期金融工具5%至35%。经过两年的实践证明，中信经典配置基金这种投资范围的设定将风险控制在中等水平并获得预期的收益。

六、购买基金的主要策略

不同品种的基金，它们的风险和收益是不相同的，为了降低投资风险，提高投资收益，投资者应采用不同的基金投资策略。基金投资策略可分为被动型投资策略和主动型投资策略两类。被动型投资策略主要有分期等额购入投资策略、固定比例投资策略、定期定额投资策略；主动型投资策略主要有顺势操作投资策略和适时进出投资策略。在投资基金时，投资者可以根据现金流的状况、投资经验、对证券市场的熟悉程度等来选择合适的投资策略。

1. 分期等额购入策略

分期等额购入策略是指在均衡的时间间隔内按固定的金额分次投资同一种基金。即每隔一段固定的时间（月、季或半年），以固定等额的资金去购买一定数量的基金单位。分期购入的优点是可以使购买基金的平均成本保持较低。

例6-10 假定大华公司准备在大阳基金上投资1 000万元，分5个月投资，每个月投资额度200万元，各次投资的购买价格及基金持有份数，如表6-3所示。

表6-3　证券投资的平均成本

投资次数（月份）	购买价格（元）	本次份数（万份）	累计份数（万份）	累计投资（万元）	平均成本（元）	市价总额（元）
1	1.00	200.00	200.00	200	1.000 0	200.000
2	1.10	181.82	381.82	400	1.047 7	420.002
3	0.90	222.22	604.04	600	0.993 3	543.636
4	1.20	166.67	770.71	800	1.038 0	924.852
5	1.10	181.82	952.53	1 000	1.050 0	1 047.783

本例中，5次投资共购入大阳基金952.53万份，平均购买价格为1.05元（1 000/952.53）。以后如果该基金净值大于1.05元，便将大阳基金全部售出从而获取资本利得。比如，当该基金价格达到1.1元时，每份证券获利0.05元，952.53万份证券共获利47.783万元。按所持债券目前的市价

总额 1 047.783 万元计算，比 1 000 万元的投资总额超出 47.783 万元，也可得到同样的结果。因此，到第 5 次投资期市价为 1.1 元时，不必再购买 181.82 万份证券，而是将原有的 770.71 万份证券全部出售，平均成本 1.038 元，每份获利 0.062 元，共获利 47.784 万元。

分期等额购入策略的实质是分次投资，分次投资能避免在高位上一次性套牢的价格波动风险。分期等额购入策略只针对同一投资对象，与其他投资对象的投资不发生关系，不适用于对投资组合的调整。

2. 固定比例投资策略

固定比例投资策略要求投资者将按固定比例分配投资于各类基金，使其持有的各类基金净值总额达到固定的比例。一旦由于净值变动使证券比例变化超过一定限度时，就可通过买卖各类基金来调整投资比例，从而保证投资比例能够维持原有的固定比例。

例 6－11 大华公司第一季度基金投资的计划投资额为 10 000 万元，投资组合为股票基金 40%、债券基金 30%、货币市场 30%。大华公司是每季度调整一次投资组合的比例，通过买卖各类基金以维持设定的投资比例。有关调整过程如表 6－4 所示。

表 6－4 各类基金固定比例投资调整 单位：万元

季度	股票基金净值	买卖调整	债券基金净值	买卖调整	货币市场基金净值	买卖调整	市值总额
1	4 000	—	3 000	—	3 000	—	10 000
2	4 250		3 200		3 050		10 500
	4 200	－50	3 150	－50	3 150	＋100	10 500
3	4 100		3 000		3 000		10 100
	4 040	－60	3 030	＋30	3 030	＋30	10 100
4	3 800		2 800		2 400		9 000
	3 600	－200	2 700	－100	2 700	＋300	9 000

本例中，第二季度购买的三类基金的市值都有所上升，债券基金净值和货币市场基金的净值均上升，因此要调整它们，卖出债券基金 50 万元，卖出股票基金 50 万元，买入货币市场基金 100 万元，以维持原有的投资比例。第三季度和第四季度的调整同理。

固定比例投资策略的实质是用一种投资对象的增值利润投资于另一种投资对象，这样能使基金投资经常保持低成本状态，也有助于让投资者及时实现既得的利益。固定比例投资策略一般不适用于投资对象长期持续上涨或长期持续下跌的情况。投资对象长期持续上涨，会令投资者人过早地抛出全部该品种而失去继续获利的机会；投资对象持续下跌，又会使投资者不断地抛售其他的投资品种，而承担该品种价格持续下跌的风险。这种投资策略遵循一个准则：每隔三个月或半年才调整一次投资组合的比例。

3. 定期定额投资策略

所谓定期定额投资，就是无论行情好坏，每月或其他固定时间都投资一笔钱在基金上。当股市上涨基金净值高时，享受资本利得；当市场下跌基金净值低时，同样的钱买到的单位数较多，投资基金的平均成本就会较低，为长期获利创造机会。

这种方法对于想长期投资于基金，又不知何时介入的投资者来说，定期定额投资策略是最好的选择。定时定额投资策略对于长期投资具有降低平均成本和降低风险双重特点。这种投资方法有点像“零存整取”，在海外很受中小投资者的欢迎，尤其是一般工薪阶层由于每月节余不多，因此多半采用这种方法为自己累积退休金或为子女储备教育基金。

4. 适时进出投资策略

适时进出投资策略是指投资者完全依据市场行情的变化来买卖基金。当市场看好，行情蓄势，买进基金；当市场行情大幅翻转步入空头之际，立即卖出基金。通常，采用这种方法的投资者，大多都具有一定的投资经验，能够准确地预测市场情形，且能够承担较高的投资风险。统计表明，要想运用适时进出投资法获利，必须至少有70%以上的判断准确率，否则考虑到交易成本的存在，投资者至多只能是保本投资，甚至可能得不偿失。

【案例分析】

新浪网收购案例

广州讯龙和深圳网兴的主业均是提供移动增值服务。新浪网投资于广州讯龙和深圳网兴，可以整合它自身的移动增值服务领域的业务，从而达到规模效益。

一、新浪网收购广州讯龙

新浪网于2003年1月达成的对广州讯龙的收购是移动增值服务领域发生于SP之间的第一次并购行为。收购总代价最后确定为2 400余万美元，以现金和新浪网股票在完成收购后的一年期内分期支付，其中现金1 550

余万美元，其余850余万美元以110余万股新签发的新浪网股票支付，其股价按收购宣布日前10天新浪网在纳斯达克股票的平均市场价格确定，新浪网的股票为每股7.64美元。

讯龙早在2002年度就有了近1 000万美元的营业收入，2003年度，讯龙对新浪网营业收入的贡献更高达3 000余万美元，营业利润的贡献应该有1 200万美元以上，也就是说，新浪网收购讯龙的代价只是讯龙2003年度盈利的2.5倍而已。讯龙2004年度的盈利应该更高，这意味着，新浪网用讯龙自身2003和2004年两年的盈利贡献，绰绰有余地为收购讯龙的代价买完了单。

假如新浪网像TOM收购雷霆无极那样，按讯龙2003年度盈利的7.7倍来计算收购代价，新浪网为讯龙付出的代价就将高达9 000万美元，或者按香港网收购掌中万维那样的框架计算收购代价，新浪网的收购总代价也将超过8 000万美元。

看起来新浪网像是赚了一个大便宜，或者讯龙的创业者吃了一个大亏，其实也不尽然。在收购完成后的一年中，新浪网股票飞涨到了45美元左右，涨幅高达500%，当初用作支付代价的110余万股股票，也从原先850余万美元的作价，翻了几个跟斗变成了5 000万美元。假设讯龙创业者获得的新浪网股票未能够在最高价位上及时出手而仍然留在手上，按新浪网目前的股价计算，价值也在3 000万美元以上；加上新浪网当初支付的1 550余万美元现金，新浪网收购讯龙的总代价其实在5 000万美元上下。但即使是按新浪网现在的股价重新计算新浪网收购讯龙的总代价，新浪网的这笔买卖仍然是赚头很足，不仅市盈率依然不超过4倍，更重要的是，新浪网股价之所以能够飙升到如此高的价位，离不开讯龙的贡献。

新浪网收购讯龙的例子，很好地说明了收购代价用现金还是股票支付划算的问题。总的说来，自己的股票被市场低估或者对自己股票的未来表现有足够信心的时候，应当多用现金支付收购代价；反之，如果自己的股票被市场高估或者对未来股价的走势缺乏信心的时候，就应当多用股票支付，但这时候被收购方是否愿意接受你的股票作为代价，就难说了。

二、新浪网收购深圳网兴

2004年3月，新浪网再次出手，收购了以短信为主要业务的深圳网兴科技。网兴2003年度的营业收入超过1 000万美元，盈利500万美元。这次新浪网对网兴的收购采用了获利能力架构，首期支付代价为1 900万美元，相当于网兴2003年度盈利的3.7倍。第二和第三期盈利能力代价则取决于网兴2004和2005年度的盈利情况：如果网兴2004年度的盈利分别达到 600 万美元以上和 1 100 万美元以上，新浪网可分别以 1.5 和 2 倍市盈率的 90% 支付第二期代价，如果网兴 2005 年度的盈利分别达到 1 200 万美元和 1 800 万美元，新浪网也仍然可分别以 1.5 和 2 倍市盈率的 90% 支付第三期代价；但网兴 2004 年度或 2005 年度如果达不到 600 万美元或 1 200 万美元的最低盈利，新浪网就不用再支付该年度的盈利能力代价。收购网兴的总代价设了 1.25 亿美元的上限，总代价的 60% 以现金支付，40% 以新浪网股票支付。

在收购网兴时，收购协议规定当网兴 2004 年度或 2005 年度盈利能力达不到 600 万美元或 1 200 万美元，新浪网就不用再支付该年度的获利能力代价。从新浪网通过在收购协议中对被收购企业未来盈利能力的规定可以看出，其这样做的目的是减少股票投资的风险。

网兴 2004 年度实现了 1 560 万美元的盈利，新浪网需要为此支付 2 800 万美元的第二期代价。值得一提的是，新浪网 2003 年初收购的讯龙和 2004 年初收购的网兴，都在当年为新浪网带来了超过 3 000 万美元的营业收入和超过 1 500 万美元的盈利，而新浪网为此付出的代价却出奇地低于市场普遍接受的成交价格。新浪网 2003 年度移动增值服务收入的几乎一半来自讯龙，2004 年度移动增值服务收入与上年相比近一倍的增幅，也有一半来自于网兴的贡献。可以说，这两次收购成就了现在新浪网在移动增值业务市场的龙头老大地位。新浪网是至今为止中国互联网业界最成功的收购兼并者。

2003 年上半年，新浪网对讯龙的收购，以及被收购企业在 2003 年度的实际盈利表现，大大超越了收购谈判时收购双方的共同预期，对收购方来说，这是一个捡了便宜的买卖。

而在 2004 年初新浪网收购的网兴科技，其主打业务仍然是普遍认为发展高潮已过的短信，这也是新浪网的这次收购作价较低的一个可能的解释。但网兴科技抓住姓名解析与人生预测这个主题，特别是利用了各地卫星电视做广告促销，2004 年实现了高达 200% 以上的盈利增长。从而使新浪网收购网兴科技成为一个鲜有成功的例子。

案例点评：

新浪网为了实现自身经营的多元化，收购广州讯龙和深圳网兴，即通过股票投资控制广州讯龙和深圳网兴。新浪网在确定收购价格时，未选择在理论上比较健全股票价值的计算方法，而是选择了易于掌握的粗略衡量股票价值的市盈率法。新浪网收购广州讯龙的投资成本是广州讯龙 2003 年度盈利的2.5倍而已；从这个收购案例我们可知新浪网对讯龙的收购价格参照的是前一年的盈利水平，因此就会大失“水准”，而严重低估被收购企业的价值。新浪网收购深圳网兴科技，首期支付代价为1 900万美元，相当于网兴2003年度盈利的3.7倍。第二和第三期支付代价以网兴2004和2005年度的盈利为基准：分别以1.5和2倍市盈率的90%计算出第二期和第三期支付总额。新浪网收购网兴时，收购价格不仅参照网兴前一年的盈利水平，而且还参照未来两年的收益。因此，新浪网对网兴股票价值的评估比对讯龙股票价值的评估更公允。从两个收购案例我们可知新浪网收购时市盈率均在5以下，这一方面体现了新浪网对所投资讯龙和网兴股票前景比较悲观，另一方面也体现了新浪网做出了正确的投资决策。从新浪网收购广州讯龙和深圳网兴的过程中，我们可知新浪网投资于广州讯龙和深圳网兴是基于控股的目的。新浪网投资广州讯龙和深圳网兴时考虑了行业因素和被投资公司的经营能力。

资料来源：吕伟钢. SP收购案例分析. http://capital.wswire.com.2005.5.19。

思 考 题

1. 证券投资将面临哪些风险？

2. 影响投资债券价值的因素有哪些？

3. 国际评级机构对债券的评级对债券投资有什么重要意义？

4. 企业投资可转换债券的利与弊？

5. 影响投资股票价值的因素有哪些？应如何估算股利所得成长率（g）？

6. 如何计算市盈率，股票投资中如何应用市盈率估计投资风险？

7. 什么是投资基金？基金投资有何特点？

8. 开放式基金和封闭式基金的区别是什么？这两种基金投资的风险是否一致？

计 算 分 析 题

1. H公司于2004年1月1日以1 010元价格购买了TTL公司于2001年1月1日发行的面值为1 000元、票面利率为10%的5年期债券。

要求：

(1) 该债券为一次还本付息，计算其到期收益率。

(2) 如果该债券为分期付息、每年年末付一次利息，计算其到期收益率。

2. 大华公司 1995 年 7 月 1 日发行面值为 2 000 元、票面利率为 8%、期限为 5 年的债券，债券每年 7 月 1 日付息，5 年后还本金。

要求：如果发行时市场利率为 5%，债券发行价格为 2 200 元，请问是否应投资该债券？若该债券发行价格为 2 160 元，则该债券的到期收益率是多少？

3. 太阳公司打算投资 A 公司的股票。A 公司今年支付的股利是 1 元/股，根据有关信息，估计 A 公司股利增长率可达 5%。太阳公司对该股票要求的必要收益率为 10%，当 A 公司的股价为每股 25 元，太阳公司是否会购买 A 公司的股票？

4.A 公司股票市价为 20 元，每股盈利为 1 元，请计算该公司市盈率？当市场上类似股票的市盈率为 25，A 公司股票市价是被高估还是低估？

第七章

营运资金管理

本章要点

营运资金是指流动资产减去流动负债后的余额，主要项目包括现金、存货、应收款项、应付款项等。本章主要介绍企业进行营运资金管理的理论和方法，包括最佳现金持有量和现金的日常管理、存货的经济采购批量和存货日常管理和涉及应收款项管理的客户信用管理和企业信用政策决策等。

第一节　营运资金管理概述

营运资金又称营运资本，是指流动资产减去流动负债后的余额，主要项目包括现金、存货、应收款项、应付款项等。营运资金具有较强的流动性，并且其周转的模式和效率影响现金流入量与流出量的同步程度和确定性，因此，企业应有效管理营运资金的占用量和利用效率，既要防止营运资金不足，也要避免营运资金过多。这是因为企业营运资金越大，风险越小，但收益率也越低；相反，营运资金越小，风险越大，但收益率也越高。

如上所述，企业的营运资金管理实际上是一个在风险和收益之间不断权衡的过程。举个简单的例子，如果有 900 万元资金，每开 1 间超市需要 260 万资金，那么，开几间超市呢？2 间还是 3 间？显然，开 3 间的获利能力大于开 2 间，但相应的流动资金也要紧张得多，企业将面临较大的流动性风险。不难看出，企业的营运资金管理需要在风险和收益之间进行权衡，从而达到控制营运资金数量和提高运行效率的目的。

一、营运资金的特点

营运资金是流动资产减去流动负债后的余额，这样，营运资金的特点可以从流动资产和流动负债两个方面予以展开。

（一）流动资产的特点

流动资产投资又称经营性投资，主要包括企业在存货、应收款项和现金项目上的资金占用等，与固定资产投资相比，有如下特点。

（1）投资回收期短，但实际上长期占用。投资于流动资产的资金一般在一年或一个营业周期内收回，例如原材料、待售商品、应收款项都能在较短的时间内转化为现金，但这些资金并不能就此退出运营，它们将循环往复在企业的日常运营中，直到企业缩小规模和停止经营。因此流动资产投资需要有较为固定量的资金，所需要的资金一般可通过商业信用、稳定的短期银行借款等加以解决。

（2）较强的流动性。流动资产在循环周转过程中，经过购买、生产、销售三个阶段，其占用形态不断变化，即按现金→材料→在产品→产成品→应收账款→现金的顺序转化。这种转化循环往复。流动资产的流动性与其变现能力相关，如遇临时资金需求，企业迅速变卖流动资产或以应收账款融通，以获取现金。当然，企业流动资产的流动性在很大程度上受流动资产管理模式和管理水平的影响。

（3）占用形态的并存性。在流动资产的周转过程中，每天不断有资金流入，也有资金流出，流入和流出总要占用一定的时间，从购买、生产、销售各个阶段某一瞬间看，各种不同形态的流动资产，如存货、现金、应收款项等同时存在。因此合理地配置流动资产各项目的比例，是提高流动资产周转效率的必要条件。

（4）占用量的波动性。占用在流动资产上的资金并非一个常数，随着购买、生产、销售规模的变化和周期性及季节性因素，其资金占用量时高时低，起伏不定。随着流动资产占用量的变动，流动负债的数量也会相应地变化。

（二）流动负债的特点

流动负债筹资，包括占用商业信用、短期借款等短期资金融通项目，与长期负债筹资相比，具有如下特点。

（1）获得资金的速度快。流动负债的获得包括申请短期借款、申请商业信用等，往往比获得长期资金更容易、更便捷，通常在较短时间内便可获得。相对短期借款而言，长期借款的借贷时间长，贷方风险大，贷款人需要对企业的财务状况评估后方能作出决定，这样，企业申请长期借款的周期就较长。因此，当企业急需资金时，往往首先寻求短期借款。

（2）获得资金后，企业弹性大。与长期债务相比，短期贷款给债务人更大的灵活性。长期借款的债权人因承受较大的期限风险，为了保护自己的利益，往往要在债务契约中对债务人的行为（如管理层的稳定性、投资方向等）加以种种限制。而短期借款契约中的限制条款比较少，这就使企业有更大的行动自由。尤其对于季节性企业而言，解决季节性资金需求时短期借款比长期借款具有更大的灵活性。

(3) 资金成本相对较低。通常情况下，短期负债筹资的利率低于长期负债筹资的利率。而某些“自然融资”（如应付税金、应计费用、无现金折扣的应付账款等）则没有利息负担。

(4) 偿还风险相对较大。尽管短期债务的成本低于长期债务，但其风险却也大于长期债务。这主要表现在如果企业过多筹措短期债务，当债务到期时，企业不得不在短期内筹措大量资金还债，这很容易导致企业的现金短缺，甚至会因无法按时还债而破产。

二、营运资金管理的主要内容

尽管就广义而言，营运资金是流动资产与流动负债的差额，但通常所指的营运资金管理的内容则主要包括现金、应收账款、存货和应付账款的管理。

1. 现金的管理

现金是指在生产过程中暂时停留在货币形态的资金，狭义的现金指库存现金；广义的现金是指除了库存现金外，还包括银行存款、银行本票和银行汇票存款等交易性投资。现金是用于企业支付的，因此，拥有足够的现金是企业降低财务风险、增强企业资产的流动性和债务的可清偿性等方面的重要考虑。但同时，现金属于非盈利资产，即使是存入银行或是投资于短期证券，收益率也非常低。这样，如果现金持有量过多，它所提供的流动性边际效益便会随之下降，进而导致企业的收益水平降低。因此，企业必须合理确定现金持有量，使现金收支在数量上和时间上有保证并且相互衔接，以便在保证企业经营活动所需现金的同时，尽量减少企业闲置的现金数量，提高资金收益率。现金管理主要涉及最佳现金持有量的确定和现金的日常管理。

2. 应收账款的管理

应收账款是指企业因对外赊销产品、材料、供应劳务等而应向购货或接受劳务的单位收取的款项，也就是企业对客户提供的商业信用。在信用社会中，信用无处不在，企业提供商业信用能起到促进销售，加快存货周转的作用。但同时，企业应收账款会给企业带来管理成本和坏账风险。这样，企业应收账款的管理也是在应收账款所带来的风险、成本和收益中的权衡，以取得最好的契合点。

3. 存货的管理

存货是指企业在日常生产经营过程中为生产或销售而储备的物资。企业持有存货是实现经营目标的重要保证，但同时也带来相应的管理成本。具体表现在，一方面，企业持有充足的存货，有节约采购费用与生产时间、迅速地满足客户各种订货要求、规避存货价格上涨风险的作用；另一方面，存货的增加必然要占用更多的资金，使机会成本、存货的储存与管理费用增加，影响企业获利能力的提高。因此，如何在持有存货的收益与成本之间进行成本效益的权衡，在充分发挥存货功能的同时降低成本、增加收益，是存货管理的基本目标。存货的管理主要包括对采购时间、采购批量的测算；日常的组织和管理等方面。

4. 应付账款的管理

应付账款的管理主要体现在企业与供应商之间业务往来账款的管理上。在应付账款的管理中，以采购发票、其他应付的票据等原始单据为依据，记录采购业务及其他业务所形成的往来款项，处理应付款项的支付、转账等情况，同时实现票据处理等功能。在此基础上，对企业占用应付账款的效率、企业筹资成本的影响和对未来采购成本的影响等方面进行衡量和协调。应付账款管理系统如图 7－1 所示。

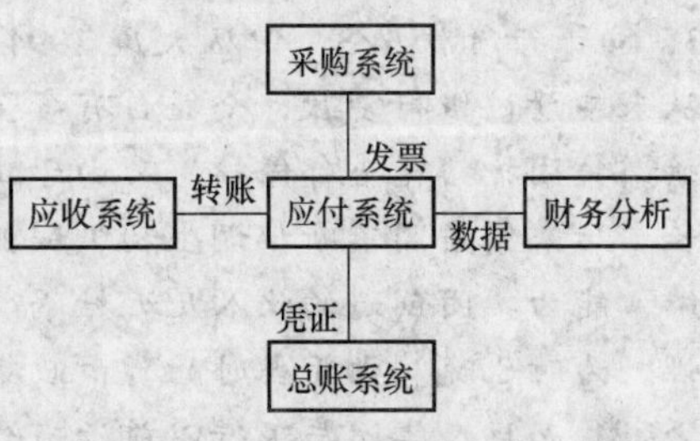

图 7－1　应付账款管理系统

三、衡量营运资金效率的主要指标

营运资金的管理是在控制清偿风险的条件下，不断促进营运资金的周转。通常，在营运资金的管理中，企业会以一些营运资金管理的相关指标来进行营运资金需求的预测和营运资金管理效率的衡量，它们包括营运周期、应收账款周转率和周转天数、存货周转率和周转天数、应付账款周转率和周转天数等。这些在财务分析一章有详细的叙述，这里不再赘述。

前已述及，营运资金是流动资产与流动负债的差额，有关流动负债管理的内容已在本书第三章“筹资方式”中述及，故本章重点介绍现金、应收账款、存货等主要流动资产的管理。

第二节 现 金 管 理

现金是变现能力最强的资产，可以用来满足经营中各种开支的需要，也是还本付息和履行纳税义务的保证。因此，拥有足够的现金是企业降低财务风险，增强企业资产的流动性和债务的可清偿性等方面的重要考虑。

【微型案例】

巨人集团的现金问题

曾为中国最具实力的计算机企业——巨人集团，在二次创业的过程中，决定投资兴建巨人大厦。在融资方面，集团决定自筹 1/3，卖楼花筹 1/3，向银行贷款 1/3。但从大厦 1994 年 2 月破土动工到 1996 年 7 月。集团从未申请过银行贷款，全凭自有资金和卖楼花的钱支撑。但后来因政策影响，集团把楼花全部停掉。又由于工程上出现问题及遭遇水灾，使工期延长。后来，集团不断抽调生物工程业务的资金，导致这一新兴产业出现萎缩，能为集团创造的收入几近枯竭。当集团领导层意识到银行贷款的迫切性，为时已晚。由于当时的货币政策实施收紧银根的做法，各处资金都很紧张。而巨人集团与银行以前没有信贷关系，且贷款数量巨大，因而贷款难度巨大。最终由于在 1996 年底大厦未能交付使用，债主登门讨债，集团财务周转不灵，因此爆发财务危机。

一、现金的持有动机与成本

尽管持有现金是企业降低财务风险的重要方面，但是，我们知道，现金属于非盈利资产，即使是存入银行或是投资于短期证券，其收益率也非常低。如果现金持有量过多，它所提供的流动性边际效益便会随之下降，进而导致企业的收益水平降低。因此，企业必须合理确定现金持有量，使现金收支在数量上和时间上有保证并且相互衔接，以便在保证企业经营活动所需现金的同时，尽量减少企业闲置的现金数量，提高资金收益率。

（一）现金的持有动机

企业持有一定数量的现金，主要是为了满足企业的交易需要、预防性需要和投机需要，这也就是我们常说的持有现金的三个动机。当然，基于这些动机所需保持的现金，并不要求必须是货币形态，也可以是能够随时变现的有价证券以及能够随时转换成现金的其他各种存在形态，如可随时借入的银行信贷资金等。

1. 交易动机

交易动机就是企业在正常生产经营秩序下保持的一定的现金支付能力。企业为了组织日常生产经营活动，必须保持一定数额的现金余额，用于购买原材料、支付工资、缴纳税款、偿付到期债务、派发现金股利等。一般来说，企业为满足交易动机所持有的现金余额主要取决于企业的经营规模。随着企业经营规模的扩大，所需的用于交易的现金余额也随之增加。

2. 预防动机

企业为应付紧急情况下的现金支付，就需要持有预防需要的现金。由于市场行情的瞬息万变和其他各种不可预测因素的存在，企业通常难以对未来现金流入量与流出量作出准确的估计和预期。一旦企业对未来现金流量的预期与实际情况发生偏离，必然对企业的正常经营秩序产生不利影响。所以，在正常业务活动现金需要量的基础上，增加一定数量的现金余额以应付未来现金流入和流出的随机波动，是企业在确定必要现金持有量时应当考虑的因素。企业为应付紧急情况所持有的现金余额，从企业内部因素看主要取决于以下三个方面：一是企业愿意承担风险的程度；二是企业临时举债能力的强弱；三是企业对现金流量预测的可靠程度；从外部因素看，则主要受融资环境、经济背景等因素的影响，一般公司会在经济不景气、融资环境较紧的情况下，持有较多的现金，以应对不时之需。

3. 投机动机

企业为了抓住各种转瞬即逝的市场机会，获取较大的利益需要准备随时可以动用的现金余额。如利用证券市价大幅度跌落购入有价证券，以期在价格反弹时卖出证券获取资本利得，即价差收入等。投机动机只是企业确定现金余额时所需考虑的次要因素之一，其持有量的大小往往由企业在金融市场的投资机会及企业对待风险的态度决定。

企业除了基于上述三种原因持有的现金外，也会基于满足将来某一特定要求，如计划中的项目，或者为在银行维持补偿性余额等其他原因而持有现金。企业在确定现金余额时，一般应综合考虑各方面的持有需要。但要注意的是，由于各种动机所需的现金可以调节使用，企业持有的现金总额并不等于各种动机所需现金余额的简单相加，前者通常小于后者。

（二）与现金管理和现金运作相关的成本

与现金管理和现金运作相关的成本，通常由持有成本、转换成本和短缺成本三个部分组成。

1. 持有成本

现金的持有成本是指企业因保留一定现金余额而增加的成本，主要包括现金的管理费用及丧失的再投资收益，即机会成本。

企业保留现金，就需要对现金进行管理，会发生一定的管理费用，如管理人员工资及保证资产安全的费用等。这部分费用具有固定成本的性质，在一定范围内与现金持有量的多少关系不大，对现金持有量的决策而言是不相关成本。

再投资收益是企业不能同时用该现金进行有价证券投资所产生的机会成本，这种成本在数额上等同于资金成本。放弃的再投资收益（即机会成本）属于变动成本，它与现金持有量成正比例关系，对现金持有量的决策而言是相关成本。

2. 转换成本

转换成本是指企业用现金购入有价证券以及转让有价证券换取现金时付出的交易费用，即现金同有价证券之间相互转换的成本，如委托买卖佣金、委托手续费、证券过户费、实物交割手续费等。转换成本包括两种：依据基于成交额计算的转换成本和基于证券变现次数计算的转换成本。

严格地讲，转换成本有的是固定费用，有的是变动费用，有的具有半变动成本的性质。委托买卖佣金或手续费，通常是按照委托成交金额计算的，是变动费用。在证券总额既定的条件下，无论变现次数怎样变动，所需支付的委托成交金额是相同的。也就是说，那些依据委托成交额计算的转换成本与证券变现次数关系不大，属于决策无关成本。这样，与证券变现次数密切相关的转换成本便只包括其中基于证券变现次数计算的固定性交易费用。固定性转换成本与现金持有量成反比例关系。

3. 短缺成本

现金短缺成本是指在现金持有量不足而又无法及时通过有价证券变现加以补充而给企业造成的损失，包括直接损失与间接损失。其中，间接损失很难计量，但有时会对企业产生重大影响，比如企业因无法按时偿还债务而失去信用，甚至破产。现金的短缺成本与现金持有量成反方向变动关系。

二、最佳现金持有量

如上所述，企业为满足交易、预防、投机等动机的需要，必须保持一定数量的现金余额，而现金持有又有其成本。所以，人们一直努力寻找使现金持有的风险和收益达到平衡的最佳现金持有量。当了解了与现金有关的成本及其各自的特性后，我们从成本最低的角度出发确定现金最佳持有量。确定最佳现金持有量的模式主要有成本分析模型、存货模型和随机模型。

（一）成本分析模型

成本分析模型是根据与现金持有和管理相关的成本，分析预测其总成本最低时现金持有量的一种方法。通常，运用成本分析模型确定现金最佳持有量，只考虑因持有一定的现金而产生的机会成本及短缺成本，而不考虑管理费用和转换成本。

1. 成本分析模型中的相关成本

机会成本即因持有现金而丧失的再投资收益，现金持有量越多，丧失的投资机会越多，所以，机会成本与现金持有量成正比例变动关系，用公式表示，即

机会成本 = 现金持有量 × 再投资收益率

短缺成本是企业因未持有足够的现金而丧失的利益或造成的损失，现金持有量越大，造成损失的可能性越小，反之则越大，这样，现金的短缺成本与现金持有量成反方向变动关系。现金的成本同现金持有量之间的关系如图 7－2 所示。

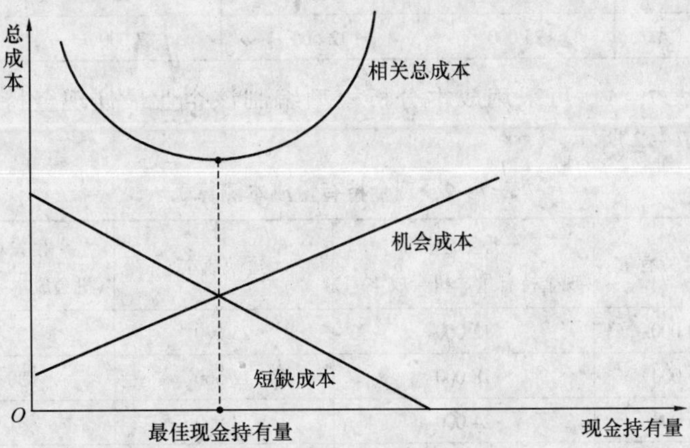

图 7－2　成本分析模型示意图

从图 7－2 可以看出，由于各项成本同现金持有量的变动关系不同，使得总成本曲线呈抛物线形，抛物线的最低点，即为成本最低点，该点所对应的现金持有量便是最佳现金持有量，此时总成本最低。成本分析模式是基于上述原理来确定现金最佳持有量的。在这种模式下，最佳现金持有量，就是持有现金而产生的机会成本与短缺成本之和最小时的现金持有量。

2. 成本分析模型的应用

运用该模型确定最佳现金持有量时，通常包括三个具体的步骤：

(1) 确定可能的现金持有量规模，根据不同现金持有量测算并确定有关成本数值；

(2) 按照不同现金持有量水平及其相关的成本资料编制现金持有量成本测算表；

(3) 在现金持有量成本测算表中，找出所有可能方案中相关总成本最低时的现金持有量，即最佳现金持有量。

例 7－1 最佳现金持有量的测算——成本分析模型。假设根据企业的规模和经营特点，企业拟持有的现金有 100 000 元、150 000 元、200 000 元、250 000 元四种可能的情形，从成本最低的角度，四种现金持有方案中选择最佳现金持有量测算所需的有关成本资料如表 7－1 所示。

表 7－1 现金持有量备选方案

项　目	A	B	C	D
现金持有量（元）	100 000	150 000	200 000	250 000
机会成本率（%）	12	12	12	12
短缺成本（元）	25 000	12 500	7 000	2 500

根据表 7－1，可采用成本分析模型编制该企业最佳现金持有量测算表，如表 7－2 所示。

表 7－2 现金持有量成本测算表　　单位：元

方案及现金持有量	机会成本（现金持有量×机会成本率）	短缺成本	相关总成本（机会成本＋短缺成本）
A：100 000	12 000	25 000	37 000
B：150 000	18 000	12 500	30 500
C：200 000	24 000	7 000	31 000
D：250 000	30 000	2 500	32 500

通过分析比较上表中各方案的总成本可知 B 方案的相关总成本最低，因此企业持有 150 000 元的现金时，机会成本与短缺成本之和最低，150 000元即为现金最佳持有量。

3. 成本分析模型的局限性

成本分析模型的局限性主要表现在短缺成本的计量问题上。通常，短缺成本的计量在技术上有一定的困难，尤其是现金短缺的间接损失，因此，不可否认的是这个模型在实际应用中有一定的局限性。

（二）存货模型

确定最佳现金持有量的存货模型又称鲍莫模型（Baumol Model），由美国经济学家 William J. Baumol 首先提出。鲍莫认为公司现金持有量在许多方面与存货相似，存货的经济订货批量模型可用于确定目标现金持有量，并以此为出发点，建立了鲍莫模型。

1. 存货模型中的相关成本

与存货的经济批量模型相同，存货模型的着眼点也是现金相关总成本最低。在这些成本中，管理费用因相对稳定，同现金持有量的多少关系不大，因此在存货模型中将其视为决策无关成本而不予考虑。而现金是否会发生短缺、短缺多少、概率多大以及各种短缺情形发生时可能的损失如何，都存在很大的不确定性和无法计量性。所以，在利用存货模型计算现金最佳持有量时，对短缺成本也不予考虑。在存货模型中，只对机会成本和固定性转换成本予以考虑。

2. 成本分析模型的应用

机会成本和固定性转换成本随着现金持有量的变动而呈现出相反的变动趋向，这就要求企业必须对现金与有价证券的持有比例进行合理安排，从而使机会成本与固定性转换成本保持最佳组合。也就是说，能够使现金管理的机会成本与固定性转换成本之和保持最低的现金持有量，即为最佳现金持有量。

设 T 为一个周期内现金总需求量；F 为每次转换有价证券的固定成本；Q 为最佳现金持有量（每次证券变现的数量）；R 为有价证券利息率（机会成本）；TC 为现金管理相关总成本。则：

现金管理相关总成本 = 持有机会成本 + 固定性转换成本

即

$$TC = (Q/2) \cdot R + (T/Q) \cdot F$$

现金管理相关总成本与持有机会成本、固定性转换成本的关系如图 7－3所示。

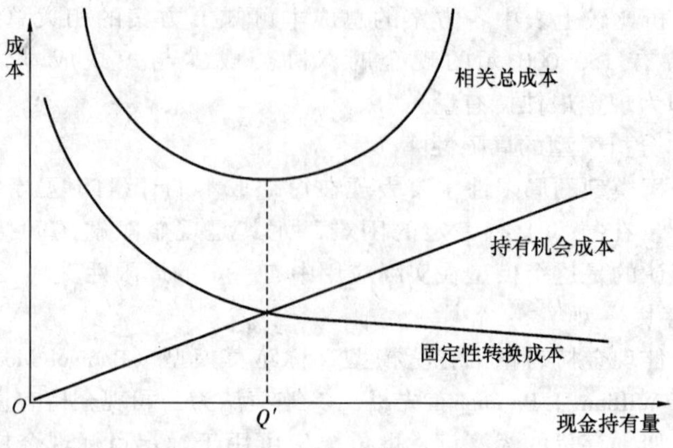

图 7－3　存货模型示意图

从图 7－3 可以看出，现金管理的相关总成本与现金持有量呈凹形曲线关系。持有现金的机会成本与证券变现的交易成本之和最低时，现金管理的相关总成本最低，此时的现金持有量（Q'）即为最佳现金持有量。

3. 存货模型的局限性

运用存货模型确定最佳现金持有量时，是以一些假设为前提的，包括：

（1）企业所需要的现金可通过证券变现取得，且在价值、时间等方面的不确定性很小；

（2）企业预算期内现金需要总量可以预测；

（3）现金的支出过程比较稳定、波动较小，而且每当现金余额降至零时，均可立即通过部分证券变现得以补足；

（4）证券的利率或报酬率以及每次固定性交易费用可以获悉。

如果这些条件基本得到满足，企业便可以利用存货模型来确定现金的最佳持有量。而过多的假设就是存货模型的局限性所在，因为企业的经营现实其实难以满足所有这些假设。同时，未考虑短缺成本也是存货模型的局限性，短缺成本其实不可避免，而且有时很大，对企业的影响也深远。

（三）随机模型

与存货模型不同，随机模型是在现金需求难以预知的情况下进行现金持有量控制的方法。企业的现金需求量往往波动大且很难预知，但企业可以根据历史经验和现实需求，测算出一个现金持有量的控制范围，即制定出现金持有量的上限、下限和最优值，将现金量控制在上下限之间。当现金量达到控制上限时，企业就用现金购入有价证券等投资，使现金持有量下降；当现金量降到控制下限时，企业则抛售有价证券等投资，使现金持有量回升。若现金持有量在控制的上下限之内，则不必进行现金与有价证券的转换，保持它们各自的现有存量。这种对现金持有量的控制，如图7－4所示。

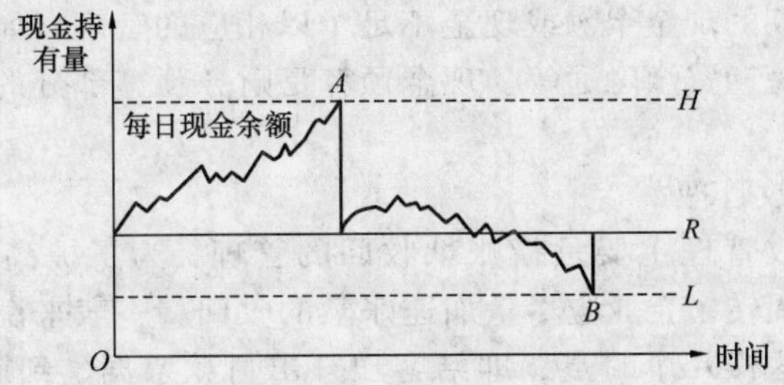

图 7－4　随机模型示意图

虚线 H 为现金持有量的上限，虚线 L 为现金持有量的下限，实线 R 为最优现金返回线。从图中可以看到，企业的现金持有量（表现为现金每日余额）是随机波动的，当其达到直线 H 上的 A 点时，即达到了现金控制的上限，企业应用现金购买有价证券或进行其他投资行为，使现金持有量回落到现金返回线（R）的水平；当现金持有量降至直线 L 上的 B 点时，即达到了现金控制的下限，企业则应转让有价证券或其他投资换回现金，使现金持有量回升至现金返回线的水平。现金持有量在上下限之间的波动，属于控制范围内的变化，是合理的。上限 H、现金返回线 R、下限 L 之间的关系可由下列公式表示：

$$R=\sqrt[3]{\frac{3b\delta^2}{4i}}+L$$

$$H=3R-2L$$

式中　b——每次有价证券的固定转换成本；

i——有价证券的日利息率；

δ——预期每日现金余额变化的标准差（可根据历史资料测算）。

下限 L 的确定，通常要受到企业每日的最低现金需要、营运资金的周转速度、管理人员的风险偏好等因素的影响。

三、现金的日常管理

企业在确定了最佳现金持有量后，还应采取各种措施，加强现金的日常管理，以保证现金的安全、完整，并最大限度地发挥其效用。现金日常管理的基本内容主要包括现金预算、现金回收管理、现金支出管理、闲置现金的投资等几个方面。

1. 现金预算

现金的日常管理通常是以对未来现金流量的预测和预算开始的，企业通常对未来的成本、销售、资本性支出等进行预测，并编制现金预算，在此基础上对预期的现金余额或现金不足予以相应的管理，如加快回收、现金余额投资、短期资金融通等。现金预算是财务预算部分的重要内容，在此不再赘述。

2. 现金回收管理

现金的回收管理主要是指账款收回的管理。为了提高现金的使用效率，加速现金周转，企业应尽量加速账款的收回。一般来说，企业账款的收回需要经过这样几个时点，即给客户开出付款票据、到期时客户支付、企业收到款项、企业交存银行和款项到账。其中，从给客户开出付款票据至到期这个时段属于应收账款管理的范畴，从到期客户支付到款项到账则属于现金回收管理的范畴，如图 7－5 所示。

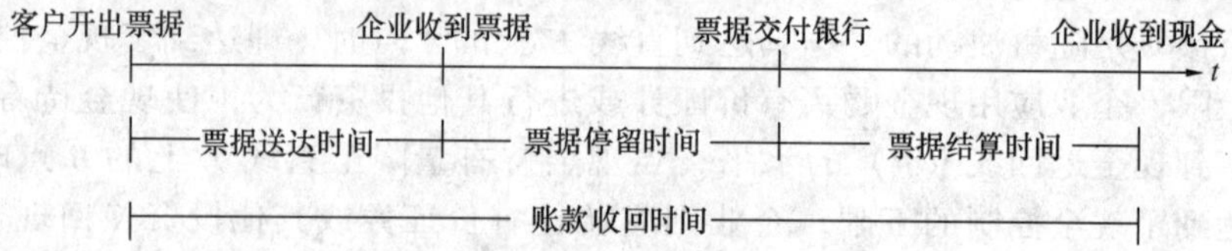

图 7－5　现金回收期间

企业账款收回的时间包括票据送达时间、票据在企业停留时间以及票据结算的时间。前两个阶段所需时间的长短不但与客户、企业、银行之间的距离有关，而且与收款的管理方式和管理效率有关。在实际工作中，缩短这两段时间的方法一般用银行业务集中法。

这是一种通过建立多个收款中心来加速现金流转的方法，通常适用于规模较大的企业或企业集团。采用这种方法时，企业通常会指定一个主要开户行（通常在总部所在地）为集中银行，并在收款额较为集中的若干地区设立若干个收款中心；客户收到账单后直接汇给当地收款中心，中心收款后立即存入当地银行；当地银行在进行票据交换后立即转给企业总部所在地银行。

这种方法可以缩短客户邮寄或送达付款票据的时间，但是，采用这种方法需在多处设立多个收账中心，从而增加了相应的管理费用。因此，企业应在权衡利弊得失的基础上，作出是否采用这种方法的决策，这就需要计算分散收账收益净额。

$$分散收账收益净额=\left(\begin{matrix}分散收账前应\\收账款金额\end{matrix}-\begin{matrix}分散收账后\\应收账款金额\end{matrix}\right)\times企业综合资金成本率-\begin{matrix}因增设收账中心\\每年增加的费用额\end{matrix}$$

除这种方法外，还可以采取电汇、大额款项专人处理、企业内部往来多边净额结算、减少不必要的银行账户等方法加快现金回收。

3. 现金支出管理

与现金回收管理相反，现金支出管理的主要任务是尽可能延缓现金的支出时间。当然这种延缓必须是合理合法的，也不会影响到企业的信誉，否则企业延期支付账款所得到的收益将远远低于由此而遭受的损失，例如供应商拒绝赊销。同时，延期支付也不应该给企业带来额外的增量成本。延期支付账款的方法一般有合理利用“浮游量”、推迟支付应付账款、采用汇票付款、改进工资支付等。

（1）推迟支付应付款项。这是延期支付账款最简单也最有效的方式，企业可在不影响信誉也不增加成本的情况下，尽可能推迟应付账款的支付期。但在供应商的信用条款中有现金折扣时，推迟支付应付款项往往会带来增量成本。关于现金折扣的具体内容将在应收账款的管理部分提及。

（2）合理利用现金“浮游量”。所谓现金的“浮游量”是指企业账户上现金余额与银行账户上所示的存款余额之间的差额。有时，企业账户上的现金余额已为零或负数，而银行账户中的该企业的现金余额还有很多，这是因为有些已经开出的付款票据尚处在传递中，银行尚未付款出账。如果能正确测算现金浮游量并加以利用，可以减少现金持有量，从而降低现金持有成本。

（3）采用商业汇票付款。在使用支票付款时，只要受票人将支票存入银行，付款人就要无条件地付款，但商业汇票往往不是“见票即付”的付款方式，而是在票面上约定未来付款时间，这样就有可能合法地延期付款了。

4. 闲置现金投资管理

由于经营时现金流入量和流出量往往存在不同步的现象，因此，在经营过程中会出现临时的现金闲置，这可以通过现金预算来预知。同时，企业在筹资时，会取得大量的现金，这些现金在用于资本投资或其他业务活动之前，通常也会闲置一段时间。通常企业将这些现金头寸用于短期证券投资以获取利息收入或资本利得，如果管理得当，可为企业增加净收益。

当然，企业现金管理的目的首先是保证日常经营业务及战略发展的现金需求，其次才是使这些现金获得最大的收益。这就要求企业把闲置资金投入到流动性高、风险性低、交易期限短的金融工具中，如国债，以期获得收入，同时又保证变现速度和变现金额。

第三节　应收账款管理

应收账款是企业因对外赊销产品、材料、供应劳务等而应向购货或接受劳务的单位收取的款项，也就是企业对客户提供的商业信用。在企业中起到促进销售、加快存货周转的作用。我们知道，企业销售产品时可以采取两种基本方式，即现销方式与赊销方式。现销方式最大的优点是应计现金流入量与实际现金流入量完全吻合，这样，既能避免呆坏账损失，又能及时地将收回的款项投入经营过程，是企业最期望的一种销售结算方式。然而，在竞争激烈的市场经济条件下，完全依赖现销方式往往是不现实的，甚至是不可能的。而在赊销方式下，企业在销售产品的同时，向买方提供了可以在一定期限内无偿使用的资金，即商业信用资金，其数额等同于商品的售价，这对于客户而言具有极大的吸引力。因此，赊销是企业销售产品、开拓并占领市场的重要措施。这样，通过赊销也就加快了产成品向销售收入的转化速度，从而对降低存货中的产成品数额有着积极的作用。这有利于缩短产成品的库存时间，降低产成品存货的管理费用、仓储费用和保险费用等各方面的支出。因此，当产成品存货较多时，企业可以采用较为优惠的信用条件进行赊销，尽快地实现产成品存货向销售收入的转化，变持有产成品存货为持有应收账款，以节约各项存货支出。但同时，企业应收账款会给企业带来成本和风险，企业应收账款的管理也是在风险、成本和收益中权衡，取得最好的契合点。

一、应收账款的成本

企业在采取赊销方式促进销售的同时，会因持有应收账款而付出一定的代价，这种代价，即为应收账款的成本，主要包括机会成本、坏账成本和管理成本。

1. 机会成本

应收账款的机会成本是指因资金投放在应收账款上而丧失的其他收入，如投资于有价证券就会有利息收入等。这一成本的大小通常由两个因素决定：企业维持赊销业务所需要的资金数量（即应收账款投资额）、企业的资金成本率。其计算公式为

应收账款机会成本 = 维持赊销业务所需要的资金 × 资金成本率

式中资金成本率一般可按有价证券利息率计算，而维持赊销业务所需要的资金数量可按下列步骤计算：

（1）计算应收账款平均余额。即

应收账款平均余额 =（年赊销额/360）× 平均收账天数

（2）计算维持赊销业务所需要的资金。即

维持赊销业务所需要的资金 = 应收账款平均余额 × 变动成本率

例 7－2 应收账款机会成本的计算。假设某企业预测的年度赊销额为 3 000 000 元，应收账款平均收账天数为 30 天，变动成本率为 40%，资金成本率为 12%，则持有应收账款的机会成本可计算如下。

维持赊销业务所需要的资金为

$$3\ 000\ 000/360 \times 30 \times 40\% = 100\ 000\ （元）$$

应收账款的机会成本为

$$100\ 000 \times 12\% = 12\ 000\ （元）$$

上述计算表明，企业投放 100 000 元的资金可维持 3 000 000 元，30 天账期的赊销业务，相当于垫支资金的 30 倍之多，相应的资金占用成本为 12 000 元。当然，倍数在很大程度上取决于应收账款的收账速度，如将收账天数延长到 60 天，则该倍数就降为 15 了。在正常情况下，应收账款收账天数越少，一定数量资金所维持的赊销额就越大；应收账款收账天数越多，维持相同赊销额所需要的资金数量就越大。而应收账款机会成本在很大程度上取决于企业维持赊销业务所需要资金的多少。

2. 管理成本

应收账款的管理成本是指企业对应收账款进行管理而耗费的开支，主要包括对客户的资信调查费用、账簿记录和核对费用、收账费用和其他费用。

3. 坏账成本

因应收账款基于商业信用而产生，必然存在无法收回的可能性，企业持有应收账款就面临这种风险，这种风险给企业带来的损失表现在成本上即为坏账成本。这一成本一般与应收账款数量同方向变动，即应收账款越多，坏账成本也越多。当然，坏账成本在更大程度上取决于企业的应收账款管理水平。基于此，为规避发生坏账成本给企业生产经营活动的稳定性带来不利影响，企业应有效地在事前、事中和事后管理应收账款，并合理提取坏账准备。

【微型案例】

四川长虹的坏账准备

2004年12月28日，四川长虹董事会审议并一致通过公司拟对APEX公司应收账款计提坏账准备的决议。美国进口商APEX公司由于涉及专利费、美国对中国彩电反倾销等因素出现了较大亏损，全额支付公司欠款存在着较大困难。据此，公司董事会决定按更为谨慎的个别认定法对该项应收账款计提坏账准备，并按会计估计变更的方法进行了相应的会计处理。截至2004年12月25日，公司应收APEX账款余额4.675亿美元，根据对APEX公司资产的估算，公司对APEX公司应收账款可能收回的资金在1.5亿美元以上，最大计提金额有3.1亿美元左右。另一方面，公司2004年度按现行会计政策及谨慎性原则，对存货计提减值准备金额预计11亿元，对南方证券委托国债投资余额计提减值准备1.828亿元。按照上述计提减值准备后，2004年度合计亏损37亿元左右。

二、应收账款的事前管理——信用政策的制定与客户信用评价

应收账款的事前管理包括制定企业信用政策，即应该给什么样的客户什么样的信用条件，和对具体客户的信用评价，以确定是否给客户信用和具体的信用条件。

（一）信用政策

信用政策即应收账款的管理政策，是指企业为对应收账款进行规划与控制而确立的基本原则与行为规范，包括信用标准、信用条件、收账政策三部分内容。制定合理的信用政策，是加强应收账款管理，提高应收账款投资效益的重要前提。信用政策的制定受企业的风险偏好、应收账款的管理水平、企业的发展阶段、行业特征等方面的因素的影响。

1.信用标准

信用标准是客户获得企业商业信用所应具备的最低条件，通常以预期的坏账损失率表示。如果企业把信用标准定得过高，将使许多客户因信用品质达不到所设的标准而被企业拒之门外，其结果尽管有利于降低违约风险及收账费用，但不利于企业市场竞争能力的提高和销售收入的扩大。相反，如果企业接受较低的信用标准，虽然有利于企业扩大销售，提高市场竞争力和占有率，但同时也会导致坏账损失风险的加大和收账费用的增加。信用标准通常给出企业评价客户信用等级的基本参数和方法及不同等

级下的客户可获得信用的具体标准。

企业在制定或选择信用标准时，应考虑以下三个方面的因素：

（1）同行业惯例和竞争对手的情况。面对竞争对手，企业首先考虑的就是如何在竞争中处于优势地位，保持并不断扩大市场份额。如果对手实力很强，企业欲取得或保持优势地位，就需采取较宽（相对于竞争对手）的信用标准；反之，其信用标准可以相应的严格一些。

（2）企业自身承担违约风险的能力。企业承担违约风险能力往往受企业的财务弹性、企业自身的信用等因素决定。当企业具有较强的违约风险承担能力时，就可以以较低的信用标准提高竞争力，争取客户，扩大销售；反之，如果企业承担违约风险的能力比较脆弱，就只能选择严格的信用标准以尽可能降低违约风险的程度。

（3）客户的资信。客户资信程度的高低通常决定于五个方面，即客户的信用品质（Character）、偿付能力（Capacity）、资本（Capital）、抵押品（Collateral）、经济状况（Conditions）等，简称"5C"系统。

2. 信用条件

所谓信用条件就是指企业接受客户信用订单时所提出的付款要求，主要包括信用期限、折扣期限及现金折扣率等。上述的信用标准是企业评价客户等级，决定给予或拒绝客户信用的依据。一旦企业决定给予客户信用优惠时，就需要考虑具体的信用条件。信用条件通常表现为信用额度、信用期限、现金折扣和折扣期限等。例如，我们常看到的"2/10，$n/60$"就是其中信用期限和现金折扣和折扣期限的表现方式，意思是：若客户能够在发票开出后的 10 日内付款，可以享受 2%的现金折扣；如果全部款项在 60 日内付清，则不享受任何折扣优惠。这里，60 天为信用期限，10 天为折扣期限，2%为现金折扣率。

（1）信用期限。信用期限是指企业允许客户从购货到支付货款的时间间隔。企业产品销售量与信用期限之间存在着一定的依存关系，较长的信用期限有助于扩大销售。所以，延长信用期限，可以在一定程度上扩大销售量，从而增加毛利。但不适当地延长信用期限，会给企业带来不良后果。直接的影响是使平均收账期延长，企业占用在应收账款上的资金相应增加，导致机会成本增加；间接的影响是坏账风险增大，导致坏账损失和收账费用的增加。因此，企业是否给客户延长信用期限，应测算延长信用期限增加的边际收入是否大于增加的边际成本。

（2）现金折扣和折扣期限。延长信用期限会增加应收账款占用的时间和金额。所以，许多企业为了及时收回货款，加速资金周转，并减少坏账损失，往往在延长信用期限的同时，采用一定的优惠措施鼓励客户提前付款，这就是现金折扣。

①现金折扣的概念。现金折扣是指在规定的时间内提前偿付货款的客户可按销售收入的一定比率享受付款扣减。如上例，(2/10，*n*/60）表示赊销期限为60天，若客户在10天内付款，则可享受2%的折扣。除上述表述的信用条件外，企业还可以根据需要，采取阶段性的现金折扣期与不同的现金折扣率，如“3/10，2/20，*n*/60”，等等。意思是：给予客户60天的信用期限，客户若能在开票后的10日内付款，便可以得到3%的现金折扣；超过10日而能在20日内付款时，也可以得2%的现金折扣；否则，只能全额支付账面款项。

②现金折扣政策的成本与收益。现金折扣实际上是对现金收入的扣减，企业决定是否提供以及提供多大程度的现金折扣，着重考虑的是提供折扣后所得的收益是否大于现金折扣的成本。究竟应当核定多长的现金折扣期限，以及给予客户多大程度的现金折扣优惠，往往收到行业惯例的影响。就企业个体而言，在作出相关决策时，必须将信用期限及加速收款所得到的收益与付出的现金折扣成本结合起来测算。同延长信用期限一样，采取现金折扣方式在有利于刺激销售的同时，也需要付出一定的成本代价。如果加速收款带来的机会收益能够补偿现金折扣成本，企业就可以采取现金折扣或进一步改变当前的折扣方针，如果加速收款的机会收益不能补偿现金折扣成本的话，那么现金优惠条件便被认为是不恰当的。当然，现金折扣的提供也受行业竞争等一些非财务因素的影响，这在进行相关决策时也需要被考虑。

(3) 信用条件备选方案的评价。虽然企业通过制定信用管理政策，已对可接受的信用风险水平作了限定，但当企业的生产经营环境发生变化时，仍需要对信用管理政策中的某些规定进行修改和调整，并对改变条件的各种备选方案进行动态地评价。

例7-3 信用条件决策。某企业预测的2006年度赊销额为4 800万元，其信用条件是：*n*/60，变动成本率为40%，资金成本率（或有价证券利息率）为10%。假设企业收账政策不变，固定成本总额不变。该企业准备了两个信用条件的备选方案。

A. 维持*n*/60的信用条件；

B. 将信用条件收紧到*n*/30。

各种备选方案估计的赊销水平、坏账百分比和收账费用等有关数据如表7-3所示。

表 7-3 信用条件备选方案表

项　　目	现行信用政策（A）	拟改变的信用政策（B）
年收账费用（万元）	6	10
平均收账天数（天）	60	30
坏账损失占赊销额的百分比（%）	3	2
赊销额（万元）	4 800	4 800
变动成本率（%）	40	40

根据以上资料，可对这两个方案的相关信息进行分析和计算，以判断这两个方案的成本效益，如表 7-4 所示。

表 7-4 信用条件备选方案分析评价表

项　　目	现行信用政策（A）	拟改变的信用政策（B）
赊销额（万元）	4 800	4 800
应收账款平均收账天数（天）	60	30
应收账款平均余额（万元）	800（4 800 ÷ 360 × 60）	400（4 800 ÷ 360 × 30）
应收账款占用的资金（万元）	32（800 × 40%）	160（400 × 40%）
收账成本（万元）		
应收账款机会成本（万元）	32（320 × 10%）	16（160 × 10%）
坏账损失（万元）	144（4 800 × 3%）	96（4 800 × 2%）
年收账费用（万元）	6	10
收账总成本（万元）	182	122

根据表 7-4 中的资料可知，在这两种方案中，B 方案（*n*/30）的获利最大，它比 A 方案（*n*/60）减少收账成本 60 万元。因此，在其他条件不变的情况下，应选择 B 方案。

例 7-4　信用条件决策。仍以例 7-3 所列资料为例，如果企业为了加速应收账款的回收，决定在 B 方案的基础上将赊销条件改为"2/10，1/20，*n*/30"（C 方案），估计约有 60%的客户（按赊销额计算）会利用 2%的折扣；15%的客户将利用 1%的折扣。坏账损失率降为 0.5%，收账费用降为 9 万元。根据上述资料，有关指标可计算如下。

应收账款平均收账天数为

$$60\% \times 10 + 15\% \times 20 + (1 - 60\% - 15\%) \times 30 = 16.5(\text{天})$$

应收账款平均余额为

$$4\ 800 \div 360 \times 16.5 = 220\text{（万元）}$$

维持赊销业务所需要的资金为

$$220 \times 40\% = 88\text{（万元）}$$

则全部收账成本如表 7－5 所示。

表 7－5 信用条件方案 C 的分析评价表 单位：万元

项目	金额
收账费用	9
应收账款机会成本（88×10%）	8.8
坏账损失（4 800×0.5%）	24
现金折扣（4 800×2%×60%＋4 800×1%×15%）	64.8
合　计	106.6

计算结果表明，实行考虑现金折扣的 C 方案以后，企业的总收账费用比 B 方案降低 15.4 万元，也就是说，收益增加 15.4 万元，因此，企业最终应选择 C 方案（2/10，1/20，*n*/30）作为最佳方案。

（二）客户或潜在客户的信用评价

企业应在既定的信用政策的基础上，对潜在客户进行信用评价，以确定其是否符合信用标准，是否给予其商业信用，给予什么样的信用政策，也需要对目前客户进行信用评价的跟踪。

1. 影响信用标准的因素分析

如上所述，信用标准是客户获得企业商业信用所应具备的最低条件，企业在信用标准的确定上，面临着两难的选择。其实，这也是风险－收益、成本－效益关系在企业信用评价方面的客观反映。因此，必须对影响信用标准的因素进行定性和定量分析。如上所述，客户资信程度的高低通常决定于五个方面，即客户的信用品质、偿付能力、资本、抵押品、经济状况等。它们的具体评价方面包括：

(1) 信用品质。信用品质是指客户履约或赖账的可能性，这是决定是否给予客户商业信用的首要因素，主要通过在客户授权的情况下，从银行、其他供应商等渠道了解客户以往的付款履约记录并进行评价。

(2) 偿付能力。客户偿付能力的高低，取决于财务状况，特别是流动资产的数量、质量（变现能力）及其与流动负债的比率关系。一般而言，企业流动资产的数量越多，流动比率越大，表明其偿付债务的物质保证越雄厚，偿债能力越强；反之，则偿债能力越差。对客户偿付能力的判断，还需要注意对其资产质量进行分析。资产的变现能力越大，企业的偿债能力就越强；相反，负债的流动性越大，企业的偿债能力也就越小。当然对长期客户的评价还要考虑其财务状况的长期稳定性，包括资本结构和盈利能力等。

(3) 资本。资本能够反映客户的经济实力和财务状况，是客户偿付债务的最终保证。

(4) 抵押品。即客户提供的可作为资信保证的资产。需要注意的是，能够作为信用担保的抵押财产，必须为客户实际所有，并且应具有较高的市场变现能力或抵押品能被企业所用。对于不够了解或信用状况有争议的客户，只要能够提供足够的高质量的抵押财产，就可以向它们提供商业信用。

(5) 经济状况。是指不利经济环境对客户偿付能力的影响，包括行业状况、一国经济环境及客户是否具有较强的应变能力等。

这些信息资料主要可以通过下列渠道取得：

(1) 资信调查机构所提供的客户信息资料及信用等级标准资料；

(2) 委托往来银行信用部门向与客户有关联业务的银行索取的信用资料；

(3) 与同一客户有信用关系的其他企业相互交换的该客户的信用资料；

(4) 客户的财务报告；

(5) 企业自身的经验；

(6) 法院或仲裁机构关于客户债务纠纷的案件或申请破产保护的记录；

(7) 其他可取得的资料，如行业杂志、Internet 等上的相关信息。

需要注意的是，这些信息中的大部分的获得首先需要征得客户的同意，相关部门，如银行、客户的其他供应商等，才可能提供，否则，企业将无法获得这些信息，即使获得，也可能会面临有关商业秘密的法律风险。

2. 针对信用标准的定量分析

基于信用标准对具体客户进行定量的分析和评价，旨在解决两个问题：一是确定客户拒付账款的风险，即坏账损失率；二是具体确定客户的信用等级，以作为给予或拒绝信用的依据。

(1) 信用等级的评价标准。信用等级的评价标准就是根据对客户信用资料的调查分析，确定评价信用优劣的数量标准，通常以一组具有代表性、能够说明付款能力和财务状况的若干比率（如流动比率、速动比率、现金比率、应收账款平均收账天数、存货周转率、有形净值负债率、产权比率或资产负债率、总资产报酬率、赊购付款履约情况等）作为信用风险指标。比较的方法有两种，一种方法是根据数年内最坏年景的情况，分别找出信用好和信用差两类顾客的上述指标的均值，依此作为比较其他顾客的信用标准，也可以采用比较综合分值的方法。

（2）计算或调查客户的信用评价指标值。利用现有或潜在客户的财务报表数据或通过对银行和供应商的调查，得到上述各项指标值，并与上述标准比较。比较的方法是：

① 坏账损失率法。若某客户的某项指标值等于或低于差的信用标准，则该客户的拒付风险系数（即坏账损失率）增加若干个百分点，如10个百分点；若客户的某项指标值介于好与差的信用标准之间，则该客户的拒付风险数（坏账损失率）增加若干个百分点，如5个百分点；当客户的某项指标值等于或高于好的信用标准时，则视该客户的这一指标无拒付风险，最后，将客户的各项指标的拒付风险系数累加，即作为该客户发生坏账损失的总比率。

② 综合分值法。将流动比率、速动比率、现金比率、产权比率、已获利息倍数、有形净值负债率、存货周转率、总资产报酬率、赊购付款履约情况等指标，根据对信用状况的影响程度赋予一个权重，各项权重之和为1，根据客户的指标值和权重，可以得到一个客户的综合打分。将此综合打分与企业预先设定的标准进行比较。具体的操作可参照企业综合财务分析的沃尔评分法。

当然，企业为了能够更详尽地对客户的拒付风险作出准确的判断，也可以设置并分析更多的指标数值。

（3）进行风险排队，并确定各有关客户的信用等级。依据上述风险系数的分析数据，按照客户累计风险系数由小到大进行排序。然后，结合企业承受违约风险的能力及市场竞争的需要，具体划分客户的信用等级，如累计拒付风险系数在5%以内的为A级客户，在3%～10%之间的为B级客户；综合分值为a～b的为A级客户，综合分值为b～c的为B级客户等等。对于不同信用等级的客户，分别采取不同的信用对策，包括拒绝或接受客户信用请求，以及给予不同的信用优惠条件或附加某些限制条款等。

可以看到，对信用标准进行定量分析，有利于企业提高应收账款投资决策的效果。但由于实际情况错综复杂，使定量分析有一定的局限性，不同企业的同一指标往往存在着很大差异，难以按照统一的标准进行衡量。所以，要求企业信用管理人员和财务决策人员必须在更加全面地考察各指标内在质量的基础上结合经验，对各项指标进行具体的分析和判断，以形成对客户公平的评价，从而既有利于企业的销售扩大，又能保证信用管理的质量。

三、应收账款的事中管理——日常管理

对于已经发生的应收账款，企业还应进一步强化日常管理工作，采取有力的措施进行分析、控制，及时发现问题，提前采取对策。这些对策主要包括保证完善的应收账款的记录、与客户对账、应收账款追踪分析、应收账款账龄分析、应收账款收现率分析和建立应收账款坏账准备制度。

（一）应收账款记录及与客户对账

企业应建立相关方面完善的内部控制制度，以保证应收账款记录的真实、完整和无误，并形成与客户的对账制度，这些是应收账款管理日常工作中最常规的部分。具体的方法在财务会计、审计等课程中有全面的体现，在此就不再赘述。

（二）应收账款的分析

1. 应收账款追踪分析

应收账款一旦发生，赊销企业就必须考虑如何按期足额收回账款的问题。要达到这一目的，赊销企业就需要在收账之前，对该项应收账款的运行过程进行追踪分析。

既然应收账款是存货变现过程的中间环节，对应收账款实施追踪分析的重点应放在客户赊购商品的销售与变现方面。客户以赊购方式购入商品后，迫于获利和付款信誉的动力与压力，必然期望迅速地实现销售并收回账款。如果这一期望能够顺利地实现，而客户又是经过事前评估具有良好信用品质的，则赊销企业如期足额地收回应收账款一般不会有多大的问题。然而，市场的瞬变性，可能使得客户所赊购的商品不能顺利地销售与变现，出现积压或赊销无法回款的情形。这时，对客户而言，就意味着与应付账款相对的现金支付能力匮乏。在这种情况下，客户能否严格履行赊销企业的信用条件，主要取决于两个因素：一是，客户的信用品质；二是，客户现金的持有量与弹性（如现金用途的约束性、其他短期债务偿还对现金的要求等）。如果客户的信用记录良好，并持有一定的现金余额，且现金支出的约束性较小，大多数客户是不愿以损失市场信誉和失去商业信用为代价而拖欠赊销企业账款的。但如果客户信用品质不佳，或者现金匮乏，或者现金支付项目的约束力大，那么，赊销企业的账款就很容易被拖欠。

2. 应收账款账龄分析

企业已发生的应收账款时间长短不一，有的尚未超过信用期，有的则已逾期拖欠。一般来讲，逾期拖欠时间越长，账款催收的难度越大，成为

坏账的可能性也就越高。因此，赊销企业要密切注意应收账款的回收情况，这是提高应收账款收现效率的重要环节，其中进行账龄分析是较为重要的方法。应收账款账龄分析就是考察研究应收账款的账龄结构。

（1）应收账款账龄的总体分析。应收账款账龄的总体分析，是指分析各账龄应收账款的余额占应收账款总计余额的比重，即应收账款的账龄结构。

例 7－5 应收账款账龄结构分析。某企业的应收账款账龄结构分析表，如表 7－6 所示。

表 7－6 应收账款账龄结构分析表

应收账款账龄	账户数量（户）	金额（万元）	比重（%）
信用期内（设平均为 60 天）	100	120	60
超过信用期 1 个月内	50	20	10
超过信用期 2 个月内	20	12	6
超过信用期 3 个月内	10	8	4
超过信用期 4 个月内	15	14	7
超过信用期 5 个月内	12	10	5
超过信用期 6 个月内	8	4	2
超过信用期 6 个月以上	16	12	6
合　计	231	200	100

表 7－6 表明，该企业 200 万元应收账款余额中，有 120 万元尚在信用期内，占全部应收账款的 60%。过期数额 80 万元，占全部应收账款的 40%，其中逾期在 1、2、3、4、5、6 个月内的，分别为 10%、6%、4%、7%、5%、2%，另有 6%的应收账款已经逾期半年以上。一般而言，账款的逾期时间越短，收回的可能性越大，发生坏账损失的可能性相对越小；反之，收账的难度及发生坏账损失的可能性也就越大。

（2）应收账款账龄的客户分析。在上述结构分析的基础上，企业应分析逾期账款具体属于哪些客户，这些客户是否经常发生拖欠情况，发生拖欠的原因何在，这就是应收账款账龄的客户分析，即分析各个客户应收账款的账龄，以对客户的信用进行跟踪判断，并能及时发现、沟通和解决与客户之间的问题。对不同拖欠时间的账款及不同信用品质的客户，企业应判断是否需要停止信用，并采取不同的收账方法，制定出经济可行的不同收账政策、收账方案；对可能发生的坏账损失，需提前有所准备，充分估计这一因素对企业损益的影响。对尚未过期的应收账款，也不能放松管理与监督，以防发生新的拖欠。

例7-6 应收账款账龄分析。某企业的应收账款账龄分析表，如表7-7所示。

表7-7 应收账款账龄分析表 单位：元

	信用期内（设平均为60天）	超过信用期1个月内	超过信用期1~2个月	超过信用期2~3个月	超过信用期3~4个月	超过信用期4~5个月	超过信用期5~6个月	超过信用期6个月以上	合 计
客户A	2 345.67								2 345.67
客户B	5 678.91						467.89		6 146.80
客户C							2 345.67	3 456.78	5 802.45
……									

从以上分析中我们可以看到，客户A是个信用良好的客户，客户C则相反，客户B很可能是个信用良好的客户，但在那笔超过信用期限6个月以上的款项上有可能与企业在产品的质量、型号等方面存在争议，应及时与其沟通，以寻求解决方案。很显然，这种分析为我们正确处理与客户的信用关系提供了依据。

应收账款账龄分析，不仅是应收账款日常管理的一部分，能够起到提示财务管理人员把过期款项视为工作重点的作用，同时它也是一个信息反馈系统，有助于促进企业进一步研究与制定新的信用政策。

3. 应收账款收现保证率分析

商业信用的存在，使企业当期现金支付需要量与当期应收账款收现额之间存在着不对称性的矛盾，并呈现出一定的预付性与滞后性的特征，如企业必须缴纳与赊销收入有关的流转税和所得税等，这就决定了企业必须对应收账款收现水平制定一个必要的控制标准，即应收账款收现保证率。应收账款收现保证率是为适应企业现金收支匹配关系的需要，所确定出的需要有效收现的账款应占全部应收账款的百分比，是二者应当保持的最低比例。它反映了企业既定会计期间预期现金支付数量扣除各种可靠、稳定性来源后的差额，必须通过应收款项有效收现予以弥补的最低保证程度，其具体的计算公式是

$$\text{应收账款收现保证率}=\left(\text{当期必要现金支付总额}-\text{当期其他稳定可靠的现金流入总额}\right)\div\text{当期应收账款总计金额}$$

式中：当期其他稳定可靠现金流入总额是指从应收账款收现以外的途径可

以取得的各种稳定可靠的现金流入数额，包括短期有价证券变现净额、可随时取得的银行贷款额等。

企业计算应收账款收现保证率指标的意义在于及时监测实际收现的账项能否满足同期必需的现金支付要求，尤其是满足具有刚性约束的纳税义务及偿付不能展期的到期债务的需要。企业通过定期计算应收账款实际收现率，监测其是否达到了既定的控制标准。如果发现实际收现率低于应收账款收现保证率，就应查明具体的原因，采取相应措施，如收紧信用政策、提供现金折扣等，保证企业有足够的现金满足同期必需的现金支付要求。

（三）代理收账与应收账款融资

目前，许多国家兴起了一种新的收账代理业务，即企业可以委托收账代理机构负责应收账款的管理业务，包括应收账款的记录、催收、基于应收账款提供短期信贷，在无追索权的代理安排下，委托收账代理机构还承担坏账责任。这种方式尤其适用于中型企业或成长很快的企业。同时，利用应收账款融资也是企业应收账款管理的重要方面。企业可以将应收账款“卖给”从事这项业务的金融机构，以及时获得资金。

【微型案例】

中集的应收账款证券化

在使用应收账款证券化这种融资方式之前，中国国际海运集装箱（集团）股份有限公司（以下简称“中集公司”）主要采用商业票据进行国际融资，并于1996、1997年分别发行了5 000万美元、7 000万美元的1年期商业票据，但是这种方式的稳定性直接受到了国际经济和金融市场的影响。1998年，由于亚洲金融危机的影响，部分外资银行收缩了在亚洲的业务。经过多方努力，中集公司虽然成为金融危机后国内第一家成功续发商业票据的公司，但规模降为5 700万美元。因此中集公司希望寻找一种好的办法替代商业票据，这时一些国外银行向他们推荐使用应收账款证券化的办法，经过双向选择，中集决定与荷兰银行合作，采用以优质应收账款作支持来发行商业票据的ABCP（资产证券化）方案。

为此，中集首先要把上亿美元的应收账款进行设计安排，结合荷兰银行提出的标准，挑选优良的应收账款组合成一个资金池，然后交给信用评级公司评级，得到了A1+（标准普尔指标）和P1（穆迪指标）的分数，这是短期融资信用最高的级别。凭着优秀的级别，这笔资产得以注入荷兰银行旗下的资产购买公司 TAPCO 建立的大资金池内。TAPCO 公司是国际票据市场上享有良好声誉的公司，由 TAPCO 公司在商业票据（CP）市场上向投资者发行 CP，获得资金后，再间接付至中集公司的专用账户。项目完成后，中集公司只需花两周时间就可获得本应 138 天才能收回的现金，而作为服务方的荷兰银行则可收取服务费用。

四、应收账款的事后管理——收账政策

企业在向客户提供商业信用时，必须考虑三个问题：一是客户是否会拖欠或拒付账款；二是怎样最大限度地防止客户拖欠账款；三是一旦账款遭到拖欠甚至拒付，企业应采取怎样的措施。其中，前两个问题主要靠信用调查、严格信用审批制度和加强应收账款的跟踪管理来实现，这属于应收账款事前管理和事中管理的范畴；第三个问题则必须通过制定完善的收账方针，采取有效的收账措施予以解决。

1. 收账政策的概念

理论上，履约付款是客户不容置疑的责任与义务，债权企业有权通过法律途径要求客户履约付款。收账政策是指企业对客户违反信用条件，拖欠甚至拒付账款所采取的收账策略与措施。企业的收账政策中往往包括对拖延付款客户所采取的程序，包括电话沟通、催收信、委托收账公司、起诉等，也包括与客户的拯救和和解方案等。

2. 收账政策的具体内容

如果企业对所有客户拖欠或拒付账款的行为均付诸法律解决，往往并不是最有效的办法，因为企业解决与客户账款纠纷的目的，主要不是争论谁是谁非，而在于怎样最有效地将欠款收回。实际上，各个客户拖欠或拒付账款的原因不尽相同，许多信用品质良好的客户也可能因为对产品或服务存在争议、一时资金周转困难等原因而无法如期付款。此时，如果企业直接向法院起诉，不仅需要花费数额可观的诉讼费，也会伤害与客户的关系。而且，即使法院裁决客户破产，较低的债务清偿比例也使收账的效果往往不理想。所以，通过法院强行收回账款一般是企业不得已而为之的最后办法。基于这种考虑，企业如果能够同客户商量个折中的方案，也许能够将大部分账款收回。企业往往有一个稳定的收账政策来处理相关问题，通常的步骤包括：

（1）信用标准及信用审批制度的评估。当账款被客户拖欠或拒付时，企业应当首先分析现有的信用标准及信用审批制度是否存在纰漏。

（2）对违约客户的信用再评价。重新对违约客户的资信等级进行调查、评价，将信用品质恶劣的客户从信用名单中删除。

（3）信函、电讯等催收。对客户所拖欠的款项可先通过信函、电讯等方式进行催收，态度可以渐加强硬，并提出警告。

（4）和解。对于信用记录一向正常的客户，在去电、去函的基础上，不妨派人与客户直接进行协商，彼此沟通意见，达成谅解妥协，既可密切相互间的关系，又有助于较为理想地解决账款拖欠问题，并且一旦将来彼此关系置换时，也有一个缓冲的余地。

（5）诉讼。当这些措施无效时，可考虑通过法院裁决。为了提高诉讼效果，可以与其他经常被该客户拖欠或拒付账款的企业联合向法院起诉。

需要指出的是，收账政策的制定和使用，需要相关的信用管理人员对合同法、破产法等相关的法律知识有一定的了解。

3. 制定收账政策时的成本效益考虑

企业在制定收账政策时，要权衡成本和效益，掌握好收账政策宽严的尺度。一般而言，企业加强收账管理，及早收回账款，可以减少坏账损失和应收账款上的资金占用，但会增加收账费用。企业对拖欠的应收账款，无论采用何种方式进行催收，都需要付出一定的代价，即收账费用，如邮电通信费、差旅费、法律诉讼费等。

通常，企业往往对客户的逾期未付款项规定一个允许的拖欠期限，超过规定的期限，企业就应采取各种形式进行催收。这样，如果企业制定的收款政策过宽，会导致逾期的客户拖延时间更长，在资金占用和坏账损失方面给企业带来不利；收账政策过严，催收过急，又可能伤害与客户的关系，影响企业未来的销售。因此，制定收账政策就是要在增加收账费用与减少坏账损失、减少应收账款机会成本之间进行权衡，若前者小于后者，则说明制定的收账政策是可取的。

五、坏账与坏账准备

坏账是指企业无法收回或收回的可能性极小的应收账款。由于发生坏账而产生的损失称为坏账损失。一般来讲，企业的应收账款符合一定的条件，比如债务人死亡，以其遗产清偿后仍然无法收回；债务人破产，以其破产财产清偿后仍然无法收回；债务人较长时期内未履行其偿债义务，并有足够的证据表明无法收回或收回的可能性极小等，可以确认为坏账。企业应当在期末对应收账款进行检查，确认坏账损失。

为客户提供商业信用，使坏账损失必然存在，所以企业应预计可能发生的坏账损失，计提坏账准备。估计坏账损失主要有四种方法，即余额百分比法、账龄分析法、销货百分比法和个别认定法，这是财务会计课程的内容，在这里就不展开了。

从财务管理的角度看，即使会计上已经确认为坏账或计提坏账准备，也并不意味着企业放弃收账的权利，企业仍然会采用催收、委托收账，甚至诉讼的方式继续收账。

第四节 存 货

存货是指企业在日常生产经营过程中为生产或销售而储备的物资。企业持有存货既是实现经营目标的重要保证，但同时也带来成本。一方面，企业持有充足的存货，不仅有利于经营过程的顺利进行，既节约采购费用与生产时间，又能够迅速地满足客户各种订货的需要，从而为企业的经营提供较大的机动性，避免因存货不足带来的机会损失，同时，出于对未来存货价格走势的估计，企业也可能会大量储备存货。另一方面，存货的增加必然要占用更多的资金，使企业付出持有成本，即存货的机会成本，而且存货的储存与管理费用也会增加，影响企业获利能力的提高。因此，如何在持有存货的收益与成本之间进行成本效益的权衡，在充分发挥存货作用的同时降低成本、增加收益，是存货管理的基本目标。

一、存货的作用与成本

（一）存货的作用

存货的流动其实是企业的产品运营环节的主要过程，从购买到生产再到销售，这样，存货在企业经营过程中所具有的作用主要表现在维持均衡生产、防止停工待料、降低进货成本、适应市场变化等几个方面。

1. 维持均衡生产

企业在生产过程中，会因为各种原因导致生产水平的高低变化，拥有合理的存货可以缓冲这种变化对企业生产活动及获利能力的影响。尤其是季节性企业，为实现均衡生产，降低生产成本，就必须适当地储备一定的半成品存货、原材料存货和产成品存货。否则，这些企业若按照季节变动组织生产活动，难免会产生忙时超负荷运转，闲时生产能力得不到充分利用的情形，从而导致生产成本的提高。

2. 防止停工待料

适量的原材料存货和在制品、半成品存货是企业正常进行生产的前提和保障。从企业内部看，适量的储备，能使各生产环节的生产调度更加合理，各生产工序步调更为协调，联系更为紧密，不至于因等待原材料、在产品和半成品而影响生产；从企业外部看，供货方的生产和销售如果因某些原因而暂停或推迟，就会影响企业材料的及时采购、入库和生产。由此可见，适量的存货能有效防止停工待料的发生，维持生产的连续性。

3. 降低进货成本

为扩大销售规模，很多企业对客户提供较优厚的商业折扣待遇，即购货达到一定数量时，便在价格上给予相应的商业折扣优惠。也就是说，企业采取批量集中进货，就可获得较多的商业折扣。此外，通过增加每次购货数量，在总需求既定的情况下，就可以减少购货次数，从而降低采购费用支出。即使在推崇零存货的今天，仍有不少企业采取大批量购货方式，原因就在于这种方式有助于降低购货成本，只要购货成本的降低额大于因存货增加而导致的储存等各项费用的增加额，便是可行的。这在本章下面关于最佳存货持有量部分有详细的体现。

4. 适应市场变化

市场总是动态的，有些变化甚至不易预测，存货储备能增强企业在生产和销售方面的机动性以及适应市场变化的能力。企业有了足够的库存产成品，能有效地供应市场，满足顾客的需要，降低或避免缺货损失。相反，若某种畅销产品库存不足，将使企业坐失目前的或未来的销售机会，并有可能因此而失去顾客。

5. 规避存货价格上涨的风险

在通货膨胀时，企业适当地储存原材料存货，能规避因市场物价上涨而带来的成本负担。

(二) 存货成本

如上所述，为充分发挥存货的固有功能，企业必须储备一定的存货，但也会由此而发生各项支出包括购置成本、订货成本、存储成本，这就是持有存货成本，同时，出于成本效益的权衡，企业不可能保证不缺货，这样，企业也就面临有缺货成本的可能。

1. 购置成本

存货进价又称购置成本，是指存货本身的价值，等于采购单价与采购数量的乘积。在一定时期进货总量既定的条件下，无论企业采购次数如何变动，如果没有鼓励采购数量的商业折扣，也没有价格波动，存货的购置成本通常保持相对稳定，这时，在存货采购批量的决策中是不相关成本，但当有供应商提供商业折扣，或采购市场上有价格波动时，存货的购置成本在存货采购批量的决策中就是相关成本了。

2. 进货费用

进货费用又称订货成本，是指企业为组织进货而开支的费用，如与材料采购有关的办公费、差旅费、邮费、电话费、电报费、运输费、检验费、整理挑选费用、入库搬运费等支出。进货费用中有一部分与订货次数有关，如差旅费、邮费、电话费、电报费等费用与进货次数成正比例或近似的正比例变动，这类变动性进货费用在进货批量决策中属于相关成本；另一部分与订货次数无关，如专设采购机构的基本开支等，这类固定性进货费用则属于进货批量决策中的无关成本。

3. 储存成本

企业为持有存货而发生的费用即为存货的储存成本，主要包括：存货资金占用费，即以贷款购买存货的利息成本或以现金购买存货而同时损失的证券投资收益等的机会成本、仓储费用、保险费用、存货残损变质损失等。与进货费用一样，储存成本也可以按照与存货储存量的关系分为变动性储存成本和固定性储存成本两类。其中，固定性储存成本与存货储存量的多少没有直接的联系，如仓库折旧费、仓库职工的固定工资等，这类成本属于进货批量决策中的无关成本，除非涉及的决策是有存货与零存货；而变动性储存成本则随着存货储存量的增减成正比例或近似的正比例变动关系，如存货占用资金的应计利息、存货残损和变质损失、存货的保险费用等，这类成本属于进货批量决策中的相关成本。

【微型案例】

上海通用的零库存

上海通用汽车有限公司（以下简称“上海通用”）的生产线上基本做到了零库存。它的部分零件，如有些是本地供应商所生产的，会根据生产的要求，在指定的时间直接送到生产线上。这样，企业保持了接近于“零”的库存，省去大量的存货资金占用。同时，通用聘请了一家第三方物流供应商设计配送路线，然后到不同的供应商处取货，再直接送到上海通用。利用“牛奶取货”或者通过被称为“循环取货”的方式使通用的零部件运输成本下降了30%以上。

为了有效实施零库存，上海通用非常注意协调与供应商之间的关系。它的“柔性化生产”，即一条生产流水线可以生产不同平台多个型号的产品，对供应商的要求极高，供应商必须时常处于“时刻供货”状态，这样会给供应商带来很高的存货成本。为了解决这个问题，上海通用与供应商时刻保持着透明的信息沟通，包括让供应商了解企业的生产计划。

4. 缺货成本

缺货成本是因存货不足而给企业造成的损失，包括由于材料供应中断造成的停工损失、成品供应中断导致延误发货的信誉损失、丧失销售机会的损失、客户流失的损失等。如果生产企业能够以替代材料解决库存材料供应中断问题的话，缺货成本便表现为紧急采购的额外开支。缺货成本往往是存货数量决策的相关成本，缺货成本与存货数量反向相关。但在实际决策时考虑存货的缺货成本有时存在计量上的困难，如成品供应中断导致延误发货的信誉损失、丧失销售机会的损失、客户流失的损失等，均难以计量。

二、最佳存货持有量决策

最佳存货持有量是指能够使一定时期存货的相关总成本达到最低点的进货数量，就是通常所说的经济进货批量。通过上述对各项存货成本的分析可知，影响存货经济进货批量决策的成本因素主要包括变动性进货费用（简称进货费用）、变动性储存成本（简称储存成本）以及允许缺货时的缺货成本、供应商提供的商业折扣。不同的成本项目与进货批量呈现着不同的变动关系。减少进货批量，增加进货次数，在储存成本降低的同时，会导致进货费用与缺货成本的提高；相反，增加进货批量，减少进货次数，尽管有利于降低进货费用与缺货成本，但同时会导致储存成本的提高。因此，如何协调各项成本间的关系，使其总和保持最低水平，是企业最佳存货持有量决策的主要方面。

（一）经济进货批量基本模型

在存货经济进货批量基本模型下，假设企业不存在缺货，并且每当存货数量降至零时，下一批订货便会随即全部购入（如图 7 – 7 所示），同时假设供应商不提供单批购货量的商业折扣。那么，此时与存货订购批量、批次直接相关的就只有进货费用和储存成本两项。即

存货批量决策相关全年总成本 = 全年相关进货费用 + 全年相关存储成本

存货批量决策相关全年总成本与全年相关进货费用以及全年相关储存成本的关系如图 7 – 6 所示。

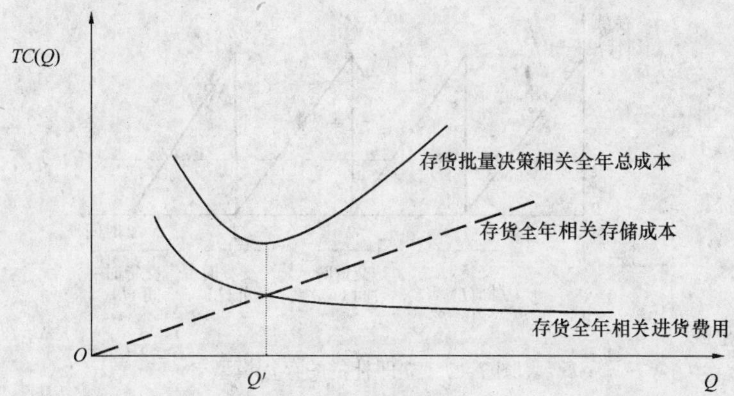

图 7－6　存货经济进货批量模型

从图 7－6 可以看出，当每批的采购量为 Q'时，存货批量决策相关全年总成本最低，此时的进货批量就是经济进货批量（EOQ）。若以 TC 表示存货批量决策相关全年总成本；Q 表示进货批量；Q'表示经济进货批量；D 表示某种存货年度计划进货总量；C_0 表示平均每次进货费用；C_h 表示一定时期单位存货储存成本；P 表示进货单价。则

$$TC=\frac{D}{Q}C_0+\frac{Q}{2}C_h$$

$$EOQ=\sqrt{\frac{2C_0D}{C_h}}$$

例 7－7　存货经济进货批量的基本模型。某企业每年需耗用甲材料 1 440 000件，单位年储存成本 16 元，平均每次进货费用 800 元，则

$$EOQ=\sqrt{\frac{2\times 800\times 1\,440\,000}{16}}=12\,000(\text{件})$$

上述计算表明，企业在每批进货 12 000 件时，全年相关进货费用和全年相关存储成本之和最低即此时的经济进货批量为 12 000 件。

实际工作中，还存在着存货陆续供应和使用、商业折扣以及允许一定程度的缺货等情形，企业必须同时结合价格折扣及缺货成本等不同的情况具体分析，灵活运用经济进货批量模式。

（二）存货陆续供应和使用情况下的存货经济进货批量

在建立存货陆续供应和使用基本模型时，通常假设存货一次全部入库，如图 7－7 所示，故存货增加时存量变化为一条垂直的线。实际上，各

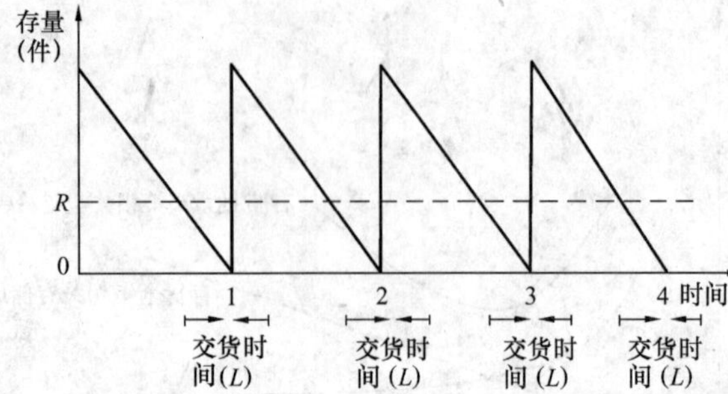

图 7－7　立即补货的存货模型

批存货可能陆续入库，使存货陆续增加。尤其是产品入库和在产品转移，几乎总是陆续供应和陆续耗用的，如图 7－8 所示。这时的经济进货批量，我们通过例 7－8 来说明。

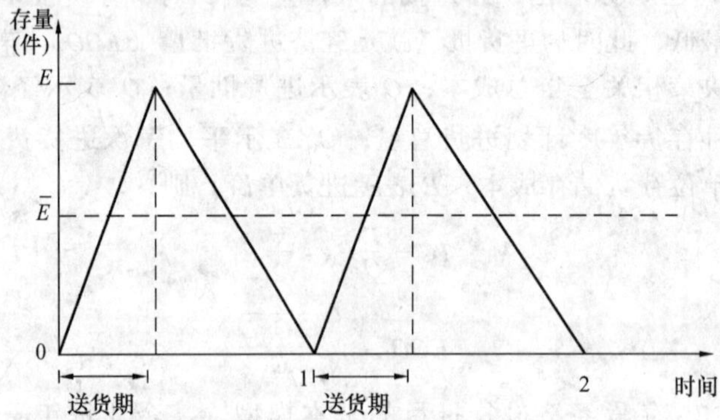

图 7－8　陆续供应的存货模型

例 7－8　某零件年需用量（D）为 14 400 件，每日送货量（P）为 120 件，每日耗用量（d）为 40 件，单价（p）为 10 元，一次订货成本（生产准备成本）（C_0）为 100 元，单价储存变动成本（C_h）为 16 元。设每批订货数为 Q。由于每日送货量为 P，故该批货全部送达所需日数则为 Q/P，称之为送货期。

因零件每日耗用量为 d，故送货期内的全部耗用量为

$$\frac{Q}{P} \cdot d$$

由于零件边送边用，所以每批送完时，最高库存量为

$$Q - \frac{Q}{P} \cdot d$$

平均存量则为

$$\frac{1}{2}\left(Q - \frac{Q}{P} \cdot d\right)$$

图 7－8 中的 E 表示最高库存量，$\overline{E}$ 表示平均库存量。

这样，与批量有关的总成本为

$$\begin{aligned} TC(Q) &= \frac{D}{Q} \cdot C_0 + \frac{1}{2}\left(Q - \frac{Q}{P} \cdot d\right) \cdot C_h \\ &= \frac{D}{Q} \cdot C_0 + \frac{Q}{2}\left(1 - \frac{d}{P}\right) \cdot C_h \end{aligned}$$

当订货变动成本与储存变动成本相等时，$TC(Q)$ 有最小值，所以存货陆续供应和使用的经济订货量公式为

$$\frac{D}{Q} \cdot C_0 = \frac{Q}{2}\left(1 - \frac{d}{P}\right) \cdot C_h$$

$$Q^* = \sqrt{\frac{2C_0D}{C_h} \cdot \frac{P}{P-d}}$$

将这一公式代入上述 $TC(Q)$ 公式，可得出存货陆续供应和使用的经济订货量总成本公式：

$$TC(Q^*) = \sqrt{2C_0DC_h\left(1 - \frac{d}{P}\right)}$$

将上述例题数据代入，则

$$Q^* = \sqrt{\frac{2 \times 100 \times 14\,400}{16} \times \frac{120}{120-40}} = 520(\text{件})$$

$$TC(Q^*) = \sqrt{2 \times 100 \times 14\,400 \times 16\left(1 - \frac{40}{120}\right)} = 5\,543(\text{元})$$

陆续供应和使用的经济订货量模型，还可以用于选择自制或外购的决策活动中。自制零件属于边送边用的情况，单位成本可能较低，但每批零件投产的生产准备成本比一次外购订货的订货成本可能会高。采购零件的单位成本可能较高，但订货成本可能比较低。要在自制零件和外购零件之间作出选择，需要全面衡量它们各自的总成本，才能作出正确的决策。这时，就可采用陆续供应或立即补货模型。

例 7－9 某生产企业使用零件，可以外购，也可以自制。如果外购，单价 16 元，一次订货成本 20 元；如果自制，单位成本 12 元，每次生产准备成本 2 700 元，每日产量 200 件。零件的全年需求量为 14 400 件，储存变

动成本为零件价值的10%，每日平均需求量为40件。

下面分别计算零件外购和自制的总成本，以选择较优的方案。

（1）外购零件：

$$Q^* = \sqrt{\frac{2C_oD}{C_h}} = \sqrt{\frac{2 \times 20 \times 14\ 400}{16 \times 0.1}} = 600(\text{件})$$

$$TC(Q^*) = \sqrt{2C_oDC_h} = \sqrt{2 \times 20 \times 14\ 400 \times 16 \times 0.1} = 960(\text{元})$$

$$TC = D \cdot p + TC(Q^*) = 14\ 400 \times 16 + 960 = 231\ 360(\text{元})$$

（2）自制零件：

$$Q^* = \sqrt{\frac{2C_oD}{C_h} \cdot \frac{P}{P-d}} = \sqrt{\frac{2 \times 2\ 700 \times 14\ 400}{12 \times 0.1} \times \frac{200}{200-40}} = 9\ 000(\text{件})$$

$$TC(Q^*) = \sqrt{2C_oDC_h\left(1 - \frac{d}{P}\right)}$$

$$= \sqrt{2 \times 2\ 700 \times 14\ 400 \times 12 \times 0.1 \times \left(1 - \frac{40}{200}\right)} = 8\ 640(\text{元})$$

$$TC = D \cdot p + TC(Q^*) = 14\ 400 \times 12 + 8\ 640 = 181\ 440(\text{元})$$

由于自制的总成本为181 440元，低于外购的总成本231 360元，故以自制为宜。

（三）实行数量折扣的经济进货批量模型

为了鼓励客户一次购买更多的商品，销售企业通常会给予客户不同程度的价格优惠，即实行商业折扣。每次购买越多，所获得的价格优惠越大。这时，进货企业确定经济进货批量时，除了考虑订货费用和储存成本外，还应考虑存货的购置成本，因为这时的存货购置成本已经与进货数量的大小有了直接的联系，属于决策的相关成本。存在数量折扣时的存货相关总成本可按下式计算：

存货批量决策相关全年总成本 = 全年相关进货费用 + 全年相关存储成本 + 存货购置成本

实行数量折扣的经济进货批量具体确定步骤如下：

第一步，按照基本经济进货批量模型确定经济进货批量。

第二步，比较上述不考虑商业折扣的经济进货批量与可获得折扣的最小采购量，若经济进货批量大于可获得折扣的最小采购量，则此经济进货批量即可获得商业折扣，无须进行进一步的测算；若经济进货批量小于可获得折扣的最小采购量，则计算按经济进货批量进货时的存货批量决策相关全年总成本。

第三步，计算按给予数量折扣的进货批量进货时的存货批量决策相关全年总成本。如果给予数量折扣的进货批量是一个范围，如进货数量在10 000～19 999件之间可享受1.5%的价格优惠，此时按给予数量折扣的最低进货批量，即按10 000件计算存货相关总成本存货批量决策相关全年总成本。

第四步，对根据经济进货批量和根据可获得折扣的最小采购量计算存货批量决策相关全年总成本进行比较，其中较低者即代表最优的存货采购批量，即是总成本最低的存货采购批量。

例7-10 实行数量折扣时的经济进货批量模型。某企业甲材料的年需要量为270 000件，每件标准价为30元。销售企业规定：客户每批购买量不足10 000件的，按照标准价格计算；每批购买量10 000件以上，19 000件以下的，价格优惠2%；每批购买量20 000件及以上的，价格优惠3%。已知每批进货费用1 800元，单位材料的年储存成本12元。

按照上述步骤，实行数量折扣时的经济进货批量可这样确定。

第一步，按经济进货批量基本模型确定的经济进货批量：

$$Q^* = \sqrt{\frac{2C_0D}{C_h}} = \sqrt{\frac{2 \times 1\ 800 \times 270\ 000}{12}} = 9\ 000(件)$$

第二步，比较不考虑商业折扣的经济进货批量与可获得折扣的最小采购量，显然9 000件<10 000件，这时，需要计算按经济进货批量进货时的存货批量决策相关全年总成本。

每次进货9 000件时的存货批量决策相关全年总成本为

$$\begin{aligned}存货批量决策相关全年总成本 &= 270\ 000 \times 30 + 270\ 000/9\ 000 \times \\ &\quad 1\ 800 + 9\ 000/2 \times 12 \\ &= 8\ 208\ 000(元)\end{aligned}$$

第三步，计算按可获得折扣的最小采购量进货时的存货批量决策相关全年总成本。

每次进货10 000件时的存货批量决策相关全年总成本为

$$\begin{aligned}存货批量决策相关全年总成本 &= 270\ 000 \times 30 \times (1 - 2\%) + 270\ 000/10\ 000 \times \\ &\quad 1\ 800 + 10\ 000/2 \times 12 \\ &= 8\ 046\ 600(元)\end{aligned}$$

每次进货20 000件时的存货批量决策相关全年总成本为

$$\begin{aligned}存货批量决策相关全年总成本 &= 270\ 000 \times 30 \times (1 - 3\%) + 270\ 000/20\ 000 \times \\ &\quad 1\ 800 + 20\ 000/2 \times 12 \\ &= 8\ 001\ 300(元)\end{aligned}$$

第四步，对根据经济进货批量和根据可获得折扣的最小采购量计算存货批量决策相关全年总成本进行比较。通过比较发现，每次进货为20 000件时的存货批量决策相关全年总成本最低，所以此时经济进货批量为20 000件。

（三）允许缺货时的经济进货批量模型

实际上，企业不可能持有过多的存货，所以缺货现象必然存在。在考虑缺货的情况下，企业对经济进货批量的确定，就不仅要考虑进货费用、储存费用和购置成本，而且还必须对可能的缺货成本加以考虑，即能够使四项成本总和最低的批量才是经济进货批量。设 S 表示缺货量，单位 C_s 表示缺货成本，其他符号同上，则有

$$Q = \sqrt{(2DC_0 \div C_h) \times (C_h + C_s) \div C_s}$$

$$S = Q \times C_h \div (C_h + C_s)$$

需要注意的是，存货的缺货成本，尤其成品供应中断导致延误发货的信誉损失、丧失销售机会的损失、客户流失的损失实际上很难计量，所以这一模型的使用要格外慎重。

（四）存货经济进货批量模型的假设和局限性

通过对以上公式的理解，我们可以看到，存货经济进货批量基本模型是建立在一些假设的基础上的，包括：

（1）企业一定时期的进货总量可以较为准确地予以预测；

（2）存货的耗用或者销售比较均衡稳定；

（3）存货的价格稳定；

（4）仓储条件及所需现金不受限制；

（5）不考虑缺货成本，即使考虑也存在计量上的困难；

（6）所需存货市场供应充足，进货日期完全由企业自行决定，不会因买不到所需存货而影响其他方面。

实践中，这些假设很难全部满足，这也就是存货经济批量模型的局限性所在，那么，在应用这一模型时，就应充分考虑具体情况。

三、存货日常管理

存货日常管理的目标是在保证企业生产经营正常进行的前提下尽量减少库存，防止积压，减少相关的成本。实践中形成的较为成熟的管理方法有存货储存期控制、存货 ABC 分类管理等多种方法。

（一）存货储存期控制

无论是商品流通企业还是工业制造企业，都存在加速存货资金周转的问题。即使不考虑未来市场供求关系的不确定性，仅是存货储存本身就要

求企业付出一定的资金占用费，如资金的利息费用或机会成本，以及仓储管理费。因此，尽力缩短存货储存时间，加速存货周转，是减少资金占用，降低成本费用，提高企业盈利水平的重要保证。

通过对与存货存储时间相关的成本的分析可以知道，企业进行存货投资所发生的费用支出，按照与储存时间长短的关系可以分为固定储存费与变动储存费两类。前者包括进货费用、管理费用，其金额多少与存货储存期的长短没有直接关系；后者包括存货资金占用费，如贷款购置存货的利息或现金购置存货的机会成本、存货仓储管理费、仓储损耗等，其金额随存货期长短的变动成正比例或近似正比例变动。

1. 批进批出模型

基于上述分析，依据本量利的平衡关系式的原理，可得出在批进批出的前提下存货保本储存天数（利润为零）和存货保利储存天数（利润为目标利润）的计算公式为

$$利润=（毛利-固定性储存和经销费-销售税金及附加）-每日变动储存费\times储存天数$$

可以看出，存货的储存成本之所以会不断增加，主要是由于变动储存费随着存货储存期的延长而不断增加，所以，利润与费用之间此消彼长的关系实际上是利润与变动储存费之间此消彼长的关系。随着存货储存期的延长，变动存储费日渐增加，利润日渐减少。当毛利扣除固定储存费和销售税金及附加后的差额，被变动储存费抵消到恰好等于企业目标利润时，表明存货已经到了保利期。当它完全被变动储存费抵消时，便意味着存货已经到了保本期。这样，存货如果能够在保利期内售出，所获得的利润便会超过目标值。反之，将难以实现既定的利润目标。如果存货不能在保本期内售出，企业就会遭受损失。

例 7-11 存货储存期控制——保利期和保本期。某商业企业购进 A 商品 2 000 件，单位进价（不含增值税）200 元，单位售价 220 元（不含增值税），经销该批商品的一次性费用为 20 000 元，若货款均来自银行贷款，年利率 7.2%，该批存货的月保管费用率 6‰，销售税金及附加 1 600 元。要求：

（1）计算该批存货的保本储存期；

（2）若企业要求获得 3%的投资利润率，计算保利期；

（3）若该批存货实际储存了 100 天，问能否实现 3%的目标投资利润率，差额多少；

（4）若该批存货亏损了 4 000 元，求实际储存天数。

解析：根据资料，计算如下：

(1) 每日变动储存费 = 购进批量 × 购进单价 × 日变动储存费率

$= 2000 \times 200 \times (7.2\%/360 + 6‰/30)$

$= 400\ 000 \times (0.000\ 2 + 0.000\ 2)$

= 160(元)

保本储存天数 = (毛利 − 固定性存储和经销费 − 销售税金及附加) ÷ 每日变动储存费

$= [(220 - 200) \times 2\ 000 - 20\ 000 - 1\ 600] \div 160$

= 115(天)

(2) 目标利润 = 投资额(存货购置成本) × 投资利润率

$= 2\ 000 \times 200 \times 3\% = 12\ 000$(元)

保利储存天数 = (毛利 − 固定性存储和经销费 − 销售税金及附加 − 目标利润) ÷ 每日变动储存费

$= [(220 - 200) \times 2\ 000 - 20\ 000 - 1\ 600 - 12\ 000] \div 160$

= 40(天)

(3) 批进批出经销该商品实际获利额 = 每日变动储存费 × (保本储存天数 − 实际储存天数)

$= 160 \times (115 - 100)$

= 2 400(元)

利润差 = 实际利润 − 目标利润

= − 9 600(元)

利润率差 = 实际利润率 − 目标利润率

$= 2\ 400 \div (2\ 000 \times 200) - 3\% = -2.4\%$

(4) 该批存货获利额 = 每日变动储存费 × (保本储存天数 − 实际储存天数)

故

实际储存天数 = 保本储存天数 − 该批存货获利额 ÷ 每日变动储存费

$= 115 - (-4\ 000 \div 160) = 140$(天)

企业需要分析哪些存货基本能在保利期内销售出去，哪些存货介于保利期与保本期之间售出，哪些存货直至已过保本期才能售出或不再没有市场需求。关于存货储存期的有关信息，如有多少存货已过保本期或保利期，金额多大，比重多高，可以及时地传输给相关的经营决策部门。这样，决策者就可以针对不同情况，采取相应的措施。一般而言，凡是已过保本期的商品大多属于积压呆滞的存货，企业应当对此积极推销，压缩库存，将损失降低到最低限度；对超过保利期但未过保本期的存货，应当首先了解销售状况，查明具体原因和有无沦为过期积压存货的可能，若有，需尽早采取措施；至于那些尚未超过保利期的存货，企业也应密切监督和控制，以防过期损失的发生。同时，根据这些信息和反馈，财务部门应当通过调整资金供应政策，促使经营部门调整产品结构和投资方向，推动企业存货结构的优化，提高存货资金的使用效率。

2. 批进零售模型

上述通过保本保利储存期对存货的损益情况进行的分析，是建立在批进批出的前提条件下的，在企业实际工作中，批进批出并不普遍，普遍的情形是存货大批量购进、小批量售出或批进零售，此时若仍然按照批进批出的假设测算损益情况，必然存在模型应用上的局限性。因此，有必要介绍一种批进零售的存货控制模型。

例 7－12 批进零售的存货控制模型

企业购进 A 存货 4 000 件，购进单价 500 元（不含增值税）。假设该款项均来自银行贷款，月利率 6‰，企业月存货保管费为 13 500 元，存货购销的固定性费用为 200 000 元。市场调研信息表明，该存货日均销量约 24 件，需 167 天左右的时间方能全部售出，单位售价（不含增值税）625 元。销售税金及附加 130 000 元。假设该批存货均匀销售。

每日变动储存费＝购进批量×购进单价×每日利率＋每日保管费用

＝4 000×500×6‰/30＋13 500/30

＝850(元)

存货的平均保本储存天数＝(毛利－固定性存储和经销费－销售税金及附加)÷每日变动储存费

＝［(625－500)×4 000－200 000－130 000］÷850

＝200(天)

存货的实际存储天数＝1/2×(4 000/24＋1)＝84(天)

该货预计可获利＝该批存货的每日变动储存费×(平均保本储存天数－平均实际储存天数)

＝850×(200－84)＝98 600(元)

（二）存货 ABC 分类管理

一般情况下，企业往往储存许多品种的存货，尤其是大中型企业的存货往往多达上万种甚至数十万种。有的存货尽管品种数量很少，但金额巨大，如果管理不善，将给企业造成极大的损失，如首饰加工企业的黄金、宝石等。相反，有的存货虽然品种数量繁多，但金额很小，即使管理当中出现一些问题，也不至于对企业的经营产生较大的影响，如木器企业的钉子、螺丝等。因此，无论是从管理资源还是经济角度，企业均不可能也没有必要对所有存货不分巨细地严加管理。存货的 ABC 分类管理正是基于这一考虑而提出的，其目的在于使企业分清存货的主次，突出管理重点，以提高存货管理的整体效果。具体地说，存货的 ABC 分类管理就是按照一定的标准，将企业的存货划分为 A、B、C 三类，分别实行分品种重点管理、分类别一般控制和按总额灵活掌握的存货管理方法。

1. 存货 ABC 分类的标准

存货 ABC 分类管理，分类的标准主要有两个：一是金额标准，二是品种数量标准。其中金额标准是基本标准，品种数量标准是参考标准。

一般的分类方法是：A 类存货的特点是金额大，但品种数量少，B 类存货金额一般，品种数量相对较多；C 类存货品种数量繁多，但价值金额很小。以一家拥有上万种商品的百货公司为例，家电、高档皮货、首饰、大型健身器械等商品的品种数量并不多，但价值额却相当大，属于 A 类。大众化的服装、鞋帽、床上用品、文具等商品品种数量比较多，但价值额相对 A 类商品要小得多，属于 B 类。至于各种小百货，如针线、纽扣、日常卫生用品等品种数量非常多，但所占金额却很小，属于 C 类。一般而言，三类存货的金额比重大致为 A∶B∶C＝0.7∶0.2∶0.1，而品种数量比重大致为 A∶B∶C＝0.1∶0.2∶0.7。

可见，由于 A 类存货占用着企业大多数的资金，只要能够控制好 A 类存货，基本上不会出现较大的问题。同时，由于 A 类存货品种数量较少，企业完全有能力按照每一个品种进行管理。B 类存货的品种数量远远多于 A 类存货，企业通常没有能力对每一具体品种进行控制，因此可以通过划分类别的方式进行管理。C 类存货尽管品种数量繁多，但其所占金额却很小，对此企业通常进行简化管理，例如总额控制。

2. A、B、C 三类存货的具体划分

一般来说，存货 ABC 分类管理分类的具体过程主要有三个步骤：

(1) 针对企业全部存货，做存货明细表，并计算出每种存货的价值总额及占全部存货金额的百分比。

(2) 按照金额由大到小进行排序并累加金额百分比。

(3) 当金额百分比累计值为 70%左右时，以上存货视为 A 类存货；金额百分比介于 70%～90%之间的存货划分为 B 类存货，其余为 C 类存货。

例 7－13 存货 ABC 分类管理。某公司共有 20 种材料，总金额为1 000 000

元，按金额多少的顺序排列并按上述原则将其划分成A、B、C三类，如表7－8所示。

表7－8　存货ABC分类表

材料编号	金额（元）	金额比重（%）	累计金额比重（%）	类　别	各类存货数量和比重	各类存货金额和比重
1	400 000	40.000	40.000	A	2种 10%	700 000元 70%
2	300 000	30.000	70.000			
3	75 000	7.500	77.500	B	4种 20%	200 000元 20%
4	60 000	6.000	83.500			
5	40 000	4.000	87.500			
6	25 000	2.500	90.000			
7	15 000	1.500	91.500	C	14种 70%	100 000元 10%
8	12 500	1.250	92.750			
9	11 000	1.100	93.850			
10	10 500	1.050	94.900			
11	10 000	1.000	95.900			
12	9 000	0.900	96.800			
13	6 750	0.675	97.475			
14	6 500	0.650	98.125			
15	5 250	0.525	98.650			
16	3 500	0.350	99.000			
17	3 000	0.300	99.300			
18	2 750	0.275	99.575			
19	2 250	0.225	99.800			
20	2 000	0.200	100.000			
合计	1 000 000	100.000	—	—	20种 100%	1 000 000元 100%

各类存货金额百分比用图形表示如图7－9所示。

3.ABC分类法在存货管理中的其他运用

通过以上例子，我们可以看出对存货进行ABC分类，可以使企业分清主次，采取相应的对策进行有效的管理和控制。此外，企业还可以将存货ABC分类法运用到存货的品种控制等领域，如通过研究各类消费者的消费

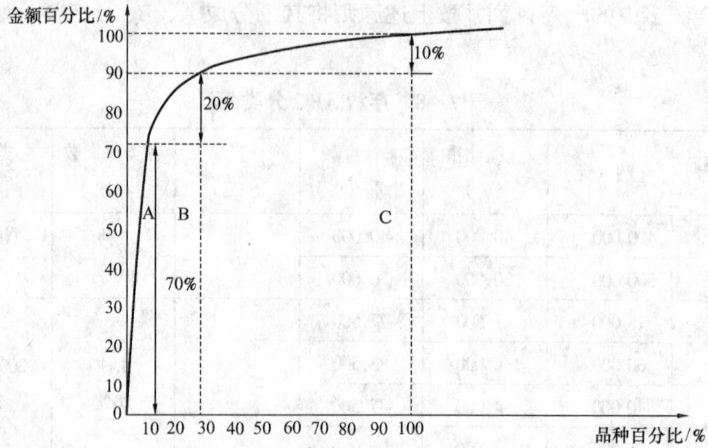

图 7－9　存货 ABC 分类管理

偏好，对各品种和档次的存货需求量或需要额加以估算，将全部存货区分为 A、B、C 三类，并存储相应比例的存货。这样，存货的储量与销售就有效地建立在市场需求的基础上，可以收到良好的控制效果。

四、存货管理的适时制

适时制（Just-In-Time，JIT）系统是一种现代化的生产管理手段。它通过成本控制、改进送货环节和提高产品质量等途径来实现增加盈利和提高公司在市场竞争中地位的战略目标。

适时制存货管理最早可以追溯到 20 世纪六七十年代。日本丰田汽车公司实行适时制生产，在管理手段上采用看板管理，单元化生产等技术实行拉动式生产（pull manufacturing），以实现在生产过程中基本上没有原材料和半成品的存储。这不仅大大降低了生产过程中的库存及资金占用，而且提高了相关生产活动的管理效率。在过去的 10～20 年中，随着交通和通信技术的发展，市场竞争愈演愈烈，那些传统的大批量生产、高生产准备成本的制造公司，迫于降低成本的压力不得不放弃经济订货批量模型转而采用适时制（JIT）系统来管理存货。

（一）JIT 系统与传统的存货管理模式的比较

1. 推动式系统与需求拉动式系统

传统制造系统中，生产往往是按预测的需求编制的预算进行，是一种生产推动式的系统。JIT 生产是一需求拉动式的系统。JIT 生产只在有需求时进行采购和生产而且只生产顾客需要的数量。每一个工序只生产下一工序需要的产品，除非下一流程发来信号，否则不进行生产，生产需要的材料和零件适时到达。

2. 存货存在的合理性

对存货存在的合理性的认识，是 JIT 系统与传统存货管理存在差异的关键和根本所在。传统观念认为，企业持有存货是非常必要的，它是联结企业生产和销售等各个环节的纽带。存货成本包括订货成本或生产准备成本和存货持有成本。订货成本与存货持有成本权衡的结果就是经济批量模型，依据经济批量模型订货或生产产品即可达到存货成本最低。而在 JIT 系统中，持有存货被看成是一种资源的浪费，它占用了资金、空间以及劳动力等资源，还掩盖了生产经营过程中的效率低下。因此，JIT 系统不承认存货成本存在的合理性，并努力将其降为零。

3. 适时能力

适时能力是一个公司对顾客需求的反应速度。传统方式下，企业通过储备存货来确保公司可以按期交货。JIT 系统则通过缩短生产准备时间、提高制造过程的弹性、提高产品质量以及采用单元式制造方式来缩短企业的生产周期，以此提高企业按要求时间交货的能力和对市场做出快速反应的能力。

（二）企业实施 JIT 的条件

1. 内部条件

从企业内部来看，全面性预防维护、全面质量管理、全员参与是实施 JIT 的基本保障。JIT 生产方式不依靠存货来替换有缺陷或不合格的零配件、材料和产品，企业应明显地提高对质量的重视，努力实现零配件、材料和产品的零缺陷。同时，JIT 生产方式不主张以持有存货来解决由于机器故障而导致的停产等问题，因而企业应给予预防性维护足够的重视。还有，整个 JIT 系统的成功运作需要企业各个部门和每个员工的通力合作以及员工的高质量作业，因此，实施 JIT 必须鼓励全员参与。

2. 外部条件

从企业外部来看，科技水平、管理水平的提高，企业之间真诚和密切的协作是实施 JIT 的必要条件。

综上所述，JIT 系统利用现代物流技术和管理手段极大地降低了存货成本，并通过强调全面预防性维护，全面质量控制以及与供应商建立良好的合作关系，缩短生产周期等一系列方式提高企业的适时能力，当然，JIT 存货管理模式的实施对于企业管理技术和管理能力都有较高的要求。当然，需要强调的是 JIT 系统不是适用于所有类型企业的存货管理模式。

【案例分析】

上海通用的库存管理

上海通用汽车有限公司（以下简称“上海通用”）的生产线上基本做到了零库存。上海通用目前有四种车型。不包括其中的一种刚刚上市的车型在内，另外三种车型零部件总量有 5 400 多种。它在国内外拥有 180 家供应商。通用的部分零件，例如有些是本地供应商所生产的，会根据生产的要求，在指定的时间直接送到生产线上去生产。这样，由于不进入原材料库，所以保持了很低或接近于“零”的库存，省去大量的资金占用。通用改变了传统汽车厂的做法，它聘请了一家第三方物流供应商，由他们来设计配送路线，然后到不同的供应商处取货，再直接送到上海通用。利用“牛奶取货”或者通过被称作“循环取货”到第一个供应商那里装上准备的原材料，然后到第二家、第三家，照此类推，直到装上所有的材料，然后再返回。这种的方式使通用的零部件运输成本下降了 30%以上。这也体现了上海通用的一贯思想：把低附加价值的东西外包出去，集中精力做好制造、销售汽车的主营业务，即精干主业。

上海通用非常注意协调与供应商之间的关系。它采取“柔性化生产”，即一条生产流水线可以生产不同平台多个型号的产品。这种生产方式对供应商的要求极高，即供应商必须时常处于“时刻供货”的状态，这样就会给供应商带来很高的存货成本。为了解决这个问题，上海通用与供应商时刻保持着良好的关系，有着透明的信息沟通。“我们有一年的生产预测，也有半年的生产预测，我们的生产计划是滚动式的，基本上每个星期都有一次滚动，在滚动生产方式的前提下我们的产量在作不断的调整，这个运行机制的核心是要让供应商也要看到我们的计划，让其能根据通用的生产计划安排自己的存货和生产计划，减少对存货资金的占用。如果供应商在原材料、零部件方面因种种原因造成问题，它也要给我们提供预警，这是一种双向的信息。有了很好的供应链，我们才会有很好的生产。”对突发事件的应变也是如此。比如 2001 年美国“9·11”事件以后，当时上海通用在北美的进口零部件就出现了问题，“我们就启动了‘应急计划’，一段时间内我们不用海运，而是空运。再比如伊拉克战争，意识到战争爆发的可能及对其供应链可能产生的影响，所以这段时间通用就尽可能地增加零部件的库存，而且也预警所有的供应商，让他们对有可能受影响的原材料进行库存。供应链归根结底就是要贯彻一个双赢的概念。”

要降低库存、提高存货周转率从而使企业库存成本最小化，实现“零库存”是每个企业追求的目标。而具体如何实现，不同类型的企业也想尽了绝招。上海通用的“零库存”的实现主要归功于以下两个方面：

1. 使用第三方物流

上海通用将物流外包给中远，这种外包是把原材料直接送到生产线上去的一种外包制度。中远是很专业的第三方物流公司，通过这样的一种强强联合，双方都从合作中广收硕果。上海通用达到了零库存。

美国物流管理协会对物流的定义为：“物流是为满足消费者需求而进行的对原材料、中间库存、最终产品及相关信息从起始地到消费地的有效流动与存储的计划实施与控制的过程。”而现代意义的第三方物流是一个有十到十五年的行业，它是在物流渠道中由中间商提供全部或部分企业所需的物流服务。第三方物流提供者是一个为外部客户管理、控制和提供物流服务作业的公司。他们并不在供应链中占有一席之地，仅是商品买卖双方之外的第三方，但通过提供一整套物流活动来服务于供应链。

使用第三方物流的优越性包括降低库存、精干主业和节省费用提高了企业在激烈商战中的竞争力。

上海通用将汽车的零配件配送服务外包给了上海中远物流有限公司这家专业的物流公司。第三方物流提供商将会精心设计好运送路线，策划好运送手段，将高价值的零部件通过循环取货这一高效运输手段，根据实际生产需要，按照指定的时间送往通用。中远为通用做到了生产零部件直送工位，准点供应，为上海通用极大地减少了库存，提高了资金利用率，实现了产品的成本优势。

因为汽车制造业比较特殊，零部件多，品种规格复杂。若企业自行去采购，则要花费大量的财力和时间。上海通用这种“将低附加值的东西外包出去”的方法，把有限的人力、物力用于制造、销售的主营业务上，精干主业，而不再操心其他环节，使有限的资源得到了优化配置。企业提高了生产率，并发展创新技术，开发新产品，使企业产品更具有竞争力。

传统的汽车厂，要么有自己的运输队，要么找运输公司把零件送到工厂中。这种方式不是按需供给，占用了很大的库存。而且供应商的送货缺乏标准化管理，管理它也要花费很多的时间和人力资源。上海通用一改传统汽车厂的做法，找到了专业物流公司做送货管理。它利用了第三方物流公司通过多个客户业务的整合的规模经济，有效地降低了成本，从而节省了大量的用车费、用人费、运输费等等管理费用。最终使企业零部件运输成本下降了。

2. 与供应商建立战略伙伴关系

上海通用非常注意协调与供应商的关系，双方保持了良好的信息沟通，供应商根据上海通用的生产计划安排自己的存货和生产计划，减少了供应商的库存成本，真正地降低了整条供应链的成本，从而实现了双赢。

在供应商—制造商—销售商这条链中，作为制造商的企业想达到“零库存”，则将会要求供应商及时供货。而供应商为了保证准点供货，势必会增加库存，由此带来很高的库存成本的同时，还要承担制造商需求变化的风险。供应商为了保证自己的利益，必会抬高价格以“转移成本”。这样若制造商仅保证自己获利，而使供应商“被宰”，链条势必解散，最终会给制造商带来更大的损失。

按照法国物流专家沙卫的观点，企业要想提升竞争力，要多多照顾供应商的利益，支持供应商的发展，把与供应商的商务合作关系转变成战略伙伴关系。只有产生了这种“共兴共荣”的合作伙伴关系，才能实现共担风险、共享利润、共同发展的双赢目标。

成功的企业离不开供应商的支持。企业只有同供应商建立了友好的战略伙伴关系，才是企业成功的根本出路。建立战略伙伴关系的优越性包括有利于制造商研发新产品、有利于制造商降低库存成本等。

因为汽车制造业的零部件价格高，量多而且十分复杂。而供应商比制造商更加了解零部件的性价比，更加了解市场行情。他们能将原材料的性能、价格以及面市情况极好地反馈给制造商，以让制造商选用，达到优化产品性能，降低产品成本的目的。

案例点评：

供应商、制造商双方通过良好透明的信息沟通，高质量服务，建立供应链预警机制，将供应商的供应计划与企业的生产计划紧密衔接，使物品采购供应与生产制造环节更加紧密，降低了整条供应链的成本，大家共享利润，达到双赢的效果。

资料来源：范利祥.www.e-works.net.cn/Articies/421/Article35125.htm.2006年1月11日。

思考题

1. 什么是企业的营运资金？它的管理包括哪些内容？

2. 企业持有现金的动机包括哪些方面？持有现金的成本包括哪些？

3. 从营运资金管理的角度看，与现金有关的成本包括哪些方面？

4. 确定最佳现金持有量的模型有哪些？

5. 从营运资金管理的角度看，与应收账款有关的成本包括哪些方面？

6. 影响确定客户信用质量的五个方面分别是什么？

7. 什么是信用政策？

8. 什么是现金折扣？

9. 评价客户信用的方法主要有哪些？

10. 什么是存货的 ABC 管理法？

11. 什么是存货的适时制？

12. 从营运资金管理的角度看，与存货有关的成本包括哪些方面？

计算分析题

1. 根据企业的规模和经营特点，AQB 公司拟持有的现金有 200 000 元、250 000 元、300 000 元、350 000 元四种可能的情形，从成本最低的角度，四种现金持有方案中选择最佳现金持有量测算所需的有关成本资料如下表所示。

项　目	A	B	C	D
现金持有量（元）	200 000	250 000	300 000	350 000
机会成本率（%）	12	12	12	12
短缺成本（元）	25 000	12 500	7 000	2 500

要求：采用成本分析模型编制该企业最佳现金持有量测算表。

2.BQB 公司预测的年度赊销额为 80 000 000 元，应收账款平均收账天数为 60 天，变动成本率为 40%，资金成本率为 12%。

要求：计算持有应收账款的机会成本。

3.CQB 企业预测的 2006 年度赊销额为 8 000 万元，其信用条件是：$n/45$，变动成本率为 40%，资金成本率（或有价证券利息率）为 10%。假设企业收账政策不变，固定成本总额不变。该企业准备了两个信用条件的备选方案。

A. 维持 $n/45$ 的信用条件；

B. 将信用条件放宽到 $n/60$。

各种备选方案估计的赊销水平、坏账百分比和收账费用等有关数据如下表所示。

项　　目	现行信用政策（A）	拟改变的信用政策（B）
年收账费用（万元）	6	10
平均收账天数（天）	45	60
坏账损失占赊销额的百分比（%）	3	3.5
赊销额（万元）	8 000	8 800
变动成本率（%）	40	40

要求：根据以上资料，对这两个方案的相关信息进行分析和计算，选择合适的方案。

4.DQB公司的应收账款账龄分析表如下表所示。

单位：元

	信用期内（设平均为60天）	超过信用期1个月内	超过信用期2个月内	超过信用期3个月内	超过信用期4个月内	超过信用期5个月内	超过信用期6个月内	超过信用期6个月以上	合计
客户X	2 000								2 000
客户Y							2 300	3 500	5 800
客户Z	5 600						400		6 000
……									

要求：根据上述DQB公司的应收账款账龄分析表对客户X、Y、Z的信用及可能存在的问题进行分析。

5.EQB公司M零件年需用量（D）为14 400件，每日送货量（P）为120件，每日耗用量（d）为40件，单价（p）为10元，一次订货成本（生产准备成本）（C_0）为100元，单价储存变动成本（C_h）为16元。

要求：计算存货陆续供应和使用时的经济订货量和经济订货量下的总成本。

6.FQB公司N材料的年需要量为540 000件，每件标准价为15元。销售企业规定：客户每批购买量不足20 000件的，按照标准价格计算；每批购买量20 000件以上，40 000件以下的，价格优惠2%；每批购买量40 000件以上的，价格优惠3%。已知每批进货费用5 000元，单位材料的年储存成本10元。

要求：计算FQB公司N材料的经济进货量。

7.GQB公司购进L商品2 000件，单位进价（不含增值税）100元，单位售价110元（不含增值税），经销该批商品的一次费用为10 000元，若货款均来自银行贷款，年利率7.2%，该批存货的月保管费用率6‰，其他相关税费1 000元。

要求：

(1) 计算该批存货的保本储存期；

(2) 若企业要求获得5%的投资利润率，计算保利期；

(3) 若该批存货实际储存了100天，问能否实现5%的目标投资利润率？如果不能实现，差额是多少？

8.HQB公司是一个家用电器零售商，现经营约500种家用电器产品。该公司正在考虑经销一种新的家电产品。据预测该产品年销售量为1 080台，一年按360天计算，平均日销售量为3台；固定的储存成本为2 000元/年，变动的储存成本为100元/台（一年）；固定的订货成本为1 000元/年，变动的订货成本为74元/次；公司的进货价格为每台500元，售价为每台580元；如果供应中断，单位缺货成本为80元。订货至到货的时间为4天，在此期间销售需求的概率分布如下表所示：

需求量（台）	9	10	11	12	13	14	15
概　率	0.04	0.08	0.18	0.4	0.18	0.08	0.04

要求：在假设可以忽略各种税金影响的情况下计算：

(1) 该商品的进货经济批量。

(2) 该商品按照经济批量进货时存货平均占用的资金（不含保险储备资金）。

(3) 该商品按照经济批量进货的全年存货取得成本和储存成本（不含保险储备成本）。

9.IQB公司是一个商业企业。由于目前的收账政策过于严厉，不利于扩大销售，且收账费用较高，该公司正在研究修改现行的收账政策。现有甲和乙两个放宽收账政策的备选方案，有关数据如下表所示：

项　目	现行收账政策	甲方案	乙方案
年销售额（万元/年）	2 400	2 600	2 700
收账费用（万元/年）	40	20	10
所有账户的平均收账期（月）	2	3	4
所有账户的坏账损失率（%）	2	2.5	3

已知IQB公司的销售毛利率为20%，应收账款投资要求的最低报酬率

为 15%。坏账损失率是指预计年度坏账损失和销售额的百分比。假设不考虑所得税的影响。

要求：通过计算分析，回答应否改变现行的收账政策？如果要改变，应选择甲方案还是乙方案？

第八章

利润分配管理

本章要点

利润是反映企业经营绩效的核心指标，也是企业利益相关者进行利润分配的基础。本章在对利润分配原则、分配程序进行阐述之后，详细介绍了股利分配理论和股利政策等内容。股利分配理论主要有股利无关论和股利相关论；股利政策主要有剩余股利政策、稳定增长股利政策、固定股利支付政策、低正常股利加额外股利政策等；在进行股利政策的选择时，应考虑各方面的因素。

第一节　利润分配概述

在市场经济条件下，利润是反映企业经营绩效的核心指标，也是企业利益相关者进行利润分配的基础。企业的利润分配主要是确定企业的净利润如何在分发给投资者和用于再投资这两方面进行分配。利润分配是一项十分重要的工作，它不仅影响企业的筹资和投资决策，而且涉及国家、企业、投资者、职工等多方面的利益关系，涉及企业长远利益和近期利益、整体利益和局部利益等关系的处理和协调。为保证企业利润分配的正常进行，在利润分配中必须遵循以下原则。

一、利润分配的基本原则

1. 兼顾各方利益原则

在利润分配中，必须兼顾国家、企业投资者和经营者几方面的利益。根据这一原则，企业实现的利润必须按税法规定的所得税税率计算缴纳所得税，税后利润再在企业、投资者和职工之间进行分配，以维护各方利益主体的利益。

2. 积累和消费相结合的原则

企业税后利润的分配要体现把积累和消费正确地结合起来的要求。要防止片面强调积累，不顾消费的行为，也要纠正片面强调消费，挤占积累的行为。

3. 非有盈余不得分配原则

非有盈余不得分配原则是公司分配利润的重要原则和前提之一。公司当年无盈利，原则上不得分配股利；公司即便有盈利，若有亏损还须先行弥补亏损，不得将亏损递延；弥补亏损后还须先提取法定公积金，最后才能就所剩余利润，即“盈余”向股东分配股利。这一原则的目的在于贯彻资本充实原则，维护公司财产基础及信用能力以保证公司和债权人的利益。

4. 分配自由原则

原《公司法》（1993 年 12 月 29 日颁布）第四十一条和一百七十七条第四款在股利分配制度上规定了同股同权、同股同利原则，即对持有相同性质股利的股东给予同一顺序的分配机会，并对所有股东仅按其出资比例或持股比例而非其他因素决定可分得股利的具体数额。

新《公司法》（2005 年 10 月 27 日颁布）第三十五条允许股东约定不按照出资比例分取红利或不按照出资比例优先认缴出资；第一百六十七条亦允许股份有限公司章程规定不按持股比例分配股利。在新规定下，公司章程可以基于公司的经营状况，以最合理的方式约定股利分配方式，充分体现了公司的契约性性质。

二、利润分配的内容和顺序

为巩固公司资本基础，保护债权利益，维护交易安全和社会公益，各国公司法以强行法的形式规定了公司利润的分配顺序。根据新《公司法》第一百六十七条，公司利润分配的顺序如下。

1. 弥补企业亏损

根据我国现行财务和税收制度的规定，企业发生的年度亏损，可以用下一年度的税前利润弥补，下一年度税前利润不足弥补的，可以延续在 5 年内用税前利润弥补；超过 5 年仍不足弥补的亏损，可用税后利润弥补。

2. 缴纳所得税

企业实现的利润总额，首先应该按照国家税法的规定依法向国家缴纳所得税。

3. 分配税后利润

税后利润应按以下基本程序进行分配。

公司向投资者（股东）分配利润（分派股利），应按规定的顺序进行。

按我国《公司法》的有关规定，利润分配应按下列顺序进行：

(1) 以税后利润弥补历年所留亏损。公司的法定公积金不足以弥补以前年度亏损的，在提取法定公积金之前，应当先用当年利润弥补亏损。

(2) 提取盈余公积金。盈余公积金是企业从税后利润中提取的积累资金，是企业用于防范和抵御风险，保证企业稳定经营和长期发展的必要条件。它实质上属于所有者权益，为投资者所有。盈余公积金包括法定盈余公积金和任意盈余公积金。

非股份制企业应提取法定盈余公积金：现行制度规定按税后净利润(抵减年初累计亏损后的本年净利润)的10%提取，当法定盈余公积金累计额为公司注册资本的50%以上的，可以不再提取。法定盈余公积金主要用于弥补企业亏损、转增资本或用于向投资者分配利润。转增资本或用于向投资者分配利润后，企业留存的法定盈余公积金不得低于企业注册资本的25%。

股份制企业除提取、建立法定盈余公积金外，还应在向普通股股东分配股利前，经股东会或股东大会决议，从税后利润中提取任意盈余公积金。

(3) 向投资者分配利润。企业当年实现的税后净利润，在弥补亏损，提取公积金以后，剩下的利润可以用于对投资者分配利润。

就股份制企业而言，首先应支付优先股股利，其次提取任意盈余公积金，最后向企业普通股股东支付普通股股利。如果企业当年无盈利，一般不得分配利润。但股份有限公司当年无利润的，在经股东大会特别决议后，可以按不超过股票面值6%的比例用积累的公积金分配股利。

第二节 股利与股利政策

股利作为股份有限公司对其股东支付的报酬，是公司就税后利润对股东的一种分配。通常情况下，股利会增加股东的财富，其价值大小取决于可由它带来的未来预期现金流量；但股利可能带来的未来预期现金流量，除了与公司的经营状况有关，还往往与股利的支付方式相关；因此公司是否要支付股利、以什么方式支付股利、支付的股利率是多少以及支付股利的程序如何等都属于公司股利决策的内容。公司的股利政策决定了流向投资者与留存在公司里以便未来再投资的资金比例和数量，这不仅会影响股东的财富和公司的筹资问题，更重要的是，它会向公司利益相关人传递公司的相关信息，进而影响他们在资本市场的决策，并最终通过资本市场影响公司的长远利益。所以公司的股利政策无论对公司的管理者还是公司的股东，都是非常重要的。

一、股利理论

股利分配作为企业财务管理的一项重要内容，应满足企业价值最大化要求。针对股利政策是否影响公司的价值这一问题，在理论界主要有两种不同的观点：即股利无关理论和股利相关理论。

1. 股利无关理论

股利无关理论认为，在一定的假设条件限定下，股利分配政策不会对公司的市场价值或股票的价格产生影响，一个公司的股票价格完全是由公司投资决策之后的获利能力和风险组合决定的，而与公司的股利分配政策无关。该理论建立在下列假设基础上：

（1）不存在个人或公司所得税；

（2）不存在股票的发行和交易费用（即不存在股票筹资费用）；

（3）公司的投资决策与股利决策彼此独立（即投资决策不受股利分配的影响）；

（4）公司的投资者和管理层能获得相同的关于未来投资机会的信息。

上述假设描述的是一种完美无缺的市场，因而该理论又称完全市场理论。实际上，股利无关理论的假设条件与现实相差很远，资本利得与股利所得的税率不同；发行费用和交易成本很高；投资决策受很多因素制约；而投资者和管理者二者之间的信息不对称也是无法避免的。所以，股利无关理论虽然成功地利用数学模型得出了股利政策与股票价值之间的无关性结论，但由于其理论前提与现实相去甚远，其结论也难以符合实际情况。

2. 股利相关理论

股利相关理论认为公司的股利分配与公司的市场价值是相关的。在现实生活中，不存在无关理论提出的假设前提，公司的股利分配是在多种因素制约下进行的，公司不可能摆脱这些因素的影响，这些影响因素相互作用，相互影响，在不同程度上影响着公司的股利政策。从这一基本观点出发，根据对股利政策与股票价格相关的不同解释，又形成了几种各具特色的股利相关理论。

（1）一鸟在手论。该理论认为股票投资收益包括股利收入和资本利得两种，一般情况下，资本利得的不确定性高于股利支付的不确定性，投资者更倾向于取得现金股利收入而非资本利得，因为股利收入是现实的、有把握的收入，而后者要靠股价上涨才能得到收益。这时投资者更愿意购买能够支付较高股利的公司股票，股利支付比率高的股票价格常高于股利支付比率低的股票价格，股利政策必然会对股票价格产生实质性影响，根据这一理论进行股利决策，就应提高股利支付率。这一理论常用一句西方的谚语来形容，那就是“双鸟在林，不如一鸟在手”。

(2) 信息传播论。该理论认为股利的多少实际上是向投资者传播企业收益情况的信息。如果公司改变过去一贯的股利政策，就意味着公司管理者向投资者发出了改变公司未来收益的信号，股利提高表明公司创造未来现金的能力增强，从而提高投资者信心，拉动股价上涨；反之，股利降低则表明公司创造未来现金的能力减弱，投资者便会抛出股票，降低股票的价格。

(3) 所得税差异论。在许多国家的税法中，长期资本利得税率要低于股利收益税率，投资者自然喜欢公司少支付股利而将较多的收益留下来作为再投资用，以期提高股票价格，把股利转化为资本所得。同时，为了获得较高的预期收益，投资者将愿意接受较低的股票必要报酬率，根据这种理论，只有采取低股利和推迟股利支付的政策，才有可能使公司的价值达到最大。

上述股利相关理论的几种观点都只是从某一特定角度来解释股利政策和股价的相关性，而没有同时考虑多种因素的影响。在不完全资本市场上，公司股利政策要受所得税负担、筹资成本、公司本身因素等许多因素的影响，现有的股利理论，还不能解决如何选择股利政策才能使企业市场价值最大化的问题，需在实务中加以具体分析。

二、股利支付方式和程序

(一) 股利支付的方式

股份制企业股利支付的方式一般有现金股利、股票股利、财产股利和负债股利等，后两种方式应用较少。我国有关法律规定，股份制企业只能采用现金股利和股票股利两种方式。

1. 现金股利

现金股利是以现金支付的股利，它是股利支付的主要方式，也是目前最常用的股利分派形式。现金股利发放的多少主要取决于企业的股利政策和经营业绩。企业选择现金股利方式的条件主要有：企业有充足的、可以支付的现金，资产流动性较强；企业有较强的外部筹资能力；现金股利的支付不存在债务契约的约束；等等。由于现金具有较强的流动性，且现金股利还可以向市场传递一种积极的信息，因此，现金股利的支付有利于支撑和刺激企业的股价，增强投资者的投资信心。现金股利的发放会对股票价格产生直接的影响，在股票除息日之后，一般来讲股票价格会下跌。公司支付现金股利除了要有累积盈余外，还要求有足够的现金以供发放股利。

2. 股票股利

股票股利是公司以增发的股票作为股利的支付方式。可以用于发放股票股利的，除了当年的可供分配的利润外，还有公司的盈余公积金。发放股票股利时，一般应按股权登记日的股东持股比例来分派，将股东大会决定用于分配的盈余公积金和可供分配的利润转成股本，并通过股票交易中心的计算系统按比例增加各个股东的持股数量。对于不满一股的股利，则采用现金来分派或通过股东之间将不满一股的份额相互转让来解决。

股票股利的发放并不改变公司账面的股东权益总额，也不导致公司资产的流出或负债的增加；不改变股东的财富，也不改变股东的持股比例；但股票股利的发放会引起所有者权益内部各项目的结构发生变化，同时也会增加市场上流通的股票数量，因此，公司发放股票股利会使股票价格相应下降。公司发放股票股利对股东及公司都有现实意义。

对股东而言，发放股票股利有较多的好处：

(1) 如果公司在发放股票股利之后，公司依然维持原有的股利水平，则股东在以后会因所持股数增加而得到更多的现金股利收入。

(2) 实际上，公司发放股票股利后，其股票价格并不成比例地下降，而是保持在良好的价位上，这样股东的财富会越来越多。

(3) 发放股票股利通常是成长中的公司所为，投资者往往认为发放股票股利预示着公司将会有较大的发展，利润也将大幅度增加，结果起到稳定股价的作用，甚至使之略有上升。

(4) 在股东需要现金时，还可以将分得的股票出售，有些国家（如我国）税法规定出售股票所需缴纳的资本利得（价值增值部分）税率比收到现金股利所需缴纳的所得税率低，使得股东可从中获得交易过程中所产生的纳税差额收益。

而对公司而言，发放股票股利有以下几点好处：

(1) 可使公司在满足股东要求的前提下，留存大量的现金来满足公司投资的需要，有利于公司的发展。

(2) 在盈余和现金股利不变的情况下，发放股票股利可以降低每股价格，从而有利于吸引更多的投资者。

(3) 因发放股票股利而扩张了股本，公司如果要继续维持原有的股利水平，则会增加未来的股利支付，这实际上向投资者表明本公司的经营业绩将有大幅度增加，从而提高投资者的信心，也易拉动公司股价上涨；但若公司未来盈利能力不高，公司的每股利润因股本扩张而降低，则会降低投资者对公司的信心，加剧股价的下跌。

发放股票股利有许多优点，但也有不可忽视的缺陷：

(1) 发放股票股利的程序复杂，费用比发放现金股利的大，会增加公司的筹资费用，增加公司的负担。

(2) 发放股票股利尽管能减少企业当前的现金支付，但可能会加重企业未来的经营压力和财务负担。因为随着股票股利的发放，企业的股本总额不断扩大，企业的收益水平若没有相对提高，将会导致每股盈余下降，这会损害企业的形象，引起股价下跌；另一方面，随着股本规模的扩大，当企业在某一时间需要分配现金股利时，其现金支付压力会随之加大，甚至可能导致企业陷入财务困境。

3. 财产股利

财产股利是用现金以外的资产支付的股利，主要是以公司所拥有的其他企业的有价证券，如债券、股票等作为股利支付给股东。这种支付方式在我国目前不采用。

4. 负债股利

负债股利是公司以负债形式支付的股利。这种股利形式较少见，通常以公司的应付票据支付给股东，不得已的情况下也有发行公司债券来抵付股利的。

(二) 股利的支付程序

我国股份制企业的股利支付必须遵循法定的程序，一般是先由董事会提出分配预案，然后提交股东大会决议通过才能进行分配。股东大会决议通过分配预案之后，要向股东宣布发放股利的方案，并确定股权登记日、除息日和股利发放日。

1. 股利宣告日

即公司董事会将股利支付情况予以公告的日期。在宣布分配方案的同时，要公布股权登记日、除息日和股利支付日。我国股份制企业一般是一年发放一次或两次股利，即在年末和年中分配。在西方国家，股利通常是按季度支付。

2. 股权登记日

即有权领取股利的股东有资格登记的截止日期，也称除权日。凡是在股权登记日这一天登记在册的股东都有资格领取本期股利，而在这一天之后登记在册的股东，即使是在股利发放日之前买到的股票，也无权领取本次分配的股利。例如，某公司公告声明："本次派息股权登记日为 2005 年 4 月 15 日。派息对象：截至 2005 年 4 月 15 日下午 3 时收市前在北京证券结算公司登记注册的本公司全体股东。"

3. 除息日

除息日即除去股利的日期。即指领取股利的权利与股票相互分离的日期。在除息日之前购买的股票，股利的享有权附在股票上，购买者可以领取本次股利，而在除息日当天或以后购买的股票，股利与股票分离，股利归股权登记日登记在册的股东所有，股票价格是扣除股利后的除权价格，购买者不能领取本次股利。证券业一般规定在股权登记日的前四天为除息日；目前在计算机交易系统下，股权登记日的次日即可确定为除息日。例如，2005 4 月 15 日收市前持有该公司股票的投资人有权获得该公司该次派发的现金股利，而在 4 月 16 日当天或以后才购入该公司股票的投资者就不能获得该次派发的现金股利，那么，4 月 15 日就是除息日。

4. 股利支付日

又称股利发放日或付息日，即公司将股利正式发放给股东的日期。在这一天，企业应将股利通过邮寄等方式支付给股东，计算机交易系统可以通过中央结算登记系统将股利直接打入股东资金账户，由股东向其证券代理商领取股利。

例 8－1 某上市公司 2005 年 3 月 23 日发布公告："公司于 2005 年 3 月 20 日召开股东大会，决定每 10 股分派现金 5 元，所有 2005 年 4 月 3 日前持有本公司股票的股东都将获得这一部分股利，股利将于 4 月 23 日发放。"

在该例中 2005 年 3 月 23 日为股利宣告日，4 月 3 日为股权登记日，4 月 4 日为除息日，4 月 23 日为股利支付日。

三、股利政策

（一）股利政策的种类

在现行股利分配实务中，股利政策主要有以下几种类型。

1. 剩余股利政策

剩余股利政策就是在公司有着良好的投资机会时，根据一定的目标资本结构（最佳资本结构），测算出投资所需的权益资本，先从盈余当中留用，然后将剩余的盈余作为股利予以分配；如果没有剩余盈余，则不派发股利。按照这种股利政策进行操作时应遵循三个步骤：

（1）确定目标资本结构，即确定权益资本与债务资本的比率。在此资本结构下，加权平均资本成本将达到最低水平。

（2）确定目标资本结构下投资方案所需的权益资本数额。

（3）将投资方案所需权益资本数额从盈余中扣除，若有剩余盈余再将其作为股利发放给股东。

例 8-2 假定 A 公司 2005 年 12 月 31 日提取了盈余公积金后的税后净利润为 2 000 万元，第二年的投资计划所需资金为 2 000 万元，公司的目标资本结构为权益资本占 60%、债务资本占 40%，那么，按照目标资本结构的要求，公司投资方案所需的权益资本数额为

$$2\,000 \times 60\% = 1\,200（万元）$$

公司当年全部可用于分配的税后净利润为 2 000 万元，可以满足上述投资方案的权益资本数额并有剩余，剩余部分再作为股利发放。当年可用于发放的股利额为

$$2\,000 - 1\,200 = 800（万元）$$

剩余股利政策把投资放在首位，有利于企业把握投资机会，不断增加企业收益水平，增加股东财富；而且，采用这种以留存收益来满足公司最佳资本结构下权益资本的需要，可大大降低公司的资金成本，提高企业的经济效益。但该股利政策对股利的支付，要视企业利润的大小和投资机会的多少而定，属波动性股利政策，不利于股利的稳定支付。因此采用剩余股利政策的前提是企业必须有良好的投资机会，而且该投资机会的预计报酬率应高于股东要求的必要报酬率。在实际操作过程中，企业要加强投资机会的可行性研究和审查，权衡投资的风险与收益；否则，一旦投资决策失误，将会严重损害股东的利益。

2. 固定或持续增长股利政策

固定或持续增长股利政策是保持公司股利长期地固定在某一水平上不变，只有当公司认为未来盈余将会显著地、不可逆转地增长时，才提高年度的股利发放额，使股利的支付在一定时期内达到稳中有升的趋势。因此，该股利政策又称为阶梯式的股利政策，主要适用于经营比较稳定的企业。

采用这一股利政策的主要优点是：

（1）稳定的股利政策向市场传递着公司正常发展的信息，有利于树立公司的良好形象，增强投资者的信心，稳定股票价格。

（2）稳定的股利政策有利于投资者安排股利的收入和支出，特别是那些依靠股利维持消费的投资者尤为如此。

（3）股利稳定的股票有利于投资者购买。

该种股利政策尽管有着股利稳定的优点，但也存在以下缺陷：

(1) 股利的支付与企业的盈余相脱节，使股利的分配水平不能反映企业的盈利水平。

(2) 当企业的盈余较低或现金紧张时仍要支付固定的股利，可导致企业资金短缺，加大企业的财务压力，甚至陷入财务困境。

【微型案例】

固定或持续增长股利政策举例

表 8－1 所示的是美国三家公司即通用电气（General Electric）、IC 制业（IC Industries）与固特异轮胎公司（Goodyear Tire&Rubber）1973～1979 年间的每股盈利（EPS）以及每股股利（DPS）的数据。

表 8－1　三家公司各年的 EPS 和 DPS　　单位：美元

年　份	通用电气		IC 制业		固特异	
	EPS	*DPS*	*EPS*	*DPS*	*EPS*	*DPS*
1973	2.97	1.50	2.84	1.26	2.42	0.96
1974	3.16	1.60	2.84	1.30	2.00	1.03
1975	3.07	1.60	2.43	1.30	2.24	1.10
1976	4.12	1.70	3.03	1.35	1.67	1.10
1977	4.79	2.10	3.77	1.49	2.85	1.20
1978	5.39	2.50	4.82	1.64	3.12	1.30
1979	6.20	2.70	4.40	1.76	2.00	1.30

如表 8－1 所示，通用电气、IC 制业以及固特异三个公司实行的是具有相同特征的股利政策，即固定或稳定增长的股利政策。通用电气公司在 1975 年时，尽管其每股盈利（EPS）比 1974 年降低了 0.09 美元，但其每股股利（DPS）依然保持在 1.60 美元。同样，IC 制业公司在 1975 年时，每股盈利也从 2.84 美元降至 2.43 美元，但其每股股利依然保持在 1.30 美元。保持每股股利不变无异于向股东传递这样的信息，即公司收益的降低只不过是暂时的。固特异公司的每股盈利尽管显现出了周期性的变化，但其所采用的股利政策很显然是典型的稳定的股利政策。公司的每股盈利在 1974 年、1976 年和 1979 年都有所降低，但其股利分派却从未减少，而且事实是股利分配在这 7 年内还有 4 次增加。

3. 固定股利支付率政策

固定股利支付率政策是公司确定一个股利占盈余的比率，长期按此比率支付股利的政策。采用这一股利政策可以使股利与公司的盈余紧密地联系起来，各年的股利额随公司经营业绩的好坏而上下波动。获得较多盈余的年份股利额较高，获得盈余较少的年份股利额较低，当企业亏损时，就无股利发放。但在这种政策下，公司各年由于盈利的变化导致股利变化较大，极易造成公司经营不稳定的错觉，不利于稳定股票价格，也不利于树立公司形象，因此，很少有企业采用该种股利政策。

4. 低正常股利加额外股利政策

低正常股利加额外股利政策是公司一般情况下每年只支付一笔固定的、数额较低的股利，在盈余较多的年份再根据实际情况向股东发放额外股利。这种股利政策使股东每期都有相对比较稳定的股利，能够吸引那些对股利依赖性较强的股东，同时该股利政策有较大的财务灵活性，即当公司盈余较少或因有较好的投资机会而需大量投资时，可维持较低的正常股利，股东不会因此而不满，当公司盈余较多或无投资需求时，可适度增发股利，增强投资者信心，提升股票价格。因此，该股利政策适合于收益波动性较大的企业。

（二）影响股利政策选择的因素

在股利分配实务中，影响公司股利政策选择的因素众多，概括起来主要有四个方面，即法律因素、企业因素、股东因素和其他因素。

1. 法律因素

为保护债权人和股东的利益，有关法规对公司的股利分配常作如下限制：

(1) 资本保全限制。资本保全限制要求公司只能用当期的利润或留用利润分配股利，不能用资本（包括股本和资本公积）发放股利，以保全公司股东权益资本，维护债权人的利益。在我国，当企业发生亏损时，为维护企业形象，可以用盈余公积发放不超过股票面值6%的现金股利，发放后法定盈余公积金不得低于注册资本的25%，这是企业资本保全限制的一个例外。

(2) 企业积累限制。企业积累的限制要求公司在分配股利之前必须按法定程序提取法定盈余公积金，并鼓励公司提取任意盈余公积金。这一条款的目的，一是使公司在盈利时有所积累，将来如发生亏损，可用公司积累的公积金弥补，还可在盈余公积金弥补亏损以后，经股东大会特别决议，在有关法律规定的限度内用盈余公积金分配股利；二是为企业实现内部资本扩张做准备，用公积金扩大生产经营，或将公积金转为公司资本。如我国现行制度和法规明确规定：股份公司应按税后利润的10%提取法定公积金，公司法定公积金累计数额为公司注册资本的50%以上的，可以不再提取。公司从税后利润中提取法定公积金后，经股东会或者股东大会决议，还可以从税后利润中提取任意公积金。

(3) 净利润限制。净利润的限制要求公司只能从当年的净利润和以前年度未分配利润中支付股利，即年度累计净利润必须为正数时才可发放股利。

(4) 超额累积利润限制。超额累积利润限制要求当股利收益税高于其进行股票交易的资本利得税时，企业不得因税收考虑而超额累积利润。于是许多国家规定一旦留用利润超过法律许可的水平，将加征额外税负。我国对此尚未作限制性规定。

(5) 偿债能力限制。偿债能力的限制要求公司必须有充分的偿债能力才能发放现金股利。如果公司在已经资不抵债时仍向股东支付股利，意味着股东侵占了本属于债权人的清算资产；如果公司虽尚未陷入资不抵债的境地，但由于资产流动性不足，支付现金股利后将使其失去偿债能力时仍向股东支付股利时，也是对债权人利益的侵犯。因此该项规定禁止缺乏偿债能力的企业发放现金股利。这一规定目前主要见于美国一些州的法律规范中，我国尚未将此纳入法律规范，只是在借贷契约或协议的相关条款中有所涉及。

2. 股东因素

(1) 稳定的收入。一些依靠股利维持生活的股东，往往要求公司支付稳定的股利，若公司留存较多的利润，将受到这部分股东的反对；而一些高股利收入的股东出于避税的考虑，往往反对发放较多的股利。

(2) 股东的税负。企业经营的一个重要目的是实现股东财富的最大化，而税负是影响股东财富的一项重要因素，也是企业在选择股利政策时应考虑的主要因素。从理论上看，若股利收入的税率高于资本利得的税率，应控制股利分配，反之，则可扩大股利分配。在我国，由于现金股利收入的税率为20%，而股票交易尚未征收资本利得税，因此，多留少派的政策可以给股东带来更多的资本利得收入，从而达到少纳所得税的目的。在国外，由于现金股利收入已纳入股东的个人收入范围，按累进递增的比率缴纳个人所得税，如果一个公司拥有很大比例的因达到个人所得税的某种界限而按高税率课税的富有股东，则其股利政策一般倾向于多留盈余、少派股利，以给这些富有股东带来更多的资本利得收入，从而达到减少股东税负的目的；相反，如果一个公司的绝大部分股东是低收入阶层，其所适用的个人所得税税率比较低，这些股东就会更重视当期的股利收入，宁愿获得没有风险的当期股利而不愿冒风险去获得未来的资本利得，因而，这类股东更喜欢较高的股利支付率。

（3）控制权的稀释。公司支付较高的股利，会导致留用利润的减少，这意味着将来发行新股的可能性加大，而发行新股必然稀释公司的控制权；另外，随着新股的发行，流通在外的普通股数量必然增加，最终将导致企业的每股盈利和每股市价的下降，综合影响的结果并不一定有利于现有股东。

3. 企业因素

企业因素是指企业在经营及财务方面对股利分配的限制，主要体现在以下几个方面：

（1）资产的流动性。由于会计利润与净现金流量之间存在着时间上的差异，企业有盈利并不等于有支付能力，如果公司因扩大投资或偿还债务已耗尽了现金，即使有较高的账面利润，也无力支付较高的现金股利。因此，一定时期内企业能否发放股利还取决于企业现金的充足性，或者说资产的流动性。一般而言，若企业的资产流动性好，则其现金支付能力相对较强，现金股利的分配率可相对提高；反之，若资产的流动性差，则应控制现金股利的分配。企业为保持适当的支付能力，需设定一定的资产流动性目标，保持现金及其他适当的流动资产。

（2）盈余的稳定性。企业是否能够获得长期稳定的盈余，是其决定其股利政策的基础。一般而言，盈利稳定的企业比较有信心维持支付较高比率的股利，此外，盈利稳定的企业由于其经营和财务风险相对较少，因而可以比其他企业以更低的成本筹集资金；反之如果公司盈利状况欠佳，利润变动幅度较大，股利支付率不会很高。

（3）举债能力。企业现金支付能力的强弱不仅取决于资产的流动性，还取决于企业的举债能力。企业在资本市场上的举债能力与其盈利能力、资本结构和信誉度有关。举债能力较强的企业一般能及时筹措到所需资金，可采取较为宽松的股利政策；而举债能力弱的企业为保持必要的支付能力，常采用较紧缩的股利政策。

（4）投资机会。企业的投资项目需有大量的资金作支持，资金的需求量会对公司的股利政策产生较大影响。对于有着良好投资机会的企业，通常需要大量的资金，企业应控制现金股利，将大部分净利留存下来用于再投资；相反，若企业缺乏良好的投资机会，为避免资金闲置，企业会向股东支付较高的现金股利。一般而言，处于成长中的企业，多采取低股利政策，处于经营收缩中的企业多采用高股利政策。

(5) 资金成本的考虑。企业留用利润是企业内部筹资的主要来源，相对于外部筹资而言，不需花费筹资费用，其资金成本相对要低一些。故从资金成本的角度考虑，如果企业有扩大资金的需要，需要增加权益资本时，应采取低股利政策。

4. 其他因素

影响股利政策的其他因素主要包括债务合同约束，政府对机构投资者的投资限制以及因通货膨胀带来的企业对重置实物资产的特殊考虑。

(1) 债务合同的约束。当公司签订长期借款协议、债券协议、优先股协议以及租赁契约等外部融资协议时，常常会应对方的要求，接受一些限制股利支付的条款，这使得企业只能采取低股利政策。这些限制性条款主要表现为：只能以长期借款协议履行后所产生的收益支付股利，而不能动用在此之前的留用利润；除非公司的盈利达到一定水平，否则不得发放现金股利；当净营运资本低于某一下限时不能支付股利；只有在优先股股利全部支付后才能支付普通股现金股利；将股利发放额限制在某一盈利额或盈利百分比上。

(2) 政府对机构投资者的投资限制。机构投资者一般包括养老保险基金、储蓄银行、信托基金、保险企业和其他一些机构。政府对机构投资者所能进行的投资限制往往与稳定股利的支付有关。如果一些企业想要吸引更多的机构投资者，一般应采用较高并且稳定的股利政策。

(3) 企业对重置实物资产的考虑。在通货膨胀较为严重的时期，公司的现有经营规模的维持尚须不断追加投入，相应地需要将较多的盈余用于积累，作为弥补固定资产折旧购买力水平下降的资金来源。

由此可见，确定股利政策需要考虑许多因素，而这些因素往往又是相互联系和相互制约的关系，其影响也不可能完全用定量方法来分析，所以股利政策的制定主要依靠对具体企业所处的具体环境进行定性分析，以实现各种利益关系的均衡。

第三节　股票分割与股票回购

一、股票分割

股票分割是指将一股面值较高的股票换成数股面值较低的股票的行

为，通过分割可以成比例地降低股票面值而增加普通股的数量。例如将一股面值为 2 元的股票拆换为 2 股面值为 1 元的股票。股票分割的比例并没有固定的标准，其产生的效果与股票股利非常相似，例如 1:2 的分割比例相当于 100%股票股利发放率。

股票分割后，明显的变化是发行在外的股票数量增加，每股面值下降，每股收益下降，但公司股东权益总额不变，股东权益各项目（普通股股本、资本公积、留存收益）的金额及其相互之间的比例也不会改变。但从理论上讲，股票分割会使公司股票的每股收益和每股市价成倍地下降，从而吸引更多的中小投资者，活跃企业的股票交易。

例 8 – 3 某上市公司原发行面值 10 元的普通股 1 000 万股，如果公司决定将流通在外的股票按 1:2 的比例进行分割，则股票分割前后的股东权益各项目变化如表 8 – 2、表 8 – 3 所示。

表 8 – 2 股票分割前的股东权益

单位：万元

普通股（面值 10 元，流通在外 1 000 万股）	10 000
资本公积	35 000
盈余公积	10 000
未分配利润	15 000
股东权益合计	70 000

表 8 – 3 股票分割后的股东权益

单位：万元

普通股（面值 5 元，流通在外 2 000 万股）	10 000
资本公积	35 000
盈余公积	10 000
未分配利润	15 000
股东权益合计	70 000

可以看出，股票分割后没有对股东权益总额产生影响，股东权益各项目在金额上也没有任何变化，只是普通股股数增加了一倍。

例 8 – 4 承上例，如果本年的收益为 4 000 万元，当时股票市价为每股 20 元，则股票分割前后的股东财富的变动如表 8 – 4 所示。

表 8 – 4 股票分割前后股东财富变动表 单位：万元

项　目	股票分割前	股票分割后
每股收益（元/股）	4	2
市盈率（倍）	5	5
每股市价（元/股）	20	10

可以看出，股票分割的明显效果是股票的每股收益和每股市价会成倍地下降，这一点也是对公司的意义所在。

股票分割与股票股利虽然都具有降低公司股票市价的作用，但它们在会计处理上有所不同：

(1) 股票股利需通过账务系统调减留存收益和调增股本和资本公积，股票分割只需在报告系统中增加股份数量。

(2) 股票股利不改变所有者权益总额，但权益内部各项目的结构将会发生变化，股票分割则是既不改变所有者权益总额，也不改变权益结构。一般情况下，股票分割只有在公司股价上涨且预期难以下降时才使用；而在股票价格上涨幅度不大时，一般采用发放股票股利的办法将股价维持在理想的范围内。区分二者的不同一般是根据主管证券部门的具体规定的比例界限，如有的国家证券交易机构规定，发放25%以上的股票股利即属于股票分割。相反，若公司认为自己股票的价格过低，为提高股价，也可以采取反分割（也称股票合并）的措施。反分割是股票分割的相反行为，即将数股面额较低的股票合并为一股面额较高的股票。

二、股票回购

(一) 股票回购的动机

股票回购是指公司出资将其发行流通在外的股票以一定价格购买回来予以注销或作为库存股的一种资本运作方式。其动机主要有以下几种：

1. 作为现金股利的替代方法

股票回购产生于公司规避政府对现金股利的严格管制。20世纪70年代，由于美国政府对公司分派现金股利增加了严格的限制条款，为了规避这些限制性条款，许多公司开始把公司收入通过股票回购的方式分配给股东。当公司以高于股票市价的价格向股东收购股票时，出售股票的股东将收购价高于市价的差额视为公司分配给他们的现金股利；对于仍旧持有股票的股东来说，因股票价格会随之上涨，他们的资本利得等于出售股票的股东获得的利得，在没有个人所得税和交易成本的条件下，出售股票的股东和仍然持有股票的股东会获得等额的股利。对股东来说，股票回购与现金股利效果相同，不会改变股东的收益，可以把股票回购看做现金股利的替代方式。例如，1989年和1994年，埃克森石油公司分别动用150亿美元和170亿美元回购本公司股票。之后，为了替股东有效规避现金股利的高额税收，股票回购继续受到上市公司的青睐，1994年，美国公司股票回购总金额达到690亿美元。

2. 改善公司的资本结构

一般来说，公司无论是用现金还是举债回购股份，都会提高财务杠杆水平，改变公司的资本结构和加权平均资本成本。在现金回购方式下，假定公司的负债规模不变，那么股票回购之后的权益资本在公司资本结构中的比重下降，公司财务杠杆率提高；而在举债回购股份的情况下，一方面是公司负债规模增加，另一方面是权益资本比重下降，所以公司财务杠杆率还是提高了。因此当公司认为，其权益资本在资本结构中所占比重过大时，就可能会对外举债，并用举债所得的资金来回购其自身的股票，从而直接改变负债和权益资本的比例，降低其整体资金成本，优化公司的资本结构。

3．防止恶意收购

20世纪80年代以来，并购浪潮席卷全球。在外流通股票数量越多，股价越低，公司越容易被恶意收购。而股票回购有助于公司管理者避开竞争对手企图收购的威胁，因为它可以使公司流通在外的股票数量减少，每股收益上升，股价上升，从而使收购方要获得控制公司的法定股份比例变得更为困难；而且，股票回购可能会使公司的流动资金大大减少，财务状况恶化，这样的结果也会减少对方收购公司的兴趣。例如，美国西格雷姆公司曾提出以每股45美元购买明尼瓦公司的普通股股票，而明尼瓦公司的经理们为此大举借债，用此借款回购其股份，每股价格定为60美元，从而有效地抵御了西格雷姆公司的并购企图。

4．用于公司兼并或收购

在兼并或收购的过程中，产权交换的支付方式无非是现金购买或以股票换股票两种。如果公司有库存股票，即可以使用公司本身的库存股票来交换被并购公司的股票，由此可以减少公司的现金支出。

5．有利于传递公司的内部信息

股票回购除了是现金股利的一种替代之外，还是针对公司和投资者之间信息不对称的一种有效财务政策。由于信息不对称和预期差异，证券市场上的公司股票价格可能被低估，如果公司认为有必要向市场和投资者传递公司真实的投资价值时，可以进行股票回购。这时股票回购就被视为公司管理层向市场和投资者传递公司内部信息的一种手段。一般情况下，投资者会认为股票回购意味着公司认为其股票价值被低估而采取的应对措施。例如，1987年10月19日的“黑色星期一”，纽约股票市场暴跌，当日股票价格平均跌幅超过20%。第二天，花旗集团董事会即宣布回购公司2.5亿美元的股票。随后，很多上市公司管理层纷纷仿效花旗集团，宣布回购本公司股票。短短两天内，股票市场公布的股票回购计划总额就达到62亿美元。

此外，股票回购还有其他的目的，如在公司发行了可转换证券或认股权证时，通过回购股票，即可用库存股票来满足可转换证券持有人转换普通股的要求和认股权证持有人以特定价格认购股票，而不必另行发行新股票。

（二）股票回购的方式

股票回购的方式主要有要约回购、公开市场回购和议价回购三种方式。

1. 要约回购

要约回购指公司在特定期间向市场发出的以高出股票当前市场价格的某一价格，回购既定数量股票的要约。这种方式赋予所有股东向公司出售其所持股票的均等机会。通常情况下公司享有在回购数量不足时取消回购计划或延长要约有效期的权利，而如果愿意出售的股票多于要约数量，公司可以自行决定购买部分或全部超额股数，反之，公司则可以通过公开市场购回余下的不足数。

2. 公开市场回购

在公开市场回购指上市公司通过经纪人在公开市场上购回其自身的股票。公司在公开市场上购回股票时，应注意披露购回股票的意图、数量等信息，采用此种方式一般需要花费较长的时间才能收购到较多的股票。因此，公司欲收购巨额股票，以采用较高的价格向股东直接收购股票的方式为宜，否则会面临不能如期实现股票回购目标的风险。

3. 议价回购

议价回购是指公司以议价为基础，直接向一个以上的大股东购回股票。和其他方式一样，采用议价回购的方式，公司同样必须披露其股票回购的数量等信息，并使其他股东相信，公司的购买价格是公平的，以及他们的利益和机会都未受到损害。

（三）股票回购的相关法律规定

是否允许公司回购本公司的股票，世界各国法律的规定是不同的。有些国家的法律允许公司回购本公司的股票且不注销，这部分股票称为“库藏股”。我国有关法律不允许公司持有“库藏股”，公司在回购本公司的股票后必须将其注销。目前我国有关股票回购的主要法规条款如下：

(1)《公司法》规定：“公司不得收购本公司股份。但是，有下列情形之一的除外：

① 减少公司注册资本；

② 与持有本公司股份的其他公司合并；

③ 将股份奖励给本公司职工；

④ 股东因对股东大会作出的公司合并、分立决议持异议，要求公司收

购其股份的。

“公司因前款第①项至第③项的原因收购本公司股份的，应当经股东大会决议。公司依照前款规定收购本公司股份后，属于第①项情形的，应当自收购之日起10日内注销；属于第②项、第④项情形的，应当在6个月内转让或者注销。

“公司依照前款第③项规定收购的本公司股份，不得超过本公司已发行股份总额的百分之五；用于收购的资金应当从公司的税后利润中支出；所收购的股份应当在一年内转让给职工。”

(2)《上市公司规范意见》规定：“公司除因减少资本等特殊情况，不得收购本公司股票，亦不得库存本公司已发行股票。特殊情况需收购、库存本公司已发行股票者，须报请体改部门、人民银行专门批准后方可进行。”

(3)《上市公司章程指引》规定：“上市公司回购公司股份的方式有：向全体股东按照相同比例发出购回要约；通过公开交易方式购回；法律、行政法规规定和国务院证券主管部门批准的其他情形。”“公司购回本公司股票后，自完成回购之日起10日内注销该部分股份，并向工商行政管理部门申请办理注册资本的变更登记。”

(4)《股票发行与交易管理暂行条例》规定：“未依照国家有关规定经过批准，上市公司不能购回其发行在外的股票。”

【案例分析】

“四川长虹”历年股利分配情况

这里收集了四川长虹电器股份有限公司上市以后各年（即从1993年到2001年）股利分配（包括有关年度配股）方案的资料，并从中摘取1995年、1998年及2001年的股利分配方案，以此作为分析其股利政策的基本依据之一。

1.1995年度股利分配方案和配股方案

1996年6月28日，四川长虹电器股份有限公司公布，1995年度的股利分配方案，主要内容有：

公司1995年实现净利润1 150 713 998.10元，分别按10%提取法定公积金、法定公益金各115 071 399.81元，按53%提取任意盈余公积金609 878 418.99元，加上上年度未分配利润14 846 562.54元，可供股东分配的利润为 325 539 342.03 元，向全体股东每 10 股送红股 6 股，分配普通股股利303 218 919.00元，未分配利润 22 320 423.03 元结转下年度分配；此次股利分配股权登记日为 1996 年 7 月 2 日，下午收市时在上海证券中央登记结算公司登记在册的股东，均享有本次送股权；除权日及红股上市起始交易日为 1996 年 7 月 3 日；送股方式：社会公众持股部分（含转配部分）由上海证券中央登记结算公司通过计算机网络，按照股东持股数比例，自动计入其股东账户，法人持股部分送股由公司另行办理。特别提示：本次派发的可流通股红股 9 275.104 9 万股于 1996 年 7 月 3 日开始在上海证券交易所上市交易，派发给尚未上市流通股的红股 21 046.786 9 万股，不得上市交易。

1995 年，四川长虹还进行了增资配股，配股方案为普通股每 10 股配售 2.5 股，共计配股 5 945.469 万股。此次配股经四川省国有资产管理局批准，全部法人股东将配股权转让给社会公众股东，因此社会公众股东除可按 10:2.5 配股外，还可按 10:7.41 受让法人股转让的配股权，配股价为 7.35 元/股，配股权转让手续费为 0.2 元/股，法人股转配部分按国家有关规定暂不上市交易。本次配股采用配股权证方式进行，即社会公众股东除可按 10:2.5 的比例直接获得长虹权证 A1，还可按 0.2 元/股的配股权转让手续费，在规定的时间内认购长虹权证 A2，认购结束后，A1、A2 股权证可以在 20 个交易日内进行挂牌交易，权证交易结束后再由权证持有者缴款认购本次长虹配股及转配股。股东大会授权董事会根据有关规定负责实施本次配股。公司本次增资配股预计募集资金 43 699.20 万元（含承销费），主要用于数字彩电、五大系列卫星接收机产品、行输出变压器、印刷电路板、高频头的开发和建设等六个技改项目。

2.1998 年度股利分配方案

1999 年 6 月 28 日四川长虹电器股份有限公司召开了 1998 年度股东大会，通过了该年度利润分配方案。1998 年公司实现净利润 2 003 950 870.00 元，分别提取 10%法定公积金和 10%法定公益金，加上期初未分配利润，1998 年可供分配的利润为 1 637 926 650.00 元。但鉴于公司未来发展需要，本年度不进行利润分配，也不进行资本公积金转增股本。

3.2001 年度股利分配方案

四川长虹电器股份有限公司 2001 年度实现净利润 88 535 872.00 元，提取法定公积金计 8 327 180.50 元，提取的法定公益金计 8 327 180.50 元，加上年未分配利润 1 610 376 064.00 元，可供分配的利润为 1 682 257 536.00 元。但公司为进一步增强未来在家电行业的竞争能力，积极培养公司发展后劲，经公司股东大会审议决定，本年度不进行利润分配，也不进行资本公积金转增股本。

案例点评：

长虹自1994年上市以来，采用的股利分配方式主要是现金股利和股票股利。据统计，四川长虹上市8年累计派发现金股利达1 197亿元，位居我国所有上市公司的前10位，可以说在这方面长虹给予投资者的回报并不算少；长虹送红股的比例之高，在我国上市公司中也是居于前列的。我们知道1994年到1997年是长虹飞速发展的时期，业绩增长迅猛，公司股利指标在我国众多上市公司中连续几年雄踞首位，长虹股票备受投资者青睐。因此，长虹选择大比例且连续的股票股利政策，一是有盈余可供分配，二是不用担心由于股本快速扩张导致股价急剧下跌。相反，公司可以留下大量盈余用于进一步发展。另一方面，长虹也是出于配合增资配股的需要。在1995、1997年长虹两次实施配股融资，这与大量送红股的政策应该说是相得益彰的。大量送红股，使得公司股本急剧扩张，然后进行增资配股无疑使融资规模比之直接进行配股要可观得多。

再看长虹第二阶段的股利政策，这是典型的剩余股利政策。案例介绍已经说明自1998年开始长虹进入了艰难的调整期，公司主营业务彩电的利润率由于残酷的价格战一降再降，导致长虹净利润急剧减少，同时长虹为了实现战略调整，向新的领域进军，又急需大量的资金投入，在这种两难的情况下，长虹不得不采取零股利政策，先满足内部筹资需要。尤其是1999年长虹净资产收益率降至了4.40%（资料略），意味着长虹三次采用的配股融资方式在未来三年内将与长虹无缘，这更加剧了公司的筹资难度，因而长虹对保留盈余的依赖性更是强烈。2000年、2001年长虹净资产收益率依然低于《证券法》配股条件中的规定，可以预见除非长虹业绩突然飘升，否则长虹还将继续实施零股利政策。

长虹的股利政策有其成功的一面也有不足之处。成功之处我们在前面的论述中已经有所涉及，主要是送红股与配股增资恰当配合，股利政策与筹资政策得到了综合运用。同时，在第一阶段长虹的股利支付率还是相当高的，使公司股东获得较为满意的回报。

至于不足之处主要是股票股利发放过多、再加上三次配股，使得长虹股本扩张速度过快，而当市场环境恶化，公司盈利大幅下降时，问题便接踵而来。其实，这一问题在我国上市公司中普遍存在。从理论上讲，公司股利分配采用现金还是红股，与企业的资金是否充裕有关，但从我国上市公司实际执行过程中明显看出，考虑更多的是股本扩张对今后再融资关系以及维护股价的需要，往往缺乏从效益增长能否保持同步的角度考虑。由此，在股本大规模扩张后，给公司的业绩提高带来了巨大的压力。长虹也正是陷入由这一股利政策直接制造的困境之中。

资料来源：陈勇等编著．财务管理案例教程．北京：北京大学出版社，2003。

思 考 题

1. 股份制企业和非股份制企业的收益分配程序有何不同？

2. 股利支付形式主要有哪几种？各有什么特点？

3. 常用的股利分配政策有哪几种？各有什么特点？

4. 影响企业股利分配政策的因素主要有哪几个方面？它们对股利分配政策有什么影响？

5. 发放股票股利，对企业和投资者有哪些财务影响？

6. 简述两种股利理论。

7. 试比较股票股利与股票分割的异同。

计算分析题

1. 伟达公司本年税后利润为800万元，下年拟上一个新项目需投资800万元，公司的目标资本结构为资产负债率40%，公司流通在外的普通股为500万股，如果公司采用剩余股利政策，计算公司本年可发放的股利额。

2. AB公司的产品销路稳定，拟投资500万元，扩大生产能力。该公司想要维持目前40%的负债比率，并想继续执行20%的固定股利支付率政策。该公司在2004年的税后利润为100万元，那么该公司2005年为扩充上述生产能力必须从外部筹措多少权益资本？

3. A公司正在研究其股利分配政策。目前该公司发行在外的普通股共100万股，净资产200万元，今年每股支付1元股利。预计未来3年的税后利润和需要追加的资本性支出如下表所示：

年 份	1	2	3
税后利润（万元）	200	250	200
资本支出（万元）	100	500	200

假设公司目前没有借款并希望逐步增加负债比重，但是资产负债率不能超过30%。筹资时优先使用留存收益，其次是长期借款，必要时增发普通股。假设上表给出的“税后利润”可以涵盖增加借款的利息，并且不考虑所得税的影响。增发股份时，每股面值1元，预计发行价格每股2元，假设增发当年不需要支付股利，下一年开始发放股利。

要求：

(1) 假设维持目前每股股利，计算各年需要增加的借款和权益资金；

(2) 假设采用剩余股利政策，计算各年需要增加的借款和权益资金。

第九章

财务预算与控制

本章要点

本章主要阐述预算管理的含义、发展阶段、基本特征、财务预算的概念、基本分类和一般编制方法。并在此基础上，结合财务预算的编制和财务管理要求，根据财务控制的含义、特征、分类、作用，参照责任中心的考核指标对财务控制的考核指标、一般方法作出具体的描述。

第一节　全面预算与预算管理

一、全面预算与预算管理的含义

1. 全面预算的含义

全面预算是企业经营决策所定目标的数量与价值表现，是根据企业目标所编制的经营、资本、财务等年度收支总体计划，包括特种决策预算、日常业务预算与财务预算三大类内容。其中，财务预算为核心内容。全面预算的本质是一种管理与控制制度。

全面预算的编制基础主要采用收付实现制（在编制预计财务报表既采用收付实现制，又体现权责发生制原则）；全面预算的编制原则为“以销定产、以产定费”。其编制流程一般为以日常业务预算中的销售预算为起点，以财务预算为核心，最终所有预算的价值指标都反映在现金预算及预计财务报表中。

2. 全面预算管理

公司预算管理是将预算作为控制经营活动的手段而使用的过程。我国财政部在《关于企业实行财务预算管理的指导意见》中认为，预算管理是“利用预算对公司内部各部门、各单位的各种财务及非财务资源进行分配、考核、控制，以便有效地组织和协调公司的生产经营活动，完成既定的经营目标。”

预算管理是实现公司全面管理的工具，称为全面预算管理，它作为目前国外公司普遍采用的一种现代管理机制，是将公司的决策目标及资源配置方式以货币的形式加以量化，并实现公司内部管理活动或活动过程的总称。作为一种具有统合作用的制度安排，预算管理是以对市场的科学预测为前提，以公司的战略目标为中心，综合考虑公司日常发生的采购、生产、成本、费用、对外投资、融资和货币资金收支等经济活动的各个方面，以货币的形式总括地反映公司在一定期间内所应实现的战略目标和完成的任务；然后进一步分解落实到公司内部各管理层次和各责任人的经营实践中，借以预计并达成未来期间的经营状况和经营成果的一个计划、控制和考核系统。它综合反映了公司内部不同层次、不同单位在预算期间内应完成的目标，是公司最高权力机构对未来一定期间的经营思想、经营目标、经营决策的财务数量说明和经济责任约束依据。因此，全面预算管理实际上是对公司未来的一种管理过程，可以用图 9-1 来予以描述。

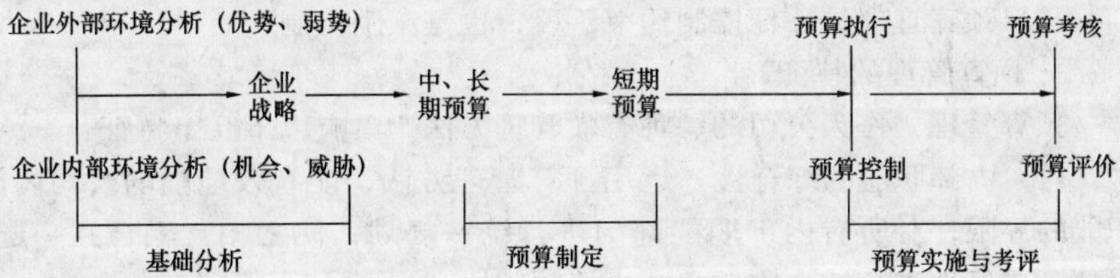

图 9-1　全面预算管理过程

与单纯的财务管理相比，全面预算管理关注的重点从经营结果（利润预算）延伸到经营过程（业务预算）并扩展到经营质量（资产负债预算和现金流量预算）。因此，全面预算管理，是控制公司经济运行，真正实现经营目标的管理机制。为此，我们可以通过一个案例，感受一下全面预算管理的作用。

【微型案例】

上海通用公司的财务控制

上海通用公司说：“我们有一年的生产预测，也有半年的生产预测，我们的生产计划是滚动式的，基本上每个星期都有一次滚动，在滚动生产方式的前提下我们的产量在做不断的调整，这个运行机制的核心要让供应商也看到我们的计划，让其能根据通用的生产计划安排自己的存货和生产计划，减少对存货资金的占用。如果供应商在原材料、零部件方面有种种原因造成问题，他也要给我们提供预警，是一种双向的信息。有了很好的供应链，我们才会有很好的生产。”

结合上述案例，预算管理的含义可归纳为：

(1) 预算管理是公司利用价值形式，在科学的市场预测基础上，对公司未来的内部生产经营活动所进行的规划、控制与协调；

(2) 预算管理本身属于公司计划的范畴，但预算管理不等同于计划管理；

(3) 预算管理也不单纯是财务、会计或某个特定职能部门的管理，而是对公司整体的管理；

(4) 预算管理是在市场背景下公司内部的一种管理办法，是计划与市场两种机制在公司层面上结合的体系；

(5) 预算管理是一种控制约束手段，也是激励机制。

3. 预算管理的特征

预算管理，作为公司的一种有效管理方法，具有以下几个特征：

(1) 内部职能的综合性。运用预算管理方法，能有效地削弱公司内部职能的界限，对所有内部职能部门进行统一规划，使之相互融合在一起，以便于更好地进行综合协调，减少资源闲置和浪费。

(2) 动态管理的战略性。战略问题一般要分析动态环境：包括国际、国内环境，政治、经济、金融、法律、自然环境等。预算管理将市场和公司业务有机地联系在一起，具有较强的战略性。预算必须考虑公司的生命周期，不同的时期预算管理侧重点也各不相同，特别是对于国内公司所进行的资产重组、并购、股份制等改革实践，做好预算管理对于公司的战略性改制十分重要。

(3) 风险控制的机制性。预算管理具有鲜明的程序性，需要经过立项、编制、审批、执行、监督、考评等一系列过程。其设立的目的是为了最大限度地降低公司风险。

(4) 高度的市场弥合性。预算管理本身就是针对市场进行的，因此预算管理是以效益为出发点、以市场为导向、以公司财务管理体系作保障，进而全面控制公司生产经营活动的市场化管理模式。预算管理，有助于公司对市场环境做出正确的判断和预期。

二、预算管理的发展阶段与我国预算管理的基本模式

(一) 预算管理的发展阶段

预算管理，应用于公司，其发展阶段主要可以分为三个时期。

1．产生期（19 世纪末期到 20 世纪 20 年代）

美国是最早将预算作为管理手段的国家。19 世纪末，随着第二次科技革命的到来，近 30 年的持续增长使得公司规模过大，并伴随着供过于求、生产过剩从而销路不畅的状况。这就促使公司经营管理者开始寻求有效的集权分权控制模式，开始认真分析市场，以销定产，规划自身的生产能力，协调各部门之间的关系。这就为使预算进入公司从而发挥计划、协调和控制的职能起到了一定的促进作用。

预算管理形成的另一个历史条件，来自于成本控制思想及其相关理论的产生。20 世纪初期美国的“科学管理之父”泰勒，在其著作《科学管理的原则和方法》中，对“标准成本制度”的确立奠定了思想及理论基础。综合地讲，标准成本系统是一种成本控制制度，而不仅仅是一种成本计算方法。它是一个包括制定标准成本、计算和分析成本差异以及处理成本差异三个环节的完整系统。其核心思想是用集体智慧于一体的标准成本去度量实际成本，分析和处理成本差异，目的是增进成本管理、加强成本控制。这种方法后来发展成为预算管理中的常用方法，并成为促进公司预算管理理论进一步发展的推动力。

1921 年美国《预算与会计法案》的颁布，是预算控制思想产生过程中的又一个里程碑。著名学者麦金西编写的《预算控制》一书于 1922 年问世，标志着公司预算管理制度的初步形成。

2．发展期（20 世纪 30 年代到 70 年代）

自 20 世纪 30 年代以来，特别是第三次科技革命以后，科学技术的迅速发展及其大规模应用于生产，使社会生产力水平得到了大幅度的提高。预算管理以其协调、控制职能在公司管理中的作用日益重要。公司管理者在其理论体系中吸收了成本会计及管理会计中的一些专门方法用来提高公司内部经营管理水平和经济效益，如盈亏平衡点分析、弹性预算方法、变动成本法、差额分析法和现金流量分析法等，建立了许多量化的财务管理模式，作为公司进行预测、决策、组织和控制生产的依据。

第二次世界大战结束后，世界政治形势趋于稳定，使许多公司的经营管理者认识到，强化管理对公司运行是有好处的这种思想认识客观地促进了管理理论的研究，产生了管理思想的七大学派，即管理程序学派、行为科学学派、决策理论学派、系统管理理论学派、权变理论学派、管理科学学派和经验主义学派。这些学派的思想对预算管理理论产生了积极的影响，其中影响最大的是行为科学学派的组织行为学思想。

进入 20 世纪 70 年代以后，零基预算在西方国家兴起，被企业界人士公认为是管理公司间接费用的有效方法。

3. 成熟期（20 世纪 80 年代以后）

早在 20 世纪 50 年代初期，美国通用电气公司就率先使用计算机计算职工工资，开创了以电子计算机进行公司经济数据处理的时代。进入 20 世纪 80 年代后，随着电子计算机在公司管理领域应用的逐步普及和深入，以计算机技术和网络技术为主的信息技术，使预算管理者利用信息资料对市场的预见能力和应变能力有了极大的提高。与此同时，由于作为预算管理理论来源之一的管理会计理论的最终成熟，公司预算管理理论也最终确立了它在公司管理中的重要地位。

在 20 世纪 80 年代的 10 年里，西方国家的公司管理界提出并广泛应用了"制造资源计划"的管理理念；进入 20 世纪 90 年代以后，在该理念的基础上，美国 Garter Group 公司提出并推广了公司资源计划（Enterprise Resource Planning，ERP）。它的主要思想是将公司包括人、财、物、产、供、销等资源在内的各种资源纳入资源预算系统进行充分调配和平衡，它从系统的观念出发（即整体大于部分之和），保证公司在激烈的市场竞争中能够合理地配置公司内部资源和外部资源，全方位地发挥各方面的能量，从而使公司取得更好的经济效益。在这一阶段，能否使用 ERP 进行预算管理，已经成为许多跨国公司挑选和评价经理人员的一条重要标准。

进入 21 世纪后，网络时代的到来与电子商务的高速发展，ERP 正逐渐被基于供应链管理（Supply Chain Management，SCM），更注重客户关系管理（Customers Relationship Management，CRM）的 ERPⅡ所取代。最终达到电子商务与 ERP、SCM、CRM 的集成管理模式。

（二）预算管理在我国公司的应用与发展

我国公司的预算管理传统模式主要有三种形式：传统的生产技术财务计划模式、目标利润 - 目标成本模式和利润预算模式。

20 世纪 90 年代以后，特别是进入 21 世纪以来，经济一体化的发展趋势使公司面对的市场环境越来越复杂多变，面临的市场竞争也越来越激烈。许多公司逐渐认识到，预算中仅仅关注利润或收入、成本指标是不够的，必须把预算管理关注的重点从经营结果（利润预算）延伸到经营过程（业务预算）并扩展到经营质量（资产负债预算和现金流量预算），才能真正控制住公司运行，真正实行利润目标。此外，公司还应该从战略上和全局上对资源进行重新整合和优化配置，并发挥公司的人力资源在资源优化配置中的积极和主导作用。至此，公司已经深深认识到，全面预算管理是实现公司治理和公司整个的最基本、最有效的手段。

在全面预算管理的实践中，针对不同发展阶段的公司，我国提出了不同的预算模式，大体来说分为三种：

（1）对新兴行业提出以销售预算为核心的全面预算管理模式；

（2）对成熟行业提出以目标利润为核心的全面预算管理模式；

（3）对衰退行业提出以投资报酬率为核心的全面预算管理模式。

三、预算管理制度的内容

通常一个完整的预算管理制度，应该包括预算的组织结构、预算的体系、预算的编制、预算的控制和差异分析、预算的考评与激励等方面的内容。

1. 预算的组织结构

预算管理体系的组织结构一般包括全面预算管理委员会、预算管理办公室和预算责任网络。其中，全面预算管理委员会是实施全面预算管理的最高管理机构，负责审议各种预算事项；预算管理办公室是处理全面预算管理日常事务的职能部门；预算责任网络是以公司的组织机构为基础，本着高效、经济、权责分明为原则来建立的预算责任主体，由投资中心、利润中心、成本中心组成。

2. 全面预算的体系

我国财政部于2002年4月10日制定的《关于企业实行财务预算管理的指导意见》规定，公司的全面预算包括财务预算、日常业务预算、资本预算和筹资预算等。

（1）财务预算。财务预算是在预测和决策的基础上，围绕公司的战略目标，对一定时期内发生的公司资金的取得与投放、各项收入和支出、经营成果及其分配等资金运动过程所做出的具体安排。

（2）日常业务预算。日常业务预算是反映公司在预算期内可能形成现金收付的生产经营活动（或营业活动）的预算，一般包括：销售预算，生产预算，直接材料耗用量及采购预算，应交增值税、销售税金及附加预算，直接人工预算，制造费用预算，产品成本预算，期末存货预算，销售费用预算和管理费用预算。

（3）资本预算。资本预算是公司在预算期内进行资本性投资活动的预算，它主要包括固定资产投资预算、权益性资本投资预算和债券投资预算三个部分。

（4）筹资预算。筹资预算是对公司在预算期内需要新借入的各种长短期借款、经批准发行的债券以及对原有借款、债券还本付息的预算。

3. 预算的编制

预算编制是指运用科学的技术手段和数量方法，对未来财务活动的内容和指标进行的具体规划。财务预算是以财务决策确立的方案和财务预测所提供的信息为基础编制的。其编制质量的高低直接影响到预算执行的结果。

4. 预算的控制和差异分析

预算控制不是一种单纯的管理方法，而是一种具有战略性的管理机制。它是指科学地量化公司的决策目标以及公司的资源配置规划，以促使该目标和规划能得以顺利实现。其根本点就在于通过预算来代替日常管理，使预算成为一种自动的管理机制。而预算的差异分析是在预算管理过程中的一种事后管理，主要用于为整个预算执行过程进行动态控制提供资料依据。

5. 预算的考评与激励

预算考评制度是指对整个预算管理体系进行考核评价，包括对公司经营业绩的评价和对预算执行者的评价。它是全面预算管理体系的终极环节。

四、预算管理的职能和作用

(一) 预算管理的职能

随着市场环境的不断变化，公司预算管理在不断发展完善，预算管理的职能也在随着预算理论的发展而逐渐延伸。在不同的发展阶段，预算管理的职能不尽相同。根据我国现行的预算管理体系及其内容，并结合国际上对预算管理职能的研究成果，我国的公司预算管理大致归纳为以下四种职能，即规划职能、协调职能、控制职能和业绩考评职能。

1. 规划职能

规划是综合性的计划，包括目标、程序、政策、规划、任务分配、要采取的步骤、要使用的资源以及为完成既定行动方针所必需的其他因素。为了保证公司经营目标的实现，就需要从公司全局出发进行综合计划，而全面预算就是编制这种综合计划。事实上，正是借助预算编制，公司规划才转化为实际可行的公司计划。

预算管理所具有的规划职能体现在一个公司所编制的预算总目标就是这个公司在未来一定时期内的生产经营总计划，而各项预算就是各个部门的责任计划。这种规划职能至少包含了以下两方面的内容：

(1) 预算总目标体现了公司整体在未来一定时期内特定目标和所期待的财务状况；

(2) 各项预算体现了应由公司内部的相关职能部门在未来一定时期承

担的责任。

2. 协调职能

公司在实现总目标的过程中，需要各个部门之间相互协调配合，只有各部门的经营目标和公司的总体经营目标从根本上保持一致，公司才能实现最终的预期目标。

预算管理的协调职能主要体现在以下几个方面：

（1）公司管理者对公司资源利用状况的协调。基于公司管理者确定公司预算总目标的着眼点是如何保持公司长期可持续发展的能力，为此就有必要考虑公司的内外资源和环境状况，一切从长远出发，有效运用社会资源，避免杀鸡取卵式的短期经济行为。

（2）对公司内部各职能部门的协调。由于各职能部门的职责不同，往往会出现相互冲突的现象。而预算目标不仅具有总体的综合性，还充分考虑到了各部门的实际，是考核各个部门工作的最佳办法。

（3）对公司整体和各个职能部门之间关系的协调。通过对全面预算的编制，能促使公司各部门主管人员清楚地了解某一部门在全局中所处的地位和作用，从而协调好自身发展和公司整体发展之间的有机联系。

3. 控制职能

预算的控制作用主要表现在：

（1）事前控制。公司在编制预算过程中，公司管理者通过对公司整体资源利用情况的协调，将公司的各项目标都纳入到可行的范围之内，从而使预算起到事前控制的作用。

（2）过程控制。公司在执行预算过程中，通过计量、对比、分析，随时揭示实际工作与预算之间的偏差并予以纠正，以保证整体目标的实现，从而使预算起到控制和管理日常生产经营活动的作用。

（3）事后纠正控制。一个预算在结束后进行的差异分析和考评的目的，就是为了使下期的预算更为合理可行。通过明确责任归属，采取防范或补救措施，为下期预算编制工作提供有价值的参考意见，从而起到事后控制的作用。

4. 业绩考评职能

预算是考核评价公司及其内部各部门业绩的尺度，是以价值方式说明公司及内部各个职能单位和所有员工在未来一段时期内应该努力达到的标准。由于预算和实际经济活动所应达到的业绩具有较强的可比性，所以，通过对实际完成预算情况的考核，可以得出对公司各个部门甚至各个员工工作成绩的评价，从而可以通过一定的奖惩措施激励各个职能单位和各个员工的工作热情和科学的工作素养。

（二）全面预算管理的作用

推行全面预算管理是西方国家成功公司多年积累的经验之一。公司通过全面预算管理，可以控制和改善公司的业务流、资金流、物流、信息流和人力资源流，从而最终达到提高经营质量、增强核心竞争力、创建一流公司的目的；通过实施全面预算管理，能够促使公司用最少的市场投入，取得最大的市场份额和最佳的公司效益；通过全面预算管理，可以强化财务对经营运行的监控力度，提高公司经营运行质量。全面预算管理的作用主要有：

（1）全面预算管理在使公司上下明确自己工作目标的同时，促进了公司内部各部门之间的合作与交流，从而减少了相互间的冲突与矛盾，缜密制定的全面预算将有助于管理层进行协调工作。

（2）预算管理对公司各部门及其员工的日常活动进行了规范，便于公司的经营活动有目标可循，有制度可依，消除了目标不明确的现象。

（3）预算为公司绩效的评价提供了标准，更有利于实施责任制，强化公司的内部控制。

（4）预算促进了公司计划工作的开展与完善，能够提高公司科学管理的水平，适应不断变化的市场的需要，控制、减少了公司的经营风险与财务风险。

（5）通过分析预算目标和实际的差异，使全面预算成为控制企业日常经营活动的主要依据。

（6）全面预算是一种有效的激励手段，有助于理顺公司管理体制和运行机制并有效协调各部门之间的关系。

由此可见，开展预算管理是加强、完善内部控制和管理决策的重要工作。

第二节　预算管理的种类和编制方式

一、预算的分类

根据我国公司生产经营的环境以及预算管理理论在我国公司中的应用实践，并结合管理会计学界对预算的研究成果，一般来说公司的全面预算可以根据以下情况进行分类。

1. 按预算的内容进行分类

全面预算是根据企业目标所编制的经营、资本、财务等年度收支总体计划，一般公司全面预算的核心内容主要包括日常业务预算、特种决策预算和财务预算。其中，日常业务预算和特种决策预算是财务预算的基础，一般称为辅助预算或分预算；财务预算是依赖于日常业务预算和特种决策预算编制的，是预算体系的主体，又称为总预算，其在全面预算中的地位如图 9－2 所示。

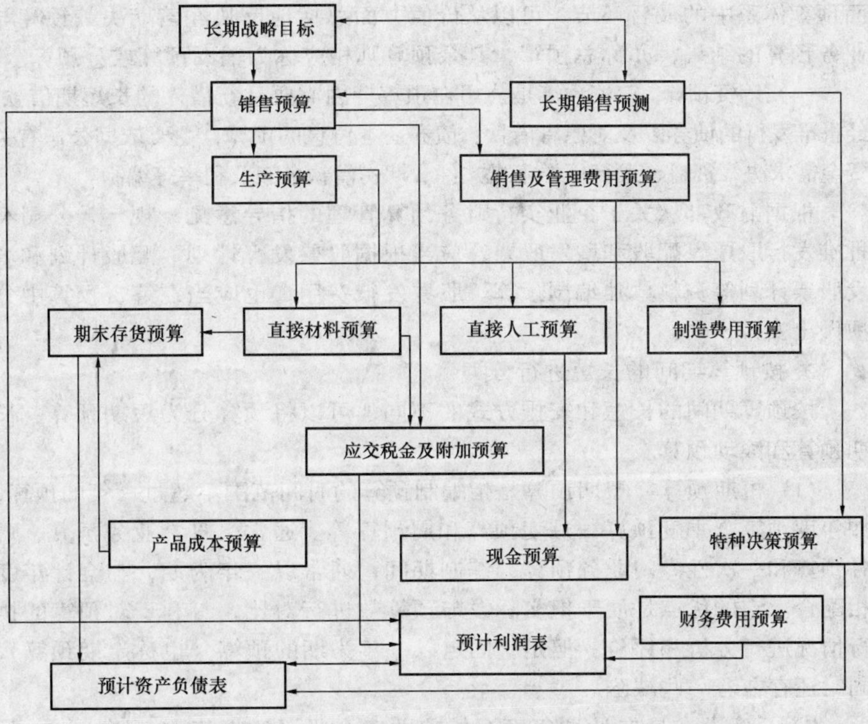

图 9－2　财务预算在全面预算体系中的地位

（1）特种决策预算又叫专门决策预算，是指企业不经常发生的、需要根据特定决策临时编制的一次性预算。特种决策预算包括经营决策预算和投资决策预算两种类型。

（2）日常业务预算又叫经营预算，是指与企业日常经营活动直接相关的经营业务的各种预算。主要包括：销售预算，生产预算，直接材料耗用量及采购预算，应交增值税、销售税金及附加预算，直接人工预算，制造费用预算，产品成本预算，期末存货预算，销售费用预算和管理费用预算。

这类预算通常与企业利润表的计算有关，大多以实物量指标和价值量指标分别反映企业收入与费用的构成情况。这些预算前后衔接，互相钩稽，既有实物量指标，又有价值量和劳动量指标。

(3) 财务预算是公司在预算期内为规划资金的筹集和分配而编制的，用于反映有关预计现金收支、经营成果和财务状况的预算。它主要包括现金预算、财务费用预算、预计损益表和预计资产负债表。财务预算作为全面预算体系中的最后环节，可以从价值方面总括地反映经营期决策预算与业务预算的结果，亦称总预算，其余预算则相应称为辅助预算或分预算。

(4) 筹资预算。筹资预算是公司在预算期内需要重新借入的长短期借款、经批准发行的债券以及对原有借款、债券还本付息的预算，主要依据公司有关资金需求决策资料、发行债券审批文件、期初借款余额及利率等编制。

根据财政部《关于企业实行财务预算管理的指导意见》规定，公司经批准发行股票、配股和增发股票，应当根据股票发行计划、配股计划和增发股票计划等资料单独编制预算。股票发行费用，也应当在筹资预算中分项做出安排。

2. 按预算期间的长短进行分类

按预算期间的长短和安排方式的不同，可以将预算分为短期预算、长期预算和滚动预算。

(1) 短期预算。短期预算是指编制预算的时间范围不超过一年的预算，如年度预算、季度预算、月度预算和周预算等。通常，日常业务预算、财务预算和一次性专门业务预算的编制期间，通常以一年为期，与会计年度相配合。它的优点是便于把实际数与预算数进行对比，有利于对预算的执行情况进行分析和评价。但是，固定以一年为期的预算（也称定期预算），同时还存在着一些缺陷。

① 预算通常是在计划年度开始前两三个月（如上年 10 月份或 11 月份）进行编制，那时预算编制人员往往只能提出一个大概的轮廓和笼统的数字。因此，在预算执行时，就难免会遇到许多困难和阻碍。

② 固定一年为期的预算，在执行一段时期后，往往会是管理人员只考虑剩下的那几个月的经济活动，因而缺乏长期打算。

(2) 长期预算。长期预算是指编制预算的期间范围超过一年的预算，亦称“资本支出预算”。长期预算的时间跨度通常在 3~5 年甚至 10 年以上。

长期预算由于预算期较长，可以克服预算执行人员的短期化行为。但是，由于在编制预算时，对未来经济活动所估计或推测的数字，在预算执行过程中，常常会有所变动，使原来的预算数不能适应新的变动情况。因此，单纯的长期预算也降低了公司管理人员对未来因素进行判断的准确程度。为此，必须在实践中将短期预算和长期预算结合起来使用。

但是，无论是短期预算还是长期预算，其预算期都是固定的。也就是说，在执行了一段时期之后，等到预算快要结束时，预算规划和控制未来期间的生产经营业务的作用就会弱化，而此时新的预算可能尚未编成，以至于在这一段时期里公司的管理水平会有所下降。为解决这种前后两期预算不衔接的情况，管理学界提出了“滚动预算”的做法。

（3）滚动预算。滚动预算也叫做连续预算，它是使预算期永远保持 12 个月的预算。它的特点是：每过 1 个月，立即在期末增列 1 个月的预算，逐期向后滚，因而在任何一个时期都能使预算保持在 12 个月的时间跨度。通常实务中，采用第一季度按月细分预算，后 3 个季度按季度总量控制的混合滚动方法。

滚动预算有利于管理人员对预算资料作经常性、连续性的分析研究，并能根据当前预算的执行情况随时加以调整，从而使公司各级管理人员对未来永远保持整整 12 个月时间的考虑和规划，因而保证了公司的经营管理工作能够持续稳定有序地进行。

通常滚动预算的编制流程如图 9－3 所示。

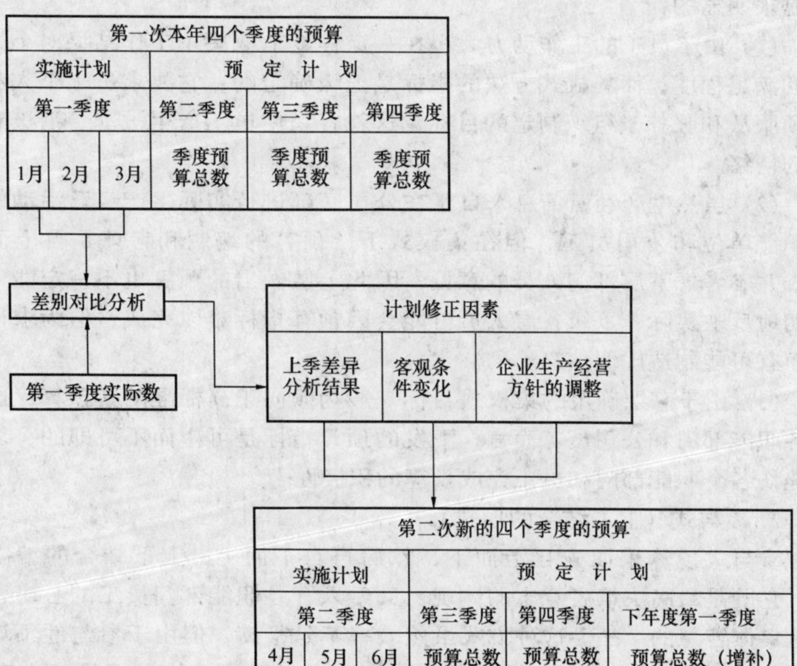

图 9－3 混合滚动预算示意图

3. 根据预算编制主体分类

根据编制预算的主体不同，还可以将预算分为部门预算和总预算。

（1）部门预算是指以公司的各个分支机构或部门等职能单位为主体编制的预算；或按照公司不同的业务类别编制的预算。

（2）总预算是把各个部门预算进行汇总，使之成为公司整体的预算，它一般表现为财务预算中的预计资产负债表和预计损益表。

二、全面预算编制方式与编制原则

（一）全面预算编制的方式

预算编制的基本方式有两种，集权式和参与式。

1. 集权式（自上而下的形式）

集权式的预算编制程序要求预算由公司领导者制定，然后下发执行，下级部门和单位不能够参与预算编制过程，对自己应该承担怎样的预算指标不能发挥应有的影响力。这种方式有一定的好处：集权式预算需要沟通的人数少，制定所需时间短，编制速度快，因此效率高。但是，它的缺点也是很明显的：

（1）由于员工的工作动力大小在一定程度上取决于工作结果对个人需求的满足程度；而集权式方法的指标是上级确定的，它要求员工个人利益必须服从和服务于组织制定的目标，这就容易使员工产生被动、消极和抵触的情绪。

（2）虽然生产经营信息来自于在公司底部进行实际生产经营活动的各个职能单位和公司员工，但在集权式下，预算的编制和考评是自上而下的，并不考虑下层部门人员的意见，因此上层做出的预算也不一定能十分贴切地反映实际，下级各层人员可能会因预算指标难以完成，但为求得绩效而有可能制造虚假信息。

（3）由于高层确定的集权式目标一般为倾向于高标准的紧预算，这对于各职能部门和公司员工而言，下发的预算指标是可望而不可即的，从而会挫伤各个职能部门和员工完成预算的积极性。

2. 参与式（上下结合的形式）

参与式预算采取先自上而下，然后再自下而上，上下结合的编制程序。它既是最高决策者意志的体现，又融入了各职能部门员工的心声，因而是集体智慧的结晶。这种方式虽然效率不是很高，但由于参与性预算指标一般会兼顾多方利益，利益协调性好，难度适中，能发挥员工自我激励、自我控制、自我管理的能力，从而提高预算目标的可实现程度。

（二）全面预算编制的原则

现代公司运作的核心是预算，而预算是为实现公司的经营目标而编制的。所以，公司在编制预算之前，首先要明确自己的经营目标。同时，制定的预算要在总量控制的前提下突出重点、统筹安排、量力而行并保有余地。除此之外，预算编制工作还应遵循的原则有以下几方面：

（1）全面性原则。预算管理是全员、全过程、全方位的。公司发生的一切与财务收支有关系的经济活动都要纳入全面预算管理的轨道，接受全面预算的制约，实施有效监控。

（2）及时性原则。公司以及其内部的各个职能部门都应当严格按照规定的时间编制预算，预算编制部门要按时向公司提交全面预算草案，以确保全面预算得到审查和批准。

（3）真实性原则。全面预算的编制必须真实可靠，各部门在预算编制中必须做到实事求是，如实反映有关情况，不能弄虚作假。

（4）合理性原则。公司以及其内部的各个职能部门参与全面预算的编制工作时，应当对市场、产品有着正确、清醒的认识，指标要合理，有可执行性。

（5）盈利性原则。公司以及其内部的各个职能部门在全面预算编制时，要本着盈利的宗旨。

（6）稳定性原则。公司对预算的编制要保持永续经营、持续发展。

三、预算编制的一般方法

1. 弹性预算

所谓弹性，即选定相关业务量及其变动范围。弹性预算是一种按业务量可能发生变动的范围进行调整的总预算，它以某业务活动变动范围为依据，在某一特定范围内（通常是预计的70%～120%）按一定的组距（通常为5%或10%）分别编制出各种不同业务量水平下的变动预算。因此可以说，它基本上是一种能适合于任何业务量水平的预算。通过弹性预算能较好地把筹划未来、控制现在和事后总结分析结合起来。在实务中，一般适用于编制制造费用弹性预算和利润弹性预算。

例9－1 制造费用弹性预算的编制。华源公司的2006年预计制造费用如表9－1所示。

表9－1 华源公司制造费用明细表 单位：元

变动性制造费用	预计金额	固定制造费用	预计金额
间接材料	10 000	管理人员工资	9 100

续表

变动性制造费用	预计金额	固定制造费用	预计金额
间接人工成本	7 600	折旧费	15 347
维修费	6 145	办公费	6 500
水电费	7 280	保险费	3 200
其他	2 975	租赁费	3 000
合　计	34 000	合　计	37 147

华源公司其他有关资料如下：

（1）该公司预计2006年正常业务量（直接人工工时）为20 000工时；

（2）租赁费为专门决策预算提供的数据。

要求：在业务量变动范围为10%的幅度时，编制该公司制造费用弹性预算。

解析：（1）根据制造费用的具体项目分类，计算单位工时变动制造费用率：

单位工时变动制造费用率 = 34 000/20 000 = 1.7（元/工时）

（2）根据固定制造费用的具体项目，确定付现的固定制造费用：

付现的固定制造费用 = 37 147 − 15 347 = 21 800（元）

（3）根据业务量的变动范围，编制弹性制造费用预算，如表9－2所示。

表9－2　华源公司弹性制造费用预算表　　单位：元

费用项目	业务量（直接人工工时）					
	14 000	16 000	18 000	20 000	22 000	24 000
变动费用	23 800	27 200	30 600	34 000	37 400	40 800
固定费用	21 800	21 800	21 800	21 800	21 800	21 800
合　计	45 600	49 000	52 400	55 800	59 200	62 600

表9－2说明，该公司2006年预计业务量在14 000～24 000直接人工工时时，预计制造费用的变动范围为45 600元～62 600元。

例9－2　变动成本法下利润弹性预算的编制。华源公司预算期内预计销售净收入相关变动范围为70 000元～110 000元，预计单位变动费用为：直接材料费用0.1元；直接人工成本0.15元；变动制造费用0.175元；变动销售费用为0.085元；变动管理费用0.03元。预算期内固定制造费用总额为28 000元；固定性销售费用2 000元；固定管理费用6 400元。

要求：编制以销售净收入为基础的弹性利润预算。

解析：

（1）计算单位销售额的变动性生产成本 = 0.1 + 0.15 + 0.175
= 0.425（元）

（2）计算单位销售额的变动性期间费用 = 0.085 + 0.03 = 0.115（元）

（3）列表编制变动成本法的弹性利润预算，见表9－3。

表9－3　华源公司（变动成本法）弹性利润预算计算表　　单位：元

销售净收入	70 000	80 000	90 000	100 000	110 000
变动成本：	37 800	43 200	48 600	54 000	59 400
变动生产成本	29 750	34 000	38 250	42 500	46 750
变动期间费用	8 050	9 200	10 350	11 500	12 650
边际贡献	32 200	36 800	41 400	46 000	50 600
固定成本：	36 400	36 400	36 400	36 400	36 400
固定制造费用	28 000	28 000	28 000	28 000	28 000
固定期间费用	8 400	8 400	8 400	8 400	8 400
利润	－4 200	400	5 000	9 600	14 200

2. 概率预算

概率预算是一种用于估计各相关变量在可能的变动范围内可能发生的概率，然后按各种可能发生的概率组合进行加权计算出平均值，进而确定有关指标在预算期内的期望值的一种编制预算的方法。

3. 零基预算

零基预算（以零为基础编制计划和预算的方法）是指在编制成本费用时，不考虑以往会计期间所发生的费用项目或费用数额，而是以所有的预算支出均以零为发点，一切从实际需要与可能出发，逐项审议预算期内各项费用的内容及开支标准是否合理，在综合平衡的基础上编制费用预算的一种方法。此法通常作为控制间接费用的一种有效的方法，特别适用于产出较难辨认的服务性部门费用预算的编制。

零基预算的编制程序是：

（1）讨论费用的投入与效益；

（2）划分不可避免项目和可避免项目；

（3）划分不可延缓项目和可延缓项目；

（4）结合可以动用的资金额，对于不可避免项目和不可延缓项目优先安排资金；

（5）对于可延缓项目，按成本—效益比重分配资金。

4. 滚动预算

如前所述，滚动预算又称连续预算或永续预算。它是在预算执行过程中自动延伸，是预算永远保持在连续的一年。这种预算可以保证预算的连续性，便于季节性对比分析，便于长远规划。

四、全面预算的编制程序

预算的编制过程，存在自上而下与自下而上两个方向的配合。自上而下的方式可以使基层业务单位了解管理层的期望，为基层单位设定预算目标作出指引；自下而上的方式可以防止预算偏离实际，使预算得到执行者的认可而切实可行，因此，自上而下与自下而上两种方式应该相互配合，不能偏废。

特别说明的是，在编制日常业务预算、财务预算之前，应进行经营单位的年度商业计划评审，此步骤的执行程度直接关系到预算的准确性、可靠性商业计划的可信性和操作性是整个预算编制的基础。

通常全面预算编制程序如图 9－4 所示。

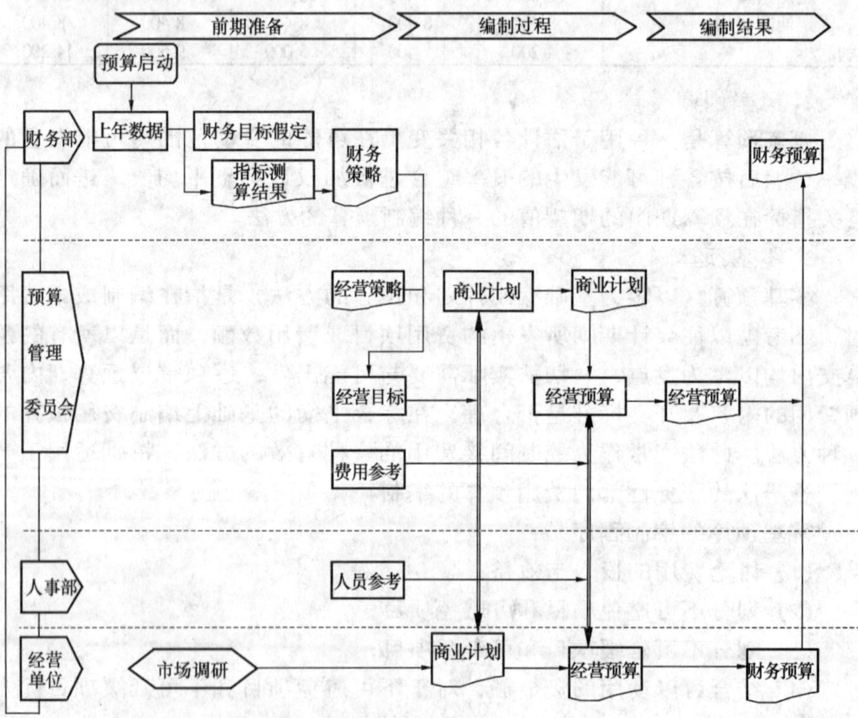

图 9－4　预算编制一般程序

（1）预算启动之前，一般应对企业战略进行重新评估，确定企业战略是否需要进行调整。

(2) 预算编制工作启动后，首先由财务部在历年数据分析的基础上，测算下一年度财务目标，根据公司总体战略对经营预算关键指标提出总体要求，根据财务目标测算结果制定下一年财务策略。

(3) 各子公司业务部门开展市场分析与调研，结合核心能力分析，制定下一年经营战略。

(4) 根据财务战略与经营战略，确定下一年度总体经营目标。

(5) 财务部门、人力资源部门等职能部门进行成本、费用指标以及人员配置测算。

(6) 各子公司制定商业计划，并由预算管理委员会及其常设机构领导进行商业计划评审。

(7) 预算管理委员会及其常设机构领导，各部门配合，将确定后的商业计划转化为经营预算，并进行经营预算评审。

(8) 集团及各子公司财务部门在确定的经营预算基础上，结合资本支出预算、融资预算等编制财务预算。

(9) 经营战略与目标、商业计划、经营预算以及财务预算由集团计划预算管理委员会最终审批确定。

第三节　财务预算编制举例

本节以销售预算模式为起点，按照固定预算编制方法，阐述全面预算的具体编制程序和方法。

一、销售预算

销售预算是全面预算的起点，几乎其他所有预算都或多或少地使用了销售预算中的数据。销售预算包括产品的名称、销售量、单价、销售额、增值税销项税额等项目。为方便编制现金预算，在销售预算中一般还附有预计现金收入表，预计现金收入数应为上期销售收入中本计划期应收到的款项与本期销售收入中应在本期收到的款项之和。

表 9－4 所示为 MC 公司 2005 年销售预算，表 9－5 为预计现金收入表。

表 9－4　MC 公司销售预算

项　　目	2005 年				
	一季度	二季度	三季度	四季度	全　年
预计销售数量（件）	5 000	15 000	20 000	10 000	50 000

续表

项　　目	2005年				
	一季度	二季度	三季度	四季度	全　年
预计销售价格（元/件）	20	20	20	20	20
预计销售收入（元）	100 000	300 000	400 000	200 000	1 000 000
增值税销项税额（元）	17 000	51 000	68 000	34 000	170 000
含税销售收入（元）	117 000	351 000	468 000	234 000	1 170 000

表 9-5　预计现金收入表　　单位：元

季　　度	1	2	3	4	全年
期初应收账款	40 000				40 000
一季度经营现金收入	81 900	35 100			117 000
二季度经营现金收入		245 700	105 300		351 000
三季度经营现金收入			327 600	140 400	468 000
四季度经营现金收入				163 800	163 800
经营现金收入	121 900	280 800	432 900	304 200	1 139 800

注：① 每季度销售收入中70%在当季收到现金，其余30%在下季度收回；

② 增值税销项税率为17%；

③ 2004年末应收账款余额为40 000元；

④ 表9-4中的销售量、销售价格来自对计划期销售情况的预测；每期收到现金数占销售收入金额的比率一般根据以往经验确定。

二、生产预算

销售预算确定后即可根据计划期的销售量制定生产预算。由于企业一般都要备有一定数量的存货以应付临时需要，并考虑期末期初结存差量的影响，因此每期生产数量与当期的销售量不一定相等。通常预计生产量应采用如下公式计算：

本期生产数量 = 本期销售量 + 期末产成品存货数量 − 期初产成品存货数量

表9-6为MC公司2005年的生产预算。生产预算中，期末产成品存货数量用下期销售数量乘以一定比率计算得出，本例中为20%；年末产成品存货数量则是根据对下一年第一季度销售数量的大致估计数计算而来；期初产成品存货数量即上期期末产成品存货数量。

表 9－6 MC 公司生产预算 单位：件

项目	2005 年				
	一季度	二季度	三季度	四季度	全年
预计销售量（见表 9－4）	5 000	15 000	20 000	10 000	50 000
加：期末产成品存货数量	3 000	4 000	2 000	2 000	2 000
产成品需要量合计	8 000	19 000	22 000	12 000	52 000
减：期初产成品存货数量	1 500	3 000	4 000	2 000	1 500
预计生产量（件）	6 500	16 000	18 000	10 000	50 500

三、直接材料预算

根据生产预算可以编制直接材料预算，用于反映生产过程中直接材料的需要量。直接材料预算的主要依据是计划期生产数量、单位产品直接材料耗用量和直接材料单位价格。直接材料购买数量可利用下列公式计算得出：

本期购买材料数量＝本期生产耗用材料数量＋期末材料存货数量－期初材料存货数量

为便于编制财务预算，直接材料预算中一般附有预计现金支出表，反映在各期间为本期和上期购买直接材料支出的现金数。表 9－7 为 MC 公司的直接材料预算，表 9－8 为预计现金支出表。

表 9－7 MC 公司直接材料预算

项目	2005 年				
	一季度	二季度	三季度	四季度	全年
生产量（见表 9－6）	6 500	16 000	18 000	10 000	50 500
单位产品直接材料耗用量（千克）	4	4	4	4	4
总耗用量（千克）	26 000	64 000	72 000	40 000	202 000
加：期末直接材料存货数量（千克）	6 400	7 200	4 000	5 500	5 500
预计需要量（千克）	32 400	71 200	76 000	45 500	207 500
减：期初直接材料存货数量（千克）	5 000	6 400	7 200	4 000	5 000
直接材料采购数量（千克）	27 400	64 800	68 800	41 500	202 500
直接材料单位价格（元）	0.5	0.5	0.5	0.5	0.5
直接材料采购金额（元）	13 700	32 400	34 400	20 750	101 250
增值税进项税额（元）	2 329	5 508	5 848	3 527.5	17 212.5
预计采购金额合计（元）	16 029	37 908	40 248	24 277.5	118 462.5

表 9－8　预计现金支出表　　单位：元

季　　度	1	2	3	4	全年
期初应付账款	9 500				9 500
一季度采购现金支出	9 617	6 412			16 029
二季度采购现金支出		22 745	15 163		37 908
三季度采购现金支出			24 149	16 099	40 248
四季度采购现金支出				14 567	14 567
现金支出合计	19 117	29 157	39 312	30 666	118 252

注：① 每季度采购金额的 60%在当季支付，其余 40%在下季度支付；
② 增值税进项税率设定为 17%；
③ 2004 年末应付账款余额为 9 500 元。

直接材料预算中，期末直接材料存货数量用下期直接材料总耗用量乘以一定比率计算得出，本例中为 10%；年末直接材料存货数量为估计数字；期初直接材料存货数量即上期的期末直接材料存货数量。

四、应交增值税、销售税金及附加预算

应交增值税、销售税金及附加预算应根据销售预算、材料采购预算的相关数据和适用税率资料来编制。编制时主要应用的公式为

某期预计发生的销售税金及附加 = 该期预计应交营业税 + 该期预计应交消费税 + 该期预计应交资源税 + 该期预计应交城市维护建设税 + 该期预计应交教育费附加

某期预计应缴增值税 = 某期预计应缴增值税销项税 − 某期预计应缴增值税进项税

MC 公司应交税金及附加预算如表 9－9 所示。

表 9－9　MC 公司应交税金及附加预算　　单位：元

项　　目	2005 年				
	一季度	二季度	三季度	四季度	全　年
增值税销项税额	17 000	51 000	68 000	34 000	170 000
增值税进项税额	2 329	5 508	5 848	3 528	17 213
应交增值税	14 671	45 492	62 152	30 473	152 788
销售税金及附加	1 467	4 549	6 215	3 047	15 278
现金支出合计	16 138	50 041	68 367	33 520	168 066

注：① 增值税销项税额来源于销售预算，增值税进项税额来源于直接材料预算；
② 设该公司在流通环节只缴纳增值税；城市维护建设税税率为 7%；教育费附加的征收率为 3%，城建税及教育费附加的计算以增值税为基数；
③ 该公司每个季度均用现金支付税款。

五、直接人工预算

直接人工预算也是根据生产预算编制的，用于对计划期内直接生产工人的人工耗费进行规划，以便合理进行人员安排以满足生产需要。制定直接人工预算的主要依据是单位产品直接人工工时耗用量、生产量、单位工时工资率。MC公司的直接人工预算如表9－10所示。

表9－10　MC公司直接人工预算

项　　目	2005年				
	一季度	二季度	三季度	四季度	全年合计
生产量（见表9－6）	6 500	16 000	18 000	10 000	50 500
单位产品直接人工工时（小时）	0.8	0.8	0.8	0.8	0.8
直接人工工时合计（小时）	5 200	12 800	14 400	8 000	40 400
单位工时工资率（元/工时）	5	5	5	5	5
直接人工工资（元）	26 000	64 000	72 000	40 000	202 000
其他直接费用（元）	3 640	8 960	10 080	5 600	28 280
预计福利费现金支出	2 912	7 168	8 064	4 480	22 624
直接人工成本现金支出合计	28 912	71 168	80 064	44 480	224 624

注：① 每一季度的直接人工成本均于当季付现；

② 其他直接费用为福利费，提取比例为直接人工工资总额的14%，福利费的支付比率为每季度提取额的80%。

六、制造费用预算

制造费用预算也是根据生产预算编制的，是对生产成本中除直接人工费用和直接材料费用外的其他生产费用的规划。制定制造费用预算的主要依据是计划期预计生产量、制造费用标准耗用量和标准价格。

编制制造费用预算时首先应根据制造费用的成本习性将其划分为变动制造费用和固定制造费用，然后分别编制预算。对于变动制造费用应预先确定各费用项目的单位标准耗用额（单位工时变动制造费用耗用率或单位产品变动制造费用耗用率），用单位标准耗用额乘以计划期生产量或预计工时耗用量就可得到各项变动制造费用的预算额，加总后求出变动制造费用预算总额。根据变动制造费用分配率和各季度的预计产量可将全年的变动制造费用分配到各个季度。固定制造费用在企业生产能力一定的情况下是固定不变的，因此在制定其预算时应根据计划期所需生产能力水平并结合以往经验确定，但为了编制产品成本预算仍应计算出固定制造费用分配率。混合制造费用则应先分解为变动制造费用和固定制造费用，然后分别列入预算中的变动费用和固定费用部分。

为了便于编制现金预算，制造费用预算中也包括预计现金支出额。在计算支出金额时应该注意的是折旧费用虽然包括在固定制造费用之中，但并没有带来计划期的现金支付，因此应从制造费用额中扣除。MC 公司制造费用预算如表 9－11 所示。

表 9－11　MC 公司制造费用预算

<table>
<tr><th colspan="2">成本项目</th><th>金额（元）</th><th>费用分配率计算</th></tr>
<tr><td rowspan="5">变动制造费用</td><td>间接人工费用</td><td>20 800</td><td rowspan="5">变动制造费用分配率＝变动制造费用预算合计÷标准总工时
＝80 800÷40 400
＝2（元/小时）</td></tr>
<tr><td>间接材料费用</td><td>30 000</td></tr>
<tr><td>维护费</td><td>13 000</td></tr>
<tr><td>水电费</td><td>17 000</td></tr>
<tr><td>合　计</td><td>80 800</td></tr>
<tr><td rowspan="5">固定制造费用</td><td>折旧费</td><td>25 000</td><td rowspan="5">固定制造费用分配率＝固定制造费用预算合计÷标准总工时
＝101 000÷40 400
＝2.5（元/小时）</td></tr>
<tr><td>维护费</td><td>21 000</td></tr>
<tr><td>管理费</td><td>45 000</td></tr>
<tr><td>保险费</td><td>10 000</td></tr>
<tr><td>合　计</td><td>101 000</td></tr>
</table>

项　　目	一季度	二季度	三季度	四季度	全年合计
预计直接人工工时（小时）	5 200	12 800	14 400	8 000	40 400
变动制造费用分配率（元/小时）	2	2	2	2	2
预计变动制造费用（元）	10 400	25 600	28 800	16 000	80 800
预计固定制造费用（元）	25 250	25 250	25 250	25 250	101 000
预计制造费用（元）	35 650	50 850	54 050	41 250	181 800
减：折旧费用（元）	6 250	6 250	6 250	6 250	25 000
现金支出的制造费用（元）	29 400	44 600	47 800	35 000	156 800

注：固定制造费用在各季度之间平均分配。

七、产品成本预算

根据前述几项具体预算中的数据可以编制产品成本预算。制定产品成本预算的目的一是确定在预计损益表中销货成本数据，二是确定在预计资产负债表中期末产成品存货的价值。产品成本预算中年末产成品存货成本部分也可以单独编制预算。MC 公司产品成本预算如表 9－12 所示。

表 9-12　MC 公司产品成本预算　　单位：元

项　　目	单位成本			生产成本（50 500 件）	期末存货成本（2 000 件）	销货成本
	单价	单位耗用量	成本			
直接材料（见表 9-7）	0.50	4	2	101 000	4 000	100 000
直接人工（见表 9-10）	5.70	0.80	4.56	230 280	9 120	227 160
变动制造费用（见表 9-11）	2	0.80	1.60	80 800	3 200	80 000
固定制造费用（见表 9-11）	2.50	0.80	2	101 000	4 000	100 000
合　　计			10.16	513 080	20 320	507 160

注：① 销货成本由以下公式计算得出：

销货成本 = 期初产成品存货成本 + 本期生产成本 - 期末产成品存货成本

② 期初产成品存货为 1 500 件（参见表 9-6 生产预算）；

③ 期初产品单位成本 $=0.5\times4+5\times0.8+2\times0.8+2.5\times0.8=9.6$（元）。

八、销售费用及管理费用预算

销售费用及管理费用预算是对计划期内发生的生产成本以外的一系列其他费用的预算。其中，销售费用预算是指对为实现销售预算而需要支出的费用所做的预算，它以销售预算为基础，在制定时应对过去发生的销售费用进行细致分析，并运用本量利分析等方法分析销售收入、销售利润与销售费用之间的关系，以合理安排销售费用，使之得到最有效的使用。管理费用预算是对企业运营过程中需要支出的管理费用的预算，在编制时应以过去发生的实际支出为参考，结合分析企业的业务情况，努力做到使费用支出更合理、更有效。

在编制销售费用及管理费用预算时应区分变动费用与固定费用，对于变动费用可以根据销售量在各季度之间分配，固定费用则可以四个季度平均分配，或列入实际支付的季度。混合成本则应在分解为变动费用与固定费用后分别列入预算的变动部分和固定部分。MC 公司销售费用及管理费用预算如表 9-13 所示。

表 9-13　MC 公司销售费用及管理费用预算　　单位：元

项　　目	2005 年				
	一季度	二季度	三季度	四季度	全　年
预计销售量（见表 9-4）	500	15 000	20 000	10 000	50 000
单位变动销售及管理费用耗用额	1.5	1.5	1.5	1.5	1.5
预计变动销售及管理费用耗用额	7 500	22 500	30 000	15 000	75 000
固定销售及管理费用：					

续表

项　　目	2005年				
	一季度	二季度	三季度	四季度	全　年
广告费	25 000	25 000	45 000	25 000	120 000
管理人员工资	32 000	32 000	32 000	32 000	128 000
保险费	20 000		10 000		30 000
财产税				12 000	12 000
固定销售及管理费用合计	77 000	57 000	87 000	69 000	290 000
预计销售及管理费用合计	84 500	79 500	117 000	84 000	365 000

注：销售费用及管理费用全部在发生当期以现金支付。

九、资本支出预算

资本支出预算是规划未来期间选择和评价长期资本投资活动（如固定资产的购建、改扩建支出）的相关原则和方法步骤的预算。

假设MC公司年度资本支出预算仅有购置动力设备一台，金额为50 000元，分4个季度付款，其预算编制如表9－14所示。

表9－14　MC公司资本支出预算

2005年　　　单位：元

项目	预计完成日期	预计成本	一季度	二季度	三季度	四季度	全年
动力设备	1.1	50 000					50 000
现金支出		20 000	10 000	10 000	10 000		50 000

十、现金预算

现金预算是将前面述及的各项预算中的数据综合在一起，反映计划现金收支及筹措、运用情况。现金预算包括四个部分：预计现金收入（可运用现金）、现金支出、现金余缺以及资金运用与融通。

预计现金收入包括计划期的期初现金余额及计划期内的预计现金收入，本例计划期期初现金余额为31 000元，计划期内预计现金收入数据主要来源于销售预算。

现金支出指在计划期内付出的全部现金，包括用现金支付的材料采购费用、直接人工费用、制造费用、销售费用、管理费用、资本性支出、经营环节的税金支出、所得税支出和股利的发放等。

现金余缺反映现金收入与支出之间的差额。如果现金收入小于支出即发生现金不足，企业需要向银行或其他单位借款以应付现金的需要；如果现金收入大于支出即发生现金多余，企业则应考虑如何安排多余的现金，或用于进行短期投资，或用于归还借款。

资金运用与融通是对计划期内出现现金多余或不足时所做的具体资金安排，包括向银行借款、偿还借款及利息、对外进行短期投资、收回投资及利息等。对计划期内的资金融通预先做出财务安排可以避免企业在需要用款时的现金短缺，还可有效利用暂时多余的资金进行投资，获取利益。

为了满足临时性现金需求，企业一般要保持一定的现金持有量，我们称之为最低现金余额。因此，在现金收入大于支出但余额低于最低现金余额时也应向银行或其他单位借款以补足余额，将现金用于对外投资或偿还借款等也必须以剩余现金达到最低现金余额为限。MC 公司现金预算如表 9－15所示。

表 9－15 MC 公司现金预算 单位：元

项 目	2005 年				
	一季度	二季度	三季度	四季度	全年
期初现金余额	31 000	30 833	30 167	30 524	31 000
加：销售现金收入（见表 9－15）	121 900	280 800	432 900	304 200	1 139 800
可运用现金合计	152 900	311 633	463 067	334 724	1 170 800
减：现金支出					
直接材料（见表 9－7）	19 117	29 157	39 312	30 666	118 252
直接人工（见表 9－10）	28 912	71 168	80 064	44 480	224 624
制造费用（见表 9－11）	29 400	44 600	47 800	35 000	156 800
销售与管理费用（见表 9－13）	84 500	79 500	117 000	84 000	365 000
支付增值税、销售税金及附加	16 138	50 041	68 367	33 520	168 066
所得税①	17 000	17 000	17 000	17 000	68 000
购置生产设备（见表 9－14）	20 000	10 000	10 000	10 000	50 000
发放股利	10 000		10 000		20 000
现金支出合计	225 067	301 466	389 543	254 666	1 170 742
资金融通前现金金额	（72 167）	10 167	73 524	80 058	58
资金融通					
借款②	103 000③	20 000			123 000
还款			（40 000）	（45 000）	（85 000）
偿付利息④			（3 000）	（4 500）	（7 500）
资金融通合计	（103 000）	20 000	（43 000）	（495 000）	30 500
期末现金余额	30 833	30 167	30 524	30 558	30 558

注：① 所得税支出额根据对计划期的销售情况及利润情况的分析估计得出，假设每季度均为 17 000 元；

② 假设借款应为 1 000 元的整数倍，假定所有借款发生在期初，还款发生在期末；

③ MC 公司最低现金余额为 30 000 元，因此一季度借款额应为 102 167（72 167＋30 000）元，由于借款为 1 000 元的整数倍，故取整数为103 000 元；

④ 借款年利率为 10%，偿付的利息根据当期偿还的本金部分计算，因此本例中

三季度偿付利息＝40 000×10%×（3÷4）＝3 000（元）

四季度偿付利息＝45 000×10%＝4 500（元）

十一、预计利润表

预计利润表是整个预算体系中的重要组成部分，从中可以了解企业的预计利润水平，并被当做衡量企业实际表现的参照标准。它的格式与实际的利润表相同，只是数据来源于上述各项具体预算而不是实际。表9－16为MC公司的预计利润表。

表9－16　MC公司预计利润表

2005年　　单位：元

销售收入（见表9－4）	1 000 000
减：销货成本（见表9－12）	507 160
毛利	492 840
减：销售及管理费用（见表9－13）	365 000
利息费用（见表9－15）	7 500
利润总额	120 340
所得税（见表9－15）	68 000
净利润	52 340

预计利润表中的“所得税”金额是在对企业利润进行预测分析时估算出的，并非通过预计利润表中的利润总额与所得税税率计算得出。这是由于该项支出已列入现金预算，并对利息费用产生影响，而预计利润表又利用了现金预算的有关数据，如果在编制预计利润表时根据利润与所得税率重新计算所得税，就需要根据计算出的新结果修改现金预算，继而影响现金预算中的有关数据并反过来对预计利润表产生影响，结果又要修改预计利润表，如此一来就会陷入无休止的循环修改之中。

十二、预计资产负债表

预计资产负债表的内容、格式与实际的资产负债表相同，但反映的是预计计划期末的财务状况。

预计资产负债表是根据计划期的销售预算、生产预算等具体预算对期初资产负债表进行适当调整而编制的。MC公司的预计资产负债表如表9－17所示。

表9－17　MC公司预计资产负债表

2005年12月31日　　单位：元

项　　目	期初余额	期末余额
流动资产		
现金（见表9－15）	31 000	30 558
应收账款（见表9－5）	40 000	70 200

续表

项　目	期初余额	期末余额
直接材料（见表9-7）	2 500	2 750
产成品（见表9-10）	14 400	20 320
流动资产总额	87 900	123 828
固定资产		
土地③	80 000	80 000
房屋及设备	150 000	200 000
减：累计折旧（见表9-11）	(64 000)	(89 000)
固定资产总额	166 000	191 000
资产总额	253 900	314 828
流动负债		
应付账款（见表9-8）	9 500	9 711
短期借款		28 377
流动负债总额	9 500	38 088
长期负债		
长期借款	100 000	100 000
长期负债总额	100 000	100 000
负债总额	109 500	138 088
所有者权益		
普通股股本	100 000	100 000
未分配利润（见表9-15）	44 400	76 740
所有者权益总额	144 400	176 740
负债与所有者权益总额	253 900	314 828

注：① 期末应收账款＝四季度销售额×30%＝234 000×30%＝70 200（元）；

② 期末应付账款＝四季度材料采购金额×40%＝24 277.5×40%＝9 711（元）；

③ 土地、长期借款、普通股股本三项未发生变动；

④ 期末未分配利润＝期初未分配利润＋本期净利润－本期发放股利

＝44 400＋52 340－20 000

＝76 740（元）

第四节　财务控制

一、财务控制的基本理论

（一）财务控制的概念

控制是指对客观事物进行约束和调节，使之按照设定的目标和轨迹运行的过程。财务控制是在财务管理过程中，利用有关信息和特定手段，依据一定的控制标准，对企业的财务活动施加的影响或调节，以确保财务目标的实现。它是财务管理人员为保证财务管理工作，完成财务预算目标而采取的一系列行动。

预算是控制的前提，控制是完成预算的保证。预算和控制是相互依存的两个方面，预算确定目标，控制保证实现。财务控制是对整个企业经济活动进行的调整与监督，其目的在于使企业的经济活动按预定的轨道进行，并保证企业完成预算目标。

企业财务控制的职能主要有以下两个。

（1）对企业财务活动进行监督。是指保持企业财务活动按照企业财务计划运行，并随时揭示实际与计划的偏差，为财务活动调节提供依据。

（2）对企业财务活动进行调节。是指对企业财务活动实际与计划的偏差进行的纠正。它包括两方面的内容：

① 如果实际与计划之间的偏差是由企业财务活动实际的负效应造成的,则要对企业财务活动的实际进行调节,使之符合企业财务计划的要求；

② 如果实际与计划之间的偏差是由企业财务计划本身的负效应造成的，则要调整企业财务计划，使之积极可靠。

对企业财务活动的监督和调节是互相联系、不可分割的。对企业财务活动监督，是对企业财务活动调节的前提，离开了对财务活动的监督，对财务活动的调节也就失去了依据；对企业财务活动调节是实现企业财务活动监督目的的必要手段。两者的统一，即构成企业财务控制的整个过程。

（二）财务控制要素

财务控制是企业内部控制和风险管理的一个重要方面，依据内部控制和风险管理的基本原理，可将财务控制的基本要素划分为控制环境、目标设定、事件识别、风险评估、风险应对、控制活动、信息和沟通以及监控八个部分。

1. 控制环境

控制环境，是指对企业财务控制的建立和实施有重大影响的各种环境因素的统称。包括企业风险管理观念与文化、诚信与价值观、员工的胜任能力、董事会或审计委员会的组成、管理哲学和经营方式、企业组织结构、企业授予权力和责任的方式以及人力资源政策和实务等。控制环境是决定财务控制目标能否实现的关键因素。

2. 目标设定

每个企业都面临各种财务风险，进行有效的事项识别、风险评估及风险应对的一个前提是确定与不同水平和内部环境保持一致的财务目标。管理者在识别风险并采取必要的措施管理风险之前，必须首先确定目标。财务控制的目标主要有四个：一是合理配置和使用财务资源，提高财务资源的使用效率，实现企业价值最大化；二是保护资产的安全与完整；三是保证财务信息的可靠性；四是遵循有关财务会计法规和企业制定的财务会计政策。

3. 事件识别

事件是指可以影响企业财务战略执行或目标实现的事项，如银行信贷、利率、汇率等政策的调整、新的竞争对手的出现、市场价格水平的变化、企业组织结构和高层管理人员的变化等。事项可能形成积极的影响或消极的影响，或者同时具有两种影响。

4. 风险评估

风险评估指管理层分析、评价和估计对企业目标有影响的内部或外部风险的过程。管理者应当从可能性和影响程度这两个角度，采用定性与定量相结合的方法来评估事项，并对整个企业中的事项以个别或分类的形式进行分析，指出潜在事项的有利影响和不利影响。对潜在不利事项以固有风险和剩余风险的形式进行评估。固有风险是指在管理者没有采取任何措施改变风险发生的可能性的情况下给企业带来的风险。剩余风险是指在管理者对风险做出反应后仍残存的风险。

5. 风险应对

风险应对包括规避风险、减少风险、转移风险和接受风险。在考虑如何进行风险应对的过程中，管理者要考虑成本和效益，并在期望的风险容忍度内选择风险应对方案。

6. 控制活动

控制活动是指确保管理层的指令得以执行的政策及程序，如核准、授权、验证、调节、复核营业绩效、保障资产安全及职务分工等。

7. 信息与沟通

信息主要是指会计系统所提供的内部与外部信息，它是公司为汇总、分析、分类、记录、报告业务处理的各种方法和记录，包括文件预先编号、业务复核、定期调节等。

一个有效的会计信息系统应当做到：

（1）确认和记录所有有效交易；

（2）及时、详细地描述交易，以便在报告中对交易进行正确分类；

（3）以某种方式计量交易的价值，以便在报告中以适当的货币价值记录交易；

（4）确定交易发生的期间，以便将交易记录在恰当的期间；

（5）在财务报表中适当地表达交易事项和披露相关事项。

沟通是指企业的信息系统提供有效信息给适当的人员，通过沟通，使员工能够知悉其在财务控制中的责任。

8. 监控

监控是由适当的人员，在适当的时机来评估控制的设计和运作情况的过程。包括：

（1）持续的监督活动（如例行的管理和监督活动，以及其他员工为履行其职务所采取的行动）；

（2）个别评估（评估的范围和频率，视风险的大小及控制的重要性而定）；

（3）报告缺陷。内部控制的缺失应由下往上报告，某些缺失应报告给高层管理层及董事会。

（三）财务控制的种类

1. 按照财务控制的时序分类

财务控制按其控制时序可划分为事先控制、事中控制和事后控制三类。

事先控制，也称原因控制，是指企业单位为防止财务资源在质和量上发生偏差，而在行为发生之前所实施的控制。例如，财务收支活动发生之前的申报审批制度，产品设计成本的规划等。

事中控制，也称过程控制，指财务收支活动发生过程中所进行的控制，如按财务预算要求监督预算的执行过程，对各项收入的去向和支出的用途进行监督，对产品生产过程中发生的成本进行约束等。

事后控制，也称结果控制，是指对财务收支活动的结果所进行的考核及其相应的奖罚，如按财务预算的要求对各责任中心的财务收支结果进行评价，并以此实施奖罚标准，在产品成本形成之后进行综合分析与考核，以确定各责任中心和企业的成本责任。

2. 按照财务控制的功能分类

按照财务控制的功能可将财务控制分为预防性控制、侦查性控制、纠正性控制、指导性控制和补偿性控制。判断一项控制措施到底属于哪种类型，主要是看采取这项控制措施的设计意图。

预防性控制，是指为防范风险、错弊和非法行为的发生，或尽量减少其发生机会所进行的一种控制。它主要解决“如何能够在一开始就防止风险和错弊的发生”这个问题。预防性控制是由不同的人员或职能部门在履行各自职责的过程中实施的。预防性控制措施包括职责分离、授权批准等。虽然预防性控制能够在事前防止损失的发生，降低风险，但全面采取预防性控制是相当困难的，实践中很难做到百分之百的预防。因此光有预防性控制是不够的，还必须有侦查性控制。

侦查性控制，是指为及时识别已存在的财务危机和已发生的错弊和非法行为或增强识别风险和发现错弊机会的能力所进行的各项控制。在缺乏完善可行的预防性控制措施的情况下，侦查性控制是一种很有效的监督工具。它主要是解决“如果风险和错弊仍然发生，如何识别”的问题。例如，通过账账核对、实物盘点，以发现记账错误和货物短缺；通过有关财务指标的分析识别存在的财务风险等。

纠正性控制是对那些由侦查性控制查出来的问题的控制。通过实际执行的结果与设计标准的比较，对发现的差异予以适当的纠正。

指导性控制是为了实现有利结果而采取的控制。前面的预防性控制、侦查性控制和纠正性控制是为了预防、检查和纠正不利的结果，而指导性控制却是为了实现有利结果。这种控制在实现有利结果的同时，也避免了不利结果的发生。

补偿性控制是针对某些环节的不足或缺陷而采取的控制措施。之所以需要这种控制，主要是为了把风险水平限制在一定范围内。对于某个特定系统而言，分析风险水平时，必须充分考虑由于存在薄弱环节将来可能会发生的问题。一项补偿性控制可以包含多个控制措施，也就是说可以把多重控制手段作为一项控制程序来看待。

3. 按控制的依据分为预算控制和制度控制两种

预算控制是以财务计划或预算的分解指标为标准，对企业的财务活动进行监督、调整的一种控制形式。预算表现其执行主体的责任和奋斗目标，规定了预算执行主体的行为。

制度控制是以公司章程、财务制度为依据，约束企业和各责任中心财务活动的一种控制形式。制度控制通常规定只能做什么、不能做什么。与预算控制相比较，制度控制具有防护性的特征，而预算控制主要具有激励的特征。

4. 按控制的对象分为收支控制和现金控制（或货币资金控制）

收支控制，是对企业各责任中心的财务收入、支出活动所进行的控制。控制财务收入活动，旨在达到高收入的目标；控制财务支出活动，旨在降低成本、减少开支，实现利润最大化。

现金控制是对企业和各责任中心的现金流入流出活动所进行的控制。

通过现金控制以求得现金流入流出的基本平衡,其中既要防止因现金短缺而可能出现的支付危机,也要防止因现金过多而可能出现的机会成本增加。

5. 按控制的手段分为定额控制和定率控制

定额控制是对企业和责任中心的财务指标采用绝对额进行控制。一般而言，对激励性指标确定最低标准，对约束性指标确定最高控制标准。

定率控制是对企业和各责任中心的财务指标采用相对比率进行控制。相对而言，定率控制具有投入与产出对比、开源与节流并重的特征。比较而言，定额控制缺乏弹性，定率控制具有弹性。

6. 按照财务控制的主体分类

财务控制按照实施控制的主体可分为出资者财务控制、经营者财务控制和财务部门的财务控制。

出资者财务控制是为了实现其资本保全和资本增值目标而对经营者的财务收支活动进行的控制，如对成本开支范围和标准的规定等。

经营者财务控制是为了实现财务预算目标而对企业及各责任中心的财务收支活动所进行的控制，这种控制是通过经营者制定财务决策目标，并促使这些目标得到贯彻执行来实现的。如企业的筹资、投资、资产运用、成本支出决策及其执行等。

财务部门的财务控制是财务部门为了有效地组织现金流动，通过编制现金预算，执行现金预算，对企业日常财务活动所进行的控制。如对各项货币资金用途的审查等。通常认为出资者财务控制是一种外部控制，而经营者和财务部门的财务控制是一种内部控制。

(四) 财务控制的作用

财务控制以实现最佳财务管理目标，提高企业经济效益为直接目的，运用现代信息科学的基本原理，对企业生产经营过程中发生的资金运动及其结果进行全员、全过程、全方位的控制。具体来说，财务控制具有保证、促进、监督和协调的四大作用。

1. 保证作用

财务控制可以从空间上、时间上对企业发生的各种成本费用进行监督、调控，发现偏差及时揭示，并采取有效措施纠正不利差异，发展有利差异，使实际成本费用被限制在预定的目标范围之内，保证预定成本费用目标的完成或超额完成，进而保证企业经营目标的实现。

2. 促进作用

财务控制是运用系统工程的原理对企业在生产经营过程中发生的各种耗费进行计算、调节和监督的过程,同时也是一个发现薄弱环节,挖掘内部潜力,寻找一切可能降低成本途径的过程。因而科学组织、实施财务控制,可以促进企业改善经营管理,转变经营机制,全面提高自身素质,增强企业的造血功能,使企业在市场竞争的严酷环境中自我生存、发展和壮大。

3. 监督作用

财务控制是一个全员、全过程、全方位的系统控制过程,它要求将企业发生的一切耗费时时刻刻置于当事人的监控之下,同时,灵敏的财务成本资料信息反馈系统可以将一切浪费行为、违法乱纪行为消灭在萌芽状态。因而,财务控制系统可以通过健全的内部结构将企业对国家财经法规的遵守情况置于直接的监督之下,保证国家财经法规的贯彻执行,为国家宏观调控的顺利进行提供信息保障和纪律保障。此外,企业外部利害关系人如投资者、债权人等可以利用财务控制系统产生的有关信息,监督企业管理层对受托经营责任和偿债责任的履行情况,从而做出正确的经济决策。

4. 协调作用

财务控制涉及各方的利益冲突，因为财务控制的好坏、成本的高低直接决定着各利益集团利益的高低，而物质利益协调的好坏，反过来直接影响到财务控制工作能否顺利进行。作为以系统论为其基础理论之一的财务控制系统，其核心观点是整体观点，即要求协调各子系统的行动为整体目标服务，通过财务成本信息的反馈，协商和调整局部之间的不协调之处，因此，财务控制可协调各利益集团的冲突，达到系统的协调统一。

（五）财务控制的程序

财务控制是对整个企业经济活动进行的调整与监督，其目的在于使企业的经济活动按预定的程序进行，并保证企业完成最终目标。

1. 制定控制标准

标准是财务控制的关键，也是衡量企业的经济活动是否按预定的轨道进行的尺度。企业的控制标准包括企业外部的控制标准和企业内部的控制标准两部分。前者是由国家有关部门或主管部门制定，具体包括国家的法律、政策、制度和业务方面的有关制度规定和办法等；后者是由企业单位按照有关规定制定的，具体包括对整个企业各项经营收支、各项资金占用消耗定额以及企业内部的牵制制度等。

2. 建立责任中心

建立责任中心是一种责、权、利相结合的内部经营管理制度。按照责、权、利相结合的原则，将计划任务以标准或指标的形式分解落实到车间、科室、班组以至个人。这样，企业内部每个单位、每个职工都有明确的工作要求，便于落实责任，检查考核。同时可以根据确定的控制标准，揭示偏差，及时调整，从而达到协调和控制整个企业经济活动的目的。

3. 分析、比较执行情况，采取措施

按照“干什么，管什么，就算什么”的原则，详细记录指标执行情况，将实际与标准进行比较，确定差异的程度和性质。对于已产生的差异进行认真的分析，属于工作中的原因，要进一步查明原因，改善管理，改进工作方法，不断挖掘潜力；属于目标（计划）本身不切实际的原因，要加强预测，不断改进和完善目标（计划）。

4. 考核奖惩

在一定时期终了，企业应对各责任单位的计划执行情况进行评价，考核各项财务指标的执行结果，把财务指标的考核纳入各级岗位责任制，运用激励机制，实行奖优罚劣，以便更好地调动各级部门、职工的积极性。

（六）财务控制制度的内容

财务控制涉及多方面的利益，是经济利益冲突的焦点，因此，企业财务控制制度的建立是一个系统工程，企业应当按照国家颁布的有关法律、法规、政策、制度，结合本企业的实际情况，建立有效的财务控制制度，作为规范企业组织行为和员工操作的准则。

1. 财产物资、现金收支的管理及清查盘点制度

规定各项财产物资的购入、收发、销售、盘盈、盘亏、毁损、报废的有关手续与管理制度；固定资产、低值易耗品、包装物的使用、维护、修理制度；现金的收付手续和牵制制度；定期和不定期的财产盘存制度。

2. 岗位责任制度

通过公司章程和内部岗位责任制，明确划分公司中股东大会、董事会、厂长经理、财务部门和各职能、营业部门的财务管理职权，建立一套既能确保各部门自主工作，又能相互约束，步调一致，实现财务管理的高效、有序运转的制度。

3. 财务管理基本业务程序制度

这些制度包括明确财务计划（预算）的编制、调整办法和程序；资金、成本费用、销售、利润预测的操作、结果反馈程序；资本金管理办法；负债的审批、登记、归还、计息的处理办法；应收账款的登记、核对、清理，应收票据的保管制度；投资方案、投资项目的可行性分析程序、立项审批、管理考核；成本费用计算与分摊办法，费用开支审批程序；销售价格管理、货款结算程序，销售退回、折扣、折让的管理权限；目标利润的制定与管理办法，营业外收支的管理制度和利润分配方法；财务分析的内部指标体系、分析方法、分析要求、组织与报告程序等。

二、财务控制的原则与基本方法

(一) 财务控制的具体原则

1. 全面控制和重点控制相结合的原则

这是从财务控制的空间范围而言的，即要求财务控制做到点面结合，点和面的统筹兼顾。

(1) 在财务控制中，要对财务成本进行全面控制，不能只考虑某个方面，也就是说，要求人人、处处、事事都要进行财务控制。所谓“全面”是指三个方面：一是指全过程的财务控制；二是全员的控制；三是全要素的控制，即财务成本的所有要素，包括资金流量、成本费用、收入、利润等都要加以控制。

(2) 在财务控制中要有所选择、有所侧重，在全面控制的基础上对重要的财务成本构成项目、内容要施加详细的控制，而对于一般的、不太重要的财务项目，可以进行合并控制，施加粗线条的管理。

(3) 全面控制和重点控制要结合进行，相互补充，只有点面结合才能有主有次，全面而又不失偏颇，财务控制才得到最终的保障。

2. 日常控制和定期控制相结合的原则

企业的生产经营活动是连续不断进行的，对财务成本进行控制要求在企业生产经营活动的过程之中进行，即加强日常控制。日常控制应紧密结合企业生产经营实际情况进行，发现偏差，及时纠正，使财务控制得到切实的保障。为此，有必要将日常控制与定期控制结合起来进行。定期控制侧重于期末的盘点控制与定期检查，可以节省人力、物力；而日常控制侧重于经营活动的即时控制，但工作量较大。因此，必须很好地将两者结合起来。

3. 定性控制和定量控制相结合的原则

财务成本的定性控制也就是从质的规定性上对财务成本进行控制，即从大的方面把握企业成本的开支范围是否符合国家的财务制度，费用项目列支是否符合有关成本管理规章制度的规定，日常的财务成本活动是否有章可循，成本的节约与浪费是否奖罚分明。财务成本的定性控制通常是由财务控制的监督职能完成的，财务成本监督实际上也就是对财务成本的质的控制，这种定性控制是通过账务监督、制度监督和群众监督等方式完成的。

财务成本的定量控制则是从量的规定性上对财务成本进行的控制，即从量上把握企业的各项财务成本活动符合企业财务制度规定的标准及企业财务成本目标的要求。财务成本的定性控制只能保障开支范围符合有关法规规定和财务成本目标范围的要求，不能保证其开支大小也符合有关标准、要求，而定量控制则相反。因此，任何单独的定性控制或定量控制都不能控制财务成本，使其达到预定要求。没有财务成本质的控制，也就谈不上财务成本量的控制；只有将二者结合运用，才能在质与量两个方面达到控制的要求。

4. 专业控制和群众控制相结合的原则

要搞好财务控制，必须把专业控制和群众控制很好地结合起来。专业控制是指企业的财务控制工作要由专业部门来组织，财务控制的方法和手段要由专业部门来拟定，财务控制中发生了问题，要由专业部门来帮助解决。所以，没有专业控制，财务控制就会放任自流，不能形成一个系统。另一方面，财务控制又是一项群众性工作，依靠群众参加控制，就能使控制具有广泛的群众基础，就能更好地激发劳动者的积极性、主动性和创造性，自觉地把财务控制好。

5. 责权利相结合的原则

财务控制是加强经济核算，落实、巩固经济责任制的重要手段，所以也必须贯彻责、权、利相结合的原则。“责”是要完成财务控制指标的责任；“权”是责任承担者为了完成财务控制指标，对必须采取的措施所应具有的权限，即实施控制的权力；“利”是根据财务控制指标完成得好坏给予责任承担者的奖惩。在财务控制中，有责就应该有权，不然就不能完成所分担的责任；有责还应该有利，这样才具有推动责任承担者努力履行职责的动力。在企业内部，权利和义务应该是统一的，控制本身就是一种义务，同时也是一种权利，没有权，就不能起到控制的作用。

（二）财务控制的基本方法

方法是完成任务、解决问题的基本手段和途径。做任何工作、研究任何问题都应首先重视方法的研究。科学合理的方法，可以在解决问题中收到事半功倍的效果。财务控制是一个复杂的系统工程，实施财务控制，研究、解决财务控制中的实际问题仅靠单一的方法是行不通的，而是需要多种方法的综合运用。

1. 定额标准控制法

定额标准控制就是以定额为标准，对经济活动或资金运动所进行的控制。所谓定额，是指根据经验或科学计算而对某种行为的消耗、占用或产出所做的数量规定，其主要依据是以前的行为具有时间的延续性、环境的相对稳定性及各种变量处于正常状态。显然，对于没有历史延续性的行为、对于外界环境处于高速变化的事件及各种非线性变量不断产生的系统，定额控制是难以奏效的。

在财务管理中，符合定额的经济业务要给予支持，保证现金需要；超过定额的经济业务要分析超过的原因，再分别处理。

从理论上分析，财务管理中定额管理本质上是对财务管理的各方面的工作明确提出定量、定时的要求，建立各种各样有科学依据、切实可行的定额，并按照它们的内在联系组成一个定额体系。这个体系按内容分有资金定额、成本费用定额、设备定额、物资定额、奖励定额；按性质分有状态定额、消耗定额和效率定额。

定额管理的实施要求企业做好两项基础性的工作：

（1）计量与验收工作。包括明确企业各种计量检测工具的配置、使用、管理、维修要求；规范企业商品、材料、物资的购进、入库、领用、转移、出库等各环节的计量和验量验质管理工作。

（2）信息工作。财务管理要求信息工作全面、及时、准确，因此，应建立健全原始记录和财务资料的编制、审核、传递、反馈、档案管理的责任制，把信息工作做好。

2. 授权控制法

授权控制是指企业在处理经济业务时，必须经过授权以便进行控制。即在某项财务活动发生之前，按照既定的程序对其正确性、合理性、合法性加以核准并确定是否让其发生所进行的控制。这种控制是一种事前控制，能使一切不正确、不合理、不合法的经济行为在发生之前得到制止。在一个企业，授权一般是由股东授予董事会，然后由董事会将大部分的权力授予总经理和有关人员。企业每一层次的管理者既是上级管理人员的授权客体，又是对下级管理人员授权的主体。授权管理的方法是通过授权委托书来明确授权事项和使用资金的限额。授权管理的原则是对在授权范围内的行为给予充分信任，但对授权之外的行为不予认可。授权委托书除授权人持有外，还要下达公司相关的部门，这些部门一律按授权范围严格执行。

一个企业的授权控制应达到以下要求：

（1）企业所有人员只有经合法授权，才能行使授权。企业应该按照“责权利相结合”的原则，在合理分工的基础上，授予各层次管理人员以相应的授权权限并赋予相应的责任。不经合法授权，任何人不能审批；有权授权的人则应在规定的权限范围内行事，不得越权授权。

（2）在执行每一笔业务时都经过授权。也就是说，每一项经营业务在执行之前，必须按照该项业务的授权程序，报经规定的人员或部门审批。

不经批准，不得办理经营业务。这样就能确保一切不合法、不合理、不正确的经营活动在未发生之前得以控制，确保企业的生产经营活动按照既定的目标进行。

(3) 经营业务一经授权必须予以执行。已经授权的经营业务，在实际执行中必须按照已授权的方案进行，不得擅自主张或不按授权的方案行事。在执行中确实需要变动或更改的，则应及时请示汇报，这样才能确保各项业务的实施依照既定的方针进行。

3. 责任制度控制法

现代企业在科学的组织结构、合理分工管理的基础上，建立适当的责任制度，是组织控制的另一项重要内容。责任制度是以明确责任、检查和考核责任履行情况为主要内容的。责任制度有三大特点：一是把职责和权利结合起来，二是把工作任务和工作方法结合起来，三是把上下左右的工作结合起来。

(1) 部门责任制。这是按照企业各部门各自具备的职能来明确责任、考核责任的制度。其目的就是理顺各部门之间错综复杂的联系，约束和督促各职能部门互相配合、协调一致，防止扯皮、只顾本部门不考虑其他部门的倾向或脱节、搁置的现象发生。实行部门责任控制，首先要确定各个部门的工作内容、责任范围以及部门之间的联系。其次要制定各个部门的工作标准，以及部门之间的联系、协调制度，并经常检查执行情况，以使企业内部各部门既能各司其职，又能协调配合，从而有条不紊地完成各自的工作任务，实现企业的整体目标。

(2) 岗位责任制。这是企业在合理分工的基础上设置一个个工作岗位，进而按照岗位（而不是按照人）明确责任、考核责任的制度。建立岗位责任制的目的，是使企业内部所有人员都有明确而具体的职权范围和工作责任，使每个人都真正有职、有责、有权，实现各尽其责，做到办事有标准，工作有检查，以此评绩效、定奖惩，从而保证每个人履行责任的动力和压力，提高工作效率。

实行岗位责任制的具体要求是：

① 在工作内容上，要明确岗位所担负的工作项目和要求，明确职责范围和处理工作的权限，包括一个岗位由几个人负责或几个岗位由一个人监管。分工要具体，更要有检查和监督。

② 在质量标准方面,要明确各岗位的工作质量标准。质量标准指标化。

③ 在政策纪律方面，要明确各岗位处理问题的政策原则和纪律规定。

④ 应按有关制度和操作规程的要求，把处理过程中的重要环节逐项列

入各岗位之中。

4. 预算控制法

企业管理的重要问题是如何加强对企业各管理层次、各单位的控制，以保证预算目标与战略的实现。而预算控制，是以预算为依据，作进一步分解、落实，使之具体化为内部各层次、各单位在具体完成企业总体目标中各自应实现的任务，并以此作为它们展开日常生产经营活动的准绳及进行业绩评价的依据。预算控制使所有预算执行主体都知道自己的目标是什么，现在做得如何，如何努力地去完成预算，预算完成与否是如何与自身收益挂钩的，等等，从而起到一种自我约束与自我激励相对等的作用。同时，对于财务预算主体，也有了明确的依据来考核执行主体，从而控制企业管理的运行过程，并保证目标的实现，因此，财务预算对于企业总部而言，既是对执行主体的行为过程控制，同时也是对其行为结果控制的一种机制。按照西方企业管理的经验，预算控制至少有以下好处：

（1）能够最大限度地保证预算得以实现。

（2）通过预算目标、实际业绩的比较，预算控制能使经理人员随时了解预算主体范围内的企业实际业绩进展情况。

（3）通过分析预算目标与实际业绩的差异，揭示产生差异的原因。

（4）能够反映原始预算的现实性与可行性，并由此决定是否修改原始预算，使之更有利于制定目标的科学与合理。

（5）通过实际业绩与预算业绩的定期比较，可以最大限度地提高企业的经营效率。

（6）在集团范围内更有利于实施责任会计，有利于企业的控制与经营。

5. 实物控制法

实物控制是指为保护企业的资产、物资以及会计账表等实物的安全和完整、防止舞弊行为所进行的控制。实物控制主要包括实物限制接近、实物保护、实物清查等三类方法。

（1）实物的限制接近。限制接近，也就是严格控制对实物资产的接触，只有经过授权批准的人才能接触资产。其目的是减少实物被盗或毁损的机会、划分责任、保护实物实体。狭义的限制接近仅指对资产本身的直接接触。广义的限制接近还包括通过文件批准对资产使用和分配的间接接触。对间接接触的限制可以通过保管、批准和记录等不相容职务的分离和授权批准来达到。

企业应该根据各种实物的性质及管理的特点，合理地确定允许接近实物的人员，并对限制接近的遵守情况进行严格的检查监督。实行限制接近的具体要素包括：

① 限制接近现金。现金的管理应限于专职的收银、出纳人员。这些专职人员要与控制现金余额的会计记录人员和登记应收账款的人员分离。现金使用时，应该通过公司指定负责人员办理签署的办法进行控制。

② 限制接近其他易变现的资产。其他易变现的资产，例如应收票据和有价证券，一般都规定必须两个人同时接近资产，以便对资产加以保护。譬如在发放或处理保管的可变现财产时，要求有两名企业的管理人员共同签署等。

③ 限制接近存货。在批发企业和制造企业中，存货的实物保护可以由专职仓库保管员负责，设计分离且封闭的仓库区域，以及在工作时间之内和工作时间之后控制进入厂区等办法来实现。在零售企业中可以通过在营业时间和营业时间后限制接近仓库的方式来实现。另外，对贵重商品应使用带锁的营业柜。

④ 限制接近会计账表。账单、合同、会计凭证、会计账册、财务资料及报表等实物既是企业债权、债务的根据，又是企业财务状况的机密资料。这些资料应严格限制接近，在未经批准之前，其他无关人员不能随意接近和查看，以避免篡改、销毁资料记录等事件的发生。

(2) 实物的保护。实物保护是指为使实物免遭盗窃、损伤、火灾及其他意外的损害，确保实物的完整性而采取的各种对策。例如，建造保险门、使用保险柜以防盗窃；设置灭火器、消防水龙头以防火灾等等。要定期检查实物的保护情况，消除隐患，尽可能地减少实物受损的机会。

(3) 实物的清查。企业应根据其业务特点，采用定期盘点、轮番盘存的方法，检查财产物资的实存数量，妥善处理盘盈盘亏，保证实存数和账存数相符。实物清查的要点如下：

① 盘点实物，并与会计记录核对一致。实物资产盘点，并与会计记录核对一致在很大程度上保证了账实相符。当然实物资产与会计记录存在相同错误的可能还是有的，但这种可能性是极小的。因此定期盘点和比较是一种很有效的资产保护措施。

② 盘点结果与记录差异的调查。资产盘点结果与会计记录差异应由独立于保管和记录职务的人员进行调查。盘点结果与会计记录之间存在差异说明可能在企业资产管理中出现了错误、浪费、损失和其他不正常现象，或是在会计记录中出现了错误和其他不正常现象。调查人员要根据查明的原因、差异的大小及有关制度进行纠正。为了防止差异再度发生，可能修改某些处理程序，解雇不诚实雇员或采取其他改进措施。

③ 确定盘点和比较的频率。资产盘点和比较的频率与业务特点、盘点成本和出错的敏感性有关。一般来说，现金要逐日清点做到日清月结，并与现金总账核对做到账实相符；而存货则以较低频率进行盘点。

④ 实物的保险。通过对资产投保火灾险、盗窃险及其他途径来减少受损的程度和机会，从而保护企业的实物安全。企业高级管理人员应根据企业经营水平和业务性质的变化，做出保险覆盖率水平的决策，并随时检查保险覆盖率水平是否恰当。

6. 异常控制与重点控制法

异常控制就是在管理过程中一般不注意常态状况，而把注意力集中在异常现象上，尽可能早地发现异常，分析异常现象产生的原因，从而把不利于公司的异常情况消灭在萌芽状态，把有利于公司的异常现象及时发现并加以推广。在定额定量管理的基础上随时分析数据，找出突破点。异常是管理的基础，正因为有异常才需要管理。发现异常、分析异常是企业财务管理的重要工作，也是财务管理过程的重要手段。它要求企业员工在工作中随时都要找问题、找不足。

由于管理本身是一种系统工程，面广点多，要实行有效的内部管理，还必须抓住几个关键领域实施重点控制。对业务实行重点控制，是西方企业经常采用的方式，这种方式的优点在于能够营造一个高效率、经营有方的企业管理中枢。重点控制，并不意味着对那些次要的财务业务就忽略不管，企业的所有财务业务都为财务控制的对象，所不同的只是控制的强度有差别。

7. ABC 控制法

又称重点管理法，是指根据管理对象在技术经济等方面的主要特征，运用数理统计的原理，按照一定的目的和要求，对管理对象进行分类排队，分成重点、次要和一般，即把管理对象分为 ABC 三类，以区别确定不同的管理方式的一种科学管理方法。ABC 控制法的目的，就是使企业分清主次、突出重点、兼顾一般，提高企业物资管理、成本管理以及生产管理的整体效率，以收到事半功倍之效。ABC 控制法于 19 世纪由意大利经济学家巴雷特首先用于经济管理领域，以后经过不断的发展和完善，现已广泛应用于物资管理、成本管理以及生产管理等方面。其具体内容参见第七章。

财务控制方法除上述方法外，还包括订货定点法、高低点调控法、保本储存期调控法等。企业应根据自身的特点、目的、职责和任务，选择适合的财务控制方法对财务活动进行控制。

（三）财务控制的内容

财务控制，是为了保证企业再生产过程的顺利进行而对资金的筹集、投资、收回和分配所进行的调节和控制。

1. 对筹资的控制

从财务角度讲，要保证生产和建设目标的实现，必须筹集到足够的资金。而资金筹集与资金供给本身是一对矛盾，往往需求大于供给。因此，企业应当坚持“尽力而为，量力而行，力求平衡”的原则筹集资金。在企业财务资金有限的情况下，为了协调有限的资金供应与无限的资金需求之间的矛盾，就要进行明智的调节与控制。一方面要以尽可能低的成本筹集资金；另一方面应尽可能地把资金用到最急需资金的主要业务活动。将筹集与使用、筹集数额与需用数额、筹集成本与使用效益有机地结合起来。

2. 对投资的控制

用筹集的资金购买劳动资料、劳动对象和支付工资以及对外投资，其目标在于如何用最少的资金，保证生产和流通的顺利进行，获取最大的投资收益。投资时应特别注意两个问题：

(1) 投资结构，即权益资本和债务资本的比例关系、对内投资与对外投资的比例关系。在资金供应一定的情况下，资金的配置结构合理与否，决定着资金所产生的效益。按照边际效益原理在社会再生产各环节、国民经济各部门、资源优势不同的各区域及企业生产经营各阶段间分配资金，不仅可以使有限的资金取得最大眼前效益，而且如果能基于整个社会的发展规划将资金合理分配于各个方面，便能进一步优化各种社会资源的配置，从而取得长期收益。在资金的配置过程中要运用充分的数据资料说明和论证资金配置的合理结构，以免受主观因素的影响。

(2) 科学确定投资的方式。不同的投资方式会使资金产生不同的效益。建立科学的投资方式，形成一套科学、合理、切实可行的投资程序，以保证资金使用的效益和初始目标的实现。

3. 对成本的控制

成本的控制目标是用尽可能少的劳动消耗，生产出尽可能多的有用产品，增加收入和盈利。就成本而言，它既是各生产要素耗费的综合体现，又是补偿生产耗费、划分补偿基金与纯收入的重要界限。

(1) 对成本形成的控制。产品的生产过程也是生产资料和劳动力的耗费过程，产品成本的高低与各种消耗的多少都有关系。一般而言，企业生产某种产品之前都会根据市场供求状况对产品的价格水平、成本高低和利润多少做出测算，如实际生产时各种消耗超过预计水平，则成本升高、利润降低，那就应该查找成本升高的原因，采取必要的财务措施减少消耗、降低成本。因此，成本形成过程中的财务调控要随时关注成本参数的变化，尽力做到防患于未然，使产品的盈利水平保持在满意状态。

（2）成本补偿的控制。成本补偿的目的是解决成本开支范围和标准等主要问题。虽然生产产品时的耗费决定着成本补偿的必要性，但并不是各种生产耗费都全部通过产品成本去补偿，要分清生产活动的性质和形成成果的形式。对成本开支范围的控制，一方面控制着资金运动的渠道；另一方面又制约某些不合理经济行为的发生。

（3）平均成本的控制。市场上产品价格的竞争，实质上是产品成本的竞争。产品的部门平均成本是制定产品价格的基础。当企业的个别成本与平均成本相等时，企业可获得平均利润；当企业的个别成本低于平均成本时，企业能获得超额利润；反之，企业只能获得低于平均水平的利润，甚至无利或亏损。企业通过个别成本与部门成本的比较，可以预计自己的盈亏水平，从而便于采取措施进一步降低个别成本，获取更高的盈利。

4. 对收入的控制

销售收入控制的目标是将适销对路产品的价值及时实现，获得销售收入，以保障企业生产经营活动的良性循环。销售收入是已实现的产品价值，它标志着产品已从生产领域进入流通领域或消费领域。销售收入的取得，对企业经济效益的实现有着直接的制约作用。

（1）对销售收入形成的控制。销售收入调控的首要内容是对其形成的调控。产品能否销售出去，是产品的使用价值能否实现的关键；而产品售价的高低，是产品价值实现多少的决定因素。而销售是否顺利，与企业产品质量的优劣、性能的好坏、服务的便利程度密切相关，也与市场的供求状况密切相关。除了尽量产出质优、成本低的产品之外，还需加强售后服务及销售管理，积极利用已有的市场和开拓新市场，竭力将产品销售出去，防止产品库存增多，造成积压。不然，产品长期大量积压，则要占用大量的流动资金，企业就难以正常从事生产经营，甚至导致恶性循环。

（2）对销售收入初次分配的控制。销售收入实现后，就要对销售收入初次分配调控。销售收入的初次分配分为成本补偿、计缴销售税金和核算利润三个部分。销售税金通常比较稳定，利润高低与成本升降成反方向变化。因此，对销售收入初次分配控制的重点是保证销售收入按正常顺序分配。

5. 对利润的控制

利润是企业的最终经营成果，是反映企业经济效益好坏的核心指标，是企业财务资金的重要来源，利润调控在财务调控中处于中心地位。

(1) 对利润形成的控制。利润是剩余产品价值的货币表现。利润作为企业生产经营的目的和最终成败的反映，它在一定程度上反映企业整个生产经营过程的效率或效益。因此，它受到多种因素的影响或制约，诸如销售量、销售价格、产品销售结构、成本和税金数额等，都从正面或反面影响着利润额。企业经过一个时期的生产经营之后，要对实现的利润进行比较，如超过了同行业的平均水平和自己的预期目标，便说明企业整个生产经营过程是协调和顺利的。相反，如果利润较少甚至出现亏损，企业就有必要运用"因素分析法"对生产经营过程及各个环节进行剖析，找出制约利润增加的最终原因，尽快采取措施将影响利润增长的因素消除。

(2) 对平均利润的控制。平均利润反映的是一个行业或一个部门的盈利状况。每个企业根据行业平均利润与自己的个别利润进行比较，可发现自己的优势或不足。从国家或部门的角度来讲，则可以利用平均利润的变化来调控价格水平或价格浮动幅度，并借此鉴别企业经济效益的好坏，亦可据此分析和调整国家的投资政策、价格政策等等。特别是当资金可以自由地根据其盈利水平的高低从一个行业流向另一行业，平均利润便自发起到了调节社会资源配置结构，进而调整经济结构，尤其是产业结构的作用。因此，国家应当定期公布各行业的资金利润率、产值利润率及成本利润率的数值，借此引导企业行为朝着有利于宏观经济平衡协调的方向发展。

(3) 对利润分配的控制。利润分配是指将生产经营的最终成果按照一定原则分给国家、企业和职工。它是利润调控体系中的重点环节，是整个财务调控的重心所在。随着分配进行，积累与消费的比例也随之确定。利润分配合理，一来能调动各有关方面的积极性，实现社会性的公平分配；二来有助于使积累与消费比例的合理与经济发展后劲的增强。在对利润分配的控制中，重点是对分配方式和比例进行调控。

6. 对财务收支的控制

企业的财务活动，通常的表现形式是货币形态的收支。

(1) 财务收支综合平衡的调控。财务收入作为企业生产经营成果的反映，表明其生产经营活动得到社会承认，其产品价值得到实现。在正常的生产经营活动中，取得收入只意味着企业完成了一个生产经营循环，它还需要运用已有的收入去购买所需的生产要素，去进行新的循环，从而形成支出行为。收入与支出的平衡，是指支出要以收入为前提，而且支出的结构要合理，要为下一循环中收入的增加创造条件。如果支出结构不合理，生产要素之间比例不恰当，购买的数量和质量不能满足生产需要，都会影响到下一步的收入。

(2) 对财务收支进度的调控。财务收支进度是由生产经营活动的进展情况决定的，它反映各项生产经营活动是否在按计划进行。如果从财务运行的逻辑过程来理解，财务收入的进度应当决定财务支出的进度，财务支出的进度和合理性又在下一个循环中制约着财务收入的多少和进度。如果从资金周转的角度考虑，收入和支出的进度则应尽可能加快。若收入的进度太慢，就应督促和加强销售，而若支出进度太慢，便应加强和督促采购，使二者能够适应生产经营的需要。

事实上，收入和支出调控本身是一种计划调节，也就是通过科学的分析和预测制定切实可行的收支计划，确定合理的目标。但执行中也不能墨守成规，应根据客观情况适时地调整计划，以保证实现初始目标。

三、责任中心与责任考核

(一) 责任中心概述

一个规模较大的企业,在实行分权经营管理体制的条件下,按照“目标管理”的原则,将企业生产经营的整体目标分解为不同层次的子目标,落实到有关单位去完成而形成的企业内部责任单位,称为责任中心。基于企业内部责任单位业务活动的特点不同,责任中心根据其控制区域和权责范围的大小,分为成本(费用)中心、利润中心、投资中心三个层次类型。

(二) 不同类型的责任中心责任控制的主要特点

1. 成本（费用）中心责任控制

一个责任中心，如果不形成或者不考核其收入，而着重考核其所发生的成本和费用，这样的责任中心就称之为成本（费用）中心。

(1) 成本（费用）中心的特点。成本中心的成本具有两个明显的特点：

① 某一成本中心的成本往往与该中心产品成本有所不同。产品成本是按费用承担的客体来归集费用的，其原则是“谁受益谁承担”。而某一责任中心的成本则是按其控制权来归集的，其原则是“谁负责，谁承担”。

产品成本是按产品归集的，责任成本是按责任范围来归集的，而且要区分可控成本与不可控成本两个部分。

② 成本中心，所需计量和考核的成本是其可控成本。作为成本中心，所需计量和考核的成本，不是应归属于各该中心的全部成本，而是其可控成本，也就是责任中心负责人预先可以知道并有权决定是否要发生的成本。对成本中心工作成绩的评价与考核，主要是通过一定期间实际发生的

成本或费用与其预定的目标进行对比，编制业绩报告，分析差异形成的原因和责任。但由于成本中心和费用中心所从事的业务活动不同，评价与考核的依据也有所不同。成本中心的活动可为企业提供一定的物质产品（如在产品或半成品），只是不便于或不必要将它们转化为货币计量收入，因此，通常以标准成本作为评价、考核其业绩的标准。费用中心的业务活动成果一般是某种专业性劳务，通常是以一定的业务工作量为基础，事先按期间编制"费用弹性预算"来作为评价与考核其业绩的依据。

（2）成本中心与费用中心的责任控制。成本中心通常按其承担的责任成本，以"标准成本"作为评价与考核的依据；费用中心则以一定的业务工作量为基础，以"费用弹性预算"作为评价考核实际费用水平的尺度。

成本中心的考核指标主要采用相对指标和比较指标，包括成本（费用）变动额和变动率两个指标，其计算公式是：

$$\text{成本(费用)变动额} = \text{实际责任成本(或费用)} - \text{预算责任成本(或费用)}$$

$$\text{成本(费用)变动率} = \frac{\text{成本(费用)}}{\text{预算责任成本(费用)}} \times 100\%$$

在进行成本中心考核时，如果预算产量与实际产量不一致，应注意按弹性预算的方法先行调整预算指标，然后再按上述公式计算。

例 9－3 成本中心的考核指标。某企业内部一车间为成本中心，生产A产品，预算产量 12 000 件，单位成本 100 元；实际产量 14 000 件，单位成本 95 元。可以计算该成本中心的成本变动额和变动率是：

$$\text{成本变动额} = 95 \times 14\,000 - 100 \times 14\,000 = -70\,000\ (\text{元})$$

$$\text{成本变动率} = \frac{-70\,000}{100 \times 14\,000} \times 100\% = -5\%$$

计算结果表明，该成本中心的成本降低额为 70 000 元，降低率为 5%。

2. 利润中心责任控制

利润中心指不仅要考核成本，还要考核其工作成果以货币计量的收入，并进一步将实现的收入与成本对比，考核其利润，这样的责任中心为利润中心。从责任控制的根本目的来看，利润中心应该是指管理人员有权对其供货的来源和市场的选择进行销售经营决策的内部责任单位。利润中心组织的真正目的是激励下级为实现整个组织的目标而努力工作。

对利润中心进行考核主要是通过一定期间实际实现的利润与"责任预算"所确定的预计利润进行对比，并对差异的成因和责任进行具体剖析，借以总结经营得失，评价经营效绩。

（1）当利润中心不计算共同成本或不可控成本时，其考核指标是

利润中心边际贡献总额 = 该利润中心销售收入总额 - 该利润中心可控成本总额(或变动成本总额)

值得说明的是，如果可控成本中包含可控固定成本，就不完全等于变动成本总额。但一般而言，利润中心的可控成本是变动成本。

(2) 当利润中心计算共同成本或不可控成本，并采取变动成本法计算成本时，其考核指标主要是以下几种，用公式表示为

利润中心边际贡献总额 = 该利润中心销售收入总额 - 该利润中心变动成本总额

利润中心负责人可控贡献总额 = 该利润中心边际贡献总额 - 该利润中心负责人可控固定成本

利润中心可控利润总额 = 该利润中心负责人可控利润总额 - 该利润中心负责人不可控固定成本

公司利润总额 = 各利润中心可控利润总额之和 - 公司不可分摊的各种管理费用、财务费用等

为了考核利润中心负责人的经营业绩，应针对经理人员的可控成本费用进行评价和考核。这就需要将各利润中心的固定成本进一步区分为可控成本和不可控成本。这主要考虑有些成本费用可以划归、分摊到有关利润中心，却不能为利润中心负责人所控制，如广告费、保险费等。在考核利润中心负责人业绩时，应将其不可控的固定成本从中剔除。

例 9-4 利润中心的考核指标。某企业的甲车间是一人为利润中心。本期实现内部销售收入 1 200 000 元，销售变动成本为 850 000 元。该中心负责人可控固定成本为 80 000 元，中心负责人不可控的应由该中心负担的固定成本为 90 000 元。则该中心实际考核指标分别为

利润中心边际贡献总额 = 12 000 000 - 850 000 = 350 000(元)

利润中心负责人可控利润总额 = 350 000 - 80 000 = 270 000(元)

利润中心可控利润总额 = 270 000 - 90 000 = 180 000(元)

3. 投资中心责任控制

投资中心较利润中心又深入一步，它不仅具有生产、销售的自主权，考核成本费用和利润，而且能相对独立地运用其掌握的资金，有权购建或处置固定资产，扩大或缩减现有生产能力，并考核资金运用效果。

对投资中心的考核，不仅要考核收益指标，而且还要把这种收益与投入相联系起来衡量。具体考核指标为：

(1) 投资利润率。

投资利润率 = 经营净利润 ÷ 经营净资产

$$= 经营净资产周转率 \times 销售利润率$$

式中

$$经营净资产周转率 = 销售收入 \div 经营净资产$$

$$销售利润率 = 经营净利润 \div 销售收入$$

(2) 剩余利润。剩余利润是指投资中心的经营净利润扣减其经营资产按其规定的最低利润率计算的投资报酬后的余额。

$$剩余利润 = 经营净利润 - (净资产平均占用额 \times 预期最低投资报酬率)$$

式中　经营资产变动较大时可用平均值；预期投资报酬率一般采用资金成本率或时间价值率。

依据财务预算，结合责任中心的考核指标，财务控制的基本流程如图9－5所示。

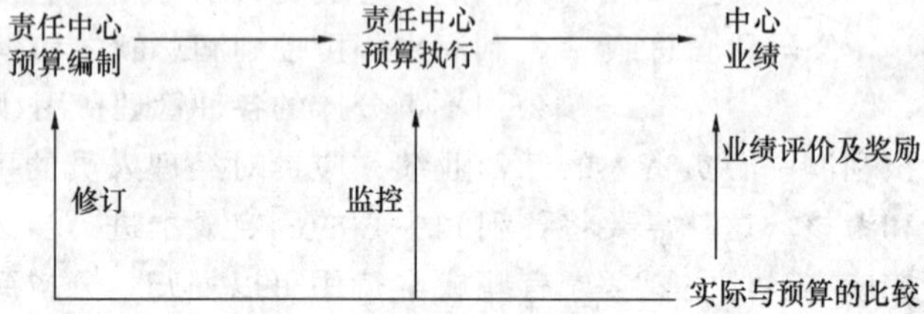

图9－5　企业财务控制方法与流程

四、内部转移价格

(一) 制定内部转移价格的基本原则

内部转移价格是指企业内部各责任中心之间进行内部结算和内部责任结转时所使用的计价标准。在责任控制制度下，制定内部价格的根本目的在于正确评价企业内部各责任中心的工作成果。

制定内部转移价格有助于明确划分各责任中心的经济责任，有助于使责任中心的业绩考核建立在客观、可比的基础上，有助于协调各责任中心的业务活动，有助于调节企业内部的各项业务活动，也有助于企业经营者作出正确的经营决策。正因为内部转移价格如此重要，所以，制定内部转移价格应按以下原则进行：

(1) 全局性原则。制定内部转移价格必须强调企业整体利润高于各责任中心的利润，在利益彼此冲突的情况下，企业和各责任中心应本着企业利润最大化要求，制定内部转移价格。

(2) 公平性原则。内部转移价格的制定应公平合理，应充分体现各责任中心的经营努力或经营业绩。所谓公平性，就是指各责任中心所采用的内部转移价格能使其经营努力与所得到的收益相适应。

(3) 自主性原则。在确保企业整体利益的前提下，只要可能，就应通过各责任中心的自主竞争或讨价还价来确定内部转移价格，真正在企业内部实现市场模拟，使内部转移价格能为各责任中心所接受。

(4) 重要性原则。即内部转移价格的制定应当体现“大宗细，零星简”的要求。对原材料、半成品、产成品等重要物资的内部转移价格制定从细；而对劳保用品、修理用备件等数量繁多、价值低廉的物资，其内部转移价格制定从简。

运用转移价格应注意内部转移价格的制定，应有助于实现企业内部各责任单位的目标一致性。对于成本（费用）中心之间相互提供产品或劳务，以“成本”（即标准成本或预计分配率）作为内部转移价格；利润中心及投资中心之间应尽可能以“市场价格”为基础。

(二) 内部转移价格的类型

一般来说，内部转移价格分为市场价格、协商价格、双重价格、成本价格四种基本形式。

1. 市场价格

市场价格是根据产品或劳务的市场价格作为基价的价格。采用市场价格，一般假定各责任中心处于独立自主的状态，可自由决定从外部或内部进行购销，同时产品或劳务有客观的市价可采用。

在西方国家，通常认为市价是制定内部转移价格的最好依据，市价意味着客观公平，意味着在企业内部引进了市场机制，形成竞争气氛，使各责任中心各自经营、相互竞争，最终通过利润指标考核和评价其业绩。以市场价格作为内部转移价格的局限性在于企业内部转移的中间产品往往没有相应的市价作为依据。

2. 协商价格

协商价格也可称为议价，是企业内部各责任中心以正常的市场价格为基础，通过定期共同协商所确定的为双方所接受的价格。采用协商价格的前提是责任中心转移的产品应有在非竞争性市场买卖可能性，在这种市场内买卖双方有权自行决定是否买卖这种中间产品。

通常，协商价格的上限是市价，下限是单位变动成本，具体价格应由各相关责任中心在这一范围内协商议定。当产品或劳务没有适当的市价时，也只能采用议价方式来确定。通过各相关责任中心的讨价还价，形成企业内部的模拟“公允市价”，作为计价的基础。

协商价格也存在一定的缺陷：一是协商定价的过程要花费人力、物力和时间；二是协商定价各方往往会相持不下，需企业高层领导裁定，这样，弱化了分权管理的作用。

3. 双重价格

双重价格就是针对责任中心各方面分别采用不同的内部转移价格所制定的价格。如对产品（半成品）的供应方，可按协商的市场价格计价；对使用方则按供应方的产品（半成品）的单位变动成本计价，其差额由会计最终调整。之所以采用双重价格是因为内部转移价格主要是为了对企业内部各责任中心的业绩进行评价、考核，故各相关责任中心所采用的价格并不需要完全一致，可分别选用对责任中心最有利的价格为计价依据。双重价格有两种形式：

（1）双重市场价格，就是当某种产品或劳务在市场上出现几种不同价格时，供应方采用最高市价，使用方采用最低市价。

（2）双重转移价格，就是供应方按市场价格或议价作为基础，而使用方按供应方的单位变动成本作为计价的基础。

双重价格的好处是既可较好地满足供应方和使用方的不同需要，也能激励双方在经营上充分发挥其主动性和积极性。

采用双重价格的前提条件是内部转移的产品或劳务有外部市场，供应方有剩余生产能力，而且其单位变动成本要低于市价。特别当采用单一的内部转移价格不能达到激励各责任中心的有效经营和保证责任中心与整个企业的经营目标达成一致时，应采用双重价格。

4. 成本价格

成本价格就是以产品或劳务的成本为基础而制定的内部转移价格。由于成本的概念不同，成本价格也有多种不同形式，其中用途较为广泛的成本转移价格有三种：

（1）标准成本，即以产品（半成品）或劳务标准成本作为内部转移价格。它适应于成本中心产品（半成品）的转移。其优点是将管理和核算工作结合起来，可以避免供应方成本高低对使用方的影响，有利于调动供需双方降低成本的积极性。

（2）标准成本加成，即按产品（半成品）或劳务的标准成本加计一定的合理利润作为计价的基础。它的优点是能分清相关责任中心的责任，但确定加成利润率时，也难免带有主观随意性。

（3）标准变动成本，它是以产品（半成品）或劳务的标准变动成本作为内部转移价格，它符合成本习性，能够明确揭示成本与产量的关系，便于考核各责任中心的业绩，也利于经营决策。不足之处是产品（半成品）或劳务中不包含固定成本，不能反映劳动生产率变化对固定成本的影响，不利于调动各责任中心提高产量的积极性。

【案例分析】

失位的内部控制——中航油（新加坡）巨额国有资产的流失

中航油（CAO）成立于1993年，由中央直属大型国企中国航油集团公司控股，总部和注册地均位于新加坡。中国航空用油百分之百由中航油集团包办。

1997年，陈久霖出任中航油总经理，公司开始参与集团对外的进口油投标，并逐渐获得了越来越多的采购权。中航油在整个中国进口航油的市场份额也由1997年的不足3%飙升到1999年的83%、2000年的92%，再到2001采购进口航油160万吨，市场占有率接近100%。

2004年9月，中航油因股东年度总回报率高达346.3%，名列新加坡600多家上市企业的首位，被新加坡《商业时报》评选为新加坡股市表现第一名。9月24日，新加坡证券投资者协会向中航油颁发“最具透明度企业”奖。

经政府批准，中国航油（新加坡）股份有限公司自2003年开始做油品套期保值业务。在此期间擅自扩大业务范围，从事石油衍生品期权交易。2004年10月26日后，账面实际损失和潜在损失总计约5.54亿美元。2004年11月16日，中航油新加坡公司称“下月起不再从事期货投机业务”。两周后，中航油自曝家丑，称因从事投机性石油衍生产品交易，蒙受约5.5亿美元的亏损。作为当事人，中航油原总裁陈久霖“下课”，并被新加坡警方拘捕。

根据公司前总裁陈久霖向法院做出的证明，2004年6月份公司就已经面临着3 580万美元的潜在亏损，同时在原油价格继续上升的时候还继续追加了错误方向（做空）的资金。而在8月12日披露的第2季度报告中，公司的净利润仍有1 020万美元，但该报告没有揭示交易损失和负债情况，相反，还在吹嘘公司紧抓风险管理的程序。中航油在11月12日发布的声明中还表示：“公司仍有把握认定，2004年全年收益将超过2003年，因此将达到创纪录水平。”

中航油案发后，母公司中航油集团向其提供了1亿美元紧急贷款，并就中航油重组事宜与淡马锡进行了接触。2005年上半年，中航油提出债务重组计划并于5月24日对计划进行了修改。6月8日，新重组计划在债权人大会上获高票通过，中航油终于免遭清盘命运。

中航油前总裁陈久霖2006年3月15日在新加坡法院就六条罪名认罪。陈久霖对在年中财务报告中造假、违背公司法规定的董事职责、第3季度财务报告造假、不向新交所汇报已实现亏损、欺骗德意志银行、促使集团公司进行内幕交易表示认罪。同时，对法庭在判决时考虑到其余9项、指控的因素表示认同。

陈久霖的申诉状表示，陈久霖从未担任过会计工作，也没有受过专业的财会培训。他在所有与公司会计相关的事务上，包括向新加坡证券交易所（“新交所”）履行汇报义务时，都完全依赖于林中山先生及审计委员会。“导致违法行为的最终原因是陈先生对事务重要性顺序的错误理解。在面临不断滚积的亏损的时候，由于在该业务领域缺乏专业知识，陈先生最关心的问题就是如何不惜代价尽量降低亏损，控制局势。”

中航油聘请国际知名会计师事务所安永会计师事务所编制了《风险管理手册》，设有专门的风险控制员及软件监控系统，还规定了严格的预警和止损制度。中航油规定，每位交易员损失20万美元以上的交易要提交公司风险管理委员会评估，累计损失超过35万美元的交易必须得到总裁同意才能继续，任何导致50万美元以上损失的交易将自动平仓。中航油共有10位交易员，也就是说，损失上限是500万美元，显然，这与实际损失5.5亿美元的数字极不相称。

案例点评：

1. 中航油引以为傲的风险管理和内控制度，在关键时刻根本没有发挥作用

不知道是由于交易员隐瞒了交易及其亏损的规模，还是管理层低估了期权隐含的巨大风险，或是对其视而不见，不及时止损，却希望有朝一日能挽回损失。这无疑告诉外界，该公司内部控制、董事会对管理团队的监督出了问题。

中航油事件让我们很容易就联想到当年同样发生在新加坡的巴林银行事件，亏损11亿美元。搞垮百年老店的只是一起交易员的越权交易。一个普通交易员之所以能造成这么大的损失，从根本上说也是内控失当。无数的事实表明，在高风险的衍生品市场上，缺乏有效的内控机制将会将一家辛辛苦苦经营多年的企业在几天甚至几分钟内全部赔光。

2. 中航油违规操作，源于授权批准和决策程序失去控制

中航油违规之处至少有两点：

(1) 做了国家明令禁止不许做的事。新加坡公司从事的石油期权投机是我国政府明令禁止的。国务院 1998 年 8 月发布的《国务院关于进一步整顿和规范期货市场的通知》中明确规定："取得境外期货业务许可证的企业，在境外期货市场只允许进行套期保值，不得进行投机交易。"

(2) 违规做场外交易，且超过了现货交易总量。1999 年 6 月，国务院令发布的《期货交易管理暂行条例》第四条规定："期货交易必须在期货交易所内进行。禁止不通过期货交易所的场外期货交易。"第四十八条规定："国有企业从事期货交易，限于从事套期保值业务，期货交易总量应当与其同期现货交易量总量相适应。"

财政部《内部会计控制规范——对外投资（试行）》中对外投资内部控制监督检查的内容也作了如下规定：

(1) 对外投资业务相关岗位设置及人员配备情况。重点检查岗位设置是否科学、合理，是否存在不相容职务混岗的现象，以及人员配备是否合理。

(2) 对外投资业务授权审批制度的执行情况。重点检查分级授权是否合理，对外投资的授权批准手续是否健全、是否存在越权审批等违反规定的行为。

(3) 对外投资业务的决策情况。重点检查对外投资决策过程是否符合规定的程序。

(4) 对外投资的执行情况。重点检查各项资产是否按照投资方案投出；投资期间获得的投资收益是否及时进行会计处理，以及对外投资权益证书和有关凭证的保管与记录情况。

(5) 对外投资的处置情况。重点检查投资资产的处置是否经过集体决策并符合授权批准程序，资产的回收是否完整、及时，资产的作价是否合理。

(6) 对外投资的会计处理情况。重点检查会计记录是否真实、完整。

3. 集团公司作为大股东，是否真正有效地实施对投资子公司的监督检查

集团公司对中航油做了这么长时间的期货投机一点不知，公司派出的财务总监两度被换也没有引起董事会的关注。应有的内部控制也是形同虚设，以至于中航油完全变成了陈久霖的一人公司。

4. 制定内部控制制度的再思考

设计对外投资内部控制制度时，至少应做到以下几点：

(1) 应该根据经济活动的内容特点和管理要求提炼内部控制目标，据此选择具有相应功能的内部控制要素组成该控制系统。

(2) 建立对外投资活动的授权批准、职务分离制度，维护对外投资资产的安全与完整。

对外投资内部控制制度要保证一切对外投资交易活动必须经过适当的审批程序、职务分离制度才能进行。投资资产中的有价证券，其流动性仅次于现金，如果没有严格的审批授权控制制度，它们较易被冒领、挪用或转移。因此，堵塞漏洞、消除隐患，防止并及时发现、纠正错误及舞弊行为，是维护对外投资资产的安全与完整的重要保证。

(3) 确保国家有关投资法规和单位内部规章制度的贯彻执行。

为规范企业投资行为，国家颁布了相关的投资法规。为减少投资风险，保障投资者合法权益，企业在投资时的各种交易手续、程序，各种文件记录以及账面数据的反映和财务报告信息的披露等必须符合国家的投资法规，以保护其自身的利益。

(4) 规范单位会计行为，保证对外投资资产、收益在会计报表中合理反映与揭示。

无论现实的、潜在的投资者、债权人还是政府，必然会关心报表所反映的资产、收益数据的真实性、可靠性，企业要使利益相关人和审计人员对其提供的财务信息感到可信，就必须对对外投资的计价和反映进行有效的控制，对取得的投资收益予以合理的揭示，防止计价方法的不恰当运用和其他原因导致报表错误。

资料来源：朱荣恩. 内部控制案例. 上海：复旦大学出版社，2005；陈久霖承认六项指控，新京报，2006年3月16日B07版；中航油（新加坡）董事会大换血，新京报，2006年2月10日B07版。

思 考 题

1. 什么是全面预算，其根本作用是什么？
2. 试说明预算管理的内涵及其基本职能。
3. 预算管理具有哪些特征？试说明其未来可能的发展趋势。
4. 全面预算体系包括哪几部分构成内容，相互关系如何？
5. 何谓零基预算？这种编制方法的基本程序是什么？
6. 什么是现金预算，包括哪几部分内容？采用现金预算出于什么目的？
7. 即使在银行存有足够的存款，为什么说现金预算还是很重要？
8. 财务控制与财务预算有何关系？结合财务预算说明财务控制的主要职能。

9. 试述财务控制的基本要素。

10. 结合按功能分类的财务控制方法，具体说明财务控制的作用。

11. 试说明财务控制的基本内容。

12. 财务控制的基本方法有哪些？各种方法的侧重点是什么？

13. 为什么要划分责任中心？责任中心的功能是什么？

14. 结合财务预算、财务控制，说明各责任中心的基本职能？

计算分析题

1. A企业预算年度甲产品的销售量在10万件到50万件之间，销售单价为60元/件，单位变动成本36元/件，甲产品应分担的年固定成本为200万元。要求：以10万件为销售量的间隔单位，编制甲产品弹性利润预算。

2. 若甲企业年度各种产品销售业务为100%时的销售收入为6 000万元，变动成本总额为3 600万元，企业年固定成本总额为1 000万元，要求：以10%为间隔编制该企业销售业务量从70%到120%的弹性利润预算。

3. B企业生产销售乙产品，2006年四个季度的预计销售量分别为200件、240件、300件和320件；乙产品预计销售单价为200元。假设每季度销售收入中，本季度收到现金70%，另外30%要下季度才有收回，上年末应收账款余额为18 000元，该企业适用的增值税率为17%，城建税税率为7%，教育费附加的征收率为3%。要求：（1）编制2006年销售预算表。

2006年销售预算表

季　度	1	2	3	4	全　年
预计销售量（件）					
预计单位售价（元）					
销售收入（元）					
增值税销项税额（元）					
含税收入（元）					

（2）编制2006年预计现金收入表。

2006年预计现金收入表

季　度	1	2	3	4	全　年
上年末应收账款					
第一季度					
第二季度					
第三季度					
第四季度					
现金收入合计					

(3) 确定2006年末应收账款余额。

(4) 该企业2004年的不含税销售收入为180 000元，销售利润率为30%，材料成本占总成本的百分比为70%，假定该企业生产所使用的材料都是在当期内采购的，假定该企业应交增值税占收入的比例是基本稳定的，计算该企业应交增值税估算率。

(5) 编制2006年的应交税金及附加预算。

2006年应交税金及附加预算

季　度	1	2	3	4	全　年
应交增值税					
应交销售税金及附加					
现金支出合计					

4.C企业根据销售预测，对丙产品预算年度的销售量作如下预计：第一季度1 000件，第二季度为1 200件，第三季度为1 500件，第四季度为2 000件，每个季度的期末存货量，应为下一季度预计销售量的20%，若年初存货量为200件，年末存货量为300件，单位产品材料消耗定额为2千克/件，单位产品工时定额为5小时/件，单位工时的工资额为0.5元。

要求：根据以上资料编制该公司下列的生产预算、材料消耗预算和直接人工预算。

2006年C公司生产预算和材料消耗预算

项　目	一季度	二季度	三季度	四季度	全年合计
预计销售量					
加：预计期末存货					
减：期初存货量					
预计生产量					
单位产品材料消耗定额（千克）					
预计直接材料消耗量（千克）					
单位产品工时定额（工时）					
预计生产需要定额工时总量					

2006年C公司直接人工预算

项　目	一季度	二季度	三季度	四季度	全年合计
预计生产量					
单位产品工时定额（工时）					
预计生产需要定额工时总量					
单位工时的工资额（元）					
预计直接人工成本（元）					

5.D公司年有关预算资料如下：(1) 预计该公司3~7月份的销售收入分别为40 000元、50 000元、60 000元、70 000元、80 000元，每月销售中，当月收到现金30%，下月收到现金70%；(2) 各月材料采购成本按下一个月销售收入的60%计算，所购材料款于当月支付现金60%，下月支付现金的40%；(3) 预计该企业4~6月份制造费用分别为4 000元、4 500元、4 200元，其中包括每月生产设备的折旧费为1 000元；(4) 4月份将购置固定资产需现金15 000元；(5) 预计该企业在现金不足时，向银行借款为1 000元的倍数，现金有剩余时归还借款（为1 000的倍数），归还借款本金时支付利息，借款在期初，还款在期末，借款利率为12%，利随本清；(6) 预计该企业期末现金余额最低为6 000元。其他资料见下表所示。

要求：完成该公司4~6月现金预算的编制工作。

单位：元

月　　份	4月	5月	6月
(1) 期初现金余额	7 000		
(2) 经营现金收入			
(3) 材料采购支出			
(4) 直接工资支出	2 000	3 500	2 800
(5) 制造费用支出			
(6) 其他付现费用	800	900	750
(7) 预交所得税			8 000
(8) 购置固定资产			
(9) 现金余额			
(10) 银行借款			
(11) 归还银行借款			
(12) 支付借款利息			
(13) 期末现金余额			

6. 某企业现着手编制2006年6月份的现金收支计划。预计2006年6月月初现金余额为8 000元，月初应收账款4 000元，预计月内可收回80%；本月销货收入50 000元，预计月内收款比例为50%；本月采购材料8 000元，预计月内付款70%；月初应付账款余额5 000元需在月内全部付清；月内以现金支付工资8 400元；本月制造费用等间接费用付现16 000元；其他经营性现金支出900元；购买设备支付现金10 000元。企业现金

不足时，可向银行借款，借款金额为 1 000 元的倍数；现金多余时可购买有价证券。要求月末现金余额不低于 5 000 元。

要求：(1) 计算经营现金收入；

(2) 计算经营现金支出；

(3) 计算现金余缺；

(4) 确定最佳资金筹措或运用数额；

(5) 确定现金月末余额。

7. 已知某企业有三个独立的投资中心，有关资料如下表所示：

	A公司	B公司	C公司
净利润（元）	33 000	1 150	800
净资产平均占用额（元）	300 000	10 000	8 000
固定的最低投资报酬率	10%	10%	10%

要求：(1) 计算各公司的投资利润率；

(2) 计算各公司的剩余收益；

(3) 对各公司的业绩进行评价。

8. 某集团公司下设 A、B 两个投资中心。A 中心投资额为 200 万元，投资利润率为 15%；B 中心的投资利润率为 17%，剩余收益为 20 万元；集团公司要求的平均投资利润率为 12%。集团公司决定追加投资 100 万元，若投向 A 中心，每年增加利润 20 万元；若投向 B 公司，每年增加利润 15 万元。

根据上述资料，要求计算下列指标：

(1) 追加投资前 A 中心的剩余收益；

(2) 追加投资前 B 中心的投资额；

(3) 追加投资前集团公司的投资利润率；

(4) 若 A 公司接受追加投资，其剩余收益和投资利润率；

(5) 若公司接受追加投资，其投资利润率和剩余收益；

(6) 从集团公司看，应向谁追加投资；

(7) 计算追加投资后的集团公司的投资利润率。

第十章

财务报表分析

本章要点

财务分析是财务管理的一项重要内容，它主要是根据企业的经营活动和财务报表等资料，运用一定的方法和技术，对企业进行综合的分析，以评价企业的经营业绩，预测企业的发展趋势，为企业制定未来的发展战略目标奠定基础。本章主要介绍了财务分析的基本内容及方法，并通过企业的三张主要报表，利用一些主要的财务指标，对企业的偿债能力、盈利能力、资产管理能力进行了分析。此外，还利用杜邦分析法等对企业进行了综合的财务分析。

第一节　财务分析概述

财务分析是财务管理的一项重要内容，它是评价企业的经营业绩、预测企业的发展趋势的一系列的技术和方法，也是企业制定未来的发展战略目标的基础。财务分析知识，是投资理财和企业管理所必须具备的基本素质的重要组成部分。

一、财务报表分析与企业财务管理

1. 企业对财务活动的管理影响到财务报表的结果

企业在筹资活动过程中无论是权益筹资——发行股票、吸收投资者直接投资或企业内部积累；还是采用负债筹资——银行借款、发行债券或商业信用，这些不同形式的筹资反映到财务报表上其结果是不同的。企业在投资活动过程中无论是进行流动资产投资、固定资产投资或无形、其他资产投资，还是进行股票投资、债券投资或其他投资，不同的投资方式对财务报表有不同的影响。在经营活动过程中对供应、生产、销售不同环节的侧重反映到财务报表上，将有不同的结果；在利润形成和税后利润分配，不同的分配形式也会影响到财务报表的结果。

2. 企业对财务关系的管理同样影响到财务报表的结果

企业与投资人之间、与债权人之间、与被投资单位之间、与债务人之间、与税务机关之间、与关联方之间、与其内部职工之间，不同的管理方式和方法将对财务报表产生不同的结果。

3. 企业对发展战略的管理也影响到财务报表结果

战略管理是在对企业内外部环境分析的基础上，根据企业发展战略目标，利用比较优势理论，对企业的价值链进行的管理。战略管理的核心是“企业绩效”管理。企业的发展战略目标是利润最大化、企业价值最大化、股东财富最大化、相关者利益最大化等还是经济增加值最大化，不同的发展战略目标对财务报表有不同的影响。

4. 企业治理结构的安排也会影响到财务报表结果

企业治理结构的安排中股东大会、董事会、监事会、经理层的制衡机制安排；激励与约束机制的建立；关联交易、大股东挪用资金问题；个人业绩所体现的所得税问题等，不同的形式和方法都将会对财务报表产生不同的结果。

5. 企业先进的财务管理手段为报表分析提供了依据

一个企业对筹资、投资、日常经营和利润分配的管理，不仅包括预测、决策、预算、控制与分析，而且尤其关注内部控制制度与预算方案的实施情况，还能给企业报表分析提供真实、可靠的依据。

6. 企业财务管理的特殊地位有助于分析财务状况产生的原因

不同阶段管理的侧重点有所不同，生产导向阶段，生产经理地位最高，企业注重的是生产；销售导向阶段，销售经理地位最高，企业侧重于对销售的管理；而现阶段，财务经理地位最高，在企业处于核心地位，此时，财务管理是一种价值形式管理，具有综合性、反应灵敏的特点，它有利于分析财务状况产生的原因。

【微型案例】

忽视流动资金分析的后果

某公司1998年开业，生产和经营电子产品，注册资本50万元。2年之后，营业收入曾达到120万元，创公司营业的最高纪录。然而几年之后，2004年5月，该公司只剩下残值29万元的设备和17万元的私人借款，经营业务已基本停止。是什么原因使一个有着良好发展前景的公司出现这种情况呢？原来，公司在2000年购置了1台价值近100万元的生产设备，其中50万元来自于资本金和留存收益，50万元来自于私人借款。自购置这台设备以后，公司出现了严重的资金短缺，日常生产经营活动所需资金，也开始依靠私人借款。于是公司整日忙于借款和还款，许多订货机会因资金短缺而丧失，公司不可避免地走向衰落。

二、财务报表分析的意义

通过财务报表分析不仅可以了解企业的财务状况和经营业绩，分析企业存在的问题，而且还可以预测企业未来的发展趋势。首先，通过财务报表分析可以判断企业目前的财务结构是否安全合理并持续稳定，经营成果与同行业先进水平对比是优是劣，是否完成了报告期财务预算，并且针对报告期预算的完成情况，可以考察企业存在的问题，如：经营不善，费用过高，收益过少，资金周转不灵，负债过多，等等。通过这些分析评价，使报表使用者能更清楚地了解企业。其次，通过对企业进行财务报表分析，可以判断出企业的发展趋势，预测企业的经营前景，从而为经营管理者和投资者进行经营决策和投资决策提供重要的依据，避免决策失误给其带来重大的经济损失。一个企业报告期的状况可能很好，但如果是由于许多偶然因素造成的，就可能不会被投资者看好，因为这种状况不可能持续下去。投资者关心的是投资以后其资金的安全性和收益性，而不是某一报告期。反之，如果一个企业报告期的财务状况不是很好，但有很好的基础和发展趋势，却可能会成为投资的热点。因此，分析企业的现状只是基础，准确判断企业的发展趋势才是为报表使用者提供决策信息的关键。

财务分析是以企业经营活动为对象、以财务报告为主要来源、以分析和综合为主要方法，有效地寻求企业经营和财务状况变化的原因，正确地解答存在问题的过程。财务分析通常只能发现问题而不能提供解决问题的现成答案，只能做出评价而不能改善企业的状况。例如，某企业的资产收益率低，通过分析可以知道是因为资产周转率低，进一步分析可以知道资产周转率低的原因是存货过高，再进一步分析可以知道存货过高主要是产成品积压。但是，如何处理积压产品？财务分析不能回答。

三、财务报表分析的目的

就财务报表分析的一般目的而言，它是评价企业财务报表的真实性；评价企业的偿债能力、资产管理能力和获利能力；评价企业财务状况和经营成果产生的原因；预测企业未来的发展趋势并为报表使用者的决策服务。

财务报表分析对于企业各方面的利益相关者都具有重要意义，无论是投资者、经营者或债权人等，都十分关心财务报表分析的结果。财务报表分析所依据的资料是客观的，但是，不同人员所关心问题的侧重点不同，因此，进行财务报表分析的目的也各不相同。投资者的利益与经营成果密切相关，他们更关心资本盈利能力、生产经营的前景和投资风险；债权人则主要关心企业能否按期还本付息，他们一般侧重于分析偿债能力；对于经营者，必须全面了解企业的生产经营状况和财务状况，他们进行财务分析的目的和要求是全面的；具体来讲，财务报表分析的目的主要有：

1. 投资者分析财务报表的目的

投资者是指企业的权益投资人即企业股东，他们是企业最终风险的承担者。他们希望评价管理者如何有效地履行了他们的职责。他们想知道在管理者的经营之下，企业的经营活动是否取得了盈利；如果有盈利，他们可以从税后利润中取得多少收益。股东向企业投资的目的是为了获取最大的投资收益，而股东收益的来源主要是企业分派的股利和所持股票在证券市场上升值带来的价差收益两方面。不论是哪个方面，都依赖于企业的盈利能力。因为，企业只有在盈利的情况下才有能力发放股利，同时也只有在企业具有较高盈利的情况下，投资者才愿意向企业投资，企业的股票价格才可能上升。因此，股东对财务报表的分析，自然要以盈利能力为首要目标。如果股东认为企业今后的盈利趋势良好，他可能继续持有该企业股票或增加投资；反之，则会售出股票，避免损失。另外，股东还非常注重企业投资风险的分析，即分析投资的安全性。只有在保证投资的安全性的前提下，才谈得上投资的收益性。所以，股东在重点分析企业盈利能力时，也要分析企业财务状况的优劣和稳定性。

2. 债权人分析财务报表的目的

债权人是指借款给企业并得到企业还款承诺的人。债权人中一种是提供商业信用的赊销商，另一种是为企业提供融资服务的金融机构，银行即为债权人之一，以贷款形式向其提供长期的资金支持。如果银行担心企业还本付息的能力，可以拒绝向其提供贷款。如果银行承担较大的信用风险，他们会要求一个更高的贷款利率。这些债权人将资金投入企业后，所关心的是其投资的本息是否能按时收回。因此，债权人分析财务报表的主要目的是评价企业的偿债能力，以确定是否向企业贷款，贷款金额为多少，利率水平的高低和其他贷款条件等。短期债权人在分析时主要关心企业的短期偿债能力，即企业在短期内是否有足够的货币资金偿债。长期债权人在分析时不仅关心企业短期偿债情况，更注重企业的长期财务状况变动趋势和稳定性分析，如：资本结构分析，现金流量分析，资金运转效率分析等；同时也很关心企业的长期盈利趋势，因为企业是否盈利和盈利大小直接影响到现金流入量、偿还利息的能力和企业经营的稳定性。尤其是持有企业可转换债券的债权人，将来可能成为企业的股东，对此更应该予以重视。

3. 企业管理者分析财务报表的目的

企业管理者需要了解企业现在的以及未来可能的财务状况。利用这些信息，管理者可以有效地管理企业，并做出有效的控制与计划决策。与企业外部报表使用者相比，企业管理者分析财务报表的目的具有全面性的特点。尽管企业经营的基本目的是追求利润最大化，但这种利润最大化应该是长期持续稳定的，而不是短期的。因此，对企业经营和理财的各个方面进行全面分析才是企业管理者分析财务报表的目的。通常全面分析企业财务状况和经营成果包括三个方面：

(1) 偿债能力分析；

(2) 资金运用能力分析；

(3) 盈利能力分析。

所以，管理者应该在企业的资产和负债结构是否合理，是否有足够的偿还能力；资金运用是否合理有效；盈利结构是否稳定；盈利能力是否较强等方面做出全面评价和预测。

企业管理者在进行财务报表分析时的另一个特点是，其资料来源比较全面、及时，既包括对外公开的财务报告，也包括企业自用的内部会计报表和其他资料，从而了解企业信息。倘若管理者希望得到大量的关于某种产品或某项经济活动或企业中不同部门的成本和利润的信息，就可以利用企业内部会计报表和其他资料来帮助他们获得这些信息，从而为充分利用有限的资源创造出尽可能大的价值提供了前提条件。

4. 业务关联企业分析财务报表的目的

企业在生产经营过程中，必然与其他企业发生业务联系，如供应商、客户、竞争对手等。各企业为了保护自身的利益，都非常关心对方的实力和信用。因此，需要对财务报表进行分析评价。向企业赊购产品和服务的供应商希望了解企业的财务是否安全，从而确定向其提供多少信用。如果供应商对企业的偿债能力产生怀疑，就可能不愿向企业提供信用，而是要求企业支付订金或现货交易。因此，分析企业的短期偿债能力，评价企业的财务信用是供应商分析财务报表的核心。企业的产品客户是企业产品的购买者，他最关心的是能否按时取得所需的产品，因此，需要分析和评价企业的实力和商业信用，即企业是否有足够的生产能力，能否按时、按质交货等。企业的竞争对手虽然与企业不存在直接业务往来，但他们在市场的竞争上都有直接的利益冲突，通过对竞争对手进行财务报表分析，可以了解对方的盈利结构和水平，财务状况和财务实力，其产品在市场的占有率以及企业存在的问题等等，从而帮助企业在产品定价、品种结构以及制定企业发展战略等方面做出有针对性的决策。

5. 有关部门分析财务报表的目的

国家有关部门主要包括国有资产管理部门，财政部门，税务征收部门和证券市场管理部门，他们也是企业财务报表的使用人。作为代表国家监管国有资产的国有资产管理部门，对财务报表进行分析的目的是监督企业的经营方针、政策，保证国有资产的保值和增值。财政部门分析财务报表的目的主要是监督企业是否严格执行了国家的有关财政财务法规、制度，了解资源的配置情况，为给国家统计提供基础信息等。税务部门通过财务报表分析，主要是判断企业财务报告是否真实、完整、准确，是否严格执行了国家税收政策，以便督促企业及时上缴应交税费，保证国家财政收入。证券市场监管部门的主要任务是维持证券市场秩序，而维护证券市场秩序的关键是防止欺诈。在市场信息主要由上市公司会计报表提供的情况下，如何防止财务报表提供虚假信息，就成为市场监管部门分析企业财务报表的主要目的。

四、财务报表分析的内容

各个企业的特点和所处的环境不同，不同的财务报表使用者出于不同的目的，对财务报表分析的要求也不完全相同，因此，在不同的情况下，财务报表分析的内容也不尽相同。但总的来讲，财务报表分析的内容可以归纳为以下几个方面。

1. 企业资金结构是否合理，变动趋势是否良好

合理的资金结构要求企业筹集的资金来源必须稳定可靠，资金的投放和使用必须合理有效，这是企业得以长期生存和发展的基础。资本结构是指企业资金来源中短期负债、长期负债和所有者权益之间的关系，它反映一个企业是否具有稳固的基础和雄厚的经济实力，能否承担经营和财务上的各种风险；资产结构是指流动资产、固定资产、无形资产及递延资产之间的比例关系，它能够反映企业长短期资产的配置是否合理，企业的经营能力是否能充分发挥。资本结构和资产结构是反映企业同一资金的两个侧

面，只有将二者联系起来分析，才能正确判断企业资金结构的合理性。

在分析资金结构的状况是否合理的同时，还应该特别注意分析其变化趋势，这是帮助报表使用者做出决策的最重要的信息。因为报告期的数据已成为过去，而决策的效果要在以后期间才能产生。因此，影响决策效果的是报告期以后期间的企业状况，而不是报告期。一个企业报告期保持有合理的资金结构，但如果有迹象表明其变化趋势正向不合理的方向发展，也不一定对该企业做出良好的评价；相反即使报告期的资金结构不甚合理，只要有良好的变化趋势，也可能会被报表使用者看好。

2. 能否有效地使用资金

企业筹集资金的目的是为了有效地使用。一个企业资金的多少表明企业经营能力的大小，而资金运转效率的高低却反映了一个企业经营管理水平的优劣。资金运用能力主要反映在资金周转速度上。在一定时期，如果企业盈利水平保持不变，那么，资金周转速度越快，或周转次数越多，企业的盈利额越高，盈利能力越强。资金周转速度是一个综合性指标，不仅能说明资金的运用效率，更主要的是能反映一个企业的经营活力。如果一个企业有较高的资金运用效率，说明它有较高的经营管理水平、旺盛的生命力和良好的发展前景。另外，对资金运用效率的分析，既要分析报告期资金运用效率的现状，也要与以前若干期间对比，判断企业资金运用效率的变动趋势。

3. 是否具备充分可靠的偿债能力

偿债能力分析可以看做是资金结构分析的进一步深化。单纯分析资本结构或资产结构，并不能评价企业偿债能力。只有将资本结构和资产结构联系起来对照分析，才能说明企业的负债是否有相应的资产保证。因此，偿债能力是指企业能够按时偿还债务本息的能力。一个企业负债较多，并不一定偿债能力差；反之，企业负债较少，也不一定偿债能力强。一个企业必须经常保持充分的偿债能力，才能维持稳定的财务状况，免除财务风险对企业造成的压力。客观评价企业偿债能力，是企业财务报表分析的一个重要内容，尤其对债权人来说更为重要。

4. 是否具有较强的盈利能力和稳定性

盈利能力是企业财务报表分析中最重要的内容，不论是所有者、债权人还是企业经营者，都经常关注企业的盈利能力。因为盈利能力是反映一个企业是否具有更大的经营活力和良好的发展前景的重要标志，只有在不断盈利的基础上，企业才能不断壮大和发展。对企业盈利能力的分析主要应抓住两个方面：一是利用利润表提供的数据，通过分析正常业务利润和非正常业务利润的比例关系，即通过对企业营业利润和其他收益的比例关系的分析以及营业收入、成本费用与利润之间的比例关系，判断企业的盈利水平及其稳定性和变动趋势；二是将资产负债表与利润表中有关项目联系起来，通过对投入产出结构的分析，判断企业资产和资本金的盈利能力和资产周转速度等。对盈利能力进行分析时，应着眼于长期稳定性分析，排除各种偶然的、非正常的因素对盈利能力的影响。因为在特殊情况下的个别结果，不能说明企业的盈利能力。

5. 企业的资金变动是否合理

资金变动分析是通过现金流量表，对企业一定时期资金来源和运用及其增减变动的合理性进行的分析。企业财务报表使用者，不管是内部的，还是外部的，除了关心企业年末的财务状况和年度的经营成果外，还需要了解企业在年度内发生了哪些重大的财务活动。这些重大财务活动不仅影响目前的财务状况和经营成果，通过变动趋势的分析，还能了解企业今后的发展方向、经营方针和策略等重要财务信息。这些都需要通过编制现金流量表并对其进行分析才能得到。因此，企业资金变动的分析，实际上是对现金流量表进行分析，是对企业状况的一种动态分析。

五、财务报表分析的依据

进行财务报表分析肯定离不开财务报表，财务报表是一定时期企业经营活动状况和成果的反映，是我们进行财务报表分析的主要依据。但是，仅仅分析财务报表是不够的。企业的经营活动，是在一定时期内企业与企业外部环境之间所进行的资金、物资、人员和信息的交流活动，因此我们进行财务报表分析不能脱离企业的各项经营活动和企业所处的外部环境。进行财务报表分析，要在掌握企业财务报表和考虑企业外部环境的基础上，判断企业的经营业绩及财务状况。企业的经营活动、外部环境、财务报表共同构成财务报表分析的基础。

（一）企业的经营活动

企业的基本活动，包括筹资活动、投资活动和经营活动。由于企业的目标是为股东扩大财富，企业必须在市场上进行经营活动。经营活动以资产为物质条件，为取得经营所需资产必须进行投资活动；投资活动需要使用资金，为取得投资所需资金必须进行筹资活动。筹资决策关系到企业的风险和成长能力，决定了企业决策受外部力量牵制的程度。投资是企业基本活动中最重要的部分。因为，筹资的目的是投资，应根据投资需要来筹资，甚至可以把筹资看成是投资活动的“前置”部分。经营活动是投资所形成的经营能力的运用，投资决定了经营活动的规模、类型和具体方式，可以把经营活动看成是投资活动的“延续”部分。所以，投资活动决定了企业持有资产总量及其构成，影响企业的生产经营能力、组织结构、成长能力和经营风险，并制约筹资和经营活动。经营活动是企业收益的主要来源。投资和筹资的效果，最终也要在经营收益中体现出来。

企业的三项基本活动是相互联系的,在业绩评价时不应把它们割裂开来。例如,利润是经营活动的结果,而经营业绩的评价不能孤立地看利润大小,需要把利润和赚取利润占有的资产联系起来,用资产利润率来评价。

（二）企业的外部环境

企业的外部环境主要包括市场环境和政策环境。企业的市场环境包括金融秩序、生产资料市场、劳动力市场、技术市场、销售市场和产权市场等。而这些市场，都受国家政策的制约和影响。

企业能否完成其筹资活动，取决于金融市场的情况。在一个健康、有秩序的金融市场里，如果企业预期的投资利润率高于银行利率，并达到投资者的期望水平，则企业能够筹集到所需资金。筹资活动的完成为企业开展投资和生产经营活动创造了条件。如果企业筹集资金不足，则企业有可能因筹资活动失败而终止其他各项活动。

企业能否实现其投资活动，取决于生产资料市场、劳动力市场和技术市场的情况。如果企业能够接受生产资料、劳动力和技术市场的价格，则企业能够完成其投资活动，并将按预期开展各项经营业务。反之，投资活动中断。

企业投入人力、物力、财力，目的是生产出市场上需要的产品或服务，企业的产品或服务能否被市场接受，取决于产品或服务的市场销售情况。如果企业的产出被市场接受，并且企业通过产品或服务的交换，实现利润，则企业将会维持其经营活动，并且根据产品或服务所带来的利润大小，调整或扩大其经营范围或经营规模。反之，如果企业产出不被市场接受，企业便出现亏损，从而企业面临重新筹资、投资或调整经营目标、经营战略的抉择，如果企业不能通过筹资或投资活动继续运转，就会出现停业、被兼并或破产等情况。因此，进行财务分析，离不开对企业经营环境的分析。

当然，企业在开展其经营活动过程中，始终存在着有效组织、及时决策和有效监督等经营与管理方面的问题。企业要根据自己的财力、人力、物力和经营目标，合理安排生产经营活动。比如，当企业面临市场疲软或经济紧缩时，要限制负债规模，增加促销措施，加速资金回收和周转；当企业面对经济扩张时，要注意生产规模的扩大和资金结构的优化，实现稳步健康地发展。如果企业的经营与管理不出现失误，则企业的正常运营，主要取决于企业外部市场情况的变化，即企业适应各种变化的能力。

总之，企业经营活动开展的好坏与企业的外部环境直接相关，进行财务分析不能不考察企业所处的市场环境。

（三）企业的财务报告

企业的财务报告主要包括资产负债表、利润表、现金流量表、其他附表和附注以及文字说明等。这些报表和相关披露，概括地反映了企业的财务状况、经营成果和现金流量等情况，向报表使用者提供了企业三种基本活动状况的有关信息。

1. 资产负债表

资产负债表的左方列示资产。资产是指企业过去的交易或者事项，形成的由企业拥有或者控制、预期会给企业带来经济利益的资源。企业为了从事经营活动，必须要将获得的现金投资于各类实物资产。但是，资产规模不是企业成败的标志。能否为股东增加财富的关键是运用这些资产的效率和效益，而不是资产的多少。不同的经营活动需要不同的资产，资产的总量与结构应当适合经营活动的规模和类型，以求资产能发挥最大效用。

资产负债表的右方列示企业的资金来源即负债和所有者权益项目，它们是筹资活动的结果，代表企业的义务。负债是来自债权人的资金，代表企业对债权人的义务，它是债权人的索偿权。所有者权益是股东缴入资本和留存收益之和，代表企业对股东的义务，在持续经营状态下它是所有者要求收益的权力，在进入清算后它是所有者对企业的索偿权。由于债务到期时必须偿还，债务越多则不能偿债的概率越大，因此债务占整个资金来源的比重可以反映企业的破产风险。

资产负债表的会计等式是"资产 ＝ 负债 ＋ 所有者权益"，从企业基本活动看是"投资 ＝ 筹资"。投资和筹资是平衡的，筹资总是以投资（包括现金）的形式出现，投资额不能超过筹资额。如果投资需求增加，企业就要扩大筹资。通常，首先是加大留存收益的比例，从内部筹资；其次是在合理的资产负债率内增加借款，用负债筹资；最后是要股东缴入，用股权筹资。

总之，通过资产负债表我们可以了解企业在某一时点上的各类资产和负债的规模、结构、数量对应关系及其变化情况；了解企业的资金来源结构以及负债与权益资本的对应关系；了解企业的资产构成结构以及风险大小；还可以与利润表和现金流量表结合起来评价企业的三大能力。如表10－1。

表10－1 资产负债表所反映的财务管理内容

资　产	财务管理（投资）	负债及所有者权益	财务管理（融资）
货币资金	现金管理	短期借款	银行信用
交易性金融资产	证券评价	应付及预收款项	商业信用
应收及预付款项	应收账款管理	长期借款	负债融资（资本结构）
存货	存货管理	应付债券	权益融资（资本结构）
持有至到期投资	证券评价	实收资本/股本	股利分配（留存收益）
长期股权投资	证券评价/投资管理	未分配利润	
固定资产	投资管理		

2．利润表

利润表以“息税前利润”为分界，上半部分反映经营活动，下半部分反映非经营活动。在财务分析中，区分经营活动损益与非经营活动损益非常重要。经营活动损益是正常的、有目的的经营活动的产物，与企业经营管理的水平密切相关，可以反映企业的获利能力。而非经营活动损益是非正常的损益或者并非原定目的的损益，与经营管理水平的关系不密切，不能代表企业的获利能力。濒临破产企业的一个特征就是经营利润逐年减少，而非经营损益的比重逐步增加。获利能力下降的企业，总是本能地利用其他途径粉饰报表。

总之，通过利润表我们可以了解企业的利润或亏损变化情况；了解企业盈利或亏损的原因；了解企业各项税费的计算和缴纳情况；了解营业务收入中各个项目所占的比重；还可以与资产负债表和现金流量表结合起来分析。如表10－2所示。

表10－2 利润表所反映的财务管理内容

项　目	财务管理
营业收入	销售规模及市场风险
减：营业成本	经营杠杆
减：费用化利息	财务杠杆
加：投资收益	经营风险
营业利润	
减：所得税	税收筹划
税后利润/净利润	股东收益和风险

3. 利润分配表

利润分配表反映企业利润分配的情况，包括本年净利润、可供分配利润、已分配利润和年末未分配利润等。利润分配表主要反映企业的筹资活动。向股东分配的利润，是对筹资来源的回报；留存利润是用所有者的收益补充资金，属于内部筹资活动。

总之，通过利润分配表我们可以了解企业的利润分配政策或股利分配政策；了解权益资本结构调整的结果；预计可能给投资者带来的影响。如表 10－3 所示。

表 10－3　利润分配表所反映的财务管理内容

项　目	财务管理
一、净利润 加：年初未分配利润 加：盈余公积转入	剩余索取权 弥补亏损
二、可供分配的利润 减：分配利润或股利	股利政策
三、未分配利润	期末剩余索取权

4. 现金流量表

现金流量表是对资产负债表和利润表的补充说明。它的补充，主要表现在反映现金流量状况方面。对于经营活动业绩，利润表以权责发生制为基础进行反映，而现金流量表以收付实现制为基础进行反映。对于筹资和投资活动，资产负债表反映其在会计期末的“存量”，而现金流量表反映其整个会计期间的“流量”。

总之，通过现金流量表我们可以了解企业的现金流入和流出信息；了解企业的现金流入和流出结构；了解企业取得和运用现金的能力；了解企业支付债务本息和股利的能力；预测企业未来的现金流量；也有助于管理者了解净收益的质量。如表 10－4 所示。

表 10－4　现金流量表反映的财务管理内容

项　目	财务管理
一、经营现金净流量	可用于支持经营性流动资产、偿还债务本息和长期投资的内源融资
二、投资现金净流量	投资于实物资产、权益性和债权性虚拟资产和这类投资的本金与收益的回收 如为负值意味着需要内外源融资
三、筹资现金净流量	外源融资能力： 吸收投资、发行股票 分配利润、支付股利、偿付债务本息、返还股本或投资

这几张主要财务报表，分别从一个侧面反映了三项基本活动。无论是分析企业的经营活动，还是筹资活动或投资活动都会涉及三张报表，而不是一张报表。

5. 财务报表附注及其他企业报告

企业年度财务报表附注有不断增加的趋势。增加财务报表附注的目的是增加财务报表的信息量，改善披露的充分性，抑制企业粉饰报表，减少报表使用人的误解。会计规范制定机构抑制报表粉饰的方法，一是减少会计政策的选择性和会计估计的范围，二是扩大披露的范围。在某种意义上说，报表附注的多少是规范制定机构与粉饰报表行为进行博弈的结果。目前财务报表的附表和附注，无论是文本篇幅和提供的信息量，都超过了主要报表。仔细阅读报表附注有助于发现是否存在对报表进行粉饰的情况，可以排除会计方法对财务报表的影响，以便在分析时进行必要的数据调整，使分析数据建立在更加真实、可靠和可比的基础上。

此外，除了财务报表之外的其他企业报告，也是财务分析所需信息的一部分，分析人员应当给予足够重视。其他企业报告主要是指企业的年度报告、招股说明书、呈送证监会的年报、新闻发布稿、管理当局的预测或计划等。其他企业报告的内容直接或间接地与企业提供的信息有关，例如与企业的资产、收益和债务有关的信息等。

6. 企业的营业执照及会计师事务所出具的审计报告

审计报告与财务报表的可信性有密切关系，进行任何目的的财务报表分析，都应事先查阅审计报告，了解注册会计师对企业财务报表的审计意见，注意注册会计师出具的有关审计报告。

财务报表的编制者往往与报表的使用人存在利益冲突，并由此产生粉饰业绩、歪曲报表数据的倾向，因此需要一个与任何一方均无利害关系的第三者对财务报表进行审计。

通过企业的营业执照及会计师事务所出具的审计报告可以了解企业的注册资本、与投资方及关联方关系；了解企业的营业范围及企业的法人代表等。

另外,通过企业组织结构了解企业内部业务分工情况及关联方关系;通过企业的主要供货和销货了解企业主要的进货渠道及销货渠道;还可以通过企业高层管理者关于未来发展趋势的讨论意见,了解企业发展的方向。

六、财务报表分析的一般步骤

进行财务报表分析一般要经过以下步骤：确定分析目标、制订分析方案、收集数据信息、核实并整理信息资料、分析现状、做出分析结论。

1. 确定分析目标

财务报表分析目标，按照分析目的不同而不同。从分析者来说，分析目标可分为信用分析、投资前景分析、经营决策分析和税务分析。信用分析的目标主要是分析企业的偿债能力和支付能力；投资分析的目标主要是投资资金的安全性和获利性；经营决策分析的目标是为企业产品、生产结构和发展战略方面的重大调整服务的；税务分析的目标主要在于分析企业的收入与缴纳税费情况。

从分析性质来说有日常经营分析、定期总结分析、预测分析和检查分析。日常经营分析主要分析实际完成与企业目标的偏离情况；定期总结分析是对企业当期的生产经营及财务状况进行的全面分析；预测分析是要弄清企业的发展前景；检查分析一般是进行有关专题的分析研究。

2. 制订分析方案

分析目标明确之后，要根据分析量的大小、分析问题的难度，制订出分析方案。是全面分析还是重点分析，是协作进行还是分工负责，要列出分析项目，安排工作进度，确定完成内容、完成标准与完成时间。

3. 收集数据信息

分析方案确定后，根据分析任务，收集分析所需数据资料。我们前面已经指出，企业的各项经济活动，都与内外部环境的变化相关联。会计信息只反映企业经济活动在某一时期的结果，并不反映经济活动发生、发展变化的过程。会计信息能部分地反映造成当前结果的原因，但不能全面揭示形成原因。因此需要分析者收集相关资料信息。

一般信息收集内容包括：宏观经济形势信息；行业情况信息；企业内部数据等，例如企业的市场占有率、企业的销售政策与措施、产品的品种、有关预测数据等。

信息收集可通过查找资料、专题调研、座谈会或有关会议等多种渠道来完成。

4. 核实并整理信息资料

首先核对和明确财务报表是否反映了真实情况，是否与所收集到的资料有较大出入。作为企业内部分析，如发现信息和数据资料不真实、不全面的问题，可进一步查对，寻求真实情况。但对企业外部分析者来说，就比较困难。另外，我们在分析时要对财务报表信息的真实性高度重视。一般而论，凡是有下列情况之一者，说明企业提供信息有可能不真实、不全面或不准确。

（1）企业提供的年度或上市公告书内容不全。

（2）企业提供的说明材料内容不全。

（3）企业提供的资产负债表、利润表、现金流量表三个报表不符合统一要求，项目有遗漏或企业自行变更报表栏目。

（4）通过两种或多种分析途径，得出的结果不一致或有矛盾。

（5）通过计算报表，发现某一数值前面应为“－”号，而被遗漏或故意漏掉。

在上面这几种情况下，应当注意报表数据和相应的分析结论的可信程度。如果证明报表中重要数据不真实或有重大出入时，应该对该企业的经营管理水平和经营效益提出怀疑，放弃投资或放弃借款给该企业。因为，一个企业如果不找经营管理不善的原因，反而弄虚作假，怎么能够期望创造高收益？因此我们在进行财务报表分析时，要注意信息的真实性。

5. 分析现状，回答分析目标

根据分析目标和内容，评价所收集的资料，寻找数据间的因果关系；联系企业客观环境情况，解释形成现状的原因，揭示经营成绩和失误，暴露存在的问题；提出分析意见，探讨改进办法与途径。

6. 做出分析结论，撰写分析报告

由于企业经济活动的复杂性和企业外部环境的多变性，要求我们在做出财务报表分析结论时，遵循一定的原则。这些原则，一般都是实践经验的总结。下面我们列出几条主要原则：

（1）尽可能全面地收集所需资料，掌握真实情况。财务报表分析的依据是所掌握的信息资料。由于财务报表分析目标的相关性，要求我们在进行分析前，既要掌握分析目标所需指标的资料，又要了解相关指标的因果情况；既要收集企业内部的报表资料，又要掌握企业环境的变化情况；既要有客观数据资料，又要有文字意见资料。只有充分地占有信息资料，才能做出正确的分析结论。

（2）指标对比，综合判断。企业的经济业务是相互制约和相互促进的，指标数值也具有相对性。同一指标数值，在不同的情况下反映不同的问题。要通过指标对比、指标综合，来分析问题，揭露矛盾。比如，企业拥有大量银行存款，这可能是企业销售量剧增的结果，也可能是企业无事可做、不善于利用资金的反映。要通过指标对比，综合分析判断，得出分析结论。

（3）点面结合，抓住重点。在进行财务报表分析时，往往一两个指标不能说明问题，既要对指标本身的数值进行分析解释，又要对该指标数值对其他方面所产生的影响做出解释。要通过一个指标的变化，追溯到其他指标的变化，不能就指标论指标。比如，企业资金结构的恶化，要同企业实现利润情况，企业资金增减情况结合分析，看是否导致企业财务状况的恶化，要通过分析，抓住关键和本质。

（4）定性分析与定量分析相结合。任何事物都是质与量的统一，财务报表分析也要定性与定量相结合。由于现代企业面临复杂而多变的外部环境，而这些外部环境有时很难定量，但环境的变化却对企业的产业发展、投资目标的实现以及企业的销售情况有重要影响。因此在定量分析的同时，要做出定性判断，在定性判断的基础上，再进一步进行定量分析和判断。

（5）静态与动态相结合。企业的生产经营业务，是一个动态的发展过程。我们所收集到的信息资料，特别是财务报表资料，一般是过去情况的反映。在新的形势下，同样的投入，可能会有不同产出。因此，要时刻注意数值的时间性，在弄清过去情况的基础上，分析在当前情况下的可能结果。要联系企业和投资者、决策者的实际情况，静态和动态相结合，然后对指标值的含义做出判断，以便为决策服务。

同时还应注意会计处理方法的不同或变动对分析结论的影响；财务指标及其计算的不同对分析结论的影响；报表信息的时效性对分析结论的影响。

第二节　财务分析的基本方法

在财务报表分析过程中，分析方法的选择至关重要，选择得恰当，可以省时省力地取得满意的效果；否则，费时费力，甚至可能得出错误的结论，使报表使用者决策失误。

财务报表分析的方法主要有比较分析法、趋势分析法、比率分析法和因素分析法等。其中前三种方法具有综合分析的特点，主要对不同的独立指标进行总体性评论，判断指标的优劣；而因素分析法则是一种分解方法，它将总体指标分解成若干因素，通过对各因素的分析，剖析总体指标优劣的原因，这是一种深层次的分析方法。因此，上述四种方法由综合分析到因素分析，构成了财务分析的方法体系。

一、比较分析法

财务报表的比较分析法，是指报表中的各项绝对数和计算出的比率等实际数据，与预算数、前期数或其他企业同类数据等进行对此，从数量上确定差异的一种方法。其重要作用在于揭示企业经营过程中存在的差距以及形成这种差异的原因，判断优劣，发现问题，提出措施，改进工作。

比较法是判断事物优劣的最基本的方法。财务报表的比较分析法是其他各种分析方法的基础。不仅报表中的绝对数需要比较，各种财务比率和结构百分数也要与有关标准进行对比，才能说明问题。

（一）比较分析法的比较标准

应用比较分析法的关键是如何选择一个恰当合理的标准。由于不同的报表使用者所处的环境和比较的目的不同，选择的标准也不一样。一般来说，比较分析法的比较标准主要有以下几种。

1. 预算标准

把分析期的实际数据与预算数据进行比较，可以找出实际与预算的差异，其主要作用是说明预算的完成情况，为进一步分析和寻找企业潜力提供方向。同时，在比较过程中还可以对预算标准的可行性进行评价。当超预算或完不成预算的差异较大时，就应该考虑制定的预算是否符合客观实际，为下期编制预算提供依据。

例如，某企业报告期营业收入预算数为 1 200 万元，实际完成 1 100 万元。其预算完成情况为

$$营业收入预算完成程度 = 1\,100/1\,200 \times 100\% = 91.7\%$$

可见，报告期营业收入只完成了预算的 91.7%，比预算少完成 100 万元。是什么原因使营业收入未完成预算呢？这需要进一步分析收入指标的构成因素。

2. 历史标准

这是一种企业内部纵向分析的方法。通过分析期与前期财务报表中有关项目数据的对比，可以从差异中及时发现问题，查找原因，改进工作；通过连续数期的财务报表项目的比较，能够反映企业的发展动态，以揭示当期财务状况和经营成果增减变化，判断引起变动的主要项目是什么，这种变化的性质是有利还是不利，发现问题并评价企业财务管理水平，同时又可以预测企业未来的发展趋势。这种连续数期的动态分析又可称为趋势分析法。

3. 同行业标准

将财务报表数据局限在一个企业内部进行纵向分析，只能判断企业各方面工作的预算完成程度以及与历史数据比较所取得的进步。不能客观地评价企业经营成绩的优劣，反映企业的竞争地位。因此，需要将企业的有

关财务指标与同行业的平均指标或先进指标对比。通过与同行业平均指标对比，可以清楚地判断出企业在同行业中所处的位置，即企业的水平是高、中还是低；与同行业先进企业的指标对比，可以判断企业在经营管理、产品技术等方面与先进水平的差距，有利于吸收先进经验，合理地制定今后企业的发展方向。

（二）比较分析法的比较方法

比较分析法的比较方法可以分为绝对值比较和相对值比较两种方法。

1. 绝对值比较

绝对值比较方法是直接比较多期财务报表中有关项目的变化，找出影响企业财务运行的各种因素和变动趋势的一种财务分析方法，如表 10－5 所示。

表 10－5 比较利润表 单位：元

项　目	2005	2004	差异额
一、营业收入	98 187 377.21	65 807 183.85	32 380 193.36
减：营业成本	56 658 370.95	33 120 667.04	23 537 703.91
二、毛利	41 529 006.26	32 686 516.81	8 842 489.45
减：营业税金	2 310 368.92	1 384 866.50	925 502.42
管理费用	1 990 065.10	1 657 525.01	332 540.09
销售费用	656 409.42	689 626.14	－33 216.72
三、息税前利润	36 572 162.82	28 954 499.16	7 617 663.66
减：财务费用	941 066.46	256 869.34	684 197.12
加：投资收益	5 348 369.53	3 078 755.27	2 269 614.26
公允价值变动损益	495 762.13	44 040.47	451 721.66
非流动资产处置损益	－16 188.67	1 579 309.50	－1 595 498.17
减：资产减值损失	1 093 809.57	180 160.34	913 649.23
四、利润总额	40 365 229.78	33 219 574.72	7 145 655.06
减：所得税费用	13 320 525.83	10 962 459.66	2 358 066.17
五、净利润	27 044 703.95	22 257 115.06	4 787 588.89

2. 相对值比较

由于不同企业的财务报表项目的金额不具有可比性，采用绝对值比较的方法来进行行业比较无任何意义。而采用相对值比较，可以排除规模的影响，使不同比较对象建立起可比性。相对值比较方法包括结构百分比分析法和财务比率分析法（或比率分析法）。

结构百分比是用百分率表示某一报表项目的内部结构。即用财务报表中某一个项目分别去除同一财务报表中的其他项目，每一个财务报表项目均与同一项目相除所得到的比率，以反映部分与总体之间的相互关系。财务报表分析中常用的结构百分比主要有：各资产项目占总资产的比重；各负债项目占总负债的比重；各负债、所有者权益项目占总资产的比重；各项收入占总收入的比重；各项成本占总成本的比重等，如表 10－6 所示。

表 10－6 结构百分比分析利润表

项　目	2005（元）	结构百分比（%）	2004（年）	结构百分比（%）
一、营业收入	98 187 377.21	100.00	65 807 183.85	100.00
减：营业成本	56 658 370.95	57.70	33 120 667.04	50.33
二、毛利	41 529 006.26	42.30	32 686 516.81	49.67
减：营业税金	2 310 368.92	2.35	1 384 866.50	2.10
管理费用	1 990 065.10	2.03	1 657 525.01	2.52
销售费用	656 409.42	0.67	689 626.14	1.05
三、息税前利润	36 572 162.82	37.25	28 954 499.16	44.00
减：财务费用	941 066.46	0.96	256 869.34	0.39
加：投资收益	5 348 369.53	5.45	3 078 755.27	4.68
公允价值变动损益	495 762.13	0.50	44 040.47	0.07
非流动资产处置损益	－16 188.67	－0.02	1 579 309.50	2.40
减：资产减值损失	1 093 809.57	1.11	180 160.34	0.27
四、利润总额	40 365 229.78	41.11	33 219 574.72	50.48
减：所得税费用	13 320 525.83	13.57	10 962 459.66	16.66
五、净利润	27 044 703.95	27.54	22 257 115.06	33.82

财务比率分析法是在财务报表的不同项目之间或不同类别之间，用比率来反映它们之间的相互关系，所以又称比率分析法。

二、比率分析法

比率分析法就是将报表中的数据相互联系起来计算它们之间的比率。它是以相对方式显示财务数据，来说明企业财务状况的好坏和财务地位的强弱。

比率分析法在分析不同企业的财务状况差异方面起着非常重要的作

用。由于企业间可能存在着经营规模上的差异，因此直接比较各家企业所创造的利润额，就可能发生误导。相反，如果采用利润额相对于其他项目的比较，那么上述规模问题就可得到消除。例如，我们就一家利润额为10 000元、营业收入为100 000元的企业和另一家利润额为80 000元、营业收入为1 000 000元的两家企业进行比较。就规模较小的企业而言，其利润与营业收入的比率为10%[(10 000/100 000)× 100%]，而规模较大企业的同一比率为8%[(80 000/1 000 000)×100%]。这样，对这些比率就可以进行直接比较，而直接比较两家企业的利润绝对值显然没有任何意义。

一个比率可以通过任何一对数字计算出来。由于财务报表中有大量可变量，因此，可得到一系列有意义的比率。不同的信息使用者在进行财务分析时，应用不同的比率指标。按照比率所反映的财务状况或业绩的具体内容，可以将比率分成以下几类。

1. 盈利能力类比率

企业的目的是盈利。赚取利润代表在企业投入的资源已经产生了回报。投资者希望将企业赚取的利润与企业规模和其拥有的资源的规模联系起来。因此，衡量盈利能力可以通过分析企业的盈利结构（如营业毛利率、营业利润率等），评价企业盈利的稳定性和变化趋势；通过投入产出关系（如投资报酬率、净资产收益率、资产收益率等），分析企业盈利水平的高低；通过分析企业经营现金净流量，揭示企业盈利能力的质量（如每股营业现金流量、总资产现金回报率等）。

2. 偿债能力类比率

偿债能力是指企业到期偿还债务的能力。企业偿债能力按其时间的长短可分为短期偿债能力和长期偿债能力。短期偿债能力是指企业以流动资产偿还流动负债的能力，所以研究流动资产和流动负债的比例关系和流动资产的变现能力是分析短期偿债能力的重点。主要比率有：流动比率、速动比率、应收账款周转率、存货周转率等指标。长期偿债能力是指企业在长期借款使用期内的付息能力和到期后归还本金的能力。分析长期偿债能力不仅与企业资本的结构有关，而且与企业的获利能力有关。反映资本结构的比率有资产负债率、产权比率、权益乘数等；反映收益偿债能力的比率有已获利息倍数等；反映经营现金与债务的比率有现金流量比率、到期债务本息偿付比率等。

3. 资产管理类比率

对一个企业来说，如果非流动资产太多，将会引发营运资金不足，由此负担的资本成本也就太高，利润就会下降；反之，如果非流动资产太少，也可能错失很好的销售机会。因此，就现在和预期的销售水平而言，资产负债表上每种资产的金额是否合理？企业在管理资产方面的效率如何？不仅是企业管理者关注的重点，也是投资者希望了解的信息。衡量资产管理的比率就是将资产与全年的营业收入相比得出周转率，以便了解企业运用资产创造营业收入的有效程度。主要指标包括：评价总资产的总资产周转率、评价固定资产的固定资产周转率、评价应收账款的应收账款周转率、评价存货的存货周转率等。

究竟哪些比率在财务分析中比较重要，取决于不同报表使用者的需要。由于财务报表使用者的目的不同，使用的财务比率也不完全相同，对分析结果所做出的解释和评价也不一样。一个短期债权人在考虑是否给一个企业短期贷款时，他关心的主要是该企业资产流动性比率。而长期债权人则重点考虑企业资金结构的稳定性和盈利能力比率，较少注意资产的流动性。因为即使企业目前拥有很强的财务能力，并不能说明若干年后债务到期时就有了可靠的偿还保证。企业投资者的目的，在于考察企业的盈利能力和变动趋势，以便能长期取得理想的投资报酬，对于企业管理当局来说，需要关心财务分析的一切方面，既要保证企业具有偿还长期和短期债务的能力，又要替投资者获得尽可能多的利润。

运用比率分析法应注意的有关问题：

在进行财务比率分析时，应注意不能把比率本身作为目的，不能将财务报表上众多的项目和数据简单地予以计算排列，就算尽到责任。因为计算这些比率是为了判断企业的财务状况和经营业绩的优劣，分析者必须有明确的目的，并且要选择适当的标准，通过与标准的比较，才能评价各种财务比率的好坏。另外，由于比率分析涉及企业经营管理的各个方面，而企业的经营活动又是相互联系、错综复杂的，因此，不能孤立地分析各个比率，应当把各种比率有机地联系起来，并结合其他方法，才能得出比较客观的结论。否则，比率分析法就会失去其应有的意义。

三、趋势分析法

趋势分析法是通过观察连续数年的财务报表，分析比较有关财务指标的增减差异、判断其变化趋势的分析方法。这是进行财务报表分析的一种重要的分析方法。从某种意义上讲，趋势分析法是将比较分析法与比率分析法结合起来运用的一种方法。

趋势分析的主要目的是说明有关财务指标的增减变动，判断其变动趋势的性质是有利还是不利，分析原因并预测未来的发展趋势。通常趋势分析法可以采用数据计算与图表相结合的统计图表法进行分析。

运用统计图表进行趋势分析，一般需要计算差异额、差异率和趋势比率等指标。

1. 差异额是将不同时期指标绝对额直接相减后的差额

差异额可以使人直观地判断财务指标绝对额的增减变动。其计算公式为

$$差异额 = 报告期数 - 基期数$$

2. 差异率是差异额与基期数的比率

差异率可以使人清楚地判断财务指标相对数的增减变动。这种用相对数表示的财务指标变动，往往更容易使人理解和接受。其计算公式为

$$差异率 = 差异额 / 基期数 \times 100\%$$

3. 趋势比率

趋势比率是将不同时期的财务指标数据换算为基期数的百分比，以反映财务指标在若干期间变动趋势的一系列比率。根据基期选择的不同，趋势比率可以分为定比发展速度和环比发展速度。定比发展速度是以某一固定时期为基期，将其余各期数与基期数比较计算出来的趋势比率。环比发展速度是各期均以前一期数作为基期数计算出来的趋势比率。趋势比率的计算公式为

$$趋势比率 = 报告期数 / 基期数 \times 100\%$$

例如，某企业以及同行业先进企业 2001 ~ 2004 年连续 4 年的营业收入的有关数据如表 10 – 7 所示。

表 10 – 7　营业收入的趋势分析　　　　单位：万元

指标 \ 年份	2001	2002	2003	2004
营业收入实际数	850	1 050	1 150	1 220
营业收入预算数	800	950	1 010	1 060
同行业先进企业产品营业收入实际数	1 000	1 210	1 360	1 500

由表 10 – 7 可以看出，从 2001 ~ 2004 年连续 4 年中，企业的营业收入在连年增长，并且每年均超额完成预算，与同行业先进企业营业收入增长基本同步，但仍有较大差距。由于该表是由各期营业收入绝对数反映的变动趋势，很多问题不能一眼看出，因此，需要计算差异额、差异率和趋势比率来进一步说明。

现在分别按固定基期和环比基期对上述营业收入指标的变动趋势进行分析说明，如表 10 – 8、表 10 – 9 所示。

表 10－8　固定基期趋势分析

收入指标＼趋势指标		差异数（万元）				差异率（%）				趋势比率（%）			
		2001	2002	2003	2004	2001	2002	2003	2004	2001	2002	2003	2004
固定基期	营业收入实际数	0	200	300	370	0	23.5	35.5	43.5	100	123.5	135.3	143.5
	营业收入预算数	0	150	210	260	0	18.8	26.3	32.5	100	118.8	126.3	132.5
	同行业先进企业营业收入实际	0	210	360	500	0	21	36	50	100	121	136	150

表 10－9　环比基期趋势分析

收入指标＼趋势指标		差异数（万元）				差异率（%）				趋势比率（%）			
		2001	2002	2003	2004	2001	2002	2003	2004	2001	2002	2003	2004
环比基期	营业收入实际数	0	200	100	70	0	23.5	9.5	6.1	100	123.5	109.5	106.1
	营业收入预算数	0	150	60	50	0	18.8	6.3	5	100	118.8	106.3	105
	同行业先进企业营业收入实际	0	210	150	140	0	21	12.4	10.3	100	121	112.4	110.3

由表 10－8 和表 10－9 可以看出，不论是企业营业收入实际数、预算数还是同行业先进企业实际数，尽管每年的绝对额和定基发展趋势均表现为递增，但从环比基期计算的数据来看，不论是差异额，差异率还是环比发展速度都表现为逐年下降。因此，可以认为这是全行业的共同发展趋势。该企业连续 4 年营业收入高于预算水平，说明销售预算完成得比较好，尤其是 2002 年的增长速度较大，超过了同类先进企业。但总的来说，该企业的营业收入发展速度低于同类先进企业。同时，还可以看出，每年的营业收入预算制定得偏低，应予以修正。另外，通过该趋势分析表，还能直接看到每年的增长额和增长率。所以，该企业应采取促销措施，提高营业收入的增长幅度，缩小与同行业先进企业的差距。

除了编制趋势分析表之外，还可以通过直接绘制平面趋势分析图的方式反映营业收入的变动趋势，如图 10－1、图 10－2、图 10－3 所示，即为反映该企业和同类先进企业的营业收入实际数和预算数的原始数据、定基发展趋势和环比发展趋势的趋势图。

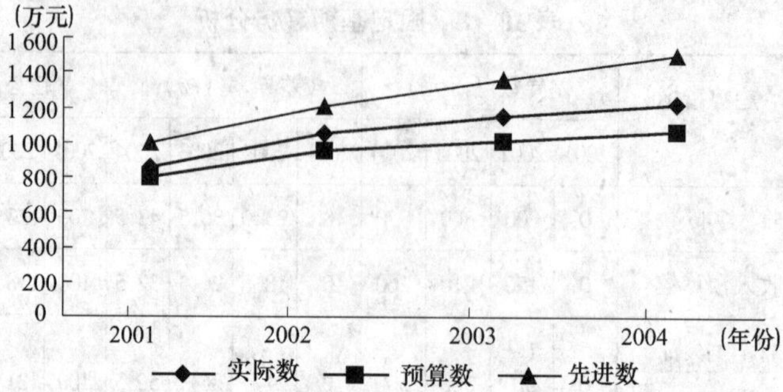

图 10-1　原始数据趋势图

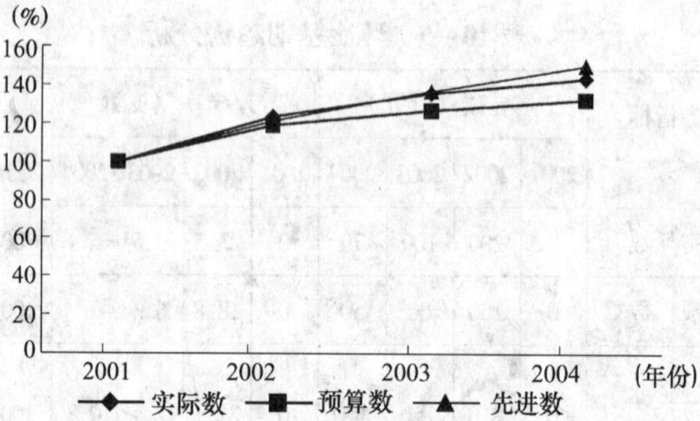

图 10-2　定基发展趋势图

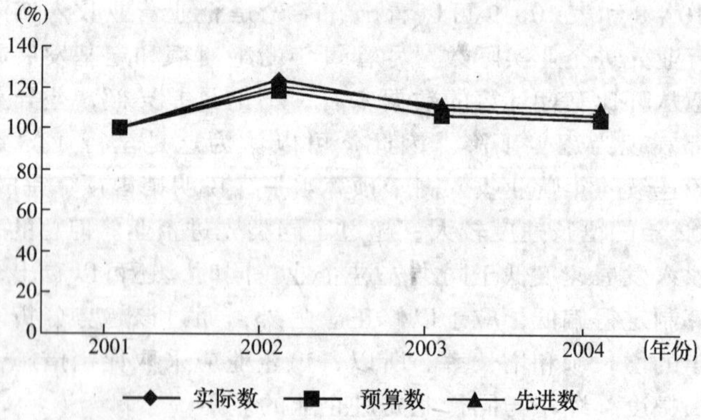

图 10-3　环比发展趋势图

四、因素分析法

因素分析法是通过对影响财务指标或报表项目的各项因素进行分析，并计算各因素对财务指标或报表项目的影响程度，从而说明本期实际数与预算数或基期数相比，财务指标或报表项目出现差异的主要原因的一种分析方法。

前面讲述的比较分析法、趋势分析法和比率分析法，均为同一层次的分析方法，因为它们都是为了计算分析和判断有关财务指标或报表项目的优劣，即与预算数、基期数或同类先进企业实际数相比，确定本期实际完成情况的好坏。这些方法只是对指标或项目本身进行评价，至于影响指标或项目的有哪些因素，影响程度如何，哪个是主要因素等问题，则无法解释。而因素分析法正是解决这些问题的一种方法。它将财务报表分析进一步引向深入和具体，为采取有效措施提供了依据。

因素分析法适用于多种因素构成的综合财务指标或报表项目的分析，如成本、收入、利润、资产周转等方面的指标。进行因素分析的一般步骤是：

①确立所要分析的指标；

②确立被分析指标是由哪几个因素构成的；

③确定各个因素与该指标的关系，一般分为加减关系和乘除关系两类；

④采用适当方法计算确定各个因素的影响程度。

（1）当各项因素与被分析指标的关系为加减关系时，这种情况比较简单，因为各影响因素之间是相互独立的，可以单独分析每个因素对指标的影响程度。

例如，某企业报告期计算息税前利润的有关数据如表 10－10 所示。

表 10－10　某企业报告期计算息税前利润的有关数据　　单位：元

项　目	营业收入	营业成本	销售费用	营业税金	管理费用	息税前利润
预算数	87 000	66 000	850	4 700	1 450	14 000
实际数	88 500	67 000	790	4 780	1 450	14 480

具体分析：

① 被分析指标为息税前利润。

② 息税前利润指标由营业收入、营业成本、销售费用、营业税金和管理费用五个影响因素组成。

③ 息税前利润指标与各影响因素的关系为

$$息税前利润 = 营业收入 - 营业成本 - 销售费用 - 营业税金 - 管理费用$$

④ 息税前利润的实际数与预算数的差额为 480（15 930 - 15 450）元，这一差额即是由上述五个因素变动引起的，营业收入变动对息税前利润的影响程度为 15 000（88 500 - 87 000）元；营业成本变动对息税前利润的影响程度为 - 1 000［ - （67 000 - 66 000］元；销售费用变动对息税前利润的影响程度为 60［ - （790 - 850）］元；营业税金变动对息税前利润的影响程度为 - 80［ - （4 780 - 4 700）］元；管理费用未发生变化，所以对息税前利润的影响程度为 0。

五个因素对息税前利润的影响程度之和，即为息税前利润指标本身的变动额，即

$$1\,500 + (-1\,000) + 60 + (-80) + 0 = 480(元)$$

（2）当各项因素与被分析指标的关系为乘除关系时，由于各影响因素无法单独分析就不能按前种情况处理了，这时，可采用连环替代法。

连环替代法是根据指标组成因素的顺序，逐次替代计算，以确定各因素对指标的影响程度。当分析某一因素时假定其他因素不变。由于这种方法需要按照一定的顺序依次替代各个因素，因而称为“连环替代法”。这是在财务分析中应用非常广泛的一种方法。下面简单介绍连环替代法的基本原理。

假定报告期某指标 X 受 A、B、C 三个因素影响，关系式为 $X = A \times B \times C$。预算指标 X_0 由 A_0、B_0、C_0 组成。实际指标 X_1 由 A_1、B_1、C_1 组成，即

$$X_0 = A_0 \times B_0 \times C_0$$

$$X_1 = A_1 \times B_1 \times C_1$$

现在，分析的对象即为预算指标与实际指标的差数 $X_1 - X_0$。各因素从预算数变为实际数分别对 $X_1 - X_0$ 这一差异的影响程度如何？我们用连环替代法计算如下：

第一次替代，以预算指标 $X_0 = A_0 \times B_0 \times C_0$ 为基础，假设 A 因素变化，B 和 C 因素不变，得到下式

$$X_2 = A_1 \times B_0 \times C_0$$

则

$$X_2 - X_0 = A_1 \times B_0 \times C_0 - A_0 \times B_0 \times C_0 = (A_1 - A_0) \times B_0 \times C_0$$

$X_2 - X_0$ 表示 A 因素变动对指标的影响程度。

第二次替代，假设 B 因素变动，A 因素已变为实际数，C 因素仍保持

不变，得到下列公式

$$X_3 = A_1 \times B_1 \times C_0$$

则

$$X_3 - X_2 = A_1 \times B_1 \times C_0 - A_1 \times B_0 \times C_0$$
$$= A_1 \times (B_1 - B_0) \times C_0$$

$X_3 - X_2$ 表示 B 因素变动时对指标的影响程度。

第三次替代，假设 C 因素变动，A 和 B 因素均已变动为实际数，这样，三个因素都变为实际数，得到指标实际数公式：

$$X_1 = A_1 \times B_1 \times C_1$$
$$X_1 - X_3 = A_1 \times B_1 \times C_1 - A_1 \times B_1 \times C_0$$
$$= A_1 \times B_1 \times (C_1 - C_0)$$

$X_1 - X_3$ 表示 C 因素对指数的影响程度。

最后，A、B、C 三个因素变动的影响程度相加的结果，应等于分析对象 $X_1 - X_0$，即

$$(A_1 - A_0) \times B_0 \times C_0 + A_1 \times (B_1 - B_0) \times C_0 +$$
$$A_1 \times B_1 \times (C_1 - C_0) = X_1 - X_0$$

在运用连环替代法时，应注意一定要按顺序依次替代，否则，分析结果与分析对象就会不相符合。同时，还应注意各因素的排列顺序。多个因素排列可以出现多个不同的排列顺序，尽管按不同的排列依次替代计算出来的差异总和不变，但同一个因素在不同的顺序下对指标的影响程度不同。为了避免各行其是，出现混乱，确定因素排列顺序的惯例或公认原则是：将各种因素分为数量（或绝对数）和质量（或相对数），先分析数量（或绝对数），后分析质量（或相对数）。

例如，某企业甲产品材料消耗情况如表 10 – 11 所示。

表 10 – 11　甲产品材料消耗差异表

项　目	上年	本年	差异
产品产量（台）	1 000	1 100	+ 100
单位产品消耗：			
消耗量（公斤）	20	18	– 2
材料单价（元）	4	5	+ 1
材料消耗总量（元）	80 000	99 000	+ 19 000

具体分析：

① 分析对象为材料消耗总量；

② 它受产品产量、单位材料耗量和材料单价三个因素的影响；

③ 根据三因素与材料消耗总额之间的数量关系，列计算公式：

材料消耗总量 = 产品产量 × 单位产品材料消耗量 × 材料单价

根据这一公式计算总差异为

材料消耗总量 = 1 100 × 18 × 5 – 1 000 × 20 × 4 = 19 000

④ 进行连环替代，计算各因素对总额变化的影响程度和方向。

产量变动影响金额 = 本年产量定量 × 上年单位产品材料消耗量 × 上年材料单价 – 上年产品产量 × 上年单位产品材料消耗量 × 上年材料单价
= 1 100 × 20 × 4 – 1 000 × 20 × 4 = 8 000(元)

单位材料耗量变动影响金额 = 本年产量定量 × 本年单位产品材料消耗量 × 上年材料单价 – 本年产量定量 × 上年单位产品材料消耗量 × 上年材料单价
= 11 000 × 18 × 4 – 1 110 × 20 × 4 = – 8 800(元)

材料单价变动影响金额 = 本年产量定量 × 本年单位产品材料消耗量 × 上年材料单价 – 本年产量定量 × 本年单位产品消耗量 × 上年材料单价
= 1 100 × 18 × 5 – 1 100 × 18 × 4 = 19 800(元)

各影响因素差异之和：

8 000 – 8 800 + 19 800 = 19 000(元)

通过因素分析法可做出简单的评价：

① 单位产品消耗量下降，说明企业提高了材料利用程度，这是有利因素；

② 产品产量上升，要具体分析：如果甲产品畅销，增加产品产量同步引起材料消耗增加是有利因素；但如果甲产品滞销，仍进行扩大再生产就未必是好事了；

③ 产品单价上升是不利因素，所以需要加强对材料购进和保管的管理，努力降低采购成本。

应该强调，由于连环替代法是以许多假设为前提条件的，其计算结果不免带有假定性。因此，在应用中，应密切联系企业实际情况，尽量使各种假设合乎逻辑，增强其实用性。同时，应将这种定量分析法与定性分析方法相结合，克服片面性。

上面我们分别介绍了四种财务报表分析方法。在实际工作中，由于企业经营活动的复杂性，往往是几种分析方法同时使用相互结合，取长补短，才能比较全面、客观、深入地了解企业的财务状况和经营成果以及未来的发展趋势，为制定各种决策提供可靠的依据。

第三节　财务指标分析的应用

财务指标分析在公司理财中具有十分重要的价值。下面我们结合 RC 公司的三张会计报表，运用具体的会计分析方法，对 RC 公司的获利能力、偿债能力、资产管理能力等方面进行简单的分析。

一、获利能力指标分析

企业的获利能力,就是企业利用各种经济资源创造利润的能力。企业实现的利润,是企业一定时期生产经营活动的成果,企业可以通过采购、生产、销售、筹资、投资等多种途径的经营决策和管理工作,来提高企业创造利润的能力。对企业获利能力的分析,一般可通过分析企业的盈利结构,评价企业盈利的稳定性和变化趋势;通过投入产出关系,分析企业盈利水平的高低;通过分析企业经营现金净流量,揭示企业盈利能力的质量。

（一）盈利结构分析

企业的盈利是由各项收入减各项支出得到的，盈利结构是指企业盈利中各收支项目或盈利项目占总收支或总利润的比例关系。

利润是不同收支配比的结果，盈利的稳定性首先取决于收支结构的稳定性，当收入和支出同方向变动时，只有收入增加不低于支出增加，或者收入减少不超过支出减少，盈利具有稳定性；当收入和支出反方向变动时，收入增加而支出减少盈利稳定，反之则不稳定。盈利的稳定性其次取决于主营业务利润所占利润总额的比例。若息税前利润占总利润的比例稳定，则表现了企业盈利的稳定性与连续性。因为，息税前利润是企业利润的主要来源，息税前利润的比重大，企业的盈利结构的安全性就大；如果企业的大部分利润来源于非营业收入或投资收益，尽管该企业的利润水平可能很高，但其盈利的稳定性较差，投资者很容易预测其利润会发生较大的波动。

企业的营业收入能够持续稳定地增长，必然使企业的盈利持续稳定地提高，企业的投资收益和公允价值变动损益等项目，不够稳定，不能完全依靠它们来持续稳定地提高企业盈利。所以，分析盈利结构的相对指标主要包括：营业毛利率、息税前利润率、营业利润率和成本费用利润率等。

1. 营业毛利率

营业毛利率是指毛利额占营业收入的比率。其计算公式为

营业毛利率 = 毛利 / 营业收入 × 100%

毛利 = 营业收入 - 营业成本

毛利是形成利润的基础，没有足够大的营业毛利率就不能盈利，企业毛利越高，用来抵补其他支出的能力越强，抵补各项支出后的利润越大，企业的盈利能力自然越强，所以营业毛利率越高越好。

营业毛利率能够很好地反映企业在销售价格与营业成本之间的控制效果。一般来说，营业毛利率主要受销售价格、营业成本和不同营业毛利率产品的销售比重等因素影响，销售价格越高，营业成本越低，营业毛利率高的产品所占销售比重越高，企业的营业毛利率就越高，说明企业在销售价格和营业成本之间的控制越有成效，企业的盈利能力越强，越稳定；反之，则企业的盈利能力越弱，越不稳定，评价企业营业毛利率的优劣时，没有绝对标准，必须与企业历年的情况和同行业水平进行比较，才能做出正确的判断。

RC公司2004年营业毛利率 =（2 445 252 140.30 - 1 302 674 286.27）/ 2 445 252 140.30 × 100%
= 46.73%

RC公司2003年营业毛利率 =（2 169 085 412.35 - 1 141 432 382.76）/ 2 169 085 412.35 × 100%
= 47.38%

2. 息税前利润率

息税前利润率是企业的息税前利润与营业收入的比率，反映每元营业收入所实现的息税前利润。该指标越高，说明企业的盈利能力越强，盈利结构越稳定，如果能保持息税前利润率连续提高，说明企业在市场中的地位逐渐上升，有良好的发展前景。其计算公式为

息税前利润率 = 息税前利润/营业收入

息税前利润 = 营业毛利 - 营业税金 - 管理费用 - 销售费用

该指标与营业毛利率相比，不仅考虑了与业务直接相关的成本费用，而且也考虑了不随业务变化的固定费用，能全面反映企业的盈利能力。

3. 税前利润率

税前利润率是指企业所得税前利润（或利润总额）与营业收入的比率，它反映企业最终盈利能力。其计算公式为

税前利润率 = 税前利润（或利润总额）/营业收入

企业在一定时期的利润总额是由息税前利润和非营业收益（即投资收益+公允价值变动损益+非流动资产处置损益-资产减值损失）组成的。要想反映企业一定时期总的盈利能力，必须通过税前利润率这一指标进行反映，股东、债权人、管理者最关心的是企业总的盈利能力，因此，计算并分析该指标是非常必要的。

单独分析息税前利润率和税前利润率都不能全面说明企业盈利结构的稳定性和持久性，只有将两个指标结合起来分析，才能达到目的。一般来说，当税前利润率较高，而税前利润率与息税前利润率之间的差额较小时，企业的盈利能力较稳定；当税前利润率较高，而税前利润率与息税前利润率之间的差额较大时，企业盈利能力较强但不稳定；当税前利润率较低，而税前利润率与息税前利润率之间的差额较小时，企业盈利能力较弱但较稳定；当税前利润率较低，而税前利润率与息税前利润率之间的差额较大时，企业盈利能力较弱且不稳定。在分析企业盈利稳定性时，最好是分析比较连续若干年的指标数据，判断其变化趋势，这样才能得出较为客观的结论。

4. 营业利润率

营业利润率是指企业净利润与营业收入的比率，它是用来衡量企业营业收入的收益水平的一个指标。其计算公式为

营业利润率=净利润/营业收入

净利润=息税前利润-财务费用+投资净收益+公允价值变动损益+非流动资产处置损益-资产减值损失-所得税费用

该指标与净利润成正比与营业收入成反比，所以企业增加营业收入时，必须相应获得更多的净利润，才能使营业利润率不变或有所提高。所以通过对该指标的分析，可以促使企业在扩大销售的同时，注意改进经营管理，提高盈利水平。

5. 成本费用利润率

成本费用利润率是指企业的利润总额与成本费用总额的比率，是反映成本费用与净利润之间关系的主要指标。其计算公式为

成本费用利润率=利润总额/成本费用总额

成本费用总额=营业成本+（销售费用+管理费用+财务费用）

该指标表明每付出一元成本费用能获得多少利润，该指标越高，说明盈利能力越强。成本费用利润率是所得与所耗的直接比较，可以综合反映企业效益的好坏。通过分析该指标，一方面可以反映企业的盈利能力，另一方面便于查明成本费用升降原因，制定降低成本费用的措施，增强盈利

能力。

（二）盈利的投资收益分析

一个企业的利润额和各种以营业收入为基础的利润率能有较大的提高，一方面可以通过加速资金周转，提高营运效率来实现，另一方面，也可以是通过增加资金投入来实现。但资金投入的增长幅度超过利润额和各种以营业收入为基础的利润率的增长幅度时，不但不能提高，反而可能会降低投资收益率。因此，单纯从盈利结构分析或通过各种利润率指标来分析，是无法反映企业的投资收益情况的，必须在盈利结构分析的基础上，将企业资产的投入和产出的利润进行对比分析，才能充分全面地反映企业的盈利能力。

从盈利结构角度对企业的盈利能力进行分析评价，虽然在一定程度上可以表明企业的盈利能力和盈利稳定性。但没能联系企业资产投入进行分析，企业的盈利是企业资金投入使用的结果，无论是股东、债权人还是企业管理者都希望知道投入与产出的关系，单纯分析盈利结构，销售毛利率、息税前利润率等指标是无法反映企业的投资收益情况的，必须在盈利结构分析的基础上，将企业资产的投入和产出的利润进行对比分析，才能充分全面地反映企业的盈利能力。主要分析指标包括：资产收益率、净资产收益率等。

1. 资产收益率

资产收益率又称投资报酬率，是企业一定期间内实现的利润与该时期企业平均资产总额的比率，它是用来判断企业运用全部资产获取报酬能力高低的指标。其计算公式为

$$\text{资产收益率} = \text{净利润} / \text{平均资产总额} \times 100\%$$

$$\begin{aligned}\text{RC 公司在 2004 年资产收益率} &= 286\ 780\ 097.26/[(3\ 553\ 457\ 778.66 + \\ &\quad 2\ 746\ 311\ 922.59)/2] \times 100\% \\ &= 286\ 780\ 097.26/3\ 149\ 884\ 850.62 \times 100\% \\ &= 9.10\%\end{aligned}$$

该指标表明，RC 公司每投入一元的资产，可以产生 9.10 元的净利润，只从该指标自身看不出其回报率的高低，判断它的高低必须有一定的参照物。该指标大于行业平均值时，一般认为其获利能力强，该指标值越大，获利能力越强。

2. 净资产收益率

净资产收益率是净利润与净资产之间的比率。其计算公式为

$$\text{净资产收益率} = \text{净利润} / \text{净资产平均余额}$$

该比率体现了由企业投资者拥有的权益获取净收益的能力，反映的是投入资本及其积累与报酬的关系，是评价企业资本经营效率的核心指标。

该指标是最具综合性和代表性的指标。由于在市场经济条件下，利润率具有平均化的趋势，因此该指标不受行业不同的限制，通用性强，适用范围广。一般以为，净资产收益率越高，资本运营效益越高，投资者和债权人的利益受保障的程度也就越高。

RC公司2004年净资产收益率＝286 780 097.26/[（2 141 220 437.80＋1 635 662 069.93）/2] ×100%
＝15.19%

（三）盈利的现金收益分析

通过对企业经营过程中产生的现金净流量的分析，可以揭示企业盈利的质量，以避免出现账面利润很大，实际利润却没有的现象。考核盈利的现金收益指标主要有：每股营业现金流量和全部资产现金回报率。

1. 每股营业现金流量

每股营业现金流量是反映每股发行在外的普通股股票所平均占有的现金流量，或者说是反映公司为每一普通股获取的现金净流量。其计算公式为

每股营业现金流量＝经营活动现金流量净额/发行在外的普通股股数

RC公司在2004年经营活动产生现金流量净额为415 822 179.36元，发行在外的普通股股数为361 684 915.00股，则

每股营业现金流量＝415 822 179.36/361 684 915.00股
＝1.15（元/股）

该指标所表达的实质上是作为每股盈利的支付保障的现金流量，因而每股营业现金流量越高，越为股东们所乐意接受。它反映了每股流通在外的普通股的现金流量。它不仅可以考查每股收益的质量，还可以考查企业现金股利的支付能力，该指标越大，说明企业支付现金股利的能力越强。

2. 全部资产现金回报率

全部资产现金回报率是指经营活动现金流量净额与全部资产的比率，它反映企业运用全部资产获取现金的能力。其计算公式为

全部资产现金回报率＝经营活动现金流量净额/全部资产×100%

RC公司在2004年，经营活动产生现金流量净额为415 822 179.36元，全部资产为3 553 457 778.66元，则

全部资产现金回报率＝415 822 179.36/3 553 457 778.66×100%
＝11.70%。

该指标表明，RC公司的每元投资可以产生0.12元现金，反映出资产创造经营现金净流量的能力。该指标越大，说明资产的现金回收能力越强，风险越小，与资产收益率相比较，可以判断企业资产收益率的质量。

二、偿债能力指标分析

企业的偿债能力，静态地讲，就是用企业资产清偿企业长、短期负债的能力；动态地讲，就是用企业资产和经营过程创造的收益偿还长、短期债务的能力。因此企业有无支付现金的能力和偿还债务的能力是企业能否继续生存和发展的关键。

企业的偿债能力不但决定企业的借款能力，而且影响企业的信誉，会给企业的生产经营带来直接影响。当企业偿债能力较差时，投资者可以通过资本市场抛出企业的股票或债券，银行也会提出提高贷款利率的要求以补偿其承担的偿债风险，供应商则有可能拒绝企业延期付款；当企业偿债能力较强时，企业比较容易筹集到所需资金，比较容易得到利率、付款期等方面的优惠。因而企业的偿债能力影响着企业的投资能力、发展能力和盈利能力。所以，企业的管理者、投资人、债权人和客户都要进行企业偿债能力的分析。

偿债能力分为短期偿债能力和长期偿债能力，下面分别从两个方面分别加以介绍。

(一) 短期偿债能力指标分析

短期偿债能力是指企业偿还流动负债的能力。流动负债对企业的财务风险影响较大，如果不能及时偿还，就可能使企业面临倒闭的危险。一般情况下，除非企业停产清算，企业绝不会出售长期资产偿还到期的债务，所以研究流动资产和流动负债的比率关系和流动资产的变现能力，成为分析评价企业偿债能力的重点。

一般来说，流动负债需以流动资产偿付，特别是，通常它需要以现金来直接偿还。因此，可以通过分析流动资产与流动负债之间的关系来判断短期偿债能力。作为偿还流动负债的物质保证，流动资产与流动负债相比，数值越大，表明企业的短期偿债能力越强；反之，流动资产与流动负债相比，数值越小，表明企业的短期偿债能力越弱。另外，流动资产的变现能力或质量也是影响短期偿债能力的重要因素。因为，流动资产相对流动负债来说数量足够大，只是保证短期偿债能力的必要条件，而不是充分条件。用流动资产作为偿还流动负债的物质保证，是以流动资产能够按期正常地转换成现金为前提条件的。如果流动资产数量很大，但质量不高，周转缓慢，无法转换成现金，自然要影响短期债务到期的清偿。所以，分析企业短期偿债能力时，必须充分注意到上述两个因素的影响，才能得出正确、恰当的结论。

1. 反映流动资产与流动负债数量比率的指标分析

衡量资产相对于负债的流动性比率通常包括：流动比率、速动比率、现金流量比率和到期债务本息偿付比率等指标。

(1) 流动比率。流动比率是指流动资产与流动负债的比率。它反映了企业用流动资产偿还流动负债的保证程度。其计算公式为

流动比率 = 流动资产/流动负债

如果企业出现财务上的困难，可能无法按时支付货款，或需要向银行申请贷款延期，结果造成流动负债比流动资产增加得快，流动比率下降。因此，流动负债下降可能是企业出现财务困难的一个信号。企业一方面要计算历年的流动比率，以便于发现变化趋势，另一方面还要将本企业的流动比率与从事类似经营活动的其他企业的流动比率进行比较，以了解本企业在同行业中所处的水平。

RC 公司 2005 年的流动比率 = 2 433 142 610.19/929 985 090.98
= 2.62

RC 公司 2004 年的流动比率 = 1 828 492 456.46/719 825 244.01
= 2.54

两年相比，RC 公司 2005 年的流动比率有上升的趋势。

一般来讲，流动比率越高，企业的流动性越好，由于流动性对企业的生存至关重要，所以较高的流动比率比较低的流动比率更受欢迎。但是，任何事物都有两个方面，如果一家企业有过高的流动比率，那么这也可能说明资金被占用在现金或其他流动资产上，而没有实现对资金的有效使用。所以分析流动比率时应该注意以下几点：

①流动比率不宜过低也不宜过高，应保持在 2.00 左右，或以行业平均水平为标准。但有些行业流动比率低于 2.00 被认为是正常的，而有些行业则要求流动比率必须大于 2.00。一般而言，营业周期越短，流动比率越低；营业周期越长，流动比率越高。

②将同一企业不同时期的流动比率相比，以及与行业平均水平（或行业先进水平）相比，有助于确定流动比率的高或低，却不能说明为什么高或低。要想找出原因，应该从流动资产和流动负债的构成项目上逐项分析，同时还应该与流动资产变现能力的强弱结合起来进行分析。即，在比较流动比率之前，应计算出应收账款周转率和存货周转率，这种计算能够

提出流动性问题存在于应收账款和存货方面的意见，对应收账款和存货质量的意见会影响对流动比率的看法或意见，如果应收账款和存货的流动性存在问题，就会要求流动比率更高些。

③存货采用先进先出法会对流动比率计算带来一些问题。因为，采用先进先出法计算存货，当物价变动较大时，存货往往被低估，其结果将低估流动比率，所以，与使用其他成本法的企业比较时，应予以注意。

④注意企业年末流动资产和流动负债数额的重大变化。由于流动比率是衡量企业短期偿债能力的主要指标，有些企业为了使财务报表反映出良好的财务状况，在期末编制财务报表时，可能故意通过一些方法掩饰流动比率的不足。如，故意把以赊购方式在年终要进的货物，推迟到下年初再进货；或者故意在年终还清债务，到下年初再借入等等。

（2）速动比率。速动比率是指速动资产与流动负债的比率。速动资产是指流动资产中扣除存货、预付账款及其他流动资产后，能够快速变现的资产。速动比率是流动比率的一个辅助指标，通常用来反映企业流动资产中可以立即偿还流动负债的能力。其计算公式为

$$速动比率=速动资产/流动负债$$

尽管流动比率可以从总体上评价企业的短期偿债能力，但短期债权人还希望获得更能直接反映短期偿债能力的指标。因为，在流动资产中，各项目的流动性或变现能力是不相同的。尤其是存货，由于在企业的流动资产中，所占的比重较大，变现速度较慢，还可能存在积压、毁损、成本计价等问题，况且企业也不应该靠变卖存货来清偿债务。因此，把存货从流动资产中扣除而计算出来的速动比率，更能直接反映短期偿债能力，更加令人信服。

$$\begin{aligned}\text{RC公司2005年的速动比率}&=(2\,433\,142\,610.19-1\,233\,992\,483.29-\\&\quad 39\,045\,041.82-7\,480\,057.80)/\\&\quad 929\,985\,090.98=1.24\end{aligned}$$

$$\begin{aligned}\text{RC公司2004年的速动比率}&=(1\,828\,492\,456.46-1\,039\,094\,177.19-\\&\quad 13\,349\,917.10-20\,772\,530.45)/\\&\quad 719\,825\,244.01=1.05\end{aligned}$$

RC公司2005年的速动比率有所增长。

一般情况，短期债权人希望速动比率越高越好，该比率越高，表明短期偿债能力越强，风险越小。但从股东和管理当局的角度来说，过高的速动比率会使企业无法把足够的流动资金投入到存货、固定资产等经营资产上，从而可能使企业丧失良好的获利机会，降低企业的获利能力。

由于资产负债表与利润表所提供的信息来源于权责发生制，它需要对赚取的收入和发生的费用进行配比，这就不可避免地存在会计估计和会计政策的选择问题，易受管理当局的预期影响和操纵，难以提供足够的有关企业流动性及长期偿债能力的信息。而这些问题，通过结合现金流量分析，可予以适当的解决。因为现金流量的信息来源于收付实现制，管理层的判断和估计较小，操纵性较小。所以用现金流量指标来做辅助分析企业的偿债能力，越来越受到人们的重视。现金流量比率和到期债务本息偿付比率，是反映企业偿债能力的补充指标。

（3）现金流量比率。现金流量比率是指企业经营活动所产生的现金净流量与流动负债的比率。它反映经营现金对流动负债偿还的保障程度。其计算公式为

现金流量比率 = 经营活动现金净流量/流动负债

根据资产负债表确定的流动比率虽然也能反映流动性但有很大局限性。这主要是因为：作为流动资产主要成分的存货并不能很快转变为可偿债的现金；流动资产中的应收及预付款项也不能立即转变为现金。所以，许多企业有大量的流动资产，但现金支付能力却很差，甚至无力偿债而破产清算。真正能用于偿还债务的是现金流量。现金流量和债务的比较可以更好地反映偿还债务的能力。该指标数值越高，企业偿还短期债务的能力越强。该比率本身并不能提供什么清晰的信息，但是，比率在年度间的变化则可以帮助了解企业的现金流量状况。

RC 公司 2005 年的现金流量比率 = 415 822 179.36/929 985 090.98 = 0.45

RC 公司 2004 年的现金流量比率 = 289 943 333.35/719 825 244.01 = 0.40

（4）到期债务本息偿付比率。到期债务本息偿付比率是指企业经营活动产生的现金净流量与本期到期债务本息的比率。它反映经营活动产生的现金净流量对本期到期债务本息偿还的保障程度。其计算公式为

到期债务本息偿付比率 = 经营活动现金净流量/(本期到期债务本金 + 现金利息支出)

如果该指标大于 1，表示企业本期产生的现金流入，在支付生产经营活动所需的基本支出后，有能力支付到期的债务，剩余部分还可以用于企业的投资和给投资者派发利润；如果该指标小于 1，表明企业本期产生的现金流入量，在支付生产经营活动的基本支出后，不够偿付到期的债务，需要动用期初结存的现金，若期初结存现金小于不足部分，则企业需要借新债还旧债；若企业不具有再负债筹资的能力，则企业的偿债能力存在较大的问题。

2. 反映流动资产变现能力或质量的指标分析

衡量企业流动资产变现能力或质量的指标主要是指：应收账款周转率和存货周转率。

(1) 应收账款周转率（周转次数）。应收账款周转率是指企业赊销净额与应收账款平均余额的比率。它反映了企业应收账款周转的次数，说明了企业在一定期间内收回赊销账款的能力，或者说反映了企业应收账款的变现速度。其计算公式为

应收账款周转率 = 营业收入/应收账款平均余额

而

应收账款平均余额 = （年初应收账款余额 + 年末应收账款余额）/2

企业的应收账款周转率越高，周转次数越多，表明企业应收账款回收的速度越快，经营管理的效率越高，资产的流动性越强，短期偿债能力越强。反之，较低的应收账款周转率，则说明企业有过多的经营资金呆滞在应收账款上，影响正常的资金周转，则应加强应收账款的管理和催收工作。但应注意，过严的信用政策会制约销售规模，减少盈利的机会。可结合对应收账款的分析，来确定企业原定的赊销期限和信用政策是否恰当。

应收账款周转率也可以用周转天数表示，应收账款周转天数比应收账款周转率更为直观。其计算公式为

应收账款周转天数 = 365/应收账款周转率

RC 公司 2005 年应收账款周转率 = 2 445 252 140.30/[(240 429 896.47 + 182 270 353.89)/2]
= 2 445 252 140.30/211 350 125.18
= 11.57(次)

RC 公司 2005 年应收账款周转天数 = 365/11.57 = 32(天)

RC 公司 2004 年应收账款周转率 = 2 169 085 412.35/[(182 270 353.89 + 155 774 739.81)/2]
= 2 169 085 412.35/169 022 546.85
= 12.83(次)

RC 公司 2004 年应收账款周转天数 = 365/12.83 = 28（天）

2005 年 RC 公司应收账款周转速度显然比 2004 年有所下降。

评价企业应收账款周转天数时要结合企业销售商品的条件考虑。如果企业的销售条件为 20 天内付款，那么应收账款周转天数为 32 天而不是 20 天，则表明由于购货方没能及时支付货款，将使得企业计划要投资于有生

产能力的资产上的资金受到占用。而且，有些购货方推迟支付货款，可能是因为他已陷入了财务困境，那么，企业可能受到连带，很难收回应收款项。因此，如果过去几年里企业应收账款周转天数逐渐上升，而企业信用政策没有改变，那么企业必须采取措施加速收回应收账款。

（2）存货周转率。存货周转率是指企业的营业成本与存货平均余额的比率。它反映了企业一定时期内存货的周转速度或周转次数及存货管理水平的高低，是整个企业管理的一项重要内容。其计算公式为

存货周转率＝营业成本/存货平均余额

存货周转天数＝365/存货周转率

存货周转率不仅是考核企业存货周转情况的指标，还与企业的获利能力直接相关，存货周转率越高，周转次数越多，表明企业存货回收速度越快，企业的经营管理效率越高，资产的流动性越强，短期偿债能力越强，利润率也越高；反之，较低的存货周转率则是企业存货周转缓慢或库存商品过时积压的征兆。企业应使存货管理在保证生产经营连续性的同时，尽可能少占用经营资金，提高资金的使用效率，增强企业的短期偿债能力，促进企业管理水平的提高。

RC公司2005年存货周转率＝1 302 674 286.27/［（1 233 922 483.29＋1 039 094 177.19）/2］
＝1 302 674 286.27/1 136 543 330.24
＝1.15（次）

RC公司2005年存货周转天数＝365/1.15＝317（天）

RC公司2004年存货周转率＝1 141 432 382.76/［（1 039 094 177.19＋947 828 167.18）/2］
＝1 141 432 382.76/993 461 172.19
＝1.15（次）

RC公司2004年存货周转天数＝365/1.15＝317（天）

为了分析影响存货周转速度的具体原因，还可用按原材料、在产品和产成品来分别计算周转率，以分析它们在供、产、销不同阶段的运营情况。

（二）长期偿债能力指标分析

长期偿债能力是指企业偿还长期债务的现金保障程度。由于长期负债多用于长期资产的投资，从而形成企业的固定生产能力，在企业正常生产经营过程中，不可能依靠出售长期资产偿还债务的本息，而只能依靠生产经营所获得的收益，来偿清债务。因此，分析长期偿债能力要从两个方面进行：一是通过资产负债表，分析企业的资本结构，了解企业的长期偿债能力；二

是通过利润表,分析企业的盈利能力,了解企业的长期偿债能力。

1. 反映资本结构的指标分析

资本结构是指企业各种资本的构成及其比例关系，或是说企业全部资本来源中负债与股东权益二者各占的比重及其比例关系。合理的资本结构是保证企业偿还长期债务的前提。

企业的全部资本是由自有资本（股东权益资本）与债务资本组成的，因为企业对资本的需要量分为永久需要部分和临时调剂部分，自有资本筹资成本较高，但可在企业的存续期内永久使用，不需退还，是企业稳定持久的资本来源。债务资本的筹资成本相对较低，可随借随还，也能满足企业资本周转需要。但由于它需要定期偿还并支付利息，给企业带来偿债压力，企业因此可能产生不能支付到期债务的风险。这样企业面临两难选择：采用债务资本筹资成本低，可调节资本余缺，满足临时需要，但风险大；采用自有资本虽然风险小，能持续永久地占用，但成本高，而且不能根据资本余缺进行适时调整。所以只有将两种筹资方式结合起来，这就形成了既有自有资本又有债务资本的资本结构。

企业在经营和发展过程中总会遇到各种风险，这些风险的最终结果大都是以亏损来表现的，自有资本则是承担亏损的本金，自有资本的比例代表了企业承担风险，应付来自市场和突然事件的能力。因此，在资本结构中，必须保有一定比例的自有资本，以确保长期债务在遇到经营风险时，仍能清偿。如果企业债务占的比例很大，就会将大部分经营风险转移到债权人身上，长期债权人权益就难以保障，同时也会给企业今后的融资带来很大困难。因此，保持足够大的自有资本比例，是企业在经营困难时保证偿还长期债务的前提。

反映资本结构的财务比率主要有：资产负债率，负债权益比率（产权比率）、股东权益比率倒数（权益乘数）。

(1) 资产负债率。资产负债率也称债务比率，是企业全部负债总额与全部资产总额的比率，它表示企业从债权人处所筹集的资金占企业全部资产的比例。该指标反映债权人提供的资金占企业总资本的比重，表明企业的负债经营程度，以及债权人的债权保障程度。其计算公式为

$$资产负债率=负债总额/资产总额\times100\%$$

$$\begin{aligned}RC公司2005年资产负债率&=1\,412\,237\,340.86/3\,553\,457\,778.66\times100\%\\&=39.74\%\end{aligned}$$

$$\begin{aligned}RC公司2004年资产负债率&=1\,110\,604\,852.66/2\,746\,311\,922.59\times100\%\\&=40.44\%\end{aligned}$$

债权人最关心资产负债率，他们希望资产负债率越小越好，该比率越小，表明企业的长期偿债能力越强，债权人权益的物质保障程度越大，贷给企业的款项越安全，不能按期收回本息的风险越小；反之，比率越高，对债权人越不利。

对投资者来说，他们最关心的是净资产收益率，当企业的净资产收益率大于借款利率时，他们希望资产负债率越大越好，资产负债率越大，投资人获得的利润越多。因为负债利息可在税前抵扣，可少纳税，资产负债率高，这种节税带来的收益就大。也就是说投资者可以用债权人的钱来为自己赚钱；相反，净资产收益率小于借款利率时，他们希望资产负债率越小越好，因为当借款利率大于净资产收益率时，借入资本多支付的利息要由属于股东的利润来偿还，这对投资人是不利的，这也正是财务杠杆所起的作用。

(2) 负债权益比率。负债权益比率是指负债总额与股东权益总额之间的比率，也称为债务股权比率或产权比率，它反映了债权人提供的资本与业主（自有）提供的资本之间的相互关系，它可以反映出债权人在企业破产时被保障的程度。反映企业长期偿债能力的核心指标是资产负债率，负债权益比率是对资产负债率的必要补充，该指标越小，表明债权人承担的风险越小，企业的财务结构越稳定，长期偿债能力越强，反之，债权人承担的风险越高，偿债能力越弱。其计算公式为

$$负债权益比率 = 负债总额/股东权益总额 \times 100\%$$

资产负债率侧重分析，企业负债偿付安全性的物质保障程度；而负债权益比率则侧重于揭示企业财务结构的稳定程度，以及股东权益对偿债风险的承受能力。

(3) 债务与有形净值比率。债务与有形净值比率或称有形净值债务率是将无形资产从股东权益中予以扣除后，计算企业负债总额与有形净值之间的比率，是评价长期偿债能力更保守的一个财务指标。其计算公式为

$$债务与有形净值比率 = 负债总额/有形净值$$

有形资产是指股东权益扣减无形资产净值后的资产，它是企业偿付债务的主要源泉，无形资产相对缺乏可靠的价值，债务与有形净值比率将商誉，专利权，商标权等无形资产从净资产中扣除，因此是评价企业长期偿债能力的更为保守和稳健的一个财务指标，它将企业偿债安全性分析建立在更加切实可靠的物质保障基础上，在企业陷入危机，面临破产等特殊情况下，使用该指标衡量企业的长期偿债能力更有实际意义。

该指标越低，表明企业的长期偿债能力越强，对债权人越有利。

(4) 权益乘数。权益乘数又称权益总资产率，是指资产总额与股东权益的比率，它是股东权益比率的倒数，主要反映了全部资产与股东权益的倍数关系。其计算公式为

权益乘数 = 资产总额/股东权益

权益乘数与资产负债率都是用于衡量长期偿债能力的指标，两者的区别在于，权益乘数侧重揭示资产总额与股东权益的倍数关系，倍数越大风险越高；资产负债率侧重于揭示总资本中有多少是靠负债取得的。

2. 反映收益偿债能力的指标分析

企业持续稳定的盈利能力是偿还长期债务的根本保证。

一般来说，长期负债具有时间长，金额大，利率高的特点，主要用来增加企业的长期资产。为了保证在长期负债到期时有足够的资金偿还，企业必须事先建立偿债基金，而偿债基金的来源主要包括提取的折旧和企业盈利。提取折旧是对投资本金的收回，这种收回必须建立在企业正常经营周转的前提下，通过实现销售而得到补偿，如果资金不能正常周转，就无法从营业收入中补偿长期资产的损耗。另外，通过折旧只能收回长期资产投资的本金，要想保证长期负债利息的偿付，企业必须有盈利，只有盈利才能逐渐积累偿债资金，才能保证企业有足够的资金偿还长期负债的利息，一个长期不盈利的企业要想保全资本都很困难，更不用说按期偿还长期债务本息了。因此，在分析长期偿债能力时，必须特别重视企业盈利能力的稳定性，企业只有持续稳定地获得利润，才能为偿还长期债务本息提供可靠的保证。反映收益偿债能力的主要指标是：已获利息倍数。

已获利息倍数又称利息保障倍数，是指企业在一定时间所获得的全部利润与所支付的全部利息费用的比率。该指标是从企业获利的角度分析长期偿债能力的一个重要指标，它通过倍数关系反映了企业用所获得的利润支付利息费用的能力。其计算公式为

已获利息倍数 = （利润总额 + 利息费用）/利息费用

一般来说已获利息倍数越大，企业的偿债能力越强。一个企业的资产负债率越高，所需支付的利息费用越多，负担越重，如果借入资本的盈利大于应付的债务利息，企业就有足够的利润来偿还利息，而且还会给所有者或股东带来更大的收益；相反，如果应付的债务利息有可能超过借入资本的盈利。那么，举债经营就会给企业带来很大的偿债风险。这种风险程度可以用已获利息倍数指标来衡量。从长远看，企业已获利息倍数至少要大于 1，否则便不能举债经营。但是在短期内，因为有些项目不需当期支付现金，如折旧等，有些企业的已获利息倍数小于 1 时，也可能有能力偿

付债务利息。

对一个企业来说，某一时期的已获利息倍数很难判断该企业长期偿债能力的好坏，应结合历史和同行业进行对比分析。一个企业往往需要计算连续五个年度已获利息倍数，才能正确评价企业长期偿债能力的稳定性。通常是选择一个指标最低的会计年度来评价长期偿债能力的稳定性。因为不论年度经营好坏，企业总要偿还数额总量相近的债务利息，采用指标最低的年度数据，保证了企业最低的偿债能力，这是一种最谨慎的方法。

该指标计算所需数据来源于利润表，但由于利润表披露内容的限制，使该比率计算缺少足够的数据，外部报表使用者很难计算和利用这一指标，但对于企业内部则不存在这一问题。

（三）长、短期偿债能力分析的比较

1. 二者的关系

（1）短期偿债能力决定着企业长期偿债能力的最终实现。如果企业的流动资产变现能力差，不能偿还到期的负债，即使他有很优秀的长期偿债能力指标，也会因摆脱不了破产清算的命运而变得毫无意义了。

（2）长期偿债能力是短期偿债能力的基础和保障。任何短期偿债能力最终都可以归结为其长期偿债能力的转化，若不考虑企业的长期偿债能力，通过变卖固定资产等方式增加短期资产流动性的做法，所提高的短期偿债能力只能是昙花一现。所以，只有依靠长期偿债能力作后盾实现的短期偿债能力才可能发展下去。

2. 二者的区别

（1）分析重点的差异。由于企业的短期偿债能力取决于短期资产的流动性，其核心问题是流动资产的质量；企业的长期偿债能力，不仅取决于企业还本付息时现金流量，而且最终与企业的盈利相关。

（2）分析方法的差异。短期偿债能力的分析方法主要是利用资产负债表提供的数据，计算相关比率指标，进而分析这些指标所反映的企业短期资产的变现能力；长期偿债能力的分析方法则要分别利用资产负债表和利润表的数据，计算相关比率指标，进而分析这些指标所反映的企业资本结构的合理性，以及企业盈利能力对偿债能力的保障程度。

三、资产管理能力指标分析

资产管理能力，是指企业在资产管理方面的效率，它标志着资产的运行状态及其管理效果的好坏，而这种状况和效果的好坏将对企业的偿债能力和获利能力产生重要的影响。资产运用效率主要取决于经营资产的拥有量及其营运能力或其周转状况，而资产的运营能力或周转状况主要表现为资产实现营业收入的能力，因此我们主要用营业收入与经营资产之比来衡量资产管理能力，通常用资产周转率来衡量。

资产周转比率主要包括：总资产周转率、流动资产周转率、应收账款周转率、存货周转率等。

1. 总资产周转率

总资产周转率是指企业一定时期的营业收入与资产总额的比率，它说明企业的总资产在一定时期内周转的次数。其计算公式为

总资产周转率＝营业收入/资产平均余额

总资产周转率可以用来分析企业全部资产的使用效率。如果该指标较低，说明企业利用其资产进行经营的效率较差，会影响企业的获利能力，企业应该采取措施提高营业收入或处置不需要的资产，以提高总资产的利用率。

根据 RC 公司的有关资料，计算 RC 公司 2004 年总资产周转率为

2 445 252 140.30/［（3 553 457 778.66＋2 746 311 922.59）/2］＝0.78

一般来说，资产周转率越高越好。当企业的其他条件不变而营业收入上升时，或者营业收入不变而资产平均余额下降，或者营业收入增长速度大于资产平均余额增长速度，资产周转率上升；反之，当企业的其他条件不变而营业收入下降，或者营业收入不变而资产平均余额上升，或者营业收入增长速度小于资产平均余额增长速度，资产周转率下降，表明企业资产运用效率降低，资产管理能力下降。

2. 流动资产周转率

流动资产周转率是指企业一定时期的营业收入与流动资产平均余额的比率，说明企业流动资产在一定时期内周转的次数。流动资产周转率是反映企业流动资产运用效率的主要指标。其计算公式为

流动资产周转率＝营业收入/流动资产平均余额

RC 公司 2004 年流动资产周转率＝2 445 252 140.30/
［（2 433 142 610.19＋1 828 492 456.46）/2］＝1.15

RC 公司 2003 年流动资产周转率＝2 169 085 412.35/
［（1 828 492 456.46＋1 705 030 602.22）/2］＝1.23

流动资产周转是指流动资金从货币形态开始，通过采购、生产、销售各阶段，再回到货币形态的整个过程。流动资产完成一次周转，不但能够补偿生产销售过程中的各种消耗，还可以为企业带来新的价值。流动资产周转次数越多，资产流动速度越快，增值也就越大。企业销售水平一定

时，提高流动资产周转率，可以降低流动资产占用，会相对节约流动资产，等于相对扩大资产投入，增强企业盈利能力；当企业流动资产平均余额一定时，提高流动资产周转率，可以提高销售水平，增加企业的盈利。因此，一般来说，企业流动资产周转率越快，周转次数越多，表明企业以相同的流动资产占用实现了更多的营业收入，说明企业流动资产的运用效率越高，企业的资产管理能力越强；反之，流动资产周转率越慢，需要补充流动资产参加周转，形成资金浪费，降低企业盈利能力，表明企业利用流动资产进行经营活动的能力越差，流动资产的运用效率越低。

RC公司流动资产周转率通过两年指标比较可以分析，RC公司流动资产的运用效率有下降的趋势。

3. 固定资产周转率

固定资产周转率是指企业一定时期的营业收入与固定资产平均余额的比率。它是反映企业固定资产运用状况，衡量固定资产运用效率的指标。其计算公式为

固定资产周转率 = 营业收入/固定资产平均余额

RC公司2004年固定资产周转率 = 2 445 252 140.30/
[（731 782 419.70 + 656 481 589.40）/2] = 3.52

固定资产周转率反映企业固定资产在一定时期内实现的营业收入的多少，以此说明企业固定资产的运用效率。一般来说，固定资产周转率越高，表明企业通过销售补偿固定资产折旧费的能力越强，说明企业固定资产投资得当，固定资产结构分布合理，能够较充分地发挥固定资产的使用效率，企业的经营活动越有效；反之，则表明企业固定资产使用效率不高，提供的生产经营成果不多，固定资产的运用效率较差。

应收账款周转率与存货周转率在短期偿债能力中已作介绍，此处不再重复。

四、财务指标综合分析方法

1. 杜邦分析法

盈利指标是企业经营业绩的最佳表现，企业经营效率的高低，盈利能力的大小，资金结构的优劣等都能通过盈利指标综合地表现出来。对任何一个报表使用者来说，盈利数据都是他们特别关心的内容。特别是对企业管理层来说，通过评价企业的盈利能力，不但可以衡量他们工作业绩的优劣，而且，更重要的是，通过对盈利能力指标的深入分析，可以从中发现经营管理中存在的重大问题，进而采取相应的措施加以解决，进一步提高

企业的盈利能力。

关于如何评价企业的盈利能力，前面已经从不同的角度，利用各种指标进行了分析。但是，这些指标分析相对来说比较独立、分散，缺少相互之间的有机联系。为了使财务指标分析形成体系，条理、层次更加清楚，便于报表使用者更全面、深入地了解企业经营和盈利状况，从而揭示企业经营管理存在的问题，有必要建立一套综合的指标分析方法。杜邦分析就是一种最具代表性的、行之有效的综合分析方法。由于美国杜邦企业首先设计和使用了这种财务指标分析的综合模型，杜邦分析模型因此而得名。其基本原理可以从下面财务指标的分解中充分体现出来。

$$
\begin{aligned}
\text{股东权益报酬率} &= \frac{\text{税后利润}}{\text{股东权益}} = \frac{\text{税后利润}}{\text{资产总额}} \times \frac{\text{资产总额}}{\text{股东权益}} \\
&= \text{资产收益率} \times \frac{1}{\text{所有者权益比率}} \\
&= \frac{\text{营业收入}}{\text{资产总额}} \times \frac{\text{税后利润}}{\text{营业收入}} \times \frac{\text{资产总额}}{\text{股东权益}} \\
&= \text{资产周转率} \times \text{营业利润率} \times \frac{1}{\text{所有者权益比率}}
\end{aligned}
$$

从上述指标分解的过程可以看到，杜邦分析法最显著的特点就是将若干个用以评价企业资金运用能力、盈利能力和财务结构的指标有机地结合起来，并最终体现股东权益报酬率这一综合指标。首先，从股东权益报酬率指标开始分析，它受税后利润和股东权益两个因素的影响。但经过分解可以看出，股东权益报酬率实际上受资产收益率和股东权益比率两个指标的影响。资产收益率指标反映了企业利用和发挥财务杠杆作用的程度大小。当企业的资金全部由股权资本提供时，即企业没有利用财务杠杆作用，这时的资产收益率就等于股东权益报酬率。要想提高股东权益报酬率，一方面要提高资产收益率，增强企业的综合盈利能力；另一方面还应尽可能发挥财务杠杆的作用，即提高债务资本的比例，降低股东权益比率。其次，要对资产收益率进行深入分析。通过上述指标分解可以看出，资产收益率实际上受资产周转率和营业利润率两个指标影响。资产周转率是反映企业资金运用能力的综合指标，反映了企业经营效率的高低。营业利润率则说明了企业的销售盈利能力。因此，提高资产周转速度和销售盈利能力是扩大资产收益率的两个途径。在分析时应注意，不同行业的资产周转率和营业利润率可能会相差较大，但在正常的情况下资产收益率不会相差太多，否则，资金就会从低收益率的行业流向高收益率的行业，直到资产收益率基本平衡为止。再次，要对资产周转率和营业利润率进行深入分析。资产周转率主要受营业收入和资产总量及结构的影响，营业利润率主要受营业收入和营业成本、费用、税金等因素的影响。最后，经过上述一系列逐渐深入的剖析，可以找出影响股东权益报酬率的根本原因。这就是杜邦分析法的基本分析内容。尤其是通过图表的形式将这种综合分析方法表现出来，使各种数据指标之间的关系更加直观、清晰、易懂。

在利用杜邦分析法进行综合分析时，一方面应将企业本年度的数据指标与以前会计年度作比较，进行纵向分析，揭示各环节指标数据的变动是否有利，找出问题的症结所在，并采取相应的改进措施；另一方面还要与同行业先进水平进行比较，进行横向分析，找出差距，确定今后的发展目标。

下面我们根据 RC 公司 2003 年和 2004 年的有关财务资料，利用杜邦分析模型对该企业 2004 年的盈利能力、经营效率和资金结构等情况进行综合分析和评价。如图 10－4、图 10－5 所示。

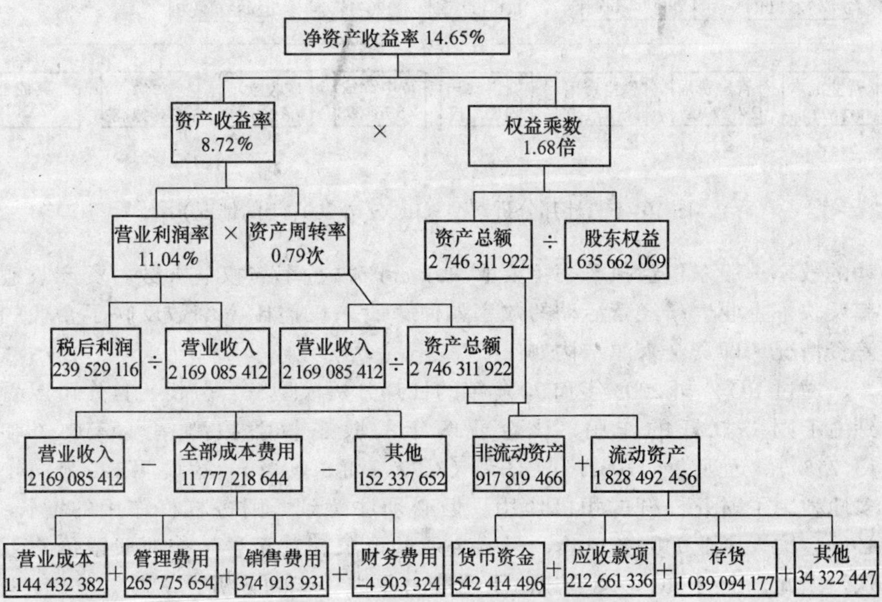

图 10－4　杜邦分析模型（RC 公司 2003 年的情况）

从杜邦分析模型图中可以看出，股东权益报酬率是一个综合性极强、最有代表性的财务指标，它是杜邦分析系统的核心。财务管理的一个重要目标就是使所有者财富最大化，股东权益报酬率正是反映了所有者投入资金的获利能力，因此，这一比率可以反映出企业筹资、投资等各项经营活

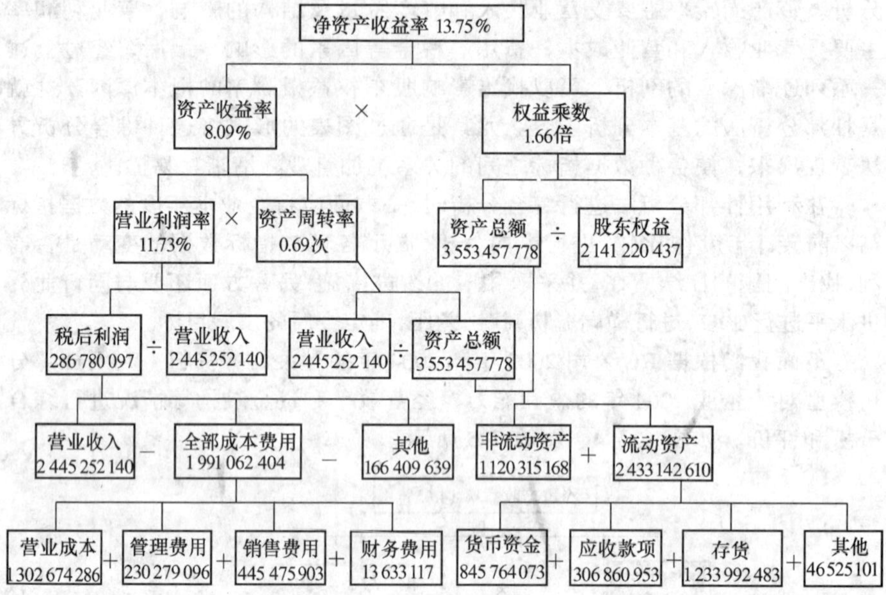

图 10－5　杜邦分析模型（RC公司2004年的情况）

动的效率。股东权益报酬率主要取决于资产收益率与权益乘数。资产收益率反映了企业生产经营活动的效率如何；股东权益比率倒数反映了企业的筹资情况，即资金来源结构如何。

通过RC公司2003年和2004年的杜邦分析模型综合分析，首先可以看到由于财务杠杆的作用，该企业两年的股东权益报酬率（14.65%和13.75%）。远远大于其资产收益率（8.72%和8.09%）。这说明RC公司较多地利用了财务杠杆的积极作用。但必须注意到，财务杠杆作用的增长，必然会增大企业的财务风险，影响企业的形象，甚至导致企业股票价格下跌。因此，应对RC公司的风险承受能力作进一步的分析。

根据图10－4和图10－5中的资料，经过比较可以发现，RC公司2004年的股东权益报酬率为13.75%，比2003年的14.65%降低了0.9%。是什么原因造成这种结果呢？经过分析，由于股东权益报酬率的两个因素——资产收益率和股东权益比率倒数都有所下降，必然使股东权益报酬率下降。其中股东权益比率倒数由1.68倍下降到1.66倍，原因是股东权益增加速度大于资产总额的增加速度；资产收益率由8.72%下降到8.09%，主要是资产周转率降低造成的。资产收益率等于资产周转率与营业利润率的乘积，其中营业利润率2004年为11.73%，比2003年提高了0.69%，对资产收益率的提高是有利的；但是资产周转率从2003年的0.79次下降到2004年的0.69次，影响了资产收益率的提高，它的下降幅度，不但抵消了营业利润率上升的有利影响，而且使资产收益率下降了0.63%。可见，资产收益率下降的主要原因是资产周转率下降。那么，是什么原因造成资产周转率下降呢？还需要对各种影响因素继续分解。经过分析发现，资产管理方面，流动资产周转率由2003年的1.19次，下降到2004年的1.00次，显然它是引起资产周转率下降的主要原因。再继续分解查找原因，可以发现货币资金增长幅度高达56%，有现金闲置的现象，影响了企业的获利能力；另外，应收账款周转率的降低，也是资产周转率下降的另一原因。

通过上述层层分析，对RC公司2004年的经营情况可以得出如下结论：该企业在销售收益及偿债能力等方面的工作取得了较好的成绩。造成资产收益率和股东权益报酬率下降的主要原因是现金持有量不合理及应收账款管理不利，使该企业的盈利能力下降。RC公司今后的任务应该是，除了继续做好其他工作外，重点应放在如何采取有效措施，努力降低闲置资金和加强应收账款的催收工作，以进一步提高企业的盈利能力。

总之，利用杜邦分析法对企业各种财务指标和数据进行综合分析，有助于财务报表使用者全面、深入地了解企业的财务状况和经营业绩。特别是对于企业管理当局，这种综合分析方法能帮助他们及时发现企业存在的问题，采取相应的措施，改进工作，提高企业的效益。

2. 沃尔评分法

亚历山大·沃尔20世纪初提出了信用能力指数的概念，把若干财务比率用线性关系结合起来，以此评价企业的信用水平。受沃尔比重评分法的启发，后来有许多人研究将多个指标综合起来的方法。综合评价的原理不仅用于信用评价，也被用于整个企业的财务评价，甚至扩展到财务以外的领域。

综合评价的主要问题是指标的选取、权重的分配、比较标准的设定，以及指标的综合。

沃尔选择了7个财务比率，分别给定了其在总评价中占的比重，总和为100分，最后求出总评分。我们用沃尔的方法，给RC公司的信用状况评分的结果如表10－12所示。

表 10－12　RC 公司的信用状况评分

财务比率	比　重	标准比率	实际比率	相对比率	评　分
	1	2	3	4＝3/2	5＝1×4
流动比率	25	2.00	2.6	1.3	32.50
净资产/负债	25	1.50	2.24	1.49	37.25
资产/固定资产	15	2.50	4.86	1.94	29.10
营业成本/存货	10	8	1.06	0.13	1.30
营业额/应收账款	10	6	9.45	1.58	15.80
营业额/固定资产	10	4	3.34	0.84	8.40
营业额/净资产	5	3	1.14	0.38	1.90
合　计	100				126.25

【附表】

资产负债表

编制单位：RC 公司　　2005 年 12 月 31 日　　单位：元

项　目	2005	2004
货币资金	845 764 073.60	542 414 496.13
交易性金融资产	0	200 000.00
应收票据	47 996 444.20	12 859 264.00
应收账款	240 429 896.47	182 270 353.89
预付账款	39 045 041.82	13 349 917.10
其他应收款	18 434 613.01	17 531 717.70
存货	1 233 992 483.29	1 039 094 177.19
其他流动资产	7 480 057.80	20 772 530.45
流动资产合计	2 433 142 610.19	1 828 492 456.46
持有至到期投资	0	0
长期股权投资	35 108 617.14	74 196 332.44
投资性房地产	0	0
固定资产原价	1 077 355 922.33	944 528 532.23
减：累计折旧	345 573 502.63	288 046 942.83
固定资产净值	731 782 419.70	656 481 589.40
在建工程	346 293 269.75	175 130 038.09
固定资产合计	1 078 075 689.45	831 611 627.49
无形资产	7 058 083.50	3 839 381.44
生产性生物资产	0	0
其他长期资产	72 778.38	8 172 124.76
非流动资产合计	1 120 315 168.47	917 819 466.13
递延所得税资产	0	0
资 产 合 计	3 553 457 778.66	2 746 311 922.59

续表

项　目	2005	2004
短期借款	283 000 000.00	299 000 000.00
应付票据	1 960 000.00	1 000 000.00
应付账款	391 015 136.81	258 360 122.69
预收账款	102 887 393.63	67 596 514.57
应付职工薪酬	76 404 522.94	68 776 637.02
应交税费	19 098 549.40	－13 267 997.60
应付股利	0	0
其他应付款	54 801 324.70	38 022 386.46
预计负债	818 163.50	337 580.87
流动负债合计	929 985 090.98	719 825 244.01
长期借款	0	0
应付债券	455 323 235.40	363 705 824.60
长期应付款	8 007 157.80	14 185 937.50
其他非流动负债	18 921 856.66	12 887 846.55
递延所得税负债	0	0
非流动负债合计	482 252 249.88	390 779 608.65
负债总额	1 412 237 340.86	1 110 604 852.66
股本	361 684 915.00	331 799 933.00
资本公积	880 600 929.19	593 152 061.29
盈余公积	318 618 233.29	248 634 464.77
未分配利润	579 378 827.47	462 122 478.63
外币报表折算差额	937 532.85	－1 867.76
股东权益合计	2 141 220 437.80	1 635 707 069.93
负债及股东权益合计	3 553 457 778.66	2 746 311 922.59

利　润　表

编制单位：RC公司　　　　2005年12月　　　　单位：元

项　目	2005	2004
一、营业收入	2 456 740 871.93	2 173 649 559.76
减：营业成本	1 302 674 286.27	1 141 432 382.76
二、毛利	1 154 066 585.66	1 032 217 177.00
减：营业税金	28 696 143.46	26 934 422.95
管理费用	230 279 096.30	265 775 654.90

续表

项 目	2005	2004
销售费用	445 475 903.95	374 913 931.61
三、息税前利润	449 615 441.95	364 593 167.54
减：财务费用	13 633 117.90	－4 903 324.90
减：资产减值损失	2 668 405.64	3 153 050.12
公允价值变动损益		
加：投资净收益	1 294 102.53	325 633.00
营业外收支净额	1 022 392.78	356 848.81
四、利润总额	435 630 413.72	367 025 924.13
减：所得税	53 896 425.00	45 757 360.97
五、净利润	381 733 988.72	321 268 563.16

现金流量表

编制单位：RC公司　　　　2005年12月　　　　单位：元

项 目	行 次	2005	2004
一、经营活动产生的现金流量：			
销售商品、提供劳务收到的现金	1	2 625 669 248.52	2 372 181 207.28
收到的税费返还	3	24 438 101.39	3 177 233.90
收到其他与经营活动有关的现金	8	28 748 609.19	26 447 251.31
现金流入小计	9	2 678 855 959.10	2 401 805 692.49
购买商品、接受劳务支付的现金	10	1 229 563 740.27	1 202 113 987.83
支付给职工以及为职工支付的现金	12	349 445 338.90	262 126 928.68
支付的各项税费	13	275 216 424.59	0
支付其他与经营活动有关的现金	18	408 808 275.98	355 405 385.37
现金流出小计	20	2 263 033 779.74	2 111 862 359.14
经营活动产生的现金流量净额	21	415 822 179.36	289 943 333.35
二、投资活动产生的现金流量：			
收回投资收到的现金	22	200 000.00	0
取得投资收益收到的现金	23	1 381 046.81	600 000.00
处置固定资产、无形资产和其他长期资产收回的现金净额	25	4 111 454.74	118 018.00
购买或处置子公司及其他营业单位产生的现金净额	26	0	0
收到其他与投资活动有关的现金	28	54 533 909.82	0
现金流入小计	29	60 226 411.37	718 018.00
购建固定资产、无形资产和其他长期资产支付的现金	30	341 236 387.13	208 155 478.19
投资支付的现金	31	203 254.59	26 515 675.09
支付其他与投资活动有关的现金	35		
现金流出小计	36	341 439 641.72	234 671 153.28

续表

项　　目	行 次	2005	2004
投资活动产生的现金流量净额	37	－281 213 230.35	－233 953 135.28
三、筹资活动产生的现金流量：			
吸收投资收到的现金	38	329 047 438.30	25 970 000.00
取得借款收到的现金	40	343 000 000.00	304 000 000.00
收到其他与筹资活动有关的现金	43	8 771 400.00	12 912 500.00
现金流入小计	44	680 818 838.30	342 882 500.00
偿还债务支付的现金	45	361 500 000.00	267 000 000.00
分配股利、利润或偿付利息支付的现金	46	154 039 385.83	149 469 986.84
支付其他与筹资活动有关的现金	52	1 150 000.00	0
现金流出小计	53	516 689 385.83	416 469 986.84
筹资活动产生的现金流量净额	54	164 129 452.47	－73 587 486.84
四、汇率变动对现金的影响额	55	1 131 175.99	1 101 770.76
五、现金及现金等价物净增加额	56	299 869 577.47	－16 495 518.01
补充资料	行次	2005	2004
1. 将净利润调节为经营活动的现金流量：			
净利润	57	381 733 988.72	321 268 563.16
加：计提的资产减值准备	58		
固定资产折旧	59	69 059 886.61	57 891 724.38
无形资产摊销	60	823 327.07	701 273.11
长期待摊费用摊销	61	3 178 368.44	630 110.71
待摊费用减少（减：增加）	63		
预提费用增加（减：减少）	64		
处置固定资产、无形资产和其他长期资产的损失（减：收益）	65	－640 719.07	449 523.81
固定资产报废损失	66	934 750.15	1 785 694.52
公允价值变动损益	67		
财务费用	68	15 816 927.91	875 771.45
投资损失（减：收益）	69	－1 294 102.53	－325 633.00
递延所得税负债（减：递延所得税资产）	70	0	0
存货的减少（减：增加）	71	－191 717 403.46	－81 609 555.89
经营性应收项目的减少（减：增加）	72	－98 455 288.05	－71 648 343.04
经营性应付项目的增加（减：减少）	73	215 484 401.88	40 718 071.22
其他	74	－3 480 000.00	0
经营活动产生的现金流量净额	75	415 822 179.36	289 943 333.35
2. 不涉及现金收支的投资和筹资活动：			
债务转为资本	76		
一年内到期的可转换公司债券	77		

续表

项　　目	行 次	2005	2004
融资租入固定资产	78		
3. 现金及现金等价物净增加情况：			
现金的期末余额	79	842 284 073.60	542 414 495.99
减：现金的期初余额	80	542 414 496.13	558 910 014.14
加：现金等价物的期末余额	81	0	0
减：现金等价物的期初余额	82	0	0
现金及现金等价物净增加额	83	299 869 577.47	– 16 495 518.01

【案例分析】

刘姝威研究推理“应立即停止对蓝田股份发放贷款”的依据

在对借款企业发放贷款前和发放贷款后，银行必须分析借款企业的财务报告。如果财务分析结果显示企业的风险度超过银行的风险承受能力，那么，银行可以立即停止向企业发放贷款。

1. 蓝田股份的偿债能力分析

2000 年蓝田股份的流动比率是 0.77。这说明蓝田股份短期可转换成现金的流动资产不足以偿还到期流动负债，偿还短期债务能力弱。

2000 年蓝田股份的速动比率是 0.35。这说明，扣除存货后，蓝田股份的流动资产只能偿还 35%的到期流动负债。

2000 年蓝田股份的净营运资金是 – 1.3 亿元。这说明蓝田股份将不能按时偿还 1.3 亿元的到期流动负债。

从 1997 年至 2000 年蓝田股份的固定资产周转率和流动比率逐年下降，到 2000 年二者均小于 1。这说明蓝田股份的偿还短期债务能力越来越弱。

2000 年蓝田股份的主营产品是农副水产品和饮料。2000 年蓝田股份“货币资金”和“现金及现金等价物净增加额”，以及流动比率、速动比率、净营运资金和现金流动负债比率均位于“A07 渔业”上市公司的同业最低水平，其中，流动比率和速动比率分别低于“A07 渔业”上市公司的同业平均值大约 5 倍和 11 倍。这说明，在“A07 渔业”上市公司中，蓝田股份的现金流量是最短缺的，短期偿债能力是最低的。

2000 年蓝田股份的流动比率、速动比率和现金流动负债比率均处于“C0 食品、饮料”上市公司的同业最低水平，分别低于同业平均值的 2 倍、5 倍和 3 倍。这说明，在“C0 食品、饮料”行业上市公司中，蓝田股份的现金流量是最短缺的，偿还短期债务能力是最低的。

2. 蓝田股份的农副水产品营业收入分析

2000 年蓝田股份的农副水产品收入占主营业务收入的 69%，饮料收入占主营业务收入的 29%，二者合计占主营业务收入的 98%。

2001 年 8 月 29 日蓝田股份发布公告称：由于公司基地地处洪湖市瞿家湾镇，占公司产品 70%的水产品在养殖基地现场成交，上门提货的客户中个体比重大，因此“钱货两清”成为惯例，应收款占主营业务收入比重较低。

2000 年蓝田股份的水产品收入位于“A07 渔业”上市公司的同业最高水平，高于同业平均值 3 倍。

2000 年蓝田股份的应收款回收期位于“A07 渔业”上市公司同业的最低水平，低于同业平均值大约 31 倍。这说明，在“A07 渔业”上市公司中，蓝田股份给予买主的赊销期是最短的、销售条件是最严格的。

作为海洋渔业生产企业，华龙集团以应收款回收期 7 天（相当于给予客户 7 天赊销期）的销售方式，只销售价值相当于蓝田股份水产品收入 5%的水产品；中水渔业以应收款回收期 187 天（相当于给予客户 187 天赊销期，比蓝田股份“钱货两清”销售方式更优惠、对客户更有吸引力）的销售方式，只销售价值相当于蓝田股份水产品收入 26%的水产品。

蓝田股份的农副水产品生产基地位于湖北洪湖市，公司生产区是一个几十万亩的天然水产种养场。武昌鱼公司位于湖北鄂州市，距洪湖的直线距离 200 公里左右，其主营业务是淡水鱼类及其他水产品养殖，其应收款回收期是 577 天，比蓝田股份应收款回收期长 95 倍；但是其水产品收入只是蓝田股份水产品收入的 8%。洞庭水殖位于湖南常德市，距洪湖的直线距离 200 公里左右，其主营产品是淡水鱼及特种水产品，其产销量在湖南省位于前列，其应收款回收期是 178 天，比蓝田股份应收款回收期长 30 倍，这相当于给予客户 178 天赊销期；但是其水产品收入只是蓝田股份的 4%。在方圆 200 公里以内，武昌鱼和洞庭水殖与蓝田股份的淡水产品收入出现了巨大的差距。

武昌鱼和洞庭水殖与蓝田股份都生产淡水产品，产品的差异性很小，人们不会只喜欢洪湖里的鱼，而不喜欢武昌鱼或洞庭湖里的鱼。蓝田股份采取“钱货两清”和客户上门提货的销售方式，这与过去渔民在湖边卖鱼的传统销售方式是相同的。蓝田股份的传统销售方式不能支持其水产品收入异常高于同业企业。除非蓝田股份大幅度降低产品价格，巨大的价格差异才能对客户产生特殊的吸引力。但是，蓝田股份与武昌鱼和洞庭水殖位于同一地区，自然地理和人文条件相同，生产成本不会存在巨大的差异，若蓝田股份大幅度降低产品价格，它将面临亏损。

根据以上分析，刘姝威研究推理：蓝田股份不可能以“钱货两清”和客户上门提货的销售方式，一年销售12.7亿元水产品。

3. 蓝田股份的现金流量分析

2000年蓝田股份的“销售商品、提供劳务收到的现金”超过了“主营业务收入”，但是其短期偿债能力却位于同业最低水平。这种矛盾来源于“购建固定资产、无形资产和其他长期资产所支付的现金”是“经营活动产生的现金流量净额”的92%。2000年蓝田股份的在建工程增加投资7.1亿元，其中“生态基地”、“鱼塘升级改造”和“大湖开发项目”三个项目占75%，在建工程增加投资的资金来源是自有资金。这意味着2000年蓝田股份经营活动产生的净现金流量大部分转化成在建工程本期增加投资。

根据2001年8月29日蓝田股份发布的公告，2000年蓝田股份的农副水产品收入12.7亿元应该是现金收入。

刘姝威从事商业银行研究，了解我国的商业银行。如果蓝田股份水产品基地瞿家湾每年有12.7亿元销售水产品收到的现金，各家银行会争先恐后地在瞿家湾设立分支机构，会为争取这“12.7亿元销售水产品收到的现金”业务而展开激烈的竞争。银行会专门为方便个体户到瞿家湾购买水产品而设计银行业务和工具，促进个体户与蓝田股份的水产品交易。银行会采取各种措施，绝不会让“12.7亿元销售水产品收到的现金”游离于银行系统之外。与发达国家的银行相比，我国商业银行确实存在差距，但是，我国的商业银行还没有迟钝到“瞿家湾每年有12.7亿元销售水产品收到的现金”而无动于衷。

根据以上分析，刘姝威研究推理：2000年蓝田股份的农副水产品收入12.7亿元的数据是虚假的。

4. 蓝田股份的资产结构分析

蓝田股份的流动资产逐年下降，应收款逐年下降，到2000年流动资产主要由存货和货币资金构成，到2000年在产品占存货的82%；蓝田股份的资产逐年上升主要由于固定资产逐年上升，到2000年资产主要由固定资产构成。

2000年蓝田股份的流动资产占资产百分比位于“A07渔业”上市公司的同业最低水平，低于同业平均值约3倍；而存货占流动资产百分比位于“A07渔业”上市公司的同业最高水平，高于同业平均值约3倍。

2000年蓝田股份的固定资产占资产百分比位于“A07渔业”上市公司的同业最高水平，高于同业平均值1倍多。

2000年蓝田股份的在产品占存货百分比位于“A07渔业”上市公司的同业最高水平，高于同业平均值1倍；在产品绝对值位于同业最高水平，高于同业平均值3倍。

2000年蓝田股份的存货占流动资产百分比位于“C0食品、饮料”上市公司的同业最高水平，高于同业平均值1倍。

2000年蓝田股份的在产品占存货百分比位于“C0食品、饮料”上市公司的同业最高水平，高于同业平均值约3倍。

根据以上分析，刘姝威研究推理：蓝田股份的在产品占存货百分比和固定资产占资产百分比异常高于同业平均水平，蓝田股份的在产品和固定资产的数据是虚假的。

5. 刘姝威的研究推理

根据以上分析，刘姝威研究推理：蓝田股份的偿债能力越来越恶化；扣除各项成本和费用后，蓝田股份没有净收入来源；蓝田股份不能创造足够的现金流量以便维持正常经营活动和保证按时偿还银行贷款的本金和利息；银行应该立即停止对蓝田股份发放贷款。

案例点评：

任何虚假的会计报表都会使投资者的利益受到损害，表面上这些虚假的“利好”信息会刺激企业股价上涨，但这只是一个被吹大了的泡沫而已，最终受到伤害的还是广大中小股东，股市也会受到牵连，继而会使整个国民经济受到影响。

刘姝威引用上市公司蓝田股份公开的材料和数据，通过对流动比率、速动比率和净营运资金这三个主要财务指标的分析，就可发现，蓝田股份的短期偿债能力很弱，已经成为一个空壳，没有任何创造现金流量的能力，也没有收入来源，全依靠银行的贷款在维持生存，而且用拆西墙补东墙的办法，支付银行利息。只要银行减少对蓝田股份的贷款，蓝田股份会立即垮掉。同时也可以看出，一个股民如果连上市公司的年报都不会看，就进入股市那是相当危险和盲目的，一旦像蓝田股份这样的地雷爆炸，他们是避之不及的。

资料来源：刘姝威．蓝田之谜．北京青年报，2002年12月24日。

思 考 题

1. 财务报表使用者有哪些？他们主要关心哪些财务指标？

2. 如何对企业的获利能力进行分析？

3. 对企业短期偿债能力进行分析时应当运用哪些方法和指标？

4. 企业的获利能力与偿债能力有无关系？

计算分析题

1. 某企业总资产为 1 000 万元，所得税税率为 33%，银行借款利率 10%，总资产收益率（=息税前收益/资产平均余额）为 8%时，试分别计算资产负债率为 0%，30%，50%和 70%时的净收益和净资产收益率。如果总资产收益率不是 8%，而是 10%，15%时，请分别计算其净收益，净资产收益率。

2. 资料：某公司 2005 年度财务报表主要资料如下。

资产负债表（2005 年 12 月 31 日）　　单位：万元

资产	金额		负债及所有者权益	金额	
	年初	年末		年初	年末
现金	764	310	应付账款	401	516
应收账款	1 156	1 344	应付票据	480	336
存货	700	966	其他流动负债	235	468
固定资产净额	1 170	1 100	长期负债	1 230	1 026
			实收资本	1 444	1 444
资产合计	3 790	3 720	负债及所有者权益合计	3 790	3 720

利润表（2005 年 12 月）　　单位：万元

项　目	金　额	项　目	金　额
营业收入	8 430	利息费用	498
营业成本	6 570	税前利润	382
毛利	1 860	所得税	152.80
管理费用	980	净利润	229.20

要求：(1) 计算该公司有关的财务比率（按表中列出的比率指标计算）；

(2) 与行业平均水平比较，说明该公司可能存在的问题。

财务比率	本公司	行业平均水平
①流动比率		2
②速动比率		2
③净资产收益率		0.5
④存货周转率		6次
⑤应收账款周转率		9次
⑥税后净利率		0.08
⑦销售毛利率		0.2
⑧资产负债率		0.1
⑨已获利息倍数		4倍

第十一章

国际财务管理

本 章 要 点

国际业务财务管理的基本原理与国内业务财务管理大致相同，但是国际财务管理活动要比国内财务管理活动更为复杂，而且还要面临着国内业务所没有的风险因素，如外汇风险、政治风险等。本章主要在对外汇管理、国际融资管理、国际投资管理和国际营运资本管理中的风险进行分析的基础上，阐述了相关的管理理论和方法。

世界500强企业中的一半以上已经在中国投资，同时，我国越来越多的企业意识到仅仅在国内市场上的成功并不等于长期有利可图，他们开始把眼光瞄向了跨国经营。与之相适应，企业财务管理的内容和层次更加丰富。筹资、投资和经营活动面临的环境更加复杂，风险和机会都在增加，财务分析和评价也应该从企业全球化的利益出发。国际业务的财务管理，其基本原理也是依据和国内业务财务管理相同的价值基础，但是国际财务管理活动要比国内财务管理活动更为复杂，而且还要面临着国内业务所没有的风险因素，如外汇风险、政治风险等。

第一节　外汇市场和外汇风险

与国内财务管理明显不同的是，对于从事国际范围内经营活动的企业来说，不仅使用本国货币，更多地还需要使用其他国家的货币，所以首先要解决的就是多种货币间交易的问题。从事各种货币交易的金融市场就是外汇市场，各种货币交易的价格就是汇率。汇率的变化会极大地影响国际企业的财务状况和经营成果，甚至企业市场价值。根据汇率变化对国际企业影响的不同方面，汇率风险可以分为折算风险、交易风险和经济风险。各种风险的客观存在，需要国际企业在尽量准确预测汇率变化的同时，采取相应的措施加以防范，以减少损失。

一、外汇市场、汇率和外汇交易

在企业跨国经营中，首先面临的就是在多种货币之间进行交易的问题。多种货币交易的场所称为外汇市场。在外汇市场中，交易主体是来自各个国家的政府、银行和国际企业，交易对象是各个国家发行的货币。在国际财务管理中，首先了解外汇市场的基本要素——汇率和外汇交易非常必要。

（一）汇率

外汇的汇率是指一种货币用另一种货币来表示的价格，汇率通常处于变动的状态。例如，当前外汇市场上，1 美元兑换 8.070 2 元人民币，这就意味着人民币对美元的汇率是 8.070 2 元，如果中国企业要在外汇市场上购买 100 美元，就必须支付 807.02 元人民币。

1. 汇率的标价方法

汇率的标价方法有两种，直接标价法（direct quotation）和间接标价法（indirect quotation）。

直接标价法，又称应付标价法（giving quotation），即以本国货币表示每单位外币的价格。如在中国外汇市场上，人民币与美元的汇率是 RMB 8.070 2/USD 1.00，就是直接标价。按照直接标价法，外国货币数额固定不变，汇率涨跌都以相对的本国货币的数额的变化来表示。一定单位的外国货币的本币数量增多，说明外国货币汇率上涨，即外币升值或本币贬值。反之，一定单位的外国货币折算的本币数量减少，说明外国货币汇率下跌，即外币贬值或本币升值。

间接标价法，又称应收标价法（receiving quotation），即以外国货币表示每单位本币的价格。例如，在中国外汇市场上，USD 0.123 9/RMB 1.00 就是间接标价。按照间接标价法，本国货币数额固定不变，汇率涨跌都以相对的外国货币的数额的变化来表示。一定单位的本国货币的外币数量增多，说明本国货币汇率上涨，即本币升值或外币贬值。反之，一定单位的本国货币折算的外币数量减少，说明本国货币汇率下跌，即本币贬值或外币升值。显然，直接标价和间接标价是成倒数关系的。大多数国家，包括我国在内，目前采用的都是直接标价法。

2. 买入价、卖出价和中间价

作为外汇市场中介者的外汇银行，在对外报价时，一般要同时报出买入价和卖出价，如表 11－1 所示。买入价和卖出价之间的差额即是银行的利润。买入价与卖出价之间的平均价格为中间价。一般以中间价来表示外汇的汇率。

表 11-1 外汇汇率

交易货币种类	现汇买入价	现汇卖出价	现钞买入价	现钞卖出价
英镑/港元	13.495 8	13.542 0	13.495 8	13.542 0
英镑/美元	1.740 3	1.744 3	1.740 3	1.744 3
英镑/瑞士法郎	2.248 8	2.258 8	2.248 8	2.258 8
英镑/新加坡元	2.940 9	2.952 3	2.940 9	2.952 3
英镑/日元	199.290 0	200.250 0	199.290 0	200.250 0
英镑/加元	2.045 7	2.055 7	2.045 7	2.055 7
英镑/澳元	2.311 4	2.324 8	2.311 4	2.324 8
港元/日元	14.750 0	14.810 0	14.750 0	14.810 0
美元/港元	7.752 2	7.766 2	7.752 2	7.766 2
美元/瑞士法郎	1.291 6	1.295 6	1.291 6	1.295 6
美元/新加坡元	1.689 2	1.693 2	1.689 2	1.693 2
美元/日元	114.460 0	114.860 0	114.460 0	114.860 0
美元/加元	1.175 0	1.179 0	1.175 0	1.179 0
瑞士法郎/港元	5.984 7	6.011 5	5.984 7	6.011 5
瑞士法郎/新加坡元	1.304 6	1.311 0	1.304 6	1.311 0
瑞士法郎/日元	88.400 0	88.920 0	88.400 0	88.920 0
瑞士法郎/加元	0.907 5	0.912 9	0.907 5	0.912 9
新加坡元/港元	4.580 0	4.596 0	4.580 0	4.596 0
新加坡元/日元	67.630 0	67.970 0	67.630 0	67.970 0
加元/港元	6.578 6	6.605 0	6.578 6	6.605 0
加元/新加坡元	1.433 6	1.440 0	1.433 6	1.440 0
加元/日元	97.160 0	97.660 0	97.160 0	97.660 0
澳元/港元	5.816 2	5.847 4	5.816 2	5.847 4
澳元/美元	0.749 8	0.753 4	0.7498	0.7534
澳元/瑞士法郎	0.969 0	0.975 0	0.969 0	0.975 0
澳元/新加坡元	1.267 4	1.274 8	1.267 4	1.274 8
澳元/日元	85.900 0	86.460 0	85.900 0	86.460 0
澳元/加元	0.881 7	0.887 7	0.881 7	0.887 7
欧元/英镑	0.685 4	0.687 6	0.685 4	0.687 6
欧元/港元	9.267 5	9.297 1	9.267 5	9.297 1
欧元/美元	1.195 1	1.197 5	1.195 1	1.197 5
欧元/瑞士法郎	1.543 8	1.550 4	1.543 8	1.550 4
欧元/新加坡元	2.019 5	2.026 9	2.019 5	2.026 9
欧元/日元	136.850 0	137.490 0	136.850 0	137.490 0
欧元/加元	1.404 9	1.411 5	1.404 9	1.411 5
欧元/澳元	1.587 3	1.596 1	1.587 3	1.596 1

资料来源：中国银行－个人网上银行．http://bocjs.jsinfo.net/ggxx/ExRateMulti.jsp.2005 年 10 月 12 日。

(二) 外汇交易

外汇交易也就是外汇买卖。国际企业的产品出口、原材料进口、跨国投资、跨国筹资、跨国资金转移等都需要通过外汇交易。利用不同的外汇交易形式，国际企业不仅可以满足贸易、投资、经营等的需要，而且还可以用于回避汇率风险甚至投机获利。根据外汇交易交割时间的不同，外汇交易大致分为如下几类：即期外汇交易（spot exchange transaction）、远期外汇交易（forward exchange transaction）和掉期外汇交易（swap exchange transaction）。即期外汇交易要求立即交割外汇；远期外汇交易则指在将来的某个时间交割外汇的远期合约；而掉期外汇交易是指同时确定买进和卖出某一货币的两个合约，但这两个合约的交割日有所不同。

1. 即期外汇交易

即期外汇交易，也称现汇交易或现汇买卖，是指交易双方成交后，于当日或两个营业日之内按照成交时的汇率进行交割的交易方式，是外汇交易的基本形式，在银行间外汇交易额中占了很大比重。由于交割时间很短，一般风险较小。通常银行与顾客之间的外汇交易都采用即期交易的方式，即期交易中所采用的汇率称为即期汇率。

2. 远期外汇交易

远期外汇交易，也称期汇交易或期汇买卖，是指交易双方约定在将来某日，按现在确定的某一汇率，交割某一确定金额的外汇的协议。银行在报远期汇率时，一般只报一个月、两个月、三个月、六个月和十二个月的外汇汇率。少数远期外汇合约的期限甚至超过十二个月。

同一个远期外汇交易，既可以被称为“买远期”，也可以被称为“卖远期”。究竟是“买远期”还是“卖远期”，则要视所指的货币而定。例如，顾客打算签订一个三个月后用美元买欧元的远期外汇合约，则对他而言，既可称“买欧元远期”，也可说“卖美元远期”。在外汇远期交易中，远期汇率与即期汇率的差异称为贴水或者升水。

3. 掉期外汇交易

掉期外汇交易，又称时间套汇，是指在同一时间里顾客（通常是与同一家银行）签订购买和出售同等（或相近）金额外汇的两个合约，这两个买卖合约的交割日有前后之别。掉期交易的主要目的是通过交易，避免外汇汇率变动的风险，实现资金保值。

常见的掉期外汇交易形式为“即期对远期（spot against forward）”。外汇交易商在即期市场上买入（或卖出）某一货币，同时又在远期市场上向同一家银行卖出（或买入）同等（或相近）数目的该货币。

另一种比较复杂的掉期外汇交易是“远期对远期（forward against forward)”。即外汇交易商以币种A买入两个月后交割的远期币种B（两个月后，他将付出币种A，换取币种B)，同时又卖出四个月后交割的远期币种B，换取币种A。

与外汇交易的类型相对应，外汇交易的场所包括即期外汇市场，远期外汇市场，外汇期货市场和外汇期权市场。

二、外汇风险

外汇风险（foreign exchange risk）又称外汇涉险（foreign exchange exposure)，是指汇率变动对公司盈利能力、净现金流量和市场价值的潜在影响。国际企业财务管理人员的一个重要工作就是把握外汇风险状况并进行风险管理以保证公司盈利能力，净现金流量和最大化市场价值。根据影响内容的不同，国际企业在经营中所面临的外汇风险主要有经济风险、交易风险和折算风险三种类型。

1. 经济风险

经济风险（economic exposure）通常又称营运风险（operating exposure)，它是由未能预料的汇率变化对国际企业未来可获得的现金流量的净现金流量产生的影响。经济风险既可能给国际企业的净现金流量带来增值又有可能带来损失。这种影响的大小取决于汇率变化对未来销售量、价格和成本的影响。在国际企业的经营计划中，通常都要预先估计可能的汇率变化对经营活动的影响。经济风险涉及企业的研、产、供、销各个环节，仅靠财务管理人员是无法完全控制的，控制经济风险需要企业管理层的全面参与。

【微型案例】

日元升值对日本彩电业的冲击

在20世纪80年代中期，日元与美元的汇率一直在JPY240/USD1波动。到1995年，日元发生大幅度升值，达到了JPY90/USD1，日元的升值对日本彩电出口企业产生了极大的冲击。1985年，日本彩电企业的国内生产成本大致为100 000日元，出口到美国后，按照417美元（100 000 ÷ 240）的价格销售就可以获得正常的利润。但是，在1995年，日本企业出口彩电的销售价格，只有提高到1 111美元（100 000 ÷ 90）才能够实现盈亏平衡，因此日本企业陷入了两难的境地：由于美国的物价指数并没有随着美元的贬值而上涨，如果日本企业提高彩电的销售价格，以补偿日元升值带来的损失，那么美国消费者必然会减少购买日本彩电，日本彩电企业的收入将会更少；如果日本企业为了维持其市场份额，保持现有的销售价格水平(417 美元)，就必须将产品的生产成本降低到 37 530 日元（417 × 90）。总的说来，无论日本彩电企业是维持其现有的日元价格还是削减价格，日元的升值对它们终究不是好消息。

2. 交易风险

交易风险（transaction exposure）是在汇率变化以前发生，而且在汇率变动时仍未清算的未到期债权债务价值的变动。跨国的赊买赊卖、远期外汇买卖或者以外币表示的借贷活动都会涉及交易风险。国际企业中可能产生交易风险的交易主要包括：以信用方式进行国际贸易、外汇信贷、远期外汇交易等。交易风险会影响企业当期的现金流量和账面损益。

3. 折算风险

折算风险（translation exposure）又称为会计风险（accounting exposure），它的产生是因为国际企业需要将子公司以外币表示的财务报告转换成统一以母国货币表示的合并财务报表，在报表转换过程中可能出现的股东权益变化，就是折算风险。它包括两项内容，一是企业资产负债表因折算汇率变化而发生价值改变的风险，这种风险导致的折算损益可以看做是企业未实现的折算损益；另一种是企业利润表因折算汇率变化而发生价值改变的风险，这种风险导致的折算损益可以看做是企业已实现的折算损益。我们需要明确的是折算风险并不影响企业当期的现金流量，但可以给企业带来财务报告上的损益和结构上的变化，在进行财务分析时，会使各种财务比率发生变化。

相对于汇率变动的时间，以上三种外汇风险发生的时间和影响的期间是不同的。经济风险存在于汇率变动以后；交易风险产生于汇率变动之前，结束于汇率变动之后；而折算风险则在汇率变动时已经确定。折算风险和交易风险都是一次性的，而经济风险则是连续的、长期的。交易风险反映汇率变化引起的以外币结算的合同金额的变化，损益的结果取决于合同的性质。交易风险既衡量汇率变化对过去的决策结果的影响又衡量对未来决策结果的影响。因为相关的经济活动发生在过去，而要在未来结算，影响的内容是已经签订的但要在未来结算的合同。

三、外汇风险的管理

(一) 经济风险的管理

经济风险影响企业的现金流量，并且最终影响企业的价值。由于经济风险的作用是多方面的而且长期的，所以经济风险的管理是企业管理中的一个重要方面。对经济风险的管理主要包括事前的多元化安排和事中的企业经营重构。

1. 多元化经营

经济风险涉及生产、销售、财务等各个领域，它们相互联系，相互影响。事前控制经济风险的最有效方法，就是通过多元化经营，包括业务领域的多元化和经营地域的多元化，使有关各方面产生的不利影响能相互抵消。也就是说，这里所说的多元化经营不仅指在不同的业务领域经营，也是指在全球范围内分散原材料来源、生产和销售地点，这样某个国家的汇率变动对子公司的不利影响可能被在其他国家受汇率变动的有利影响所抵消。

(1) 产品上的多元化。在产品安排上，产品的品种、规格、用途尽可能做到多样化，使之能更好地适应不同国家、不同类型、不同层次的消费者的需求。

(2) 销售上的多元化。在销售上，力争使所生产的产品能尽快进入不同国家的市场，并合理安排结算外币的币种和结构。

(3) 采购上的多元化。在原材料、零配件的采购方面，尽可能做到从多个国家和地区进行采购，合理安排结算外币。

(4) 融资上的多元化。企业融资时，可以从多种资本市场上筹集资金，用多种货币计算还本付息金额，如果有的外币贬值，有的升值，就能达到外汇风险相互抵消的效果。

(5) 投资上的多元化。在投资时，尽可能向多个国家投资，获取多种外汇收入，这样可以避免单一投资带来的风险。

2. 企业经营重构

企业经营重构是指对受到汇率变化严重影响的子公司的业务流程进行重新构建，平衡业务流程中各项目对汇率变化的敏感性，从而降低整个业务流程的经济风险。

(二) 交易风险的管理

当企业从事跨国的赊买赊卖、远期外汇买卖或者以外币计价的借贷活动都会涉及交易风险。例如，我国跨国企业贷款 100 万美元引进设备，当时汇率为 1 美元∶8.1 元人民币，设备价款折算人民币为 810 万元，到还款时，汇率变为 1 美元∶8.2 元人民币，进口设备价款折算人民币为 820 万元。该企业损失人民币 10 万元，即为外汇的交易风险。

交易风险的管理方法有两大类。一类是合约保值，主要包括通过在远期市场、期货市场和期权市场上从事外汇买卖合约进行保值；另一类是经营策略管理，可以对通过款项的提前或延迟支付，达到规避交易风险的效果。

1. 交易风险的合约保值管理

交易风险的合约保值管理，主要是利用外汇远期、期货及期权市场对外汇风险进行套期保值。

（1）利用外汇远期进行套期保值。远期外汇交易的金额一般比较大，是大型企业普遍采用的保值方法。由于远期外汇交易在签订合同时就已经约定了买卖货币的汇率，因此企业可以肯定地预知将来收到或支付的货币价值，从而排除了未来现金流量不稳定的风险。当企业持有外汇债权时，可以通过出售远期外汇保证将来的本币流入金额；当企业持有外汇债务时，可以通过购入远期外汇保证将来的本币流出金额。但是，企业为此可能要承担远期外汇交易本身带来的风险。

由此可见，利用远期外汇交易保值可以固定企业未来的现金流量的本币价值，但是，如果汇率向着与企业预计相反的方向改变，企业有可能多花费或少收益，因此是否采用远期外汇交易保值还取决于企业对汇率变化的估计。如果汇率朝相对采用远期外汇交易有利的方向发展的可能性较大，则采用远期外汇交易比较合适；反之，如果汇率向着相对采用远期外汇交易不利的方向发展的可能性较大，则企业可能会考虑采用其他保值方法或者不保值。

（2）利用外汇期货市场进行套期保值。外汇期货交易保值的原理与远期外汇交易一样，只是外汇期货的金额比较小，适用于较小金额的外汇保值。另外，由于期货合约都有固定金额，有时可能与企业保值要求的金额不相匹配，企业只能选取最接近保额的合约数量，因此企业有可能不能对所有的金额进行保值或超过保值金额的部分进行保值，使企业无法全部回避未来本币金额的变动。当企业拥有外汇时，为了避免外汇贬值造成未来本币金额的减少，企业可以选择出售外汇期货；当企业拥有外汇债务时，为了避免外汇升值造成未来本币现金流出的增加，企业可以选择购买外汇期货。通过外汇期货的买卖，企业可以固定其未来本币现金的流量。但是，同远期外汇交易一样，如果汇率朝着与企业预计相反的方向改变，企业有可能多花费或少收益，这时外汇期货交易可能给企业带来交易风险。企业判断是否采用外汇期货交易保值的方法和原则可以参照远期外汇交易。

(3) 利用外汇期权市场进行套期保值。期权是在一定时期内按一定汇价买进或卖出一定数量外汇的权利，也是重要的外汇避险形式。外汇期权可分为买进期权和卖出期权。买进期权是指购买外汇期权的一方，有权在合同期满时或在此以前按规定的汇率购进一定数量的外币。卖出期权是指购买外汇期权的一方有权在合同期满或在此以前按规定的汇率卖出一定数额的外币。相比而言，外汇期权具有如下优点：

① 对期权合同的购入方来说，外汇期权类似于保险。因为期权合同购入的是权利而又不必承担义务。如果期权交易无利可图，则可放弃这种权利。例如，国际企业在购入买进期权后，外币汇率一直下跌，即市场价格低于协定价格，则该企业可放弃此项合同。

② 对期权合同的购买方来说，使用外币期权可以使保值成本成为确定因素。不管汇率发生多大变动，期权持有者的保值成本都不会超过期权的购买价格即“期权费”。

2. 交易风险的经营策略管理

一些经营策略的应用也具有部分抵消外汇风险的功能，所以也可运用到交易风险的管理中。外汇风险管理中最常用的经营策略是安排资金转移的时机。

安排资金转移时间的基本形式是提前与延迟。提前是指提早支付。持有弱币并负有强币支付责任的公司都希望在弱币贬值之前，尽早用弱币来履行强币支付责任。延迟即推后支付。持有强币同时负有弱币债务的公司尽可能想推迟债务清偿以节省硬通货。显然，提前与延迟可以部分地消除交易风险。

如果资金转移时间的安排是在独立的 A、B 两个企业之间进行，就意味着 A 企业把时间偏好或防范交易风险的愿望强加给 B 企业，从而给 B 企业带来了风险。因此，要使 B 企业接受提前或延迟支付资金，A 企业就必须提供一些折扣予以补偿，否则不可行。所以，国际企业内部的关联公司之间的提前或延迟支付更为可行。

(三) 折算风险的识别与管理

企业的跨国经营中，海外子公司的资产和负债计值所使用的货币与母公司财务报表中所使用的货币有功能货币（functional currency）和报告货币（reporting currency）之分。功能货币是子公司经营并获得现金流量的基本经济环境中使用的货币。报告货币是母公司财务报表所使用的货币，通常是母国货币。在编制合并报表的过程中，折算的会计方法不同，会直接影响到折算风险的大小。目前的基本报表折算方法有四种：现行汇率法、货币与非货币法、流动与非流动法、时态法。

1. 折算风险的识别

简单地说，识别折算风险就是计算由于汇率变动带来的折算增益或损失。在计算中，可以采取两种办法求得折算增益或损失。

（1）逐项折算法，就是完整地根据所采用的基本折算方法的要求，把资产负债表或利润表的各个科目分别按变动前和变动后的汇率折算，再汇总折算损益。

（2）简单折算法，就是只把对折算损益有关的风险资产和风险负债列出来汇总，计算出净风险资产，然后乘以汇率贬值或升值幅度，即得到折算损益。风险资产（exposed assets）和风险负债（exposed liabilities）是指以报告货币计算的价值随功能货币贬值或升值而下降或上升的那些国外资产和负债。当风险资产超过风险负债时，净风险资产为正；当风险资产少于风险负债时，净风险资产为负。这里，功能货币是会计准则所规定的一种货币概念，即一项资产或负债可以用同一种货币计量和标示，也可以用一种货币计量而用另一种货币标示。由这一理念进一步引申出，会计系统中的货币具有两种功能：计量功能和标示功能。在单一货币环境下，货币的计量功能和标示功能是合二为一的，而在非单一货币环境下，两者往往相互分离。功能货币特指充当计量尺度的货币，不同货币之间的汇率关系经常发生变动，功能货币的不同选择就可能导致计量结果的迥异。

2. 折算风险的管理

为了防范折算风险，国际企业通常采用资产负债表保值方法，以轧平净风险资产头寸。资产负债表保值的原理就是使公司的合并资产负债表的外币风险资产与外币风险负债相等。当达到了这样的状态时，即净风险资产等于零，那么汇率的变化引起的风险资产价值变化就正好被风险负债的价值变化抵消。

由于折算风险只导致报表折算时出现账面损益，并不影响国际企业的现金流量，所以一些观点认为不必对折算风险进行管理。另外，折算风险本身不影响企业现金流量，但是折算风险的保值措施却会影响企业的现金流量，尤其是当汇率朝企业预期相反的方向变化时，保值措施带来的损失却会带来企业真正的现金流出，对企业并无好处。

第二节　国际融资管理

国际企业由于其跨国经营的业务和资金需求量的需要，经常在国际金融市场上筹措资金，因而有更广泛的资金来源，融资的机会相对较多。可同时，融资中所受影响的因素也较多，如各国的政治气候、法律环境、经济条件、资本市场、汇率变动及文化背景等；同时，大部分因素都处于不断的变化之中，不确定性较大。因此，国际融资风险也相应较大。

一、国际融资战略

国际企业的融资战略必须从全球战略的高度，权衡各类可以利用的资金来源，从中择优并合理地组合，以达到总体设定目标融资结构、规避融资风险、融资成本最小化等融资战略目标。

1. 设定目标融资结构

资本结构理论揭示了企业运用财务杠杆后负债水平与企业价值之间的关系，指出企业都有一个最优的资本结构。国际企业在寻求低成本低风险的融资来源时，必须设立和确定最优的融资结构，即目标资本结构。国际企业的融资结构，主要是确定最佳的债务股本比率。其中包括如何确定国际企业整体的资本结构以及各个子公司的资本结构。影响目标资本结构的主要因素有财务风险与经营风险、资本的可获得性、企业借债储备能力、企业增长速度、企业资产的性质和结构、企业所得税率等。

2. 规避融资风险

任何一种重要的融资安排，都会因融资来源、融资方式、融资期限等对公司总体的风险水平产生影响。因此，国际企业在进行融资安排时，无论由母公司融资还是子公司融资，都必须考虑到风险因素，包括对股价、流动性、偿债能力等因素的影响，并努力避免或降低融资风险。

3. 融资成本最小化

在经济全球化的大背景下，国际资本市场逐渐趋同。但是，由于各种人为的和非人为的因素影响，国际资本市场，仍可细分为众多的差异化市场。不同市场上的资金，因风险不同、资金供求、政府的货币政策、政府补贴或税负等因素的影响，其融资成本也不尽相同，从而为国际企业实现融资成本最小化战略目标提供了机会；另一方面，国际企业内部一体化的组织能力和全球化的信息网络也为其及时、准确地把握这种机会提供可能。

二、国际融资渠道

由于国际企业所需资金不仅数量大，而且涉及众多国家的子公司和诸多币种，就要求其融资渠道也更广泛而多样。总体而言，有以下四个主要方面。

1. 国际企业内部的资金

这是指母公司与子公司之间、子公司与子公司之间相互进行资金融通。除了在国外子公司创建初期，母公司投入足够的股本，以保持对该子公司的所有权和控制权之外，有时母公司还以贷款形式向国外子公司提供资金。国际企业的内部资金包括未分配利润、国际企业内部积存的折旧基金、经营中的暂时闲置资金等。内部相互融通资金，对于国际企业的重要性已越来越明显，通过这种渠道所筹集的资金，国际企业不需要支付融资费用，可以降低融资成本。

许多国际企业通过建立资金管理职能进行资金内部调度和融通，以提高资金的使用效率，降低资金成本和融资难度。

2. 国际企业母国的资金

国际企业可以利用其与母国经济发展的密切联系，从母国银行、非银行金融机构、有关政府组织、企业甚至个人处获取资金。具体说来，主要有三条途径：

（1）从母国金融机构获得贷款。这是国际企业从外部获取资金的重要途径之一。一些跨国银行，通常与其母国的主要国际企业存在着极紧密的战略和业务关系，它们会以支持这些公司的业务活动作为它们的国际战略目标。德国、日本和瑞士的银行就是突出的代表。它们跨国经营的目的就是扩张其国际资产，占领国际金融市场，这可以通过在全球范围内支持其本国国际企业的业务活动来实现。国际企业与跨国银行的这种合作关系，不仅表明跨国银行是国际企业的主要资金供应者，而且表明国际企业也是跨国银行的最大信贷获得者。

（2）在母国资本市场上发行债券融资。这是国际企业一种传统的融资方式。相比而言，在母国资本市场上发行债券融资所筹措的资金金额比银行贷款所筹措的资金金额要多。

（3）通过母国有关政府机构或经济组织获得贸易信贷。这条获取资金的途径，会随着一国经济贸易保护政策的改变而不断变化。

3. 国际企业东道国的资金

国际企业的融资安排中，东道国也是其中重要的组成部分。当来源于国际企业内部及其母国的资金不能满足经营的需要时，国际企业东道国（即母国以外的子公司所在国家和地区）的资金也是重要的来源。由于各国的经济状况与条件不同，因而国际企业利用东道国资金的情况也因国别而异。

（1）在发达国家和地区，由于经济基础较好、资本市场完善程度较高，所以资本相对充裕。但各国金融环境存在一定差异，国际企业的融资渠道也有所不同。例如在美国，证券市场较为健全，因此证券市场成为最重要的资金来源；在德国，金融业务较为发达，因而银行业是提供各种资金的主要机构。

（2）在发展中国家和地区，经济发展相对落后，证券业务起步较晚，资本市场发育不够健全，因而通过资本市场筹措资金相当有限，主要依赖银行业提供的中短期贷款资金。

4. 国家间资金

这是指向除了上述三种渠道以外的第三国或国际组织获取的资金，它是国际企业筹措资金的又一主要渠道。具体地说，主要有：

（1）向第三国或国际金融机构借款。当国际企业向第三国购买货物时，一般可向该国银行获取出口信贷。目前，许多国家都设立进出口银行，为本国或他国国际企业的进出口融资。另外，国际企业还可向国际金融机构，如世界银行、亚洲开发银行、国际金融公司等借款。

（2）向国际资本市场融资。这种融资的对象主要是一些大型跨国银行或国际银团。如国际企业可在国际股票市场上发行股票，也可在国际债券市场上发行中长期债券融资。另外，国际企业还可以在国际租赁市场上通过设备租赁等方式融资。

三、国际融资方式

国际融资方式，与单纯的国内融资方式相比，有相同之处，但在资金提供者、提供方式上也有许多不同之处，这里将讨论其中带有国际特色的融资方式。

1. 国际股权融资

我们知道，股票是股份公司为筹集自有资金发行的有价证券，是投资人入股和取得收益的凭证。那么，所谓国际股票是指一国企业在国际金融市场或国外金融市场上发行的股票。比如，中国的股份有限公司在美国纽约证券市场上或英国伦敦证券市场上发行股票以获得资金，便属于国际股权融资。同样，日本企业在美国证券市场上发行股票、美国企业在欧洲证券市场上发行股票也都属于国际股权融资。随着世界经济全球化，股票的发行也已超越了国界的限制，出现了国际化趋势，许多大企业特别是大型跨国公司都到国际金融市场上去发行股票。我国的许多企业，如搜狐、网易、新浪、百度等就是通过在国外证券市场上发行股票而获得企业发展所需要的资金。

国际企业在国外金融市场上发行股票与国内企业相比，有很多有利条件，包括：

(1) 国际企业规模大，信誉好，容易获得国际资本市场的信任，有利于股票发行；

(2) 国际企业的业务散布多国，对国外或国际金融市场情况比较了解；

(3) 国际企业可以通过在国外的分支机构在当地发行股票，可以在很大程度上节约发行费用。

企业利用发行股票筹集资金，能迅速筹集资金，同时也能提高企业信誉，有利于企业以更快的速度向国际化发展，目前，已成为许多企业国际化进程中重要的一步。但到国外去发行股票，必须了解国际惯例，遵守有关国家的金融法规，相对在国内发行股票而言，发行程序比较复杂，风险较大，发行费用也比较高。

2. 国际债券融资

国际债券是指一国政府、金融机构、工商企业为筹措资金而在国外市场发行的使用外国货币为面值的债券。发行国际债券，对发行者来说，可筹到长期资金，同时由于发行债券对资信要求较高，能够发行债券也是信誉的一种象征。国际债券可分为外国债券和欧洲债券两类。

(1) 外国债券。外国债券早在 19 世纪就已经存在，是指国际借款人(债券发行人) 在某一外国债券市场上发行的，以发行所在国的货币为面值的债券。例如，美国企业在日本发行的日元债券、我国企业在美国发行的美元债券都属于外国债券。

(2) 欧洲债券。欧洲债券是指国际借款人在其本国以外的债券市场上发行的不是以发行所在国的货币为面值的债券。例如，美国企业在法国债券市场上发行的日元债券，便属于欧洲债券。欧洲债券的特点是：发行人为一个国家，发行在另一个国家，债券面值使用的是第三个国家的货币或综合货币单位（如特别提款权）。目前，欧洲债券选用最多的是美元，其次是欧元、加拿大元和日元等。

3. 国际信贷融资

国际信贷是一国借款人向外国放款人借入资金的信贷行为。国际信贷按其借款期限可分为短期信贷和中长期信贷两种。短期信贷的借款期限一般不超过1年，国际企业借入短期资金，一般是为了满足流动资金需求。中长期信贷的贷款期限一般在1年以上，10年以内。中长期借款金额大，时间长，放款人风险较大。所以，借贷双方要签订贷款协议，对贷款的有关事项加以详细规定。同时，借入中长期贷款一般要提供担保财产。从贷款的提供者看，国际信贷主要包括世界银行贷款、亚洲开发银行贷款、国际商业银行贷款、国际银团贷款等。

国际信贷按其贷款方式有独家银行信贷与银团贷款两种。独家银行信贷又称双边中期贷款，它是一国贷款银行对另一国的银行、政府或企业提供的贷款。贷款期限一般为3~5年，贷款金额最多为1亿美元。银团贷款又称辛迪加贷款，它是由一家贷款银行牵头，由该国的或几国的多家贷款银行共同参加，联合起来组成贷款银行集团，即银团，按着同一条件共同对另一国的政府、银行及企业提供的长期巨额贷款。银团贷款期限一般为5~10年，贷款金额为1亿~5亿美元，有的甚至高达10亿美元。目前，国际的中长期巨额贷款一般都采用银团贷款方式，以便银行间分散风险，共享利润。

4. 国际租赁融资

国际租赁是指一国从事经济活动的某单位，以支付租金为条件，在一定时期内向外国某单位（承租人）租借物品使用，承租人分期支付相当于租赁物品租用期间消耗的价值（指价款、运输费、保险费等的合计）加利息、利润的租金的经济行为。国际租赁是一种新兴的融资方式。通过国际租赁，国际企业可以直接获得资产，较快地形成和扩大经营能力。

5. 国际贸易融资

国际贸易信贷是指由供应商、金融机构或其他官方机构为国际贸易提供资金的一种信用行为。目前，国际上巨额的对外贸易合同的签订，大型成套设备的出口，多与国际贸易信贷结合在一起。所以，国际贸易信贷是国际企业筹集资金的一种重要方式。

国际贸易信贷按贷款期限分为短期信贷和中长期信贷。短期是指期限在1年以内的信贷；中长期信贷是指期限在1年以上的信贷。由于国际贸易中的中、长期信贷的目的是为了扩大出口，故称之为出口信贷。出口信贷是发达国家为支持扩大本国产品出口，责成本国银行设立的一种利率优惠的贷款，其目的是为了向国外销售产品和吸引那些资金不足的进口商进口所需产品。出口信贷主要包括：

（1）卖方信贷。这是指在大型机械或成套设备贸易中，为便于出口商以分期付款方式出卖设备而由出口商所在地银行向出口商（卖方）提供信贷。这实际上是出口商从出口商银行取得中、长期贷款后，再向进口商提供延期付款的商业信用，以便扩大产品出口。出口商付给银行的利息和其他费用，有的包括在货价内，有的在货价外另加，转嫁给进口商。

（2）买方信贷。买方信贷是指在大型机械设备或成套设备贸易中，由出口商所在国的银行，贷款给外国进口商或进口商所在地的银行的信贷。这种信贷有利于帮助进口商迅速筹集资金，以扩大出口商的出口。

四、国际融资风险的管理

国际企业资金来源的多样性，融资方式的灵活性说明了国际企业融资的复杂性。因此，在国际融资时，必须进行深入细致的研究，以降低资金成本，减少财务风险。一般而言，国际融资的风险管理包括以下几个主要的考虑方面。

1. 汇率变动风险

国际融资中，公司不论从什么渠道获得资金，也不论以什么货币表示，都必须按东道国的货币进行计量和反映。同时，母公司又要从所有者的利益出发，用本国货币来评价子公司的融资成本与资本结构，这就产生了不同货币的折算问题。不断变动的汇率会给企业外币融资带来汇率风险。所以，不同货币单位及相关的外汇风险的控制，是国际企业融资需要注意的首要问题。

2. 外汇管制风险

外汇管制，是指一国政府通过法令形式对国际结算、外汇买卖以及汇率实行的限制。多数发展中国家都存在外汇管制问题。如果子公司所在国在外汇兑换、汇回等方面存在管制，必然引起买卖外汇比较困难，汇率也不合理，所以，子公司的外币融资就要受到影响，从而影响国际企业融资战略目标的实现。

3. 资本市场分割风险

如上所述，各个国家的资本市场在融资品种、资金成本等方面存在差异，国际企业可利用其多国融资的有利条件，选用最有利的资金来源，以达到资金成本最低的目的。国际企业的这种资金来源的多元化，是因为资金市场的分割。国际企业可以利用这些差异降低资金成本，减少财务风险。但同时，这种资金市场分割也会为企业带来相应的风险，比如，资金市场所在国的经济形势对资本市场的影响，会影响企业既定的融资方案等。

第三节 国际投资管理

国际企业的跨国投资，又称“境外投资”或国际投资，是指国际企业将其资本投放到母国之外，以获取收益的经济行为。国际企业的国际投资往往是其实施战略目标的重要方式，有效地管理国际投资是国际财务管理中的重要组成部分。我国目前企业不断涌现的海外并购行为就可以使我们看到国际投资管理在企业生存和发展中的重要性。

一、国际投资方式

国际投资方式是企业进行国际投资时所采用的具体形式，目前主要包括国际直接投资和国际间接投资（证券投资）。

（一）国际直接投资

国际直接投资（Foreign Direct Investments，FDI）是国际企业常见的一种投资方式。随着世界经济一体化进程的加快，国际直接投资呈现出全球性的扩张趋势。国际直接投资包括国际合资投资、国际合作投资、国际独资投资、海外并购四种。

【微型案例】

2005年度世界投资报告

联合国贸易和发展会议发表的《2005年度世界投资报告》指出，在流入发展中国家的外国直接投资强劲增长的带动下，全球外国直接投资的整体流量在经历了连续3年的下降后，2004年度开始有所回升。2004年度全球外资流入总量达到6 480亿美元，比2003年度增长了2%，其中流入发展中国家的总量激增了40%，达到2 330亿美元。但是流入发达国家的直接投资却减少了14%，为2 330亿美元。美国仍然保持了全球吸收外资最多国家的地位，排在其后的是英国，中国位居第三。在发展中国家中，中国继续保持了外国直接投资流入最多国家的地位，净流入量为610亿美元。报告显示，2004年度全球直接投资流出总量比2003年度增长了18%，达到 7 300 亿美元，其中发达国家的跨国企业占了流出投资总量的绝大部分，达到 6 370 亿美元。占全球直接投资流出总量 50% 以上的跨国公司主要集中在美国、英国和卢森堡 3 国，因此可以看出，发达国家仍然是通过直接投资途径实现净资本出口的主要国家，其直接投资出口流量要大于净进口流量 2 600 亿美元。虽然 2004 年欧盟从整体上对外直接投资流量减少了 25%，降至2 800亿美元，为 7 年来的最低水平，但其他多数发达国家还是增加了在国外的直接投资。美国的表现尤为突出，2004 年度美国直接投资的流出总量猛增了 90%，达到创纪录的 2 290 亿美元。

报告指出，全球外国直接投资上扬的一个明显特点是，各国和各区域间差距明显拉大。亚太地区是全球最大的外国直接投资地，也是最大的投资来源地。2004 年该地区吸纳的外国直接投资是 1 480 亿美元，比 2003 年上升了 460 亿美元，实现了有史以来的最大涨幅。同时，亚太地区也是外国直接投资的主要流出地之一。该地区 2004 年度流出的直接投资比 2003 年度增加了 3 倍，达到 690 亿美元。东亚和东南亚的跨国公司也加大了对外的投资力度。此外，亚洲国家对发达国家的直接投资也在增加。报告特别指出，外国直接投资的研发活动正在加速向发展中国家转移。在 2002 ~ 2004 年度全球 1 773 个外国直接投资项目中，有 1 095 个是在发展中国家实施的，其中在亚太地区的发展中经济体中实施的就占世界总数的近一半，达 861 个。全球跨国公司新的研发中心也正在向发展中国家转移，在联合国贸发会议的一项调查中，半数以上的跨国公司已经在中国、印度或新加坡开设了研发中心，愿意把中国作为未来研发中心的跨国公司数量最多，其次是美国，印度第三。

资料来源：赵剑英，陈志萱 . 发展中国家吸收外资增势强劲 . http: //www.p5w.net/p5w/home/international/200509301200.html.2005 年 09 月 30 日。

1. 国际合资投资

国际合资投资是指某国投资者与另外一国投资者通过组建合资经营企业的形式所进行的投资。这里的合作经营企业通常是指两个或两个以上的不同国家或地区的投资者按照共同投资、共同经营、共负盈亏、共担风险的原则所建立的企业。

国际合资投资作为国际投资的一种主要方式，在对东道国优惠政策的使用、迅速融入东道国的环境等方面，有不可替代的优点，具体是：

（1）获得外资企业和本地企业的双重优惠政策。由于与东道国投资者合资经营，共负盈亏，外国投资者除可享受特别优惠外，还可获得东道国对本国企业的优惠政策，比如，税收优惠等。

(2) 借助东道国出资方的地利、人和优势，减少企业的投资风险。进行合资经营，由东道国企业参与投资，东道国投资者毕竟对自己国家的经济情况了解的比较多，因而，能减少经营上的风险。

(3) 迅速了解东道国的政治、社会、经济、文化等情况，学习当地投资者的先进管理经验。

当然，进行国际合资投资也有不可避免的缺点，主要包括：

(1) 很多国家对外国投资者都有持股比例的限制规定，比如，有些国家规定外资股权不能超过 50%，所以，国外投资者往往不能对合资企业进行完全控制。

(2) 进行国际合资投资准备周期比较长。一般来说，进行合资投资必须寻找合适的投资伙伴，这需要较长的时间。另外，在国外设立合资企业，审批手续往往比较复杂，需要时间也比较多。

(3) 文化差异。有时，员工方面、管理方面文化差异的存在成为国际合资企业失败的主要原因。

2. 国际合作投资

国际合作投资是指通过组建合作经营企业的形式所进行的投资，又称契约式的合营企业，是指国外投资者与东道国投资者通过签订合同、协议等形式来规定各方的责任、权利、义务、经营方式等而组建的企业。

国际合作投资的优点主要在于机制灵活，具体表现为：

(1) 所需前期准备时间比较短。兴办合作经营企业的申请、审批程序往往比较简便，合作经营的内容与方式可以由双方协商，容易达成协议。

(2) 合作方式比较灵活。合作企业的合作条件、管理形式、收益分配方法以及合作各方的责任、权利、义务都比较灵活，均可根据不同情况，由合作各方协商后在合同中体现。

国际合作投资的缺点主要在于这种企业组织形式不像合资企业那样规范，也缺乏长远的发展目标，同时合作者在合作过程中容易对合同中的条款发生争议，这都会影响合作企业的发展。

3. 国际独资投资

国际独资投资是指通过承担全部权益性投资，在国外设立独资企业的形式所进行的投资。这里的独资企业是指根据某国的法律，经过该国政府批准，在其境内兴办的全部为外国资本的企业。国际独资投资通常采用有限责任公司的形式。

进行国际独资投资的优点是出资方独立管理并能利用东道国的资源、

政策等优势，具体体现在：

（1）由投资者自己提供全部资本，独立经营管理，因而在资金的筹集、运用和分配上，都拥有自主权，不会受到其他干涉。

（2）有利于使投资者在更广的范围内来配置资源和生产能力。

（3）可利用各国税率的不同，以内部转移价格的形式，进行合理避税。

同样，进行国际独资投资也有不可回避的困难，主要是：

（1）对东道国的投资环境调查起来比较困难，不太容易获得详细的资料，因而，投资者承担的风险较大。

（2）在很多国家，独资企业设立的条件都比合资企业和合作企业要严格。特别是行业限制，有些行业根本不允许外国独资企业进入。

4. 海外并购

海外并购，即跨国并购，是跨国企业间的并购行为，这种行为发生在两国或两国以上的多国之间，具有跨国性和涉外性。跨国并购成为全球对外直接投资主要方式，并主导国际资本流动的发展趋势。1987 年全球跨国并购成交额仅为 745 亿美元，1997 年增至 3 048 亿美元，2000 年增加至 11 000亿美元，占当年对外直接投资的 85%。近几年来，我国海外并购呈现总量迅速放大，单笔交易额也呈现越来越大的趋势。企业的兼并与收购本身就是一项充满风险的投资行为，而海外并购由于交易程序、法律环境、文化等方面的原因，使企业面临更多，也更为复杂的风险。

【微型案例】

我国企业的国际并购

随着中国市场愈加开放和全球企业并购活动的进一步活跃，中国企业越来越多地投身于跨国并购中。2004 年 9 月份，上海汽车工业总公司以近 5 亿美元收购韩国汽车生产商双龙公司 48.9%的股份；同年 12 月，联想集团宣布收购 IBM 全球 PC 业务，交易总金额达 17.5 亿美元；随后不久，冠捷科技以 3.58 亿美元收购飞利浦的全部显示器业务与低端平板电视的外包业务；温州民营企业中国飞雕收购意大利墙壁开关的老牌企业 ELIOS；2005 年春节前，中国网通正式宣布，成功收购香港电讯盈科 20%的股权……

（二）国际证券投资

国际证券投资是指一国投资者，将其资金投资于其他国家的公司或其他经济组织发行的证券上，以期获得未来收益。对外证券投资是企业从事国际经营活动的起点之一。整个20世纪80年代，证券投资呈现一派繁荣景象，特别是1983~1987年间，证券投资更是达到了前所未有的高潮。目前国际证券投资对国际企业仍具有很大的吸引力。

证券投资具有灵活快捷和流动性好的优势，具体表现在：

（1）投资比较灵活方便。不像进行合资经营那样要经过谈判、协商和审批手续，国际证券多是标准化的金融产品，只要有合适的证券，几乎可以立即进行投资。

（2）提高企业资金的流动性和变现能力。企业持有的大多数国际证券，随时可转让出售变成现金，因而，投资于证券往往比投资于实物资产具有更好的流动性。

（3）风险相对透明。国际证券在发行时一般要经过国际公认的资信评估机构确认发行人的资信等级，或经过有关证券管理机构的核准，有的还需经过发行人所在国家的政府担保，因而，证券投资的风险一般要比合资、合作、独资投资的风险容易评估。

当然，进行证券投资也有它的缺点，证券投资只能作为一种获得股利或利息的手段，而无法达到学习和借鉴国外先进的科学技术和管理经验的，以及利用国际资源优势的目的。

二、国际投资管理的程序

企业进行国际投资，比进行国内投资风险更大，因此，必须按科学的程序进行投资。这一程序一般包括如下几步。

1. 提出国际投资设想

企业根据自身的发展战略、经营的特点和国际市场状况，提出进行国际投资的设想。企业进行国际投资的原因很多，主要包括：

（1）取得更好的投资回报。例如，20世纪70年代后期，美国国内制造业平均利润率为13%，而1979年它在发达国家直接投资的利润率达19%，在发展中间家则高达32%。

（2）占领国际市场。随着国际竞争的加剧和贸易保护主义的抬头，企业占领国际市场越来越困难，但通过国际投资，在国外直接设厂生产或设店销售则为尽快占领国际市场提供了方便条件。

（3）保证原材料的供应。原材料的供应，对任何国家的企业来说都是非常重要的，尤其是本国自然资源贫乏，则更是性命攸关。许多主要依靠进口原材料的企业，不得不对外进行投资，控制原材料生产以便保证原材料供应。

(4) 利用所在国的资源，包括技术、人力资源、自然资源等。

(5) 取得所在国的先进技术和管理经验。进行国际投资，就要雇用当地的技术人员和管理人员，通过他们可以迅速获得国外的先进技术和管理经验。

2. 选择合适的国际投资方式

如上所述，国际投资方式一般有合资经营、合作经营、独资经营、海外并购、证券投资等各种方式。每种投资方式都有不同的特点、自身的优点和局限性，这就需要进行认真的分析和研究，选择最适合本企业需要的投资方式。

3. 对国际投资环境进行评价

投资环境，又称投资气候，是指在国外投资时所面临的特定生产经营条件。由于各国的政治、经济、社会文化条件不一样，从而对投资效益会产生不同的影响，为此，就需要用特定的方法，对特定时期的投资环境进行研究和评估，以选择投资环境相对比较适宜的国家进行投资，尽可能减少和控制投资风险，提高投资效益。

4. 对投资项目的经济效益进行评价

对国际性投资项目进行评价，可采用净现值、内部报酬率、现值指数等指标，这些指标的含义和评价方法与国内投资基本相同。但进行国际投资必须采用双重评价法，即先用子公司东道国的货币，对子公司的投资项目进行评价，然后，按一定汇率折算成母公司所在国的货币，再从母公司的角度对投资项目的效益进行评价。因此，在对国际性投资项目进行可行性分析时，其过程要比单一的国内投资复杂得多。同时，由于国际投资的影响因素较多，风险相对较大，对投资项目收益的敏感性分析也是其中重要的一环。

三、国际投资风险的管理

国际投资固然可以为企业创造更多的利润，但同时也给企业带来更大的风险。评估和控制风险是国际投资成败的重要一环。

(一) 国际投资风险的类型

国际投资风险的类型主要包括政治风险、外汇风险和经营风险三类。其中，外汇风险已在本章的前面部分述及，这里我们主要讨论政治风险和经营风险。

1. 政治风险

政治风险是指国际经济活动中因政治因素导致经济损失的风险。主要包括：战争风险、财产转移风险、国有化风险等。

（1）战争风险。战争风险包括内战、边境战争、骚乱，以及与政治因素相关的恐怖事件所导致的风险。这类事件带有突发性，难以预测，而且其带来的破坏波及国内外许多企业。企业因战争、骚乱所蒙受的经济损失，一般都无法得到补偿。伊拉克战争给企业带来的风险就是明显的例证。

（2）财产转移风险。财产转移风险是指东道国通过外汇管制等措施，使外国投资者无法将其投资所得利润、资产等汇回本国或转移到其他国家，如两个对立的国家互相冻结对方在本国资产。东道国还可以采取大幅度降低汇率的办法，人为地使本币非正常贬值，以达到减少外国投资者利益的目的。这种汇价波动不同于因国际收支不平衡而发生的汇率风险，其目的在于剥削投资者的收益，限制资本外流。

（3）国有化风险。国有化就是东道国将外国投资及资产收归该国所有，受到国有化伤害的国际企业往往得不到补偿，即使得到适当补偿，其补偿金额也大大低于市场价值。

（4）其他风险。有些国家的政府规定外国投资企业在各种岗位上雇用东道国居民的最低比率，在一些国家外国投资者则要支付较高的税率、较高的水电费以及较高的工资等，这些都使外国投资企业在竞争中处于不利地位。

分析国外投资的政治风险，就是对上述各方面进行预测、了解和研究，根据政治风险的大小，将各个国家进行分类。如果某一国家被列为风险极大这一类，无论预期收益多高，也不能进行投资。

2. 经营风险

国际投资的经营风险是指由于国际经营上的原因给投资收益带来的不确定性。它来源于企业外部条件的变动和企业内部原因两个方面。来源于外部的经营风险主要包括：经济形势和经营环境的变化，市场供求和价格变化，税收调整和通货膨胀率的变化，以及其他在经营过程中可能遇到的外部影响。来源于内部的经营风险主要包括：技术装备，产品结构和设备利用率的变化，工人工资率和原材料使用情况的变化，可能出现的事故，企业人员的素质，以及企业应变能力等。

（二）国际投资风险的评估

1. 政治风险的评估

评估政治风险主要采用定性分析方法。为了评估国外投资的政治风险，投资者须通过各种途径和方法收集有关国家的历史资料和现实情况，了解该国的国际关系、社会情况、国家政局、政党、法律规定、政策变化、投资保护、民族矛盾等情况，分析发生政治风险的来源，估计可能遇到的政治风险类型，必要时应听取有关专业人士的建议。

2. 经营风险的评估

评估国外投资的经营风险，与评估国内投资风险一样，通常采用定性与定量相结合的方法。比较常用的方法是分析和确认概率分布，计算投资收益率期望值、标准离差和标准离差率等指标，衡量投资经营风险的大小。

3. 投资效益与投资风险的综合分析

分析时，通常将投资风险指数与投资收益率指标两者相结合。根据企业的经营能力确定可接受的“最低效益边界”和“最高风险边界”。如果投资项目的效益指数低于“最低效益边界”或风险指数超过“最高风险边界”，投资项目就不能通过。

如果有几个投资项目可供选择，就应选择效益指数较高、风险指数较低的项目。对于效益指数相同的项目，应选择风险指数较低的项目；对于风险指数相同的项目，应选择效益指数较高的项目；对效益指数较高、风险指数也较高的项目，应全面衡量，综合评价。

【微型案例】

亚洲各国和地区经济前景和风险排名

《Asia Money》杂志首次公布了针对亚洲国家和地区进行的风险评估报告。此次调查主要依据世界银行（World Bank）及各信用评级机构所提供的数据为基准，总分为100分，总分愈高，就表示该国的表现愈佳。

展望未来经济表现，文莱由于国际油价不断上扬，是最被看好的地区，在亚洲排名首位，新加坡排在第三位。

风险评估的项目共有九项，包括政治风险（25%）、经济表现（25%）、负债指标（10%）、债务迟延或重整（10%）、信用评级（10%）、银行融资取得（5%）、短期融资取得（5%）、资本市场资金取得（5%），以及出口贸易融资（5%）。

资料来源：佚名．亚洲国家（地区）经济前景和风险预测排行榜．http：//www.gtjajs. com.cn/various/VariousArticle. asp? articleID = 76572.2001年01月19日。

（三）国际投资风险的管理

为了防范和控制国际投资的风险，就要求企业建立健全的评估模式和决策制度，在国际投资的前期，对投资的价值和回报、投资对公司总体战略的影响、具体的投资计划、投资可能面临的风险等做全面的评估和通盘的考虑。

1. 进行投资风险的预测和评估

在投资前，通过投资项目的可行性研究，从宏观和微观两个方面评价投资风险的大小。选择风险较小而且效益较高的投资方案，并预先采取防范投资风险的措施。这些评估可以企业独立完成，更多的则需要相关专业人士共同完成。

2. 参加国外投资保险

目前，主要投资者国家都设有承保国外投资风险的服务。企业按规定投保后，万一发生风险并给投资人造成损失，保险机构按合同支付保险金。这样的保险机构如美国的“海外私人投资公司”（OPIC），英国的“出口信贷保证部”（ECGD），日本通商产业省的“海外投资保险部”，中国的“中国人民保险公司”（PICC）等。一般承保的风险类型主要是所有权被剥夺、战争损失和转移风险等。

3. 正确安排各方面的利益关系

（1）在国际上寻找利益相关者，尤其是利用融资的机会把风险分散到东道国、其他第三、第四国和国际金融机构等方面，这样，一旦发生风险，主要是政治风险，企业不会蒙受过多的损失，而且还可以得到国际性保护。

（2）建立东道国与公司母国经营上的依赖性。具体的做法是设法把东道国内的子公司的原料、零部件等市场与其他国家市场连在一起，而且保证无法避免的依赖性。此外，公司还可以把研究与开发设备的特有技术，或其他关键部分集中在母国，以便一旦发生政治风险可以让东道国也付出相应的代价。

（3）在东道国寻找和扶植利益相关者，当公司已进入东道国进行投资时，可以选择利用当地各不同利益集团分散风险。如向当地投资者出售一部分股权；扶植当地利益相关者，包括各方面有协作关系的供应商、消费者、当地雇员、银行以及企业的合作者等。

4. 改善经营管理

为了控制国外投资企业的经营风险，国际企业可以采取的措施通常包括：

（1）经营多样化、分散化，即公司按照全球资源化的导向在国际上有意地向多个国家投资，经营多个商品和业务，分散其销售渠道、生产设施的选址以及原料来源等。

（2）密切注视国内外市场变化，及时沟通供、产、销等有关方面的经济信息，按市场需要组织生产，正确制定和调整产销计划，保证产品及时销售。

（3）采用签订长期供销合同的方法，把材料和商品的供销价格和数量通过合同预先固定下来，以防止价格变动和市场变动对利润产生的不利影响。

（4）流程重构。对国际风险进行跟踪，当预知风险出现时，及时进行流程重构。

5. 设置止损线

国际投资后必须强化国际经营风险评估和控制，重点加强公司战略、财务、人力方面的管理控制，并设置止损线。所有的国际投资企业都抱有美好的愿望，但如果目标不能迅速实现，当并购成本超出预期，那么止损出局无疑是最佳选择。例如新中基并购普罗旺斯的开端虽然不好，但新中基迅速采取壮士断腕的策略，确实值得企业在海外并购时借鉴。

第四节　国际营运资本管理

国际企业营运资金管理的基本原理与本书前面部分讲到的普通企业的营运资金管理大致相同，但因国际性营运资金管理涉及外汇和国际市场等问题，所以更加复杂，决策时所需要考虑的因素也就更多。为了减低资金流动的风险，节约资金转移成本和利息支出，国际企业应当充分利用其跨国经营的有利条件，实现营运资本管理的最优策略。本节主要讨论国际企业的现金管理、应收账款管理和存货管理。

一、现金管理

1. 现金的集中管理

国际企业的现金管理方式，通常有分散管理和集中管理两种选择。由于国际企业跨国经营的特征和风险，大多数国际企业采用集中管理的方式。

（1）现金集中管理与现金管理中心。现金的集中管理是指国际企业的现金由一个财务中心实施统一管理与控制。在这统一管理体制下，国际企业一般会设立现金管理中心，要求其每个子公司所持有的现金余额仅以满足日常交易需要为限，超过此最低需要的现金余额都必须汇往现金管理中心，它是国际企业中唯一有权决定现金持有形式和持有币种的现金管理机构。现金管理中心地点通常是主要的金融中心或避税港国家，要求具有政治稳定、货币坚挺、资本市场发达、货币市场活跃、税收宽松，例如，对现金资产不征收资本税、通信发达等特点。

(2) 现金集中管理的优点。现金集中管理的优点主要有：

① 现金集中管理有利于从全局上考虑问题，防止各子公司出现次优化的决策。

② 现金集中管理便于集中进行现金调配，通过整合融资和投资增加企业收益。

③ 现金集中管理能将整个企业集团的现金占有量压缩至最低程度，从而节约资金占用和资金成本，加速资金周转。

④ 现金集中管理有利于避免外汇风险。各国货币币值高低起伏，汇率波动很大，利率动荡不定，只有集中管理，从整体上考虑问题，才能有利于避免外汇风险。

⑤ 通过现金集中管理，现金管理中心的现金交易大大增加，这样可以增加对银行的吸引力，使银行提供更好的服务，同时，大额存款也可以获得更好的利率。

2. 现金的组合管理

现金的组合管理是指国际企业的现金如何分配于各种可能性之间，这主要包括现金存在形式、持有币种、持有时间三个方面。

(1) 现金存在的形式。现金可以分配于备用金、活期存款、定期存款、有价证券等。它们各有利弊，应考虑风险、收益、流动性、清偿能力等因素合理分配。

(2) 现金持有的币种。每个子公司的现金余额通常以所在地国家的货币形式持有，但有时由于汇率变动或通货膨胀，持有当地货币可能会遭受损失，为规避风险，就需要要兑换成其他币种。

(3) 现金持有的时间。有时现金持有的时间可能长达数月，有时可能只有几天或1天，这往往由持有现金的意图决定。

3. 双边或多边净额结算管理

双边或多边净额结算是国际企业内部各子公司之间或总公司与子公司之间的往来项目，把各自的应收应付款相抵，用其净差额来进行实际结算的一种方法。这种方法可以减少往来结算中的资金流动，降低资金转移成本；同时避免不必要的币种转换，减少各个子公司对各种外币的需求。

二、应收账款管理

一国企业应收账款管理的基本原则，在国际企业也适用，但国际企业的应收账款中，有的是应收国际企业外的独立客户的账款，有的是应收国际企业内部的账款，两者在管理中还有各自不同的考虑因素。

1. 独立企业的应收账款管理

(1) 支付币种的选择。在国际销售中，支付货币的币种一般有三种选择：选择出口商货币；选择进口商货币；选择第三国货币。正常情况下，出口商愿意采用强币进行结算，进口商愿意采用弱币结算。通常，经过双方协商，用软货币出口要相应提价，而用硬货币出口可相应压价。有时为了使双方减少风险，也可用软硬货币搭配成交。

(2) 收账时间的选择。收账时间的选择与支付货款的币种的强弱有关。如果支付的是弱币，那么应在尽量短的时间内收回账款，以便减少外汇损失；反之，如果支付的是强币，则收账时间可适当延长。

(3) 利用政府代理避免坏账损失。政府代理是国家对出口信贷实行的一种担保制度。一国为扩大本国出口，出口企业赊销商品时，由国家设立的代理机构出面担保，当外国进口商拒绝付款时，国家有关机构就会按承保的数额给予补偿。国际企业可以利用这些担保制度减少涉外应收账款的坏账损失。

2. 国际企业内部的应收账款管理

(1) 提前或延迟付款。提前或延迟付款是指国际企业通过改变企业内部应收账款的信用期限来调剂资金。国际企业内部应收账款的提前或推迟付款是国际企业转移资金的常见手段，运用这种手段的原因在于应收账款双方的资金成本不同。

(2) 重开票中心。重开票中心是国际企业资金管理部门设立的贸易中介公司。当国际企业内部成员之间从事贸易活动时，商品和劳务直接由出口商直接提供给进口商，但有关货款和收支结算通过重开票中心进行。通过重开票中心有利于国际企业集中管理应收应付款项，统一管理外汇风险统一调度资金和提高整体利润水平。重开票中心一般设在低税率国家或地区。

三、存货管理

一国企业存货管理的基本原则，在国际企业同样适用，同时，国际企业也可以利用其跨国经营的优势，合理安排存货的采购、储存，提高存货资金的利用效率。

1. 国际采购和国际存储

各国经营环境的不同，不同国家存货的生产成本、储存成本、订货成本都有一定差异，这就要求国际企业必须实行灵活的存货管理政策。例如，国际企业可以利用某一特定国家低成本的好处，在一定时期内将其生产过程、储存过程乃至订货过程转移到那个国家去。

2. 利用国际存货价格的变动趋势安排采购

如果预测到某种存货的价格将要上涨，应提前进货，超额储备；反之，如果预测到某种存货的价格将下降，则应推迟采购时间，减少储备数量。

【案例分析】

八佰伴与百富勤的破产

一、日本八佰伴（Yohan）惨败在哪儿

八佰伴是日本最大的百货公司之一，在20世纪90年代全盛时期，八佰伴在全球16个国家拥有400多家百货公司，以雄霸世界零售业第一把交椅而扬名。

1997年9月，八佰伴宣布破产，向法院申请“公司更生法”保护，当时八佰伴的负债额达到1 613亿日元，是日本战后最大的一宗企业破产案。

在调查中发现，导致八佰伴破产的致命原因有三：

第一，八佰伴低估经营非核心业务的风险，在急速成长过程中，八佰伴逐渐背离了百货和超市的主业，而发展地产、饮食、食品加工和娱乐等辅业。然而，随着金融风暴的冲击，集团的这些辅业变成了负资产，这些辅业都为八佰伴带来了沉重的负担。

第二，八佰伴低估了扩张业务的风险，1990年至1996年短短6年间，八佰伴在中国内地的零售点由零扩展到50多家，在扩展的过程中，它明显地低估了扩张业务的风险，加上八佰伴当时遇上国家宏观调控，为了实现集团主席的梦想，只好通过信贷维持扩张。面对低于预期的回报及不断扩大的资金需求，八佰伴最终陷入难以自拔的困境。

第三，八佰伴也低估了开发海外新兴市场的风险。由于日本市场零售业饱和，强大竞争对手林立，八佰伴采取了积极开发海外市场的战略，但却低估了开发新兴市场的风险。1972年八佰伴将巴西视为第一海外市场，但当时的巴西经济动荡，最后他只有惨淡收场。20世纪90年代初，八佰伴开始进军中国市场，甚至将它的总部迁至上海。但由于中国消费能者当时还未能完全接受超市和百货公司的销售模式，中国消费能力还处于比较低的水平，加上遇到中国宏观调控和国内合资伙伴已核准资金不能如期到位等问题，引致资金回报率不断下落，辛苦经营了10多年的八佰伴终于以清盘结束业务。

二、香港百富勤公司为什么突然入不敷出

百富勤原来只是一家有3亿港元资本金的本地小型投资银行，由于业务进展迅速，短短10年间，它就发展成了一家拥有240亿港元资产的跨国金融集团，成为亚洲除日本外的最大投资银行。可是，这个金融奇迹却同样在金融风暴冲击下，使百富勤在短短一年内出现入不敷出，致使它1999年1月宣布破产。消息传出的当天，香港恒生指数下挫8.7%。

香港政府在调查百富勤的报告中表示，没有证据显示百富勤倒闭涉及任何欺诈行为，它倒闭的原因主要是由于缺乏有效风险管理、内控体制和完善的财会报告系统。

百富勤虽然设立了信贷委员会和风险管理部门，但却未能制衡业务部门强大的权力，特别是在经济不景气的时候，追求业绩的目标完全盖过了防范风险的意识，这种脆弱的企业风险管理文化，最终使百富勤的股东和员工付出了沉重的代价。

调查还发现，百富勤没有控制好金融市场的风险，它在亚太区发展业务，主要针对的是印尼和泰国市场，其在这两个市场营业额占集团营业额的五成多，但百富勤却忽略了发展新兴市场的风险。在金融风暴下，泰国首当其冲，泰铢大幅贬值，期间，印尼盾也大幅下跌了70%，另外，由于利息飙升，百富勤在该区内投资的债券及股票价格暴跌，在短短的数月内，百富勤在该区内业务损失了好几亿港元。为了争取业务，百富勤为印尼Steady Safe出租车公司提供了港币2.6亿元的过渡性短期贷款，这笔贷款的金额相等于百富勤资本金的15%，但Steady Safe公司的收入全为印尼盾，随着印尼盾汇价大跌和政府实施外汇管制，Steady Safe根本无法偿还这笔贷款，加上债券股票的损失，使百富勤的财务状况在短时间内急转直下，这反映了百富勤低估了利率和汇价波动的风险，最终导致倒闭收场。

案例点评：

不难看出，八佰伴与百富勤的破产在很大程度上都是疏于对国际财务风险包括国际投资、国际融资等的有效管理。

资料来源：蔡建文．谁说大象不会摔跤——巨型企业败落启示录．北京：中国三峡出版社，2003；艾亚国际融资．安永专家剖析中航油等八大风险案．http：//www.boraid.com/darticle3/list.asp?id=27899.2005年3月8日。

思 考 题

1．折算风险管理的价值何在？

2．相对于国内经营的企业，国际企业的有哪些特殊的融资渠道？

3．什么是欧洲债券？

4．简述国际投资中外汇风险的评估与管理。

5．国际企业面临哪些外汇风险，如何防范？

6．国际企业融资渠道和方式分别有哪些？

7．国际投资方式有哪些？

8．国际投资会面临哪些风险？如何应对？

9．什么是国际企业的现金管理中心？它对国际企业的现金管理有何好处？

10．国际企业的应收账款的管理有哪些主要的考虑方面？

附录 复利表

附表1 1元的复利终值

年	1%	2%	3%	4%	5%	6%	7%	8%	9%	10%	12%	14%	15%	16%	18%	20%
1	1.010	1.020	1.030	1.040	1.052	1.060	1.070	1.080	1.090	1.100	1.120	1.140	1.150	1.160	1.180	1.200
2	1.020	1.040	1.061	1.082	1.102	1.124	1.145	1.166	1.188	1.210	1.254	1.300	1.322	1.346	1.392	1.440
3	1.030	1.061	1.093	1.125	1.158	1.191	1.225	1.260	1.295	1.331	1.405	1.482	1.521	1.561	1.643	1.728
4	1.041	1.082	1.126	1.170	1.216	1.262	1.311	1.360	1.412	1.464	1.574	1.689	1.749	1.811	1.939	2.074
5	1.051	1.104	1.159	1.217	1.276	1.338	1.403	1.469	1.539	1.611	1.762	1.925	2.011	2.100	2.288	2.488
6	1.062	1.126	1.194	1.265	1.340	1.419	1.501	1.587	1.677	1.772	1.974	2.195	2.313	2.436	2.700	2.986
7	1.072	1.149	1.230	1.316	1.407	1.504	1.606	1.714	1.828	1.949	2.211	2.502	2.660	2.826	3.185	3.583
8	1.083	1.172	1.267	1.369	1.477	1.594	1.718	1.851	1.793	2.144	2.476	2.853	3.059	3.278	3.759	4.300
9	1.094	1.195	1.305	1.423	1.551	1.689	1.833	1.999	2.172	2.358	2.773	3.252	3.518	3.803	4.435	5.160
10	1.105	1.219	1.344	1.480	1.629	1.791	1.967	2.159	2.367	2.594	3.106	3.707	4.046	4.411	5.234	6.192
11	1.116	1.243	1.384	1.539	1.710	1.898	2.105	2.332	2.580	2.853	3.479	4.226	4.652	5.117	6.176	7.430
12	1.127	1.268	1.426	1.601	1.796	2.012	2.252	2.518	2.813	3.138	3.896	4.818	5.350	5.936	7.288	8.916
13	1.138	1.294	1.469	1.665	1.886	2.133	2.410	2.720	3.066	3.452	4.363	5.492	6.153	6.886	8.599	10.699
14	1.149	1.319	1.513	1.732	1.980	2.261	2.579	2.937	3.342	3.797	4.887	6.261	7.076	7.988	10.147	12.839
15	1.161	1.346	1.558	1.801	2.097	2.397	2.759	3.172	3.642	4.177	5.474	7.138	8.137	9.266	11.974	15.407
16	1.173	1.373	1.605	1.873	2.183	2.540	2.952	3.426	3.970	4.595	6.130	8.137	9.358	10.748	14.129	18.488
17	1.184	1.400	1.653	1.948	2.292	2.693	3.159	3.700	4.328	5.054	6.866	9.276	10.761	12.468	16.672	22.186
18	1.196	1.428	1.702	2.026	2.407	2.854	3.380	3.996	4.717	5.560	7.690	10.575	12.375	14.463	19.673	26.623
19	1.208	1.457	1.754	2.107	2.572	3.026	3.617	4.316	5.142	6.116	8.613	12.056	14.232	16.777	23.214	31.948
20	1.220	1.486	1.806	2.191	2.653	3.207	3.870	4.661	5.604	6.728	9.646	13.743	16.367	19.461	27.393	38.338

附表 2　1 元的复利现值

年	1%	2%	3%	4%	5%	6%	7%	8%	9%	10%	12%	14%	15%	16%	18%	20%
1	0.990	0.980	0.971	0.962	0.952	0.943	0.935	0.926	0.917	0.909	0.893	0.877	0.870	0.862	0.847	0.833
2	0.980	0.961	0.943	0.925	0.907	0.890	0.873	0.857	0.842	0.826	0.797	0.769	0.756	0.743	0.718	0.694
3	0.971	0.942	0.915	0.889	0.864	0.840	0.816	0.794	0.772	0.751	0.712	0.675	0.658	0.641	0.609	0.579
4	0.961	0.924	0.889	0.855	0.823	0.792	0.763	0.735	0.708	0.683	0.636	0.592	0.572	0.552	0.516	0.482
5	0.951	0.906	0.863	0.822	0.784	0.747	0.713	0.681	0.650	0.621	0.567	0.519	0.497	0.476	0.437	0.402
6	0.942	0.888	0.838	0.790	0.746	0.705	0.666	0.630	0.596	0.564	0.507	0.456	0.432	0.410	0.370	0.335
7	0.933	0.871	0.813	0.760	0.711	0.665	0.623	0.583	0.547	0.513	0.452	0.400	0.376	0.354	0.314	0.279
8	0.923	0.853	0.789	0.731	0.677	0.627	0.582	0.540	0.502	0.467	0.404	0.351	0.327	0.305	0.266	0.233
9	0.914	0.837	0.766	0.703	0.645	0.592	0.544	0.500	0.460	0.424	0.361	0.308	0.284	0.263	0.226	0.194
10	0.905	0.820	0.744	0.676	0.614	0.558	0.508	0.463	0.422	0.386	0.322	0.270	0.247	0.227	0.191	0.162
11	0.896	0.804	0.722	0.650	0.585	0.527	0.475	0.429	0.388	0.350	0.287	0.237	0.215	0.195	0.162	0.135
12	0.887	0.788	0.701	0.625	0.557	0.497	0.444	0.397	0.356	0.319	0.257	0.208	0.187	0.168	0.137	0.112
13	0.879	0.773	0.681	0.601	0.530	0.469	0.415	0.368	0.326	0.290	0.229	0.182	0.163	0.145	0.116	0.093
14	0.870	0.758	0.661	0.577	0.505	0.442	0.388	0.340	0.299	0.263	0.205	0.160	0.141	0.125	0.099	0.078
15	0.861	0.743	0.642	0.555	0.481	0.417	0.362	0.315	0.275	0.239	0.183	0.140	0.123	0.108	0.084	0.065
16	0.853	0.728	0.623	0.534	0.458	0.394	0.339	0.292	0.252	0.218	0.163	0.123	0.107	0.093	0.071	0.054
17	0.844	0.714	0.605	0.513	0.436	0.371	0.317	0.270	0.231	0.198	0.146	0.108	0.093	0.080	0.060	0.045
18	0.836	0.700	0.587	0.494	0.416	0.350	0.296	0.250	0.212	0.180	0.130	0.095	0.081	0.069	0.051	0.038
19	0.828	0.686	0.570	0.475	0.396	0.331	0.276	0.232	0.194	0.164	0.116	0.083	0.070	0.060	0.043	0.031
20	0.820	0.673	0.554	0.456	0.377	0.312	0.258	0.215	0.178	0.149	0.104	0.073	0.061	0.051	0.037	0.026

附表 3 1元的年金终值

年	1%	2%	3%	4%	5%	6%	7%	8%	9%	10%	12%	14%	16%	18%	20%
1	1.000	1.000	1.000	1.000	1.000	1.000	1.000	1.000	1.000	1.000	1.000	1.000	1.000	1.000	1.000
2	2.010	2.020	2.032	2.040	2.050	2.060	2.070	2.080	2.090	2.100	2.120	2.140	2.160	2.180	2.200
3	3.030	3.060	3.091	3.122	3.152	3.184	3.215	3.246	3.278	3.310	3.374	3.440	3.506	3.572	3.640
4	4.060	4.122	4.184	4.246	4.310	4.375	4.440	4.506	4.573	4.641	4.770	4.921	5.066	5.215	5.368
5	5.101	5.204	5.309	5.416	5.526	5.637	5.751	5.867	5.985	6.105	6.353	6.610	6.877	7.154	7.442
6	6.152	6.308	4.468	6.633	6.802	6.975	7.153	7.336	7.523	7.716	8.115	8.536	8.977	9.442	9.930
7	7.214	7.243	7.662	7.898	8.142	8.394	8.654	8.923	9.200	9.487	10.089	10.730	11.414	12.142	12.916
8	8.286	8.583	8.892	9.214	9.549	9.897	10.260	10.637	11.028	11.436	12.300	13.233	14.240	15.327	16.499
9	9.369	9.755	10.159	10.583	11.027	11.491	11.978	12.488	13.021	13.579	14.776	16.085	17.518	19.086	20.799
10	10.462	10.950	11.464	12.006	12.578	13.181	13.816	14.487	15.193	15.937	17.549	19.337	21.321	23.521	25.959
11	11.567	12.169	12.808	13.486	14.267	14.972	15.784	16.645	17.560	18.531	20.655	23.044	25.733	28.755	32.150
12	12.683	13.412	14.192	15.026	15.917	16.870	17.888	18.977	20.141	21.384	24.133	27.271	30.850	34.931	39.580
13	13.809	14.680	15.618	16.627	17.713	18.882	20.141	21.495	22.953	24.523	28.029	32.089	36.786	42.219	48.497
14	14.947	15.974	17.086	18.292	19.599	21.051	22.550	24.215	26.019	27.975	32.393	37.581	43.672	50.818	59.196
15	16.097	17.293	18.599	20.024	21.579	23.276	25.129	27.152	29.361	31.772	37.280	43.842	51.660	60.965	72.035
16	17.258	18.639	20.157	21.825	23.657	25.673	27.888	30.324	33.003	35.950	42.753	50.980	60.925	72.939	87.442
17	18.430	20.012	21.762	23.698	25.840	28.213	30.840	33.750	36.947	40.545	48.884	59.118	71.673	87.068	105.931
18	19.615	21.412	23.414	25.645	28.132	30.906	33.999	37.450	41.301	45.599	55.750	68.394	84.141	103.740	128.117
19	20.811	22.841	25.117	27.671	30.539	33.760	37.379	41.446	46.018	51.159	63.440	78.969	98.603	123.414	154.740
20	22.019	24.297	26.870	29.778	33.066	36.786	40.995	45.762	51.160	57.275	72.052	91.025	115.380	146.628	186.688

附表4　1元的年金现值

年	1%	2%	3%	4%	5%	6%	7%	8%	9%	10%	12%	14%	16%	18%	20%
1	0.990	0.980	0.971	0.962	0.952	0.943	0.935	0.926	0.917	0.909	0.893	0.877	0.862	0.847	0.833
2	1.970	1.942	1.913	1.886	1.859	1.833	1.808	1.783	1.759	1.736	1.690	1.647	1.605	1.566	1.528
3	2.941	2.884	2.829	2.775	2.723	2.673	2.624	2.577	2.531	2.487	2.402	2.322	2.246	2.174	2.106
4	3.902	3.808	3.717	3.630	3.546	3.465	3.387	3.312	3.240	3.170	3.037	2.914	2.798	2.690	2.589
5	4.853	4.713	4.580	4.452	4.329	4.212	4.100	3.993	3.890	3.791	3.605	3.433	3.274	3.127	2.991
6	5.795	5.601	5.417	5.242	5.076	4.917	4.766	4.623	4.486	4.355	4.111	3.889	3.683	3.498	3.326
7	6.728	6.472	6.230	6.002	5.786	5.582	5.389	5.206	5.033	4.868	4.564	4.288	4.039	3.812	3.605
8	7.652	7.325	7.020	6.733	6.463	6.210	5.971	5.747	5.535	5.335	4.968	4.639	4.344	4.078	3.837
9	8.566	8.162	7.786	7.435	7.108	6.802	6.515	6.247	5.958	5.759	5.320	4.946	4.607	4.303	4.031
10	9.471	8.983	8.530	8.111	7.722	7.360	7.024	6.710	6.418	6.145	5.650	5.216	4.833	4.494	4.193
11	10.368	9.787	9.253	8.760	8.306	7.887	7.499	7.139	6.805	6.495	5.988	5.453	5.029	4.656	4.327
12	11.255	10.575	9.954	9.385	8.863	8.384	7.943	7.536	7.161	6.814	6.194	5.660	5.197	4.793	4.439
13	12.134	11.348	10.635	9.986	9.394	8.853	8.358	7.904	7.487	7.103	6.424	5.842	5.342	5.910	4.533
14	13.004	12.106	11.296	10.563	9.899	9.295	8.745	8.244	7.786	7.367	6.628	6.002	5.468	5.008	4.611
15	13.865	12.849	11.938	11.118	10.380	9.712	9.108	8.559	8.060	7.606	6.811	6.142	5.575	5.092	4.675
16	14.718	13.578	12.561	11.652	10.838	10.106	9.447	8.851	8.312	7.824	6.974	6.265	5.669	5.162	4.730
17	15.562	14.292	13.166	12.166	11.274	10.477	9.763	9.122	8.544	8.022	7.120	5.373	5.749	4.222	4.775
18	16.398	14.992	13.754	12.659	11.690	10.828	10.059	9.372	8.756	8.201	7.250	6.467	5.818	5.273	4.812
19	17.226	15.678	14.324	13.134	12.085	11.158	10.336	9.604	8.950	8.365	7.366	6.550	5.877	5.316	4.844
20	18.046	16.351	14.877	13.590	12.462	11.470	10.594	9.818	9.128	8.514	7.469	6.623	5.929	5.353	4.870

参 考 文 献

[1] 曹凤歧，等. 证券投资学. 北京：北京大学出版社，2000.
[2] 王化成. 财务管理教学案例. 北京：中国人民大学出版社，2000.
[3] 余绪缨. 企业理财学. 沈阳：辽宁人民出版社，2000.
[4] 欧光中，等. 公司财务. 上海：复旦大学出版社，2000.
[5] 周首华，等. 现代财务理论前沿专题. 大连：东北财经大学出版社，2000.
[6] 陆正飞. 财务管理. 大连：东北财经大学出版社，2001.
[7] 曹冈. 财务报表分析. 北京：经济科学出版社，2002.
[8] 胡玉明. 公司理财. 大连：东北财经大学出版社，2002.
[9] 荆新，王化成，刘俊彦. 财务管理学. 北京：中国人民大学出版社，2002.
[10] ACCA 财务战略. 刘伟华，译. 北京：中信出版社，2002.
[11] 唐婉红. 财务管理教程. 上海：立信会计出版社，2002.
[12] 财务报表解释. 张新民，译. 北京：中信出版社，2002.
[13] 陈秉正. 公司整体化风险管理. 北京：清华大学出版社，2003.
[14] 陈文浩. 公司财务. 上海：上海财经大学出版社，2003.
[15] 郭复初. 财务管理. 北京：首都经济贸易大学出版社，2003.
[16] 王建英，支晓强，袁淳. 国际企业财务管理. 北京：中国人民大学出版社，2003.
[17] 陈勇，等. 财务管理案例教程. 北京：北京大学出版社 ，2003.
[18] 任淮秀. 证券投资案例教程. 北京：北京大学出版社，2003.
[19] 朱开恩，等. 财务管理学. 长沙：中南大学出版社，2003.
[20] 财政部注册会计师考试委员会办公室. 财务成本管理. 大连：东北财经大学出版社，2003.
[21] 谷祺，刘淑莲. 财务管理. 大连：东北财经大学出版社，2003.
[22] 胡国柳，卢闯，黄鹤. 企业财务战略与财务控制. 北京：清华大学出版社，2004.
[23] 李敏. 小企业会计控制. 上海：上海财经大学出版社，2004.
[24] 王遐昌，沈济业. 财务管理学——案例与训练. 上海：立信会计出

版社，2004.
[25] 吴少平. 现代企业财务内部控制. 北京：首都济经贸易大学出版社，2004.
[26] 薛玉莲，李全中. 财务管理学. 北京：首都经济贸易大学出版社，2004.
[28] 汪平. 中级财务管理. 上海：上海财经大学出版社，2004.
[27] 财政部企业司. 企业财务风险管理. 北京：经济科学出版社，2004.
[28] 陈四清，等. 财务管理（修订版）. 北京：国防科技大学出版社，2005.
[29] 付勇水，秦中甫. 企业全面预算管理. 北京：经济科学出版社，2005.
[30] 傅元略. 公司中级财务管理. 上海：复旦大学出版社，2005.
[31] 郭复出，王庆成. 财务管理学. 北京：高等教育出版社，2005.
[32] 吕晓梅. 会计信息披露管制研究. 北京：中国财政经济出版社，2005.
[33] 王莉. 现代公司财务管理实务. 大连：东北财经大学出版社，2005.
[34] 张鸣. 公司财务理论与实务. 北京：清华大学出版社，2005.
[35] 朱荣恩. 内部控制案例. 上海：复旦大学出版社，2005.
[36] 白蔚秋，潘秀丽. 财务管理学. 北京：经济科学出版社，2005.
[37] 财政部会计资格评价中心. 财务管理. 北京：中国财政经济出版社，2005.
[38] 中国会计学会组编. 企业内部控制与预算管理专题（2005）. 北京：中国财政经济出版社，2005.
[39] 刘俊勇. 全面预算管理：战略的观点. 北京：中国税务出版社，2006.
[40] [美] 加布里埃尔·哈瓦维尼，克劳德·维埃里. 经理人员财务管理——创造价值的过程. 王全喜，等译. 北京：机械工业出版社，2000.
[41] [美] 哈泽尔·约翰逊. 资本预算决策. 齐寅峰，李莉，译. 北京：机械工业出版社，2002.
[42] [美] 威廉·R. 拉舍. 财务管理实务. 陈国欣，等译. 北京：机械工业出版社，2002.

[43] [美] 斯蒂芬·A. 罗斯，等. 公司理财基础. 大连：东北财经大学出版社，2002.

[44] [美] 科尼利斯·德·克鲁维尔，约翰·皮尔斯二世. 战略：顶峰之王. 吴淑婷，译. 北京：中国人民大学出版社，2003.

[45] [英] 戴维·亚克森. 预算与管理报表最佳实务. 庄佩君，译. 北京：机械工业出版社，2004.

[46] [美] Eugene F，Brigham Michael C. 财务管理. 北京：清华大学出版社，2005.

[47] [英] 罗伯特·辛纳蒙，布赖恩·赫尔维格－拉森. 公司财务管理要点. 林钰，译. 北京：北京大学出版社，2005.

[48] [美] 尤金·F. 布里格姆，斯利特·贝斯利. 财务管理精要. 刘爱娟，张燕，译. 北京：机械工业出版社，2005.

[49] [美] 道格拉斯·R. 爱默瑞，约翰·D. 芬尼特 . 公司财务管理. 莉新，王化成，李焰，等校译. 北京：中国人民大学出版社，1999.

[50] [美] 斯蒂芬·A. 罗斯. 公司理财. 吴世农，译. 北京：机械工业出版社，2003.

[51] [美] 尤金·F. 布瑞翰，乔尔·F. 休斯顿 . 财务管理基础. 胡玉明，译. 大连：东北财经大学出版社，2004.

[52] [美] 大卫·F. 斯科特等 . 现代财务管理基础. 金马，译. 北京：清华大学出版社，2004.

[53] [英] 彼得·阿特勒尔. 财务管理基础. 赵银德，等译. 北京：机械工业出版社，2004.

[54] 胡江云 . 欧盟对华直接投资发展趋势分析 .http：//www. chinainfo. gov. cn/data/200111/1_20011105_20688. html. 2001 年 11 月 5 日 .

[55] 段爱群 . 跨国并购原理与实证分析 . 北京：法律出版社，1999.